INTERDISZIPLINÄRE BERATUNGSFORSCHUNG

Herausgegeben von
Stefan Busse, Rolf Haubl, Heidi Möller,
Christiane Schiersmann

Band 11: Thomas Binder
Ich-Entwicklung für effektives Beraten

Thomas Binder

Ich-Entwicklung für effektives Beraten

Mit einem Vorwort von Susanne Cook-Greuter

Vandenhoeck & Ruprecht

Gefördert durch die Deutsche Gesellschaft für
Supervision e.V. (DGSv).

Mit 26 Abbildungen und 32 Tabellen

Bibliografische Information der Deutschen Nationalbibliothek:
Die Deutsche Nationalbibliothek verzeichnet diese Publikation in der
Deutschen Nationalbibliografie; detaillierte bibliografische Daten sind
im Internet über http://dnb.de abrufbar.

2., unveränderte Auflage 2019

© 2019, 2016 Vandenhoeck & Ruprecht GmbH & Co. KG,
Theaterstraße 13, D-37073 Göttingen
Alle Rechte vorbehalten. Das Werk und seine Teile sind urheberrechtlich
geschützt. Jede Verwertung in anderen als den gesetzlich zugelassenen Fällen
bedarf der vorherigen schriftlichen Einwilligung des Verlages.

Umschlagabbildung: photobac/shutterstock.com

Satz: SchwabScantechnik, Göttingen
Druck und Bindung: ⊕ Hubert & Co. BuchPartner, Göttingen
Printed in the EU

Vandenhoeck & Ruprecht Verlage | www.vandenhoeck-ruprecht-verlage.com

ISBN 978-3-525-40378-5

Inhalt

Vorwort von Susanne Cook-Greuter 11

1 Einleitung, Relevanz und Überblick
1.1 Einleitung und Relevanz 13
1.2 Überblick über die Arbeit 19

2 Ich-Entwicklung
2.1 Detaillierte Darstellung des Ich-Entwicklungsmodells von Loevinger 21
2.1.1 Das Ich – ein Definitionsversuch 21
2.1.2 Die »Entdeckung« und Entwicklung des Modells 26
2.1.3 Stufen der Ich-Entwicklung 32
2.1.3.1 Die frühen Stufen der Ich-Entwicklung 34
2.1.3.2 Die mittleren Stufen der Ich-Entwicklung 35
2.1.3.3 Die späten Stufen der Ich-Entwicklung 37
2.1.4 Aspekte und Bereiche der Ich-Entwicklung 38
2.1.5 Ich-Entwicklung als Transformation 42
2.1.6 Ebenen der Entwicklung 47
2.1.6.1 Vorkonventionelle Ebene 47
2.1.6.2 Konventionelle Ebene 48
2.1.6.3 Postkonventionelle Ebene 48
2.1.7 Die Erweiterung der postkonventionellen Ebene nach Cook-Greuter 50
2.1.7.1 Die Neuinterpretation der Postkonventionellen Ebene 52
2.1.7.2 Die letzten beiden Stufen der Ich-Entwicklung nach Cook-Greuter 54
2.1.8 Exkurs: Kegans Subjekt-Objekt-Theorie der Entwicklung des Selbst 57
2.1.8.1 Die »Entdeckung« des Subjekt-Objekt-Modells 58
2.1.8.2 Kognition und Emotion als zwei Seiten der Entwicklung 59
2.1.8.3 Subjekt-Objekt-Beziehungen als Grundlage der Bedeutungsbildung 59
2.1.8.4 Der spiralförmige Prozess der Entwicklung des Selbst 64

2.1.8.5	Hauptstufen des Selbst	65
2.1.9	Stabilität und Veränderbarkeit von Ich-Entwicklung	67
2.1.9.1	Alter und Ich-Entwicklung	67
2.1.9.2	Das Erreichen eines stabilen Gleichgewichts der Ich-Entwicklung	70
2.1.9.3	Mechanismen der Stabilität und Veränderbarkeit von Persönlichkeit in Bezug auf Ich-Entwicklung	73
2.1.9.4	Fazit zur Veränderbarkeit von Ich-Entwicklung im Erwachsenenalter	83
2.1.10	Verteilung der Ich-Entwicklungsstufen im Erwachsenenalter	86
2.1.10.1	Loevinger-basierte Studien	86
2.1.10.2	Vergleich mit Studien zu Kegans Ich-Entwicklungsmodell	89
2.1.11	Ich-Entwicklung und Persönlichkeit	91
2.1.11.1	Begriffsklärung Persönlichkeit	91
2.1.11.2	Ich-Entwicklung und Eigenschaftsansätze der Persönlichkeit	92
2.1.11.3	Ich-Entwicklung im Rahmen integrativer Persönlichkeitsansätze	96
2.1.11.3.1	Ich-Entwicklung im Rahmen des Drei-Ebenen-Modells der Persönlichkeit von McAdams	97
2.1.11.3.2	Ich-Entwicklung im Rahmen der Theorie der Persönlichkeits-System-Interaktionen von Kuhl	100
2.1.12	Kritik am Ich-Entwicklungsmodell von Loevinger	104
2.1.12.1	Fehlende Definition des Ichs und von Ich-Entwicklung	106
2.1.12.2	Infragestellen der Einheit des Ichs	106
2.1.12.3	Keine harte Strukturtheorie im Sinne Piagets	108
2.1.12.4	Kein Messverfahren, das Tiefenstruktur misst	110
2.1.12.5	Unzureichende Erklärung der Mechanismen von Ich-Entwicklung	111
2.1.12.6	Fehlende Berücksichtigung von Anpassungsleistungen	111
2.2	**Empirische Überprüfung des Ich-Entwicklungs-Modells**	**113**
2.2.1	Reliabilität	114
2.2.2	Validität	118
2.2.2.1	Diskriminante und inkrementelle Validität	120
2.2.2.1.1	Ich-Entwicklung und sozio-ökonomischer Status	120
2.2.2.1.2	Ich-Entwicklung und Intelligenz	124
2.2.2.1.3	Ich-Entwicklung und Sprachvermögen	126
2.2.2.2	Konvergente Validität	128

Inhalt 7

2.2.2.2.2.1	Ich-Entwicklung und andere Verfahren und Konzepte für Reife	128
2.2.2.2.2	Ich-Entwicklung und Verfahren zur Messung einzelner Aspekte	134
2.2.2.2.2.1	Charakter als Bereich von Ich-Entwicklung	136
2.2.2.2.2.2	Interpersoneller Stil als Bereich von Ich-Entwicklung	140
2.2.2.2.2.3	Bewusstseinsfokus als Bereich von Ich-Entwicklung	144
2.2.2.2.2.4	Kognitiver Stil als Bereich von Ich-Entwicklung	147
2.2.2.3	Die Einheit des Ichs	153
2.2.2.4	Sequentialität der Stufen	156
2.2.2.4.1	Querschnittsstudien	157
2.2.2.4.2	Längsschnittstudien	158
2.2.2.4.3	Interventionsstudien	161
2.2.2.4.4	Studien zur Asymmetrie des Verständnisses von Ich-Entwicklung	162
2.2.2.4.5	Untersuchungen zur Regelhaftigkeit von Antwortmustern	163
2.2.2.4.6	Biographieforschung anhand von Kriterien der Ich-Entwicklung	167
2.2.2.5	Kulturelle Universalität von Ich-Entwicklung	168
2.2.3	Fazit	170

3 Analysen zu Beratungskompetenz und Ich-Entwicklung

3.1	Fragestellungen	172
3.2	Begriffsklärung Beratung	173
3.3	Begriffsklärung Kompetenz	177
3.4	Inhaltliche Parallelen zwischen Kompetenzanforderungen an Berater und Aspekten der Ich-Entwicklung	180
3.4.1	Methodisches Vorgehen	181
3.4.1.1	Auswahl der Berufsverbände	182
3.4.1.2	Auswahl und Auswertung der Kompetenzanforderungen	183
3.4.2	Ergebnisse: Aspekte der Ich-Entwicklung in Kompetenzanforderungen von Beratungsverbänden	184
3.4.3	Beispielhafte Begründungen für inhaltliche Parallelen und vorauszusetzende Mindestniveaus an Ich-Entwicklung	191
3.4.4	Fazit	193

3.5	Empirische Zusammenhänge zwischen Beratungskompetenzen und Aspekten der Ich-Entwicklung	195
3.5.1	Studien innerhalb des Beratungskontexts	195
3.5.1.1	Studien mit Fokus auf Empathie	196
3.5.1.2	Studien mit Fokus auf Beratungskompetenz beziehungsweise Beratungseffektivität	198
3.5.1.3	Studien mit Fokus auf Passung zwischen Berater und Kunde	204
3.5.1.4	Studien mit Fokus auf eigenes Wohlbefinden und Selbstregulation	207
3.5.1.5	Studien mit Fokus auf Moral, ethische Einstellungen und Werte	210
3.5.2	Weitere relevante Studien außerhalb des Beratungskontexts	213
3.5.2.1	Studien mit Fokus auf Selbstkompetenz	214
3.5.2.2	Studien mit Fokus auf Umgang mit Komplexität	220
3.5.3	Fazit	225

4 Diskussion und Ausblick

4.1	**Diskussion**	227
4.1.1	Diskussion zum Modell der Ich-Entwicklung	227
4.1.2	Diskussion zum Zusammenhang zwischen Beratungskompetenz und Ich-Entwicklung	232
4.1.2.1	Inhaltliche Parallelen zwischen Kompetenzanforderungen an Berater und Aspekten der Ich-Entwicklung	232
4.1.2.2	Empirische Zusammenhänge zwischen Beratungskompetenzen und Aspekten der Ich-Entwicklung	234
4.2	**Ausblick**	237
4.2.1	Ausblick für die weitere Forschung	237
4.2.2	Ausblick für die Praxis	239

Literatur

Anhang

Anlage 1: Übersicht der Ich-Entwicklungsstufen
(nach Binder, 2010) 279
Anlage 2: Interpersonal Understanding Scale
(Spencer u. Spencer, 1993, S. 39) 282
Anlage 3: Zusammenfassung der empirischen Erhebung
(vgl. Binder, 2014b) 284

Als ich ein Junge von 14 Jahren war,
war mein Vater so ignorant,
dass ich es kaum ertragen konnte,
den alten Mann um mich herum zu haben.

Aber als ich 21 wurde, war ich erstaunt,
wie viel er in den sieben Jahren gelernt hatte.

Mark Twain
(nach Loeb, 1996, S. 15, e. Ü.)

Vorwort

Als Forscherin, die Jahrzehnte im Bereich der Erwachsenenentwicklung tätig ist, hat man selten das Vergnügen, den klaren und eleganten Ausdruck eines jüngeren Kollegen und dessen intellektuellen Beitrag zum eigenen Forschungsgebiet zu rühmen. Thomas Binder und ich haben beide einen Großteil unseres Erwachsenenlebens fast unabhängig voneinander damit verbracht, die wegweisende Arbeit von Jane Loevinger zur Ich-Entwicklung zu erforschen, zu erweitern und für die Praxis nutzbar zu machen. Bei ihm ist dies durch sein großes Engagement und seine Neugier als Berater, Coach und Wissenschaftler gleichermaßen getrieben. Ich hoffe, dass seine Arbeit dazu beiträgt, dass Forscher, Berater und Führungskräfte immer mehr erkennen, dass in der vertikalen Entwicklung Erwachsener oft der Unterschied liegt, der einen Unterschied macht.

Das Modell der Ich-Entwicklung zeigt uns, wie Menschen sich über qualitativ unterschiedliche und aufeinander aufbauende Stufen im Laufe ihres Lebens entwickeln. Im Bereich der Erwachsenenentwicklung neigen die meisten Modelle dazu, kognitive Komplexität als einziges Merkmal von Reife zu bevorzugen. Ich nenne das gern »Aboutism«, weil man lernen kann, über (»about«) jedes Thema – einschließlich Selbstentwicklung und Moral – komplex zu denken, ohne dessen Kern zu verkörpern. Ich-Entwicklung ist hingegen ein den ganzen Menschen umfassendes Konzept. Es zeigt, welche Bedürfnisse Menschen haben, worauf sie achten, wie sie sich selbst definieren, mit anderen umgehen und wie sie denken und empfinden. Kurz, was sie auf dem langen und manchmal steinigen Weg menschlicher Entwicklung schon gemeistert haben und welche Grenzen noch vorhanden sind.

Mit seiner Arbeit legt Thomas Binder die weltweit umfassendste und gründlichste Untersuchung des Konzepts der Ich-Entwicklung vor: Er beschreibt es in seiner Entstehung, seinen vielfältigen Facetten, Kritikpunkten und Erweiterungen und vergleicht es mit anderen Persönlichkeitsmodellen. Zudem liefert er erstmals eine komplette Darstellung der empirischen Grundlagen des Ich-Entwicklungsmodells und des projektiven Testverfahrens, auf dem es beruht. Dazu analysiert er sorgfältig Hunderte von Studien, die Loevingers Ansatz aus allen möglichen Ecken der Psychometrie zu überprüfen oder anzufechten versuchten. Er untersucht die aufgeworfenen Fragen mit umfassendem psychometrischem Know-how und bietet aussagekräftige Daten, Diagramme und Argumente, um die vielfältigen Forschungsergebnisse einordnen zu können. So zeigt sich, dass das Ich-Entwicklungsmodell (und die dazugehörige Messmethodik) heutzutage als eines der bestgesicherten Stufenmodelle der Entwicklung gelten kann.

Auf dieser Grundlage nimmt er eine umfassende Analyse des Zusammenhangs zwischen Kompetenzanforderungen bei prozessorienterter Beratung und Aspekten der Ich-Entwicklung vor. Anschaulich zeigt sich hier, wie vielfältig diese mit vertikaler Entwicklung verknüpft sind. Ebenso weisen diese empirischen Analysen aber auch darauf hin, welches Mindestniveau an persönlicher Reife für effektive Beratung eigentlich erforderlich ist. Wie seine Schlussfolgerungen zeigen, kann ein großer Prozentsatz von Erwachsenen die dafür notwendigen Einsichten noch nicht erlangen und danach handeln.

Thomas Binders Buch kann viele weitere Gebiete wie Pädagogik, Therapie, Coaching, Management oder Führungskräfteentwicklung anregen, ihre Fragen auch unter einer Ich-Entwicklungsperspektive zu betrachten. Denn so wie sich unsere Außenwelt immer schneller verändert, steigen auch die Anforderungen an Erwachsene, urteilsfähiger zu sein und flexibler weitere, langfristigere und vielfältigere Blickwinkel einzunehmen. Ohne Beachtung der Wechselbeziehungen zwischen Personen, Gruppen, kulturellen Systemen und globalen Gegebenheiten können wir die ernsten Herausforderungen, denen wir als Menschheit gegenüberstehen, kaum meistern.

Mit seiner hingebungsvollen Arbeit weist Thomas Binder die anhaltende Kraft der Ich-Entwicklungstheorie zum Verständnis menschlichen Wachstums und Gedeihens nach und untermauert sie gekonnt. In seinem Ausblick zeigt er zudem, was dies im Beratungskontext für die Praxis bedeuten könnte. Ich wünsche ihm und diesem Werk, dass es noch viel mehr Bereiche und Menschen erreicht. Denn es weist wissenschaftlich fundiert und gut lesbar nach, dass Persönlichkeitsentwicklung längst keine »Esoterik« mehr ist, und zeigt, dass man persönliche Reife mittlerweile valide messen und auch gezielt fördern kann.

Susanne Cook-Greuter

1 Einleitung, Relevanz und Überblick

1.1 Einleitung und Relevanz

Ausgangspunkt dieser (gekürzten) Forschungsarbeit sind meine persönlichen Erfahrungen im Beratungs- und Ausbildungskontext. Seit 1995 arbeite ich als Organisationsberater, seit 2002 zudem als Supervisor und Coach sowie als fachlicher Leiter einer einjährigen Change Management-Ausbildung. Seit 2005 bin ich ebenfalls als Referent in weiteren Prozessberatungsausbildungen im Kontext systemischer Beratung und Organisationsentwicklung tätig. Seitdem beschäftigten mich immer wieder Fragen wie die folgenden:
- Worauf sind unterschiedliche Fähigkeitsniveaus der Ausbildungsteilnehmer[1] zurückzuführen, vermittelte Ansätze und Instrumente effektiv in Beratungen einzusetzen?
- Woran liegt es, dass manche Berater an der Problembeschreibung des Klienten »festzukleben« scheinen, während andere mühelos die beschriebene Situation umdeuten können, zusätzliche Fragestellungen ins Spiel bringen und dadurch zu einer erheblich flexibleren Beratung imstande sind?
- Wie ist zu verstehen, dass Führungskräfte sehr unterschiedlich mit Feedback umgehen? Manche wünschen sich Rückmeldung, geraten aber selbst bei vorsichtigstem Formulieren leicht in Verteidigungshaltung. Andere scheinen unterschiedliche Perspektiven eher als Geschenk zu empfinden.

Diese Unterschiede schienen mir weniger durch Intelligenz oder Persönlichkeitseigenschaften – wie etwa die im Big Five-Modell der Persönlich-

---

1 Aus Gründen der besseren Lesbarkeit wird bei Bezeichnungen von Menschen in dieser Arbeit nur die männliche Form verwendet. Denn ein ständiger Wechsel zwischen weiblicher und männlicher Sprachform wird beim Lesen oft als umständlich empfunden. Damit geht keine Bevorzugung oder Geringschätzung eines Geschlechts einher. In allen diesen Fällen sind weibliche und männliche Personen gleichermaßen geschätzt.

keit beschriebenen – bedingt zu sein. Vielmehr vermutete ich, dass sich dahinter eine Entwicklungskomponente verbarg, die mir aus meiner früheren Zeit als Projektmitarbeiter am Max-Planck-Institut für Bildungsforschung (MPIB) vertraut war. In dieser Zeit arbeitete ich im Forschungsbereich von Wolfgang Edelstein (z. B. Grundmann, Binder, Edelstein u. Krettenauer, 1998) und war mit Interviews, Interviewertraining und Scoring zu Kohlbergs Entwicklungsmodell moralischen Urteilens beschäftigt. Dort kam ich mit dem Ich-Entwicklungsmodell von Jane Loevinger in Kontakt, dessen Erhebungsinstrument im Rahmen einer Längsschnittstudie des MPIB in Island eingesetzt wurde (Edelstein u. Krettenauer, 2004). Ebenso lernte ich Augusto Blasi kennen, einen von Loevingers engsten ehemaligen Mitarbeitern, der im Rahmen seiner Aufenthalte auch Scorertrainings für dieses Instrument durchführte. Als Modell, das Stufen der Persönlichkeitsentwicklung (Loevinger, 1997) und nicht einzelne Entwicklungsaspekte wie Moral oder soziale Perspektivenübernahme beschreibt, schien mir das Ich-Entwicklungsmodell besonders geeignet, ein neues Licht auf meine Fragen zu werfen und sie dadurch beantworten zu helfen (Habecker u. Binder, 2014). Dies führte zu meinem Entschluss, diese Fragen für den Beratungskontext detailliert zu untersuchen.

Vergegenwärtigt man sich die Herausforderungen, die erfolgreiche Berater meistern müssen, weisen die dafür notwendigen Kompetenzen einige Parallelen zu Loevingers Ich-Entwicklungsmodell auf. Dies sei am Beispiel des Deutschen Berufsverbands für Coaching e. V. (DBVC) illustriert. In dessen Kompendium findet sich unter dem Abschnitt »Kompetenzprofil eines Coach« folgende Beschreibung der persönlichen Anforderungen (Wolf, 2009):

> »Ein Coach muss in der Lage sein, sich selbst effektiv als Werkzeug in der Beratung einzusetzen – jenseits von Darstellungsdrang, aber auch jenseits von Selbstverleugnung. Dazu braucht er als überfachliche Qualifikation insbesondere eine realistische Selbsteinschätzung, emotionale Stabilität, ein gesundes Selbstwertgefühl, Verantwortungsbewusstsein, intellektuelle Beweglichkeit und Einfühlungsvermögen« (S. 36).

In der obigen Beschreibung des DBVC werden Aspekte von Impulskontrolle (»Darstellungsdrang«), interpersonellem Stil (»Verantwortungsbewusstsein«), Bewusstseinsfokus (»realistische Selbsteinschätzung«) und kognitiver Entwicklung (»intellektuelle Beweglichkeit«) berührt (siehe S. 38). All dies sind Bereiche, die sich in Loevingers Ich-Entwicklungsmodell wiederfinden – allerdings korrespondieren sie dort mit Qualitäten, die nach Loevingers Ich-Entwicklungsmodell mindestens auf der Eigenbestimmten Stufe (E6) anzusiedeln sind.

Zusammen mit meinen persönlichen Erfahrungen weckt dies Zweifel, ob die am Beispiel des DBVC aufgeführten Anforderungen von Beratern aufgrund ihres Entwicklungsniveaus mehrheitlich auch erreicht werden können: Denn die Mehrzahl der Erwachsenenbevölkerung in westlichen Gesellschaften erreicht kein Entwicklungsniveau, das einer vollen Eigenbestimmten Stufe (E6) der Ich-Entwicklung entspricht (Cohn, 1998). Vielmehr stabilisiert sich Ich-Entwicklung bis zur Mitte des zweiten Lebensjahrzehnts bei den meisten Erwachsenen auf der Rationalistischen Stufe (E5) (Loevinger, 1976; Westenberg u. Gjerde, 1999; Syed u. Seifge-Krenke, 2013). Daher könnten Berater trotz umfassender Weiterbildung in einen Zustand geraten, den Kegan (1996) in seiner Analyse von Anforderungen an Erwachsene als »in over our heads« bezeichnet: den eigenen Horizont überschreitend.

Den Bezugsrahmen dieser Arbeit bildet das Modell der Ich-Entwicklung von Loevinger, die sich selbst rückblickend beschreibt als »eine Psychologin, deren Arbeit am Rande von Psychometrie, Persönlichkeitstheorie und, wenn es sein musste, psychoanalytischer Theorie und Wissenschaftstheorie lag« (Loevinger, 2002, S. 195, e. Ü.). Ihr Modell ist gleichzeitig eine Persönlichkeitstheorie und ein entwicklungspsychologisches Stufenmodell (siehe S. 32). Es schlägt damit eine Brücke zwischen zwei Disziplinen, denn »Persönlichkeitstheorien fehlt oft das Verständnis von Entwicklung und Entwicklungstheorien das Verständnis individueller Unterschiede« (Westenberg, Blasi u. Cohn, 1998, S. 1, e. Ü.). Loevingers Modell ist ein entwicklungspsychologisches Modell, das dem Bereich der Stufentheorien zuzuordnen ist, in denen Entwicklung nicht kontinuierlich »als allmählicher Übergang‹ mit kleinen Verhaltensveränderungen verstanden wird« (Garz, 2008, S. 8), sondern diskontinuierlich im Sinne qualitativer Entwicklungsschritte. Stufentheorien interpretieren Entwicklung nicht als intern angelegten Reifungsprozess oder als Reaktion auf die Umwelt, sondern als aktive Auseinandersetzung eines Menschen mit seiner Umwelt, der zumindest ab einer gewissen Entwicklungsstufe als »reflexiv handelndes Subjekt« (Hoff, 2003) zu sehen ist. Sie nehmen insofern einen »interaktionistischen Standpunkt« ein (Lerner, 2002, S. 372, e. Ü.).

Loevingers Modell scheint geeigneter als andere Entwicklungsmodelle, einen Beitrag zur Erklärung von Kompetenzunterschieden bei Beratern (oder auch Führungskräften) zu leisten. Denn es ist kein Bereichsmodell der Entwicklung (wie Kohlbergs Modell moralischen Urteilens), sondern das Ich wird darin als holistisches Konstrukt verstanden. Es ist auch kein rein kognitives Entwicklungsmodell, sondern »betrifft [auch] Impulse und Methoden, diese zu kontrollieren, persönliche Sorgen und Ambitionen, interpersonelle Einstellungen und soziale Werte« (Blasi, 1998, S. 15, e. Ü.). Das Ich-Entwicklungsmodell beinhaltet auch den Aspekt der Identitätsbildung (Kroger, 2004) – vor allem die Frage, was dem eigenen Ich als zugehörig empfunden wird und wie die Grenze zu anderen gezogen wird. Dieser Aspekt, den auch Kegan (1994) in seinem Modell der Ich-Entwicklung betont, ist gerade für Beratung wichtig – beispielsweise wenn es darum geht, unabhängig von (vermeintlichen) Erwartungen anderer zu agieren oder Abstand zu den eigenen Wirklichkeitskonstruktionen zu gewinnen, wie dies vor allem für späte (postkonventionelle) Stufen der Ich-Entwicklung kennzeichnend ist. Zudem wird Ich-Entwicklung von Kompetenzforschern selbst als ein Persönlichkeitsaspekt verstanden, der mit Kompetenz im Zusammenhang steht (Boyatzis, 1982, S. 33).

Berater haben es zudem oft mit Problemsituationen zu tun, die hohe Anforderungen an den Umgang mit Komplexität stellen. Dies verdeutlicht beispielsweise folgende Beschreibung der Supervisionstätigkeit aus einer Broschüre der Deutschen Gesellschaft für Supervision (DGSv) (Hausinger, 2011):

»Supervision arbeitet an den Schnittstellen Person – Tätigkeit – Rolle/Funktion – Organisation – Umwelt, Gesellschaft, das heißt, Supervision berücksichtigt differente Bezugssysteme mit ihren jeweiligen Logiken und Dynamiken. Deshalb weist Supervision einen mehrperspektivischen Ansatz auf. Anliegen werden sowohl aus verschiedenen Einzelperspektiven und im Detail betrachtet als auch im Gesamtkontext. In Supervision können somit das Allgemeine, das Spezielle und das Dahinderliegende zugleich berücksichtigt werden« (S. 9).

Beratungskontexte wie diese, die für prozessorientierte Beratungsformen wie Supervision, Coaching oder Organisationsentwicklung typisch sind, weisen somit viele Kennzeichen hoher Komplexität auf, wie sie beispielsweise von Dörner (2003) oder Wilke (2006) angesprochen werden:
– viele Einflussfaktoren,
– Vernetzung der einzelnen Elemente,
– eher schlecht definierte Probleme,
– hohe Folgewirkungen der Entscheidungen,
– Berücksichtigung unterschiedlicher Interessenlagen, Gefühle, Motive und Handlungsmuster.

Je umfassender und differenzierter Berater ihre Umwelt, sich selbst und ihre Rolle wahrnehmen, und je flexibler sie in solchen Kontexten agieren können, desto mehr sollte ihnen effektives Beraten möglich sein. Denn es gibt eine Reihe von »adaptiven Vorteile[n], die mit Funktionieren auf späteren Stufen der Ich-Entwicklung einhergehen« (Manners u. Durkin,

Einleitung und Relevanz

2000, S. 477, e. Ü.). Personen auf späten, sogenannten postkonventionellen, Stufen der Ich-Entwicklung zeichnen sich beispielsweise dadurch aus,
- dass sie komplexe soziale Situationen eher verstehen,
- leichter Perspektivwechsel vornehmen,
- Prozess und Ziel gleichzeitig im Auge behalten,
- aus Entweder-oder-Fragestellungen ein »sowohl-als-auch« machen
- und insgesamt eher eine Metaperspektive einnehmen können.

Aspekte wie diese werden in prozessorientierten Formen der Beratung als gängiges Repertoire professionellen Handelns beschrieben. Die Tatsache, dass nur 7 bis maximal 17 Prozent der Bevölkerung ein postkonventionelles Ich-Entwicklungsniveau erreichen (Torbert, 1991, 2003; Rooke u. Torbert, 2005; Cook-Greuter, 2010), legt eher die gegenteilige Vermutung nahe: dass dieses Repertoire für viele Berater in weiter Ferne liegt.

Diese Arbeit verfolgt das Ziel, die Literatur zu Ich-Entwicklung in Hinblick auf deren Relevanz für Beratung strukturiert aufzuarbeiten und dazu in Bezug zu stellen. Damit wird der Frage nachgegangen, inwiefern es systematische Beziehungen zwischen Kompetenzanforderungen an Berater und Aspekten der Ich-Entwicklung gibt.

Im deutschsprachigen Raum gibt es kaum Forschung zu Ich-Entwicklung, obwohl kein geringerer als Habermas diese Forschungsrichtung schon frühzeitig in Deutschland aufgegriffen hatte (Döbert, Habermas u. Nunner-Winkler, 1977). Seitdem wurden nur vereinzelt deutsche Studien dazu durchgeführt (z. B. Vetter-Tesch, 1981; Soff, 1989; Hieber, 2000). Auch in theoretischen Werken wird Loevingers Ich-Entwicklungsmodell hierzulande nur am Rande, zum Beispiel im Lehrbuch zur Psychologie der Persönlichkeit (z. B. Asendorpf u. Neyer, 2012), oder gar nicht erwähnt, zum Beispiel in Greves (2000) Werk zur Psychologie des Selbst. Gerade weil letzeres ein grundlegendes Überblickswerk zu diesem Thema darstellt, ist dies erstaunlich. Eine Ausnahme ist der klinische Bereich, wo Loevingers Studien zum Beispiel im Lehrbuch »Klinische Entwicklungspsychologie« (Oerter, von Hagen, Röper u. Noam, 1999) explizit aufgegriffen werden.

Dass Loevingers Modell hierzulande so unbeachtet ist, steht im Kontrast zur internationalen Rezeption. Denn Loevingers Ich-Entwicklungsmodell wurde mittlerweile weltweit in Hunderten von empirischen Studien und theoretischen Publikationen aufgegriffen. 1993 – fast dreißig Jahre nach ihren ersten Veröffentlichungen dazu – widmete die Zeitschrift Psychological Inquiry Loevingers Ich-Entwicklungsmodell ein ganzes Themenheft und lud Forscher ein, sich daran zu beteiligen. Auch Loevinger selbst trieb über Jahrzehnte die Erforschung und Verfeinerung ihres Modells voran. So resümiert Kroger (2004, S. 124, e. Ü.), dass »sie eine der wenigen Sozialwissenschaftler war, die Identität oder ähnliche

Phänomene erforschten, und die ihr Modell aus einer soliden empirischen Basis heraus entwickelten.«

Schon früh wurde Ich-Entwicklung auch als für Beratung relevantes Modell entdeckt (z. B. Swensen, 1980; Young-Eisendrath, 1982). Cebik (1985) zog beispielsweise für Supervisoren folgendes Fazit: »Fehler und Ineffektivität in den Fachrichtungen der psychischen Gesundheit könnten dadurch vermindert werden, dass die Ausbildung von Personen die eigene Ich-Entwicklungsstufe berücksichtigt« (S. 232, e. Ü.). Ebenso verwendeten viele Forscher Loevingers Ich-Entwicklungsmodell in empirischen Forschungen im Kontext von Counseling, Supervision oder Organisationsentwicklung. In diesen wurden zumeist einzelne Aspekte wie beispielsweise der Zusammenhang mit Empathie (z. B. Carlozzi, Gaa u. Liberman, 1983), Qualität des Interaktionsgeschehens zwischen Berater und Klient (Allen, 1980), Güte von Klientenbeschreibungen (Borders, Fong u. Neimeyer, 1986) oder Einstellungen gegenüber potenziellen Kunden (Sheaffer, Sias, Toriello u. Cubero, 2008) erforscht. In diesen Arbeiten findet sich zwar meist ein Abgleich mit Arbeiten zu ähnlichen Aspekten, es fehlt allerdings ein systematischer Vergleich und eine Zusammenstellung der Ergebnisse über die verschiedenen beratungsrelevanten Aspekte, die in empirischen Studien im Zusammenhang mit Ich-Entwicklung gefunden wurden. Auch ein späterer Überblick von Borders (1998) erfüllt dies nicht. Insofern besteht hier eine deutliche Forschungslücke.

Gerade in den letzten Jahren scheinen entwicklungspsychologische Stufenmodelle, insbesondere von Loevinger und Kegan, die sich auf Persönlichkeitsentwicklung insgesamt beziehen, verstärkt in der Praxis wahrgenommen zu werden. Dies betrifft vor allem den Kontext von Coaching, Beratung und Führungskräfteentwicklung (z. B. Torbert and Associates, 2004; Joiner u. Josephs, 2007; Bachkirova, 2010; McGuire u. Rhodes, 2009; Berger, 2012; Binder, 2010, 2014a). Insofern scheint eine strukturierte Aufarbeitung des Zusammenhangs von Ich-Entwicklung und Beratung nicht nur für die Forschung, sondern auch für die Praxis nützlich, zumal Ich-Entwicklung als zentraler Persönlichkeitsaspekt im deutschsprachigen Beratungskontext nach wie vor nahezu unbekannt ist.

Die komplette Forschungsarbeit (Binder, 2014b) beinhaltet zusätzlich eine eigene umfangreiche Längsschnitterhebung mit dem Ich-Entwicklungs-Profil, einer erweiterten deutschsprachigen Version des WUSCT (www.I-E-Profil.de). Damit wurde gleichzeitig das Instrument empirisch überprüft und dessen Grundlagen, Modifikationen und Vorgehen bei der Auswertung dargestellt. Das Ziel der empirischen Erhebung (N = 101) war es, herauszufinden, über welches Eingangsniveau der Ich-

Entwicklung Teilnehmer von Beratungsweiterbildungen verfügen und ob sie sich im Zuge der Weiterbildung in Richtung späterer Stufen entwickeln (Zusammenfassung siehe Anlage 3).

1.2 Überblick über die Arbeit

Diese Arbeit gliedert sich in drei Hauptteile. Das zweite Kapitel bietet eine aktuelle und umfassende Darstellung von Ich-Entwicklung, wie sie bisher in diesem Umfang nicht veröffentlicht wurde. Es gliedert sich in zwei Abschnitte: Der erste Abschnitt besteht in einem detaillierten Überblick zu Loevingers Ich-Entwicklungsmodell in all seinen relevanten Facetten. Im zweiten Abschnitt werden wichtige Studien zur empirischen Überprüfung von Loevingers Ich-Entwicklungsmodell systematisch zusammengestellt. Dieses Modell betrifft ein sehr umfassendes und schwer zu erschließendes Persönlichkeitskonstrukt. Es kommt vor, dass auch ausgewiesene Entwicklungsexperten das Modell in ihren Studien nicht adäquat einsetzen, beispielsweise indem unrealistische Interventionszeiträume gewählt werden. Daher werden die Studien in diesem Teil ausführlich besprochen. Schon an dieser Stelle wird das Thema in seinen unterschiedlichen Facetten so ausgelotet, dass mögliche Bezüge für den Bereich Beratung sichtbar werden können. Ebenso wird der gegenwärtige Stand der Forschung in einer Gesamtschau dargestellt, die in dieser ausführlichen Form auch in neueren Überblicksartikeln bisher nicht verfügbar ist (z. B. Manners u. Durkin, 2001; Westenberg, Hauser u. Cohn, 2004).

Das dritte Kapitel geht der Frage nach, ob ein Zusammenhang zwischen Ich-Entwicklung und effektivem Beraten besteht. Im ersten Abschnitt wird anhand von Kompetenzanforderungen ausgewählter Beratungsverbände untersucht, inwiefern es Parallelen zum Modell der Ich-Entwicklung gibt. Der zweite Abschnitt widmet sich dieser Fragestellung anhand empirischer Studien, in denen Ich-Entwicklung und für Beratung relevante Kompetenzaspekte zusammen erforscht wurden. Zu diesem Zweck wird ein Studienüberblick gegeben, der die dazu verfügbaren Studien nach Themenclustern ordnet (z. B. Ich-Entwicklung und Umgang mit Komplexität) und deren Vorgehen und Ergebnisse kommentiert.

Im vierten Kapitel dieser Arbeit werden die Ergebnisse vor dem Hintergrund des bisherigen Forschungsstands diskutiert. Zudem wird ein Ausblick gegeben, in dem die Konsequenzen, die sich aus dieser Arbeit ergeben, diskutiert werden: Andererseits werden Forschungslücken und -fragen erörtert, die sich bei der Auseinandersetzung mit dem Ich-Entwicklungsmodel und der dazu verfügbaren Forschung zeigten. Andererseits wird auf die praktischen Konsequenzen eingegangen, die sich aus den Ergebnissen dieser Arbeit für Beratung und Beratungsweiterbildungen ergeben.

2 Ich-Entwicklung

2.1 Detaillierte Darstellung des Ich-Entwicklungsmodells von Loevinger

2.1.1 Das Ich – ein Definitionsversuch

Ich – was ist das? Im Alltag benutzen wir dieses Wort meist, ohne groß darüber nachzudenken. »Ich« zu benutzen, erscheint uns als das Selbstverständlichste der Welt, beispielsweise wenn wir Sätze wie die folgenden vervollständigen:
- Ich denke, dass ...
- Wenn ich kritisiert werde ...
- Ich will, dass ...
- Ich bin ...

In all diesen Sätzen kommt ein handelnder Agent zum Ausdruck, der sich zur Welt positioniert, auf sie reagiert oder sie interpretiert. Doch wer agiert und reagiert dabei eigentlich? Und inwiefern ist das, worauf das Ich reagiert, von gerade diesem »Ich« abhängig, also: seiner spezifischen Struktur beziehungsweise dem Entwicklungsniveau dieser Struktur? Und kann man diese Struktur mit der Persönlichkeit eines Menschen gleichsetzen? Verfolgt man diese Gedanken weiter, dann betritt man ein Feld, das Philosophen, Mystiker, Religionsstifter und Soziologen seit Jahrhunderten beschäftigt. Auch Psychologen befassen sich seit gut einhundert Jahren damit, seit einigen Jahrzehnten besonders im Rahmen empirischer Forschung.

Beschäftigt man sich mit dem Ich, kann man schon in der Alltagssprache viele ähnliche Begriffe entdecken, etwa Ego, Selbst, Identität oder Persönlichkeit. Spätestens wenn man den Bereich der Psychologie betritt, erlebt man eine nahezu babylonische Sprachverwirrung: Selbstkonzept, Selbstbewusstsein, Ich-Bewusstheit, Selbstimage, Ich, Über-Ich, Ich-Stärke, Ich-Kontrolle, Ich-Funktionen und vieles mehr. Taucht man tiefer in die Begriffswelt des Ichs ein, bemerkt man, dass es nicht nur eine Vielzahl von ähnlichen Begriffen gibt, sondern dass ein und derselbe Begriff ganz anders gebraucht oder von einem Autor in komplett gegensätzlichem Sinne verstanden wird wie von einem anderen Autor. Als Young-Eisendrath und Hall (1987) im Jahre 1983 eine kleine Konferenz zum Thema »Selbst« organisieren wollten, überraschten sie bereits die mehr als 350 Anmeldungen von Forschern und Praktikern. Alle schienen jedoch von etwas anderem zu sprechen – und vor allem: »Niemand teilte eine gemeinsame Sprache« (S. xi, e. Ü.). Besonders in der psychoanalytischen Literatur zeigt sich dies deutlich (Redfearn, 1987), seit Freud das Ich mit seinem Strukturmodell (Es, Ich, Über-Ich) auch mehr in den psychoanalytischen Behandlungsfokus rückte (Eagle, 1991). Doch im Vergleich all dieser unterschiedlichen alltäglichen und psychologischen Termini scheint das Ich eine Sonderrolle einzunehmen. Was das Ich ist und wodurch es sich von anderen Aspekten der Persönlichkeit unterscheidet, bringt am besten William James in seinem berühmten Kapitel über das Selbst auf den Punkt (1892/1963). Die darunter stehende Abbildung 1 verdeutlicht dies.

»Das Mich und das Ich – was auch immer ich gerade denke, bin ich mir immer zur gleichen Zeit meiner selbst bewusst, meiner persönlichen Existenz. Zur gleichen Zeit bin ich es, der bewusst ist; so dass das ganze Selbst von mir, als ob es zweiseitig wäre, zum Teil erkannt und zum Teil erkennend, zum Teil Objekt und zum Teil Subjekt, zwei Aspekte sind, die voneinander unterschieden sein müssen. Der Kürze halber können wir das eine das Mich und das andere das Ich nennen« (S. 166, e. Ü.).

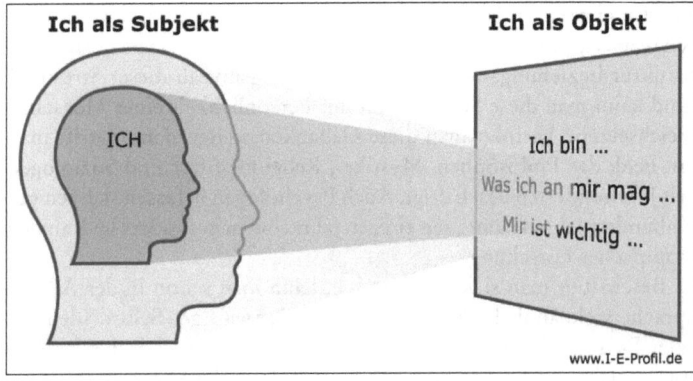

Abbildung 1: Zwei Seiten des Ichs: Subjekt und Objekt

James' essenzielle Unterscheidung zwischen dem Ich und dem Mich wurde in der psychologischen Forschung oft nicht wahrgenommen oder vermischt (McAdams, 1996a, 1996b). Meist wurde nur die Objektseite (das Mich) oder ein Teil davon erforscht und die erkennende Seite (das Ich als Subjekt) ausgeklammert, wie beispielsweise in Eigenschaftsansätzen der Persönlichkeit (siehe S. 92).

In konstruktivistischen Entwicklungsansätzen hingegen ist das erkennende Subjekt seit den bahnbrechenden Arbeiten von Piaget (1932) das Hauptforschungsgebiet. Dieser sah sich selbst als Epistemologe (Erkenntnistheoretiker), den vor allem die Frage interessierte, wie ein Mensch überhaupt zu Wissen über die Welt gelangt und wie sich dessen »Erkenntnisapparat« entwickelt. Dies führte zu umfangreichen Studien, in denen erforscht wurde, wie ein Mensch über Jahre hinweg beispielsweise so komplexe Fähigkeiten wie das Verständnis von Zahlen, Mengen oder Kausalität erlangt. Dieser Prozess gipfelt darin, dass die meisten Menschen im Alter von etwa 20 Jahren das entwickelt haben, was Piaget eine funktionsfähige Formallogik nennt.

Doch der Erkenntnisapparat ist nur ein Teil von James' »Ich«, wenn auch ein zentraler. Wenn ein Mensch »Ich« sagt, beinhaltet dies meist noch weitere Aspekte wie zum Beispiel Wünsche oder Ziele. Und es kommt dabei immer auch eine Art Haltung zur Welt zum Ausdruck. Insofern kann das Ich nicht auf den reinen Erkenntnisapparat des Menschen beschränkt werden, da dessen Denken und Handeln immer auch eine Intention beinhaltet. Nach Blasi (1988, S. 232, e. Ü.) ist »sein Glauben, Sehen, Kontrollieren oder Hoffen nicht eine Komponente unter vielen, sondern durchdringt jeden Aspekt des Handelns und gibt ihm eine Einheit«. Diese Aspekte standen bei Piaget eher im Hintergrund. Er erkannte aber die Thematik und setzte sich an verschiedenen Stellen mit dem Selbst beziehungsweise dem Ich auseinander (Broughton, 1987). Auch er sah darin mehr als nur einen Erkenntnisapparat: »Es ist wie das Zentrum der eigenen Aktivität« (Piaget, 1967, S. 65, e. Ü.).

Wenn das Ich das erkennende Subjekt und auch das Zentrum der eigenen Aktivität ist, stellt sich die Frage, wie dieses Ich in seiner Gesamtheit »funktioniert« beziehungsweise was das Ich im Ganzen eigentlich ausmacht. Dieser Frage ging seit den 1960er Jahren Loevinger nach, indem sie das Ich empirisch erforschte. Dabei hatte sie sich das am Anfang gar nicht vorgenommen (siehe S. 26). Sie stolperte stattdessen zufällig in ihren Forschungen über Muster in ihren Daten, die sie mit dem klassischen (linearen) Paradigma von Einstellungs- und Eigenschaftstheorien nicht erklären konnte. Es fiel ihr vor allem auf, dass sich die untersuchten Personen nicht nur in der Komplexität des Denkens wie bei Piaget unterschieden. Sie zeigten auch große Unterschiede darin, wie sie beispielsweise ihre eigenen Impulse kontrollieren konnten. Aufgrund der großen Breite an miteinander verwobenen Aspekten, die auf unterschiedlichen Entwicklungsniveaus vorkamen, nannte sie diese Variable »Ich-Entwicklung«. Sie selbst sah so gut wie keinen Unterschied zur Bezeichnung »Selbst« (Loevinger, 1983, 1984a; Loevinger u. Blasi, 1991) und benutzte Ich und Selbst zum Teil identisch, im Gegensatz zu Jung (Adam, 2011).

Als Psychometrikerin kam es ihr darauf an, dieses »Ich« als Konstrukt zu erfassen, zu verstehen und valide messen zu können. Daher wehrte sie sich dagegen, das Ich beziehungsweise Ich-Entwicklung zu definieren (1983, S. 344–345, e. Ü.): »Ich bleibe dabei, es [das Ich] kann nicht und braucht auch nicht definiert zu werden. Es braucht nur aufgezeigt zu werden. Ich-Entwicklung ist das, was passiert, wenn eine Person von Impulsivität zu Selbst-Schutz zu Konformität etc. wächst.« Loevingers Konzeption des Ichs steht in Ergänzung, aber auch im Kontrast zu anderen Ansätzen. Vor allem in vielen psychoanalytischen Theorien wird das Ich anders konzeptualisiert (Mertens, 2010). Ein Beispiel ist das oben erwähnte Strukturmodell von Freud und die bekannte Einteilung in seine drei Instanzen Es (Triebe/Lustprinzip), Ich (Bewusstsein/Realitätsprinzip) und Über-Ich (Ansprüche/Moralische Instanz). Ein weiteres Beispiel ist die spätere psychoanalytische Ich-Psychologie (z. B. Hartmann, Rapaport), die in Folge von Anna Freuds Klassiker »Das Ich und die Abwehrmechanismen« (1936/2012) entstand. Dabei wurde das Ich als ein System von einzelnen Ich-Funktionen verstanden (z. B. wahrnehmen, denken, entscheiden).

Als Naturwissenschaftlerin waren Loevinger solche postulierten Instanzen oder Funktionen prinzipiell suspekt (Loevinger, 1983). Vor allem widersprachen sie dem, was sie in den von ihr erhobenen Forschungsdaten als eine Gesamtheit des Ichs auffand. Diese Daten bildeten offensichtlich ein Bündel von vielen Aspekten, die miteinander im Zusammenhang standen und für jede Entwicklungsstufe des Ichs ein »strukturiertes Ganzes« ergaben. Insofern verstand sie das Ich als Einheit, das man aus vielen einzelnen Aspekten entschlüsseln kann, wenn man das Muster versteht, was das Ich ausmacht: »Ich bin überzeugt, dass das Selbst, Ego, Ich oder Mich in einer gewissen Art real ist und nicht nur durch unsere Definition entstanden ist. Mein Ziel ist es, zu verstehen, wie ein Mensch durch das Leben navigiert, und nicht, künstlich abgegrenzte Einheiten zu schaffen« (Loevinger, 1984a, S. 50, e. Ü.). Wie sie dieses Ich versteht und es im Kontrast zu psychoanalytischen Konzeptionen sieht, beschreibt sie wie folgt:

> »Das Ich ist vor allem ein Prozess und nicht ein Ding. Das Ich ist in gewisser Weise wie ein Gyroskop [Kreiselkompass], dessen aufrechte Position durch

Detaillierte Darstellung des Ich-Entwicklungsmodells von Loevinger

die Rotation aufrechterhalten wird. Oder, um eine andere Metapher zu benutzen: Das Ich ähnelt einem Bogen. Es gibt einen Spruch in der Architektur, der sagt: ›Der Bogen schläft nie‹. Das bedeutet, dass die Gewichte und Gegengewichte des Bogens seine Form aufrechterhalten und das Gebäude stützen. Piaget benutzt dafür den Ausdruck ›mobiles Equilibrium‹ – je beweglicher, desto stabiler. Das Streben danach, das Erleben zu meistern, zu integrieren und ihm Sinn zu verleihen, ist nicht eine Ich-Funktion unter vielen, sondern die Essenz des Ichs« (Loevinger, 1969, S. 85, e. Ü.).

McAdams (1996b) versteht das Ich ganz ähnlich und beschreibt es mit dem Kunstwort und Verb »selfing«, was man mit »ein Selbst erzeugen« übersetzen kann: »Selfing ist das Ich. Selfing ist der Prozess, die Erfahrung als die eigene zu bestimmen. Im und durch das Selfing weiß eine Person implizit, dass er oder sie als Quelle, als Handelnder, als Wurzel der Kausalität in der Welt existiert – unterschieden von anderen Quellen, Handelnden und Wurzeln der Kausalität« (S. 383, e. Ü.). Das Ich ist demnach eindeutig auf der Subjektseite von James' Einteilung anzuordnen und ein Prozess, der sich in jeder Äußerung zeigt und die Gedanken und Erfahrungen eines Menschen organisiert. Dies entspricht etwa der Einteilung, die auch Funk (1994, S. 12) mit seiner Unterscheidung zwischen »Ich als Prozess« und »Ich als Repräsentation-Individualisation« (das Ich als Objekt) trifft. Er wendet sich damit eindeutig gegen Theorien, die das Ich in verschiedene Ichs oder Selbste aufteilen. Denn nach James (1892/1963, S. 182 ff.) muss so etwas wie eine Einheit des Bewusstseinsstroms bestehen, um eine Erfahrung mit der nächsten verknüpfen zu können. Oder, wie Loevinger (1987b, S. 92, e. Ü.) es ausdrückt: »Ich mag zwölf Selbste haben, die im Krieg miteinander stehen, aber wenn ich morgen aufwache, dann mit den gleichen zwölf Selbsten beschäftigt mit dem gleichen Krieg.«

Zusammengefasst ist die Frage also, wie das Ich mit Erfahrungen, ob innerer oder äußerer Art, umgeht, diese interpretiert und ihnen Sinn verleiht. Nach Perry (1970) ist es genau das, was jeder Organismus macht: Organisieren. Im Falle des Menschen ist dieser Prozess das Organisieren von Bedeutung. Dazu stellt das Ich einen Bedeutungsrahmen zur Verfügung (Kegan, 1980, 1994). Cook-Greuter (1994) bringt dies auf den Punkt:

»Das Bedürfnis nach einem stimmigen Sinngehalt scheint fundamental und eine Triebkraft im menschlichen Leben zu sein. Wann immer wir nicht richtig sicher sind, weil wir uns jenseits des Bereichs unseres gegenwärtigen Verstehens befinden, fühlen sich die meisten von uns ängstlich. Wir möchten eine Auflösung und Selbstgewissheit. Eine der Hauptfunktionen des Ichs ist es, diese Auflösung sicherzustellen und einen schlüssigen Sinn zu produzieren« (S. 120, e. Ü.).

Beschäftigt man sich also mit Persönlichkeit und ihrem Einfluss auf relevante Bereiche des Lebens, scheint das Ich eine zentrale Rolle zu spielen. Denn »das Ich ist der Direktor der Persönlichkeit, das durch seine integrativen Kräfte in der Lage ist, das Mich zu schaffen und so auch die [eigene] Identität zu konstruieren« (McAdams, 1985, S. 129, e. Ü.). Das Ich ist allerdings nicht mit der Persönlichkeit insgesamt identisch (siehe S. 91). Es ist auch nicht mit einzelnen Ich-Funktionen (z. B. Blatt u. Bermann, 1984), spezifischen Abwehrmechanismen (z. B. Cramer, 1999; Levit, 1993) oder Copingstrategien zum Schutz des Selbst (z. B. Harter, 1988) zu verwechseln, die damit zweifellos im Zusammenhang stehen (z. B. Labouvie-Vief, Hakim-Larson u. Hobart, 1987).

Zu Beginn dieses Abschnitts sind vier Satzanfänge aufgeführt. Jeder Mensch wird diese Sätze auf die ihm eigene Art und Weise ergänzen. Zwei davon entstammen Loevingers Erhebungsinstrument, mit dem man Ich-Entwicklung messen kann. Obwohl Tausende Menschen solche Sätze auf nahezu tausend verschiedene Arten fortführen, konnte Loevinger zeigen, dass sich darin die Strukturen des Ichs verbergen. Und die Analyse dieser Antworten gibt Auskunft darüber, wie weit das Ich der Antwortenden entwickelt ist. Hunderte empirische Studien zeigen mittlerweile, dass die jeweilige Struktur des Ichs bedeutsame Auswirkungen darauf hat, wie Menschen mit zentralen Fragen, Themen, Aufgaben und Bereichen ihres Lebens umgehen (können) – sowohl beruflich als auch privat. Nach dem Lesen dieses Abschnitts fragt man sich vielleicht: »Wie würde *Ich* antworten?«

2.1.2 Die »Entdeckung« und Entwicklung des Modells

Erstaunlich ist, dass das Modell der Ich-Entwicklung am Anfang aus keinem bewussten Forschungsprogramm entstand, sondern eher »nebenbei« entdeckt wurde. Denn am Anfang stand keine Theorie, sondern reine Daten. So betonte Loevinger immer: »Unsere Konzeption ist durch unsere Daten entwickelt worden« (1984a, S. 56, e. Ü.). Dieses Entdecken und Entwickeln hatte allerdings viel mit ihrer Art und Weise, mit Daten umzugehen, sowie ihrer Methodik der Instrumentenentwicklung zu tun. Loevinger (1993a, 1993b) verstand Theoriebildung als ausgewiesene Psychometrikerin immer als rekursiven Prozess. Denn sie nutzte die von ihr erhobenen Daten nicht nur zum Testen, sondern auch zum Entdecken, Entwickeln, Modifizieren und Revidieren ihres Modells der Ich-Entwicklung (Loevinger, 1957, 1978). Dieser methodische Ansatz ermöglichte ihr letztlich, zu erkennen, dass sie bei ihren frühen Forschungen offensichtlich auf einen im Hintergrund wirkenden Aspekt, wie Ich-Entwicklung, gestoßen war. Und er ermöglichte die stetige Weiterentwicklung des Konzepts, das im Laufe ihres Forschungsprogramms zahlreiche kleinere und größere Veränderungen erfuhr (Loevinger u. Cohn, 1998).

Anfang der sechziger Jahre arbeitete Loevinger zunächst in einem Forschungsprojekt zur Einstellung von Frauen zu Familienproblemen. Dazu konstruierte sie die sogenannte »Family Problems Scale« (FPS) (Loevinger, Sweet, Ossorio u. LaPerriere, 1962). Die FPS bestand anfangs aus insgesamt 213 Aussagen zu unterschiedlichsten familiären Problemsituationen, die sich auf tägliche Schwierigkeiten als auch auf Schwierigkeiten über den gesamten Lebenszyklus hinweg bezogen. Zusätzlich beinhaltete die FPS Aussagen, mit denen gängige Theorien in Bezug auf Einstellungen zu Familie und damit zusammenhängenden Persönlichkeitsaspekten abgedeckt wurden (Loevinger u. Sweet, 1961). Die Aussagen der FPS waren jeweils als Gegensatzpaare vorgegeben, wobei beide Antwortvarianten sozial akzeptabel formuliert waren, um mögliche Abwehrreaktionen zu vermeiden (z. B. »Mit einem Kind, das seine Mutter hasst, stimmt etwas nicht.« vs. »Die meisten Kinder haben Zeiten, in denen sie ihre Mutter hassen.«).

Bei der statistischen Auswertung zeigten sich keine der von den Forschern vermuteten Muster (z. B. Akzeptanz der weiblichen Rolle oder Hinweise auf psychosexuelle Phasen nach Erikson), sondern vor allem ein Cluster von Aussagen, die offensichtlich etwas wie die Eigenschaft »Straforientierung versus Erlaubnisorientierung« erfassten. Interessanterweise war dieses Cluster von Aussagen aber nicht eindeutig zu interpretieren, sondern es zeigten sich andere als von ihr vermutete Zusammenhänge. Beispielsweise stimmten vorwiegend die eher straforientierten Mütter der Aussage »Ein Vater sollte der beste Kumpel seines Sohnes sein« zu (statt der gegenteiligen Aussage »Ein Vater sollte nicht versuchen, der beste Kumpel seines Sohnes zu sein«). Loevinger und ihr Forschungsteam folgten aber nicht dem verbreiteten methodischen Vorgehen, sich auf inhaltlich gut zu interpretierende Aussagen eines Clusters zu beschränken und schwer interpretierbare Aussagen zu eliminieren, um so zu einer homogenen Skala zu gelangen. Stattdessen verfolgten sie genau diese vermeintlichen Widersprüche und versuchten die Gemeinsamkeiten, die sie in ihren Daten trotzdem fanden, zu beschreiben. Beispielsweise charakterisierten sie eine Frau, die eine hohe Ausprägung dieses Clusters hatte, wie folgt (Loevinger et al., 1962):

> »Sie hat eine strafende und kontrollierende Einstellung in Bezug auf viele
> Bereiche der Kindererziehung; sie hat eine geringe Fähigkeit, das innere Erle-

ben ihres Kindes zu konzeptionalisieren; zugleich hat sie eine Sicht auf das Familienleben, die sowohl hierarchisch als auch gefühlvoll scheint. ... Sie hat eine starre Konzeption der sozialen Rolle einer Frau; einiges Misstrauen gegenüber anderen Menschen mit einer damit einhergehenden Ängstlichkeit; einen geordneten, planmäßigen Ansatz in ihrem täglichen Verhalten; und vielleicht einen etwas trüben Blick bezüglich der biologischen Funktion einer Frau« (S. 113, e. Ü.).

Beim Vergleich mit anderen Studien und Konzepten fiel Loevinger auf, dass diese Charakterisierung hohe Ähnlichkeit mit dem im Berkeley-Kreis um Adorno entwickelten Konzept der »Autoritären Persönlichkeit« aufwies (Adorno, Frenkel-Brunswik, Levinson u. Sanford, 1950). Dies war umso erstaunlicher, weil die Forschung mit der FPS auf familiäre Probleme im häuslichen Umfeld ausgerichtet war, während die Forschung von Adorno politisch orientiert war. Zudem studierte Loevingers Team Mädchen und Frauen, während bei Adornos Forschungen meist männliche Teilnehmer untersucht worden waren. Es zeigte sich aber beispielsweise bei beiden Forschungen, dass autoritäre Personen kaum über die Fähigkeit verfügten, inneres Erleben auszudrücken. Aufgrund der gefundenen Cluster und der Ähnlichkeiten zum Konzept der »Autoritären Persönlichkeit« ging Loevinger nun davon aus, dass sich hinter dem erfassten Merkmal ein umfangreicherer Persönlichkeitsapekt verbarg als zunächst angenommen.

Auf dieser Grundlage entwickelte sie den Fragebogen zur »Authoritarian Family Ideology« (AFI) (Ernhart u. Loevinger, 1969), mit dem ihr Team weitere Forschungen unternahm. Beim Vergleich mit klinischen Beobachtungen problembehafteter Mütter fielen dem Forscherteam Muster auf, die inhaltlich nicht in ihre bisherige Theorie passten. Denn ein Teil dieser Frauen wies eine Persönlichkeitsstruktur auf, die chaotisch und unstrukturiert schien, die ihre Impulse kaum kontrollieren konnten und sich Autoritäten eher verweigerte. Daher waren diese Frauen nirgendwo auf dem Kontinuum entlang der beiden Pole »autoritär-obrigkeitshörig« vs. »demokratisch-flexibel« einzuordnen. So lag die Vermutung nahe, dass sich die durch den AFI-Fragebogen gemessene Eigenschaft nicht linear verhält, sondern extremer Autoritarismus eher ein Mittelpunkt und nicht ein Endpunkt dieser Variable ist. Sie schien also nicht bipolar zu sein, sondern eine Sequenz von Meilensteinen, was ein Hinweis auf eine Entwicklungssequenz ist. »Diese Einsicht war ein Wendepunkt in meiner intellektuellen Geschichte, die mich von einer Psychometrikerin zu einer Entwicklungspsychologin machte, von einer Eigenschaftstheoretikerin zu einer Strukturalistin« (Loevinger, 1978, S. 7, e. Ü.).

Um diese Annahme zu überprüfen, wurde der AFI-Fragebogen in weiteren Studien mit größeren und unterschiedlichen Stichproben angewandt. In diesen war die ganze Bandbreite an Altersklassen, Erfahrungshintergründen im Umgang mit Kindern, religiösen Orientierungen und Ausbildungsabschlüssen abgedeckt. Bei den statistischen Auswertungen zeigten sich, wie bei einer Entwicklungsvariablen zu erwarten, signifikante Zusammenhänge mit Alter, Erfahrung und Ausbildungsabschluss (LaPerriere, 1962). Autoritarismus verhielt sich in diesen Zusammenhängen nicht linear, sondern kurvilinear. Wenn man diese Variable beispielsweise zusammen mit der Variable Alter untersucht, steigt der Wert zunächst an, erreicht einen Höhepunkt (maximale Ausprägung von Autoritarismus) und sinkt dann wieder ab. Eine Variable hingegen, die keine Meilensteinsequenz ist, verhält sich meist linear. Die folgende Abbildung 2 illustriert lineare und kurvilineare Beziehungen von Ich-Entwicklung anhand der Beispiele kognitiver Komplexität und Konformismus.

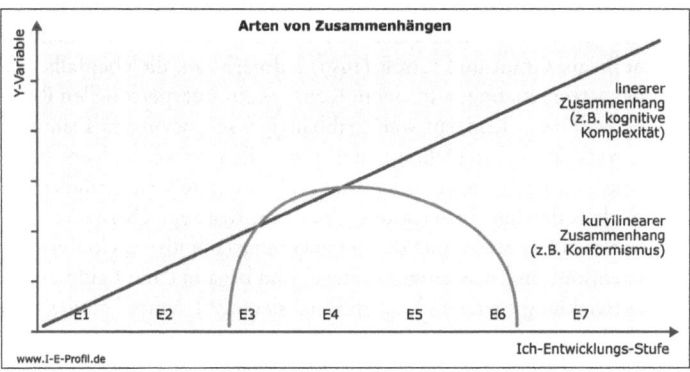

Abbildung 2: Lineare und kurvilineare Zusammenhänge am Beispiel von Ich-Entwicklung, kognitiver Komplexität und Konformismus

Loevinger hatte es, wie es schien, mit einem schwer greifbaren Syndrom zu tun, das eine Vielzahl von unterschiedlichen Aspekten umfasste, die so bisher nicht zusammen betrachtet worden waren. Der bisher im Fokus stehende Aspekt »Autoritarismus« deckte offensichtlich nur einen Teil der Variable ab, so dass der bisherige Begriff nicht mehr geeignet schien. Zugleich handelte es sich bei der mit dem AFI-Fragebogen gemessenen Variable um eine Meilensteinsequenz, die Zusammenhänge mit anderen Variablen aufwies und somit einen Entwicklungscharakter nahelegte. Aus diesen Gründen entschloss sich das Forschungsteam zu einer Umbenennung: »Es schien, dass kein geringerer Begriff als ›Ich-Entwicklung‹ diese

Variable [adäquat] umfasste« (Loevinger, 1978, S. 11, e.Ü). Das war umso mehr gerechtfertigt, da die gefundenen Aspekte in ganz unterschiedlichen Kontexten vollkommen unabhängig vom ursprünglich erforschten Familienkontext auftraten. Offensichtlich hatte Loevingers offen erkundendes und immer wieder Widersprüchen nachgehendes Vorgehen diese Entdeckung erst ermöglicht:

> »Die kurvilineare Beziehung zwischen den Meilensteinen und dem darunter liegenden Entwicklungskontinuum hat eine große praktische Konsequenz. Ein Psychologe kann intensiv Verhaltenstypen studieren, die eigentlich Manifestationen von Ich-Entwicklung sind und endlose Jahre rigoros quantitativ vorgehen, ohne auch nur einen Schimmer der Variable Ich-Entwicklung zu bekommen« (Loevinger, 1973, S. 16, e. Ü.).

Um diese ihnen noch diffus erscheinende Variable Ich-Entwicklung besser zu verstehen, entwickelte das Forscherteam um Loevinger einen ersten Satzergänzungstest (SCT), den es gleichzeitig mit dem AFI-Fragebogen einsetzte. Zu dieser Zeit wurden sie auf eine Veröffentlichung von Sullivan, Grant und Grant (1957) aufmerksam, die ebenfalls mit offenen Satzergänzungen an einem Konzept zur interpersonellen Reife arbeiteten. Dieses Konzept war unabhängig von Loevingers Team mit Daten von männlichen Delinquenten entstanden, wies jedoch erstaunliche Parallelen auf. So lieferten Sullivan et al. eine erste Makrovalidierung des Modells der Ich-Entwicklung. Aus dem Konzept übernahm Loevinger dessen vier Stufen und deren Benennung (Impulsive, Conformist, Conscientious und Autonomous Stage) und begann darauf aufbauend, Ich-Entwicklung weiter zu konzeptionalisieren. Als Vorteil erwies sich, dass Sullivan et al. in ihrer Studie anhand klinischer Interviews eine Reihe von Indikatoren zur Klassifizierung ihrer vier Entwicklungsstufen herausgearbeitet hatten, die zur Beurteilung der einzelnen Satzergänzungen herangezogen werden konnten.

Bei der Anwendung ihres neuen Instruments in der Praxis merkten die mittlerweile mit der Entwicklungssequenz und deren Zeichen gut vertrauten Scorer jedoch bald, dass zwischen der Impulsiven und der Konformistischen Stufe eine Stufe zu fehlen schien: Immer wieder fielen ihnen Personen auf, die weniger impulsiv als Personen schienen, die der ersten Stufe zugeordnet waren, die aber auch nicht eindeutig der zweiten Stufe zuzuordnen waren. Zwar orientierten sich diese vorwiegend an eigenen kurzfristigen Vorteilen, hatten jedoch keine Regeln verinnerlicht und schienen sich eher selbst zu schützen. Diese bisher fehlende Stufe entsprach hingegen dem Delta-Code, der in Isaacs' Theorie zur Beziehungsfähigkeit (1956) beschrieben war.

Auf ähnliche Weise verglich Loevinger ihr Modell mit weiteren Konzepten, in denen vergleichbare Entwicklungsaspekte unabhängig davon untersucht worden waren. Beispielsweise wies Pecks Modell der Charakterentwicklung (Peck u. Havingshurst, 1960) viele Parallelen zu ihrem Konzept auf. Dies führte zur ersten Veröffentlichung Loevingers, in der sie ihr Konzept der Ich-Entwicklung darstellte und begründete (1966, deutsch 1977). Für Loevinger war dies aber nur der Anfang der weiteren Erforschung von Ich-Entwicklung. Drei Jahrzehnte lang revidierte sie durch neue Daten immer wieder nicht haltbare Annahmen und verfeinerte den Satzergänzungstest sowie seine Auswertungskriterien immer weiter. Dann veröffentlichte sie ein erstes umfassendes Manual zur Auswertung (Loevinger u. Wessler, 1970; Loevinger, Wessler u. Redmore, 1970) und weitere sechs Jahre später ein Werk, in dem sie ihr Konzept der Ich-Entwicklung umfassend darlegte (Loevinger, 1976). Auch damit war ihr intensiver Forschungsprozess allerdings noch lange nicht abgeschlossen. Loevinger selbst beschrieb ihr Selbstverständnis einmal wie folgt: »Um eine Wissenschaftlerin zu sein, reicht es nicht aus, eine Theorie und Daten zu haben und auch nicht, eine gute Theorie und einwandfreie Daten zu haben. Das Kernstück des wissenschaftlichen Ansatzes ist eine schöpferische Kopplung zwischen diesen, also ein systematisches Programm zum Korrigieren, Revidieren und Erweitern der theoretischen Konzeptionen in Resonanz auf empirische Studien« (Loevinger, 1978, S. 2, e. Ü.). In den folgenden 20 Jahren verfolgten Loevinger und ihr Team ein solches Programm zur Erforschung von Ich-Entwicklung weiter. Bald schon überprüften sie das ursprünglich nur anhand von Frauen erforschte Konstrukt für beide Geschlechter und legten dazu ein weiteres Manual vor (Redmore, Loevinger u. Tamashiro, 1978). Ebenfalls nahm Loevinger umfangreiche Validierungsstudien vor (z. B. Loevinger, 1979a), die zu verbesserten Testversionen führten (Loevinger, 1985b). Im Laufe der nächsten 17 Jahre revidierte sie aufgrund ihrer weiteren Forschung einen Teil ihrer Stufenfolge im präkonventionellen Bereich und nummerierte ihre Stufenfolge einheitlich. Dies mündete in ein durch neuere Stichproben modifiziertes Auswertungssystem (Hy u. Loevinger, 1996). Mit 84 Jahren veröffentlichte sie ein Resümee mit einem Überblick ihrer etwa 40-jährigen Forschungsarbeit zu Ich-Entwicklung unter dem bezeichnenden Titel »Bekenntnisse einer Bilderstürmerin: Am Rande zu Hause« (Loevinger, 2002).

2.1.3 Stufen der Ich-Entwicklung

Das Besondere am Modell der Ich-Entwicklung von Loevinger ist, dass es zugleich eine Persönlichkeitstypologie und eine Entwicklungssequenz darstellt.
- Als Persönlichkeitstypologie beschreibt es typische Funktionsweisen beziehungsweise Muster von Persönlichkeit und wodurch sich diese auszeichnen (z. B. Gemeinschaftsorientierung, Eigenbestimmtheit).
- Als Entwicklungssequenz ordnet es diese Persönlichkeitstypen zu einer aufeinander aufbauenden Reihenfolge, die Menschen – wenn sich ihre Persönlichkeit entwickelt – durchlaufen.

Dass diese (und weitere) Besonderheiten von Ich-Entwicklung das Modell im Vergleich zu anderen Persönlichkeitsmodellen viel schwieriger zugänglich machen, bringt Loevinger (1976) selbst wie folgt zum Ausdruck:

»Eine Konzeption, in der Ich-Entwicklung sowohl eine Typologie als auch eine Entwicklungssequenz ist, bedeutet, dass sie [Ich-Entwicklung] eine Abstraktion ist. Sie kann nicht reduziert werden auf konkrete, beobachtbare Leistungen […]. Ich-Entwicklung steht in Beziehung zu und ist abgeleitet aus Beobachtungen, aber sie ist nicht direkt beobachtbar« (S. 57, e. Ü.).

Dennoch sprechen die Ergebnisse zahlreicher Forschungsstudien dafür, dass ein so umfangreiches Konstrukt wie Ich-Entwicklung tatsächlich zu existieren scheint (siehe S. 113). Auch scheint das jeweilige Entwicklungsniveau großen Einfluss auf viele Aspekte des Lebens zu haben, die mit zunehmender Reife immer besser bewältigt werden können (Kegan, 1996). Insofern ist das Konstrukt der Ich-Entwicklung eine Abstraktion, die für Loevinger (1984a) dennoch sehr real ist:

»Ich bin davon überzeugt, dass das Selbst, das Ego, das Ich oder das Mich in gewisser Weise real und nicht nur durch unsere Definition erschaffen sind. Meine Absicht ist es, zu verstehen, wie ein Mensch durch das Leben navigiert und nicht, künstlich abgegrenzte Einheiten zu erschaffen […] Was ich Ich-Entwicklung genannt habe, glaube ich, ist zurzeit die größte Näherung, zu der wir kommen können, wenn man versucht, die Entwicklungssequenz des Selbst oder seiner Hauptaspekte aufzuzeichnen« (S. 50, e. Ü.).

Um die von Loevinger skizzierten Stufen der Ich-Entwicklung zu verstehen, ist es notwendig, von konkreten Verhaltensweisen abstrahieren zu können (im Überblick siehe Anlage 1). Denn ein bestimmtes Ich-Entwicklungsniveau kann sich auf sehr unterschiedliche Art und Weise zeigen. Ein ganz in seinen Impulsen gefangenes Kind, für das die Impulsive Stufe normal ist, und der noch immer impulsabhängige Jugendliche oder Erwachsene, die normalerweise eine spätere Entwicklungsstufe erreicht haben, teilen zwar ein spezifisches Muster, das gemeinsam mit anderen Aspekten kennzeichnend für diese Stufe ist. Sie werden diese Verhaltensweisen aufgrund ihres Altersunterschiedes aber wahrscheinlich sehr unterschiedlich äußern. Daher muss eine wirklich altersunabhängig beschriebene Entwicklungssequenz, wie sie Loevinger herausgearbeitet hat, die einzelnen sie konstituierenden Aspekte notwendigerweise abstrakt fassen.

Ein Beispiel dafür liefert Haan, Stroud und Holsteins (1973) Studie zur Hippie-Kultur, die sich als Gegenentwurf zur konservativen US-Kultur der damaligen Zeit verstand. Die Studie von Haan et al. ergab, dass die meisten untersuchten Hippies auf der Gemeinschaftsbestimmten (E4) oder Rationalistischen Stufe (E5) verortet waren. Einer der zentralsten Aspekte der Gemeinschaftsbestimmten Stufe (E4) und der darauf folgenden Rationalistischen Stufe (E5) ist der Aspekt »Konformismus«. Die reine Betrachtung des antikonservativen Auftretens der Hippies würde wahrscheinlich nicht konformistisch erscheinen. Von einem entwicklungspsychologischen Standpunkt aus aber würde man sie dennoch als konformistisch einschätzen, wenn »Konformität, Nichtkonformität oder Antikomformität ein zentrales Thema in ihrem Leben darstellt« (Loevinger u. Blasi, 1976, S. 195, e. Ü.). Man könnte daher bei diesem Aspekt der Ich-Entwicklung eher von Meta-Konformität sprechen. Denn es geht nicht um die alltägliche Beobachtung konformistischen oder antikonformistischen Verhaltens, sondern um die dahinter liegende Ich-Struktur.

Im Folgenden werden die einzelnen Ich-Entwicklungsstufen anhand ihrer wesentlichen Charakteristika kurz beschrieben, um so einen Überblick über die Entwicklungssequenz zu ermöglichen (vgl. Loevinger, 1976; Hy u. Loevinger, 1996; Westenberg et al., 2004). Die Stufenbezeichnungen sind neben den Nummerierungen (E2 bis E9) eine Orientierungshilfe, um ein wesentliches und hervorstehendes Merkmal der jeweiligen Stufe zu verdeutlichen. Loevinger (1976, S. 15) selbst warnte jedoch davor, ihre Stufenbezeichnungen wortwörtlich zu nehmen, da sie keinesfalls das gesamte Muster der jeweiligen Entwicklungsstufe erfassen würden. Auch bei anderen Entwicklungsstufen treten Aspekte der in der Stufenbenennung genannten Merkmale auf, allerdings nicht im gleichen Ausmaß. Für die Beschreibung der Stufen werden hier die Bezeichnungen von Binder (2007a, 2010; Binder u. Kay, 2008) gewählt, das heißt die Begriffe, wie sie im Ich-Entwicklungs-Profil (www.I-E-Profil.de) verwendet werden. Die Bezeichnungen der Stufen im Ich-Entwicklungs-Profil lehnen sich an Loevingers Stufenbezeichnungen an, sind aber aus zwei Gründen verändert:

1. Einige von Loevingers Bezeichnungen sind nicht verständlich genug und erfassen nicht das Wesentliche der jeweiligen Stufe.
2. Manche Stufenbezeichnungen werden von Menschen auf dieser Entwicklungsstufe möglicherweise schwer als Beschreibung akzeptiert.

Die Entwicklungsstufe E8, von Loevinger als Autonome Stufe bezeichnet, ist ein Beispiel dafür. Diese Bezeichnung erweckt oft die Assoziation von (im übertragenen Sinne) »auf eigenen Füßen stehen«/»selbstständig sein«, was eher ein zentrales Merkmal der Entwicklungsstufe E6 ist (im Sinne eines unabhängigen Ichs). Loevinger wählte diese Bezeichnung, um auf den Aspekt »Respekt vor dem Bedürfnis Anderer nach Selbstbestimmung« hinzuweisen. In ihrer letzten Revision erkannte sie die missverständliche Bezeichnung, obwohl sie bei ihrem eingeführten Terminus blieb: »Erikson (1950) benutzte den Begriff autonom für die Phase, die hier als selbst-schützend [E3] bezeichnet wird [...]. Hier ist der Begriff Autonomie für eine Stufe am anderen Ende der Skala reserviert« (Hy u. Loevinger, 1996, S. 6, e. Ü). Der zweite Kritikpunkt bezieht sich auf die Anwendung des Entwicklungsmodells. Loevinger berücksichtigte diesen Aspekt nicht, da sie reine Forschung betrieb, die Ergebnisse den Forschungsteilnehmern also nicht zurückmeldete. Dieser Punkt ist aber wichtig, wenn man mit diesem Modell praktisch arbeitet, sei es im Coaching, in der Führungskräfteentwicklung oder in der Diagnostik. Ein Beispiel soll dies verdeutlichen: Die Entwicklungsstufe E4 wird bei Loevinger als »konformistisch« bezeichnet und hat somit einen eher negativen Klang. Im Ich-Entwicklungs-Profil wird diese Stufe neutraler als »gemeinschaftsorientiert« bezeichnet, womit sie von Menschen auf dieser Stufe leichter angenommen werden kann. Bei anderen Stufenbezeichnungen wurde ähnlich verfahren (z. B. »selbstorientiert« statt »opportunistisch«). Dies soll auch vermeiden, dass Stufenbezeichnungen als Etikettierungen von Menschen (z. B. Experte, Stratege) verwendet werden, wie es bei den von Torbert für seine praktischen Forschungen verwendeten Begriffen der Fall zu sein scheint (z. B. Torbert, 1987a).

2.1.3.1 Die frühen Stufen der Ich-Entwicklung

Wenn ein Mensch auf die Welt kommt, hat er im eigentlichen Sinne noch kein eigenes Ich. Loevinger bezeichnet diesen Zustand als *Präsozial-symbiotische Stufe (E1)*, erläutert diesen jedoch nicht näher, da diese Stufe nicht im Geltungsbereich ihres Ich-Entwicklungsmodells liegt. Hier kennt ein Säugling noch nicht den Unterschied zwischen sich und der Umwelt und auch nicht zwischen belebten und unbelebten Elementen: »Das Kind kann beispielsweise nicht zwischen der Quelle des Unwohlseins durch zu helles Licht und der durch Hunger unterscheiden« (Kegan, 2003, S. 85). Erst später lernt der Säugling, sich selbst als getrennt von der Umwelt wahrzunehmen und entdeckt, dass es eine stabile Welt von Objekten gibt (Objektpermanenz). Und er lernt, die Mutter von der Umgebung zu unterscheiden, wobei er noch eine symbiotische Beziehung zur Mutter hat. Erst am Ende dieser Stufe kann man von einem eigenen Ich sprechen, wobei der Spracherwerb offensichtlich eine starke Rolle spielt. Im Gegensatz zur Konzeption von Loevinger wird in der psychoanalytischen Literatur meist nur diese kurze Phase als Ich-Entwicklung bezeichnet.

Darauf folgt die *Impulsive Stufe (E2)* der Ich-Entwicklung, in der sich das Kind von der zentralen Bezugsperson immer mehr abgrenzt und seinen eigenen Willen ausübt. Physische Bedürfnisse und eigene Impulse werden ungehindert gezeigt. Es bleibt dabei in hohem Maße abhängig von anderen und ihnen gegenüber fordernd. Regeln werden noch nicht verstanden, als schlechtes Verhalten gilt, was bestraft wird. Andere Menschen werden danach eingeordnet, wie sie den eigenen Wünschen dienen. Daher wird die Einschätzung »gut« oder »schlecht« eher damit verwechselt, wie nett oder nicht nett das Gegenüber zu einem selbst ist. Emotionen sind noch undifferenziert und eher körperlicher Natur. Die Zeitorientierung ist noch ausschließlich auf das Hier und Jetzt bezogen.

Indem ein Mensch lernt, wie Belohnung und Bestrafung funktionieren, erkennt er, dass es Regeln gibt. Die *Selbstorientierte Stufe (E3)* ist somit ein weiterer Schritt in der Entwicklung, der eine erste Form von Selbstkontrolle beinhaltet. Regeln werden jetzt befolgt (oder gebrochen), weil sie eigenen Vorteilen dienen. Insofern steht die eigene Nutzenmaximierung im Vordergrund. Auch zwischenmenschliche Beziehungen werden vorwiegend an eigenen Vorteilen gemessen, wobei die in der vorherigen Stufe vorhandene Abhängigkeit schwindet und Dinge lieber selbst gemacht werden. Ein längerer Zeithorizont fehlt und der Wunsch nach unmittelbarer Bedürfniserfüllung bleibt vorhanden, im Zweifelsfall auf Kosten anderer. Es herrscht eine sich selbst schützende Orientierung vor, bei der Ursachen und Schuld außerhalb des eigenen Selbst verortet werden (z. B. »Ich war mit den falschen Leuten zusammen …«). Selbstkritik ist noch kaum vorhanden oder bezieht sich dann auf Aspekte, für die man sich nicht verantwortlich fühlt.

2.1.3.2 Die mittleren Stufen der Ich-Entwicklung

Ein weiterer qualitativer Schritt erfolgt mit der *Gemeinschaftsorientierten Stufe (E4)*, auf der das eigene Wohlergehen mit dem einer Gemeinschaft oder einer anderen Autorität verbunden wird (z. B. Familie,

Arbeitsgruppe, Lehrer, Vorgesetzter). Man identifiziert sich jetzt mit diesen und akzeptiert weitgehend unhinterfragt deren Werte, Meinungen und Weltbilder. Regeln werden eingehalten, weil sie dort so gelten. Wichtig ist Anerkennung durch die jeweilige gewählte Bezugsgruppe, daher ordnet man sich den dort geltenden Bedingungen unter und versucht, ein akzeptiertes Mitglied zu sein. Damit geht einher, dass man die Welt in einfache Kategorien einteilt und klare Vorstellungen und Regeln hat, wie etwas zu sein hat oder wie mit etwas zu verfahren ist. Man sieht sich selbst und andere Personen eher so, wie man sein sollte, und nicht, wie man vielleicht ist. Das Bewusstsein ist dabei auf Äußerliches ausgerichtet (z. B. Kleidung, Aussehen, guter Ruf) und es gibt offensichtlich noch kein ausdifferenziertes Innenleben.

Mit dem Erwachen einer eigenen Stimme, die unabhängig von anderen wird, beginnt der nächste Schritt zur *Rationalistischen Stufe (E5)*, die eigentlich eine Übergangsstufe ist. Personen auf dieser Stufe ist klar geworden, dass Menschen vielschichtiger sind und häufig nicht mit den sie betreffenden Stereotypen übereinstimmen. Dadurch erweitert sich auch die Fähigkeit, das eigene Innenleben zu erfassen. Aber auch Beziehungen zu anderen werden jetzt nicht mehr nur in Form von gemeinsamen Aktivitäten oder dem Teilen gemeinsamer Bezugsgruppen verstanden, sondern auch danach, was dies für einen bedeutet und welche Gefühle damit verbunden sind. In diesem Zusammenhang werden auch früher als fest und unverrückbar geltende Regeln eingegrenzt. So werden jetzt beispielsweise unterschiedliche Bedingungen für verschiedene Situationen oder Gruppen in Rechnung gestellt. Insgesamt geht damit eine höhere kognitive Flexibilität einher, denn Dinge werden jetzt zunehmend hinterfragt. Man beginnt Gründe für Verhalten zu suchen, selbst wenn sich diese noch häufig auf einfache Aspekte beziehen (z. B. »... weil ihn etwas stört«). Selbstkritik ist in Ansätzen sichtbar, geht aber in sozialen Situationen meist mit einem Gefühl der Befangenheit einher. Bestimmend ist der Aspekt, sich nun von anderen zu unterscheiden, wobei man sich häufig noch an einzelnen (zuweilen einseitigen) Standards orientiert.

Ein einschneidender Wechsel in der Ich-Entwicklung ist der Übergang zur *Eigenbestimmten Stufe (E6)*. Mit dieser ist erstmals ein Ich entstanden, das unabhängig von anderen »konstruiert« ist. Es ist gekennzeichnet durch selbst evaluierte Standards und Werte, an denen die eigene Verantwortung festgemacht wird. Eine Entscheidung wird nicht getroffen, weil andere Menschen es so wollen, sondern weil man sie selbst als richtig sieht und fühlt. Ein einprägsames Beispiel ist Luthers Standhalten am 18. April 1521 vor dem Wormser Reichstag: »[...] ich kann und will nichts widerrufen, weil es gefährlich und unmöglich ist, etwas gegen das Gewissen zu tun« (Treu, 2006, S. 51). Ein Mensch auf dieser Stufe erkennt immer mehr Wahl- und Gestaltungsmöglichkeiten und betrachtet Regeln in Bezug auf ihre Angemessenheit. Es werden Motive und andere innere Aspekte bei der Betrachtung von Personen in Rechnung gestellt, was dazu führt, das man sich selbst und andere vielfältiger beschreiben kann. Eine Person auf dieser Stufe ist daher reflektierend und zur Selbstkritik fähig. Damit geht ein längerfristigerer Zeithorizont, das Bestreben, weiter zu kommen und ein breiterer Blick auf die Welt einher, bei dem das Ich nicht mehr ausschließlich im Zentrum stehen muss.

2.1.3.3 Die späten Stufen der Ich-Entwicklung

Mit der nächsten Stufe der Entwicklung, der *Relativierenden Stufe (E7)*, kann ein Mensch individuelle Unterschiede jetzt in größerer Breite und Tiefe sehen. Er gelangt sozusagen zu einem wirklichen Blick auf die Individualität eines Menschen. Zudem wird die eigene Subjektivität zunehmend gesehen und in Rechnung gestellt. So kann man auch Unterschiede leichter tolerieren als auf früheren Stufen. Menschen auf dieser Entwicklungsstufe relativieren mehr und stellen zunehmend den jeweiligen Kontext in Rechnung. Innere und äußere Konflikte und Widersprüche werden mehr zugelassen, allerdings noch häufig außerhalb des eigenen Selbst verortet. Situationen und Menschen werden jetzt prozesshafter und damit weniger statisch wahrgenommen, so dass auch insgesamt mehr auf Entwicklung geachtet wird. Es werden unterschiedliche Arten von Abhängigkeiten kontrastiert und mehr Unterschiede zwischen dem benannt, wie etwas äußerlich erscheint und wie es möglicherweise tatsächlich ist.

Die Relativierende Stufe ist im wesentlich noch eine Übergangsstufe zur *Systemischen Stufe (E8)*, in der sich viele der dort schon angelegten Aspekte erst in vollem Umfang zeigen. Menschen auf dieser selten erreichten Entwicklungsstufe können nun die Andersartigkeit anderer Menschen voll akzeptieren und schätzen deren Bedürfnis nach Selbstbestimmung. Dies steht im Gegensatz zur moralischen Entrüstung von Menschen auf früheren Stufen. Damit verschwindet auch das zuweilen exzessive Verantwortungsgefühl der mittleren Entwicklungsstufen (E4–E6). Mögliche Fehler anderer können daher leichter aus einer wohlwollen Distanz betrachtet werden, um Lernen zu ermöglichen, anstatt vorher einzugreifen. Dies gelingt vor allem, weil innere Konflikte und Widersprüche voll anerkannt werden und nicht mehr nach außen projiziert oder verneint werden. Damit ist man nun in der Lage, widersprüchliche Ideen oder Konzepte zu vereinen, die früher als gegensätzliche Alternativen erschienen sind. Trotz der bereits erlangten inneren Unabhängigkeit herrscht ein tiefer Respekt vor gegenseitigen Abhängigkeiten und

Vernetzungen. Dies geht einher mit einer breiteren Sicht auf die Welt und dem inneren Wunsch, sich weiterzuentwickeln.

Die letzte von Loevinger herausgearbeitete Stufe ist die *Integrierte Stufe (E9)*, die allerdings, so betont sie selbstkritisch, auch am schwersten zu beschreiben ist. Menschen, die diese Stufe erlangt haben, sind ihrer Ansicht nach in vielem vergleichbar mit dem »selbstverwirklichenden Mensch« (»self-actualizer«), wie ihn Maslow (1996, S. 179–212) in seiner fallorientierten Untersuchung beschrieben hat. Loevinger hat diese Stufe nie weiter erforscht und sah eine Begrenzung darin, überhaupt eine ausreichende Fallzahl zu finden, um Gemeinsamkeiten und Charakteristika dieser Entwicklungsstufe hinreichend genau herausarbeiten zu können. Dennoch gab es immer Interesse an dieser Stufe und Kritik an Loevingers Vorgehen, zum Beispiel von Billington (1988, S. 76, e. Ü.): »Wie auch immer, es gibt Anzeichen dafür, dass die [letzte] Stufe existiert. Nur weil sie sehr selten und nicht vollständig verstanden ist, scheint das kein Grund zu sein, diese Stufe zu eliminieren.« Cook-Greuter nahm dieses Thema auf und erforschte insbesondere die späten Entwicklungsstufen in Loevingers Modell. Die so über viele Jahre zusammengetragene umfangreiche Datenbasis führte schließlich zu einer Neuformulierung der späten Entwicklungsstufen (siehe S. 52).

Auch wenn Loevinger den Forschungsarbeiten Cook-Greuters (1990, 1994, 2000a), die sich ausschließlich mit den späten Ich-Entwicklungsstufen beschäftigen, skeptisch gegenüber stand, sah sie die Entwicklungssequenz nie als geschlossen an. So betonte sie, »dass es keine höchste Stufe gibt, sondern nur ein Öffnen gegenüber neuen Möglichkeiten« (Loevinger, 1976, S. 26, e. Ü.). Ebenso wehrte sie sich stets gegen eine normative Begründung ihrer Entwicklungssequenz, wie sie von Kohlberg gefordert wurde: »Ich kann seiner Kritik an meiner Arbeit (Snarey, Kohlberg u. Noam, 1983) nur zustimmen, dass ihr die normative Komponente seines Ansatzes fehlt und dass ich lediglich versuche zu bestimmen, was ist, unbehindert dessen, was sein sollte« (Loevinger, 1986a, S. 187). Daher benannte sie auch nie einen Endpunkt ihrer Ich-Entwicklungssequenz.

2.1.4 Aspekte und Bereiche der Ich-Entwicklung

Verfolgt man die Beschreibungen der einzelnen Ich-Entwicklungsstufen, fällt auf, dass jede Stufe der Ich-Entwicklung durch eine Vielzahl von Aspekten gekennzeichnet ist. Denn Ich-Entwicklung ist im Gegensatz zu anderen Entwicklungsbereichen eines Menschen (z. B. Entwicklung moralischen Urteilens, kognitive Entwicklung) ein sehr breites Feld und umfasst viele aufeinander bezogene Aspekte. Die einzelnen Aspekte, die sich in der Ich-Entwicklungssequenz finden (z. B. Zeitorientierung im Hier und Jetzt, ein Denken in Richtig oder Falsch), sind allerdings nicht über alle Stufen hinweg die gleichen. Vielmehr stellt jede Stufe der Ich-Entwicklung eine Struktur von Aspekten dar, die gehäuft zusammen auftreten und offensichtlich aufeinander bezogen sind. Lasker (1978, S. 32, e. Ü.) bringt diesen Zusammenhang auf den Punkt: »Das Ich wird in diesem Sinn als holistisches Phänomen gesehen. Es ist die zugrunde liegende Einheit einer Vielfalt von Facetten, welche die Essenz einer Ich-Entwicklungsstufe ausmachen. Keine Facette kann außerhalb des Kontexts anderer verstanden werden.«

Jede Stufe der Ich-Entwicklung ist insofern durch jeweils andere Aspekte als die vorherige oder nachfolgende Stufe definiert. Es treten allerdings nicht immer vollständig neue Aspekte auf. Vielmehr verändern sich diese Aspekte über die verschiedenen Stufen der Ich-Entwicklungssequenz hindurch, wie Abbildung 3 verdeutlicht.

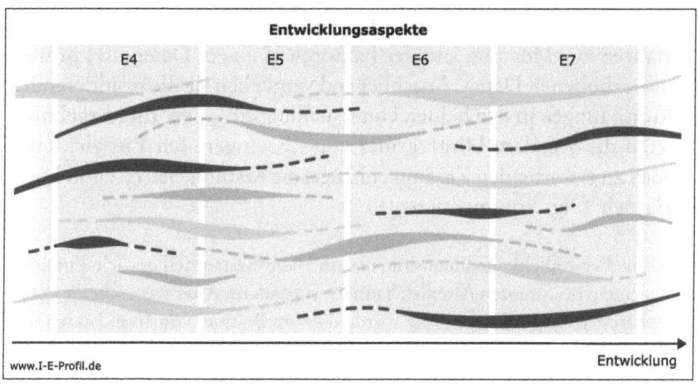

Abbildung 3: Typische Verläufe von Aspekten der Ich-Entwicklung

Am Beispiel von Regeln lässt sich gut illustrieren, wie sich einzelne Aspekte über verschiedene Stufen der Ich-Entwicklung verändern. Auf der Impulsiven Stufe (E2) werden Regeln noch kaum verstanden, auf der Selbstorientierten Stufe (E3) hingegen wird der Vorteil von Regeln erkannt, vor allem auch, weil sie das Leben berechenbarer machen. Erst auf der Gemeinschaftsorientierten Stufe (E4) werden Regeln aus sich heraus akzeptiert, sofern sie der Gruppe entstammen, mit der man sich identifiziert und verbunden fühlt. Mit weiterer Entwicklung beginnt ein Mensch dann immer mehr zu sehen, dass Regeln nur unter bestimmten Bedingungen gelten oder in einzelnen Fällen vor dem Hintergrund des eigenen Gewissens möglicherweise gänzlich abzulehnen sind. Loevinger und Wessler (1978, S. 55, e. Ü.) beschreiben, wie anspruchsvoll es ist, diese qualitative und quantitative Veränderung von einzelnen Aspekten methodisch adäquat umzusetzen: »Eine Schwierigkeit in der Formulierung von Auswertungsregeln besteht darin, dass Konzepte nicht voll ausgeprägt auf einer Stufe hervortreten, sondern dazu tendieren, in klischeehafter Form auf niedrigen Stufen und dann voll ausgeprägt auf höheren Stufen zu erscheinen.«

Starrett (1983) sowie Kishton, Starrett und Lucas (1984) untersuchten solche nicht-monotonen Verläufe anhand des Aspekts Impulsivität. Um testen zu können, inwiefern Impulsivität ein gleichbleibender Aspekt ist oder eher mit bestimmten Entwicklungsstufen zusammenhängt, bedienten sie sich eines innovativen Studiendesigns: Sie erhoben Ich-Entwicklung zusammen mit zwei Impulsivitätsskalen in einer Gruppe von 89 jüngeren Schülern (Durchschnittsalter 14,8 Jahre) und 83 älteren Schülern (Durchschnittsalter 18,7 Jahre). Die durch die beiden Skalen gemessene Impulsivität war dabei als lineare Eigenschaft konzipiert (Eysenck u. Eysenck, 1977). Mittels einer Faktorenanalyse, einem multivariaten Verfahren zur Messung latenter Faktoren in einem Datensatz, prüften sie die erhobenen Daten. Anschließend verglichen sie die resultierenden Faktorladungen in den beiden Untersuchungsgruppen. Ihre Ergebnisse zeigten die vor dem Hintergrund von Loevingers Ich-Entwicklungsmodell zu erwartenden Zusammenhänge, die Kisthon, Starrett und Lucas (1984) wie folgt kommentieren:

»Eine Persönlichkeitsdimension, die ein Hauptbestandteil der Ich-Funktion zu einem bestimmten Alter ist, kann für ein anderes Alter wesentlich weniger kritisch sein. In dieser Studie wurde dies am Beispiel von Impulsivität und Ich-Entwicklung demonstriert. Im frühen Jugendalter ist das Ausleben von Impulsen zu einem hohen Maße mit anderen Aspekten von Ich-Entwicklung verbunden: Bewusstseinsfokus, interpersoneller Stil und kognitive Komplexität beeinflussen und werden beeinflusst durch schwache Impulskontrolle. Während der kognitive und soziale Reifungsprozess voranschreitet, wird das Funktionieren des Ichs differenzierter und integrierter. Leistung, Rollenkonzeptionalisierung und kognitive Komplexität werden zu vorherrschenden Themen des Ichs. Impulskontrolle (in Abwesenheit von Pathologie) erreicht einen Meilenstein und wird ein immer peripheres Element. Da eines der zugeschriebenen Attribute hoher Stufen der Ich-Entwicklung Spontanität ist, gibt es die Vermutung, dass die Bedeutung von Impulsivität im Erwachsenenalter wieder zunimmt. Dies kann eher die Form von Offenheit gegenüber neuen Erfahrungen oder ›sensation seeking‹ annehmen als der Widerstand gegen Charakteristika der Sozialisation wie bei impulsiven Kindern oder Jugendlichen« (S. 61, e. Ü.).

Um den Zusammenhang zwischen einzelnen Aspekten und Ich-Entwicklung weiter zu verstehen, ist die Erkenntnis wichtig, dass zwischen einzelnen beobachtbaren Verhaltensweisen und dem gesamten Muster einer Entwicklungsstufe ein Unterschied besteht. In Bezug auf die Impulsive Stufe (E2) macht Loevinger (1977, S. 157) beispielsweise auf Folgendes aufmerksam: »Einige Verhaltensweisen dieses Stadiums, wie z.B. Wutanfälle, erhalten sich unverändert durch den gesamten Lebenszyklus, sind also nicht altersspezifisch.« Es ist daher zwischen einzeln auftretenden Wutanfällen und einer Abhängigkeit von Impulsen im gesamten Lebenskontext zu unterscheiden, die mit vielen weiteren Aspekten zusammen auftritt (als Hinweis auf die impulsive Entwicklungsstufe). Beim ersten Fall könnte man von mangelnder Impulskontrolle sprechen und beim zweiten Fall eher von einer generellen Impulsabhängigkeit. Die Vielzahl von Aspekten, die sich in der Ich-Entwicklungssequenz insgesamt zeigen, kann man vier Bereichen zuordnen, die in der folgenden Tabelle 1 aufgeführt sind.

Tabelle 1: Vier Bereiche der Ich-Entwicklung

Ich-Entwicklung			
1.	2.	3.	4.
Charakter	Interpersoneller Stil	Bewusstseinsfokus	Kognitiver Stil
(Umgang mit eigenen Impulsen und Maßstäben)	(Art und Weise, mit anderen umzugehen)	(Bereiche, auf die sich die Aufmerksamkeit richtet)	(Art und Weise der Denkstrukturen)

Loevinger erkannte in ihren Forschungsarbeiten, dass diese vier Bereiche der Ich-Entwicklung nicht isoliert voneinander bestehen. Allerdings sind sie auch nicht im Sinne von vier feststehenden Faktoren der Ich-Entwicklung zu verstehen. Denn bei faktorenanalytischen Untersuchungen zur Überprüfung der Dimensionalität von Ich-Entwicklung konnte immer nur ein Hauptfaktor gefunden werden (siehe S. 155). Sie beobachtete, dass sich die vier Bereiche gemeinsam in einer zusammenhängenden Art und Weise, einer Art organisierter Ganzheit, entwickeln. Diese Entwicklung folgt einer gemeinsamen Richtung, die zu immer größerer Differenziertheit und Integriertheit des eigenen Ichs führt. Die Entwicklung in jedem dieser vier (nur konzeptionell) zu unterscheidenden Bereiche verhält sich wie folgt:
1. Der *Charakter* entwickelt sich von stark impulsgesteuert und mit Befürchtungen vor Bestrafung (bei »falschem« Verhalten) beschäftigt

zu immer stärker selbstregulierend und eigene Maßstäbe für sich findend, die später zunehmend wieder transzendiert werden.
2. Der *interpersonelle Stil* entwickelt sich von sehr manipulierend zu immer stärker die Autonomie anderer berücksichtigend sowie auf für alle Seiten tragfähige interpersonelle Vereinbarungen achtend.
3. Der *Bewusstseinsfokus* ist bei frühen Stufen stärker auf externe Dinge und eigene Bedürfnisse gerichtet. In späteren Stufen ist dieser auch mehr auf interne Aspekte (Motive, Gefühle etc.) sowie Individualität und Entwicklung hin ausgerichtet.
4. Der *kognitive Stil* entwickelt sich von sehr einfach und undifferenziert zu immer größerer konzeptioneller Komplexität, Multiperspektivität und Fähigkeit mit Widersprüchen umzugehen.

Der Begriff »Charakter«, scheint in der psychologischen Forschung ein etwas veralteter Begriff zu sein. Von Loevinger (1987a, S. 226) wurde dieser Bereich von Ich-Entwicklung auch öfter als »Impulskontrolle« bezeichnet. Dieser Begriff ist aber irreführend, da er eher für die frühen Ich-Entwicklungsstufen zutrifft und nicht das Spektrum dessen abbildet, was durch den Begriff »Charakter« im Ich-Entwicklungsmodell gemeint ist. Neuerdings greifen einige Psychologen den Begriff »Charakter« wieder auf. Ähnlich wie Loevinger verstehen sie diesen Begriff aber nicht wie früher als Synonym für Persönlichkeit insgesamt, sondern in einem engeren Sinne. Ein Beispiel dafür sind Peterson und Seligman (2004), die analog zum klinisch orientierten DSM (Diagnostic and Statistical Manual of Mental Disorders) ein Klassifikationsschema zu Charakterstärken entwickelten.

2.1.5 Ich-Entwicklung als Transformation

Die Verschiedenheit der Aspekte, die eine Entwicklungsstufe ausmachen, als auch die qualitative Veränderung einzelner Aspekte sind der Grund dafür, dass Loevinger Ich-Entwicklung nicht als eine kumulative Variable ansieht. Vielmehr zeigt sich daran, dass jede spätere Stufe der Ich-Entwicklungssequenz eine qualitative Veränderung beinhaltet. Aufgrund dieser qualitativen Unterschiede von einer Stufe zur nächsten stellt Ich-Entwicklung eine Sequenz von Meilensteinen dar. Denn es existiert eine Vielzahl von kurvilinearen Beziehungen (wie am Beispiel von Regeln illustriert) und die Bedeutung einzelner Aspekte ändert sich über die Entwicklungssequenz hinweg (vgl. Kishton et al., 1984). Wie Längsschnitt- und andere Studien zur Überprüfung der Sequenzialität von Ich-Entwicklung (siehe S. 156) bestätigen, gibt es auch eine eindeutige Reihenfolge dieser Entwicklungssequenz. Jede Stufe ist dabei differenzierter und integrierter as die vorherige und gestattet einem Menschen größere Freiheitsgrade im Umgang mit Anderen, sich selbst und seiner Umwelt. Insofern bedeutet ein Schritt zu einer nächsten Stufe der Ich-Entwicklung auch eine Entwicklung in Richtung größerer persönlicher Reife.

Um den Unterschied zwischen einer qualitativen und stufenförmigen Entwicklung zu einem »mehr desselben«, zu verdeutlichen, unterscheidet Cook-Greuter (2004) zwei unterschiedliche Arten von Entwicklung: horizontale und vertikale Entwicklung. Ich-Entwicklung ist dabei eine Form von vertikaler Entwicklung, während horizontale Entwicklung eher Lernen bedeutet. Doch worin besteht dieser Unterschied (vgl. Binder, 2010)?

– *Lernen:* Dabei kommt es zur Aneignung von Wissen, weiteren Kompetenzen und neuen Erfahrungen. Greift man die alltagssprachliche Verwendung von Entwicklung auf, sollte man eher von horizontaler Entwicklung sprechen, denn es findet nur eine zusätzliche Aneignung neuer Konzepte statt. Die grundsätzliche Art und Weise, wie sich ein Mensch mit sich und der Welt auseinandersetzt, bleibt dagegen unverändert.
– *Entwicklung:* Hierbei kommt es zu einer differenzierteren und integrierteren Sicht auf sich selbst und die Welt. Es findet also ein qualitativer Sprung statt (Transformation zu einer späteren Entwicklungsstufe). Insofern kann man dies in Abgrenzung zum Alltagsverständnis als vertikale Entwicklung bezeichnen.

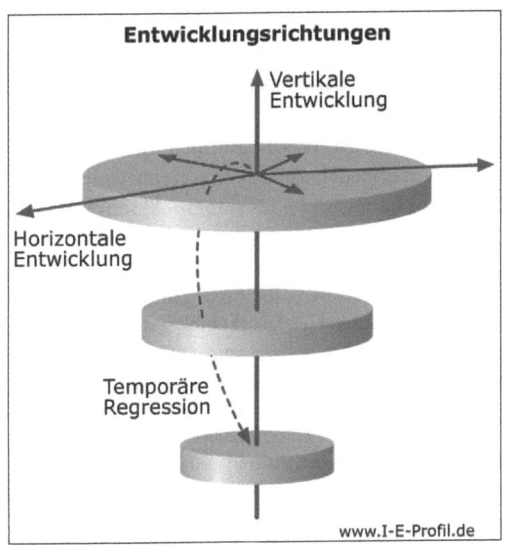

Abbildung 4: Entwicklungsrichtungen: Horizontal und vertikal

Die Abbildung 4 verdeutlicht diese Unterscheidung. Die Scheiben stehen für verschiedene Stufen der Ich-Entwicklung. Die unterschiedlichen Größen der Scheiben veranschaulichen, dass jede spätere Entwicklungsstufe qualitativ reifer als die vorherigen Stufen ist. Dies impliziert auch, dass mit fortschreitender Ich-Entwicklung immer mehr und anderes Lernen und damit Handeln möglich wird. Man könnte auch sagen, dass der innere Raum, den ein Mensch zur Verfügung hat, größer wird.

In der obigen Abbildung 4 ist ein gestrichelter Pfeil nach unten eingezeichnet. Damit soll das Phänomen der Regression verdeutlicht werden. Darunter ist ein Zurückfallen in eine frühere Stufe der Entwicklung zu verstehen, das in der Regel temporär, also zeitlich begrenzt ist. Häufig ist einem Mensch seine Regression bewusst oder zumindest kann dieser Zustand bemerkt werden, wenn er vorüber ist. McCallum (2008) untersuchte das Phänomen der Regression intensiv mit Teilnehmern eines einwöchigen gruppendynamischen Laboratoriums. Durch die sehr persönlichen Erfahrungen, die die unstrukturierten Gruppensituationen mit unbekannten (Mit-)Teilnehmern und dem bewussten Erzeugen von Konflikten bei den Teilnehmern hervorriefen, schien diese gruppendynamische Veranstaltung besonders geeignet, das Phänomen der Regression zu untersuchen. Es zeigte sich, dass Teilnehmer auf allen Stufen der Ich-Entwicklung Zustände der Regression erlebten. Je nach Ich-Entwicklungsstufe fiel die Regression allerdings unterschiedlich stark und unterschiedlich lange aus. Ebenso bemerkte McCallum, dass dieses Zurückfallen den Teilnehmern auf späteren Stufen der Ich-Entwicklung offensichtlich währenddessen bereits bewusst wurde. Teilnehmer auf mittleren Stufen der Ich-Entwicklung hingegen bemerkten dies eher im Nachhinein. Das Phänomen der Regression steht allerdings nicht im Widerspruch zu einem stufenförmigen Entwicklungsmodell, wie Kegan, Lahey und Souvaine (1998) sehr anschaulich erläutern:

>»Es mag wahr sein, dass wir Aspekte unseres Erfahrens gemäß eines Prinzips organisieren, das inkonsistent mit unserer jetzigen, komplexesten Kapazität ist. Aber es ist auch wahr, dass wir diese Art zu fühlen nicht mögen. Die Art, wie wir denken, fühlt sich für uns nicht akzeptabel oder stimmig an; wir fühlen uns nicht wie wir selbst. Aber wer oder was ist für dieses Bewerten verantwortlich? […] Wir fühlen uns unzufrieden, weil unsere jetzige, komplexeste Art des erwachsenen Organisierens [unserer Erfahrung] immer noch am Werk ist; in diesem Falle, indem es die ganze Erfahrung bewertet und es unangenehm findet, sogar bedauert, dass wir nicht in der Lage sind, unser vollstes Selbst ›ins Spiel zu bringen‹« (S. 57, e.Ü).

Detaillierte Darstellung des Ich-Entwicklungsmodells von Loevinger 45

Es handelt sich beim Ich-Entwicklungsmodell also um eine qualitative Veränderung von einer zur nächsten Stufe im Sinne vertikaler Entwicklung. Das, was von einer Entwicklungsstufe zur nächsten passiert, bezeichnet Kegan (2000) als Transformation. Denn beim Übergang von einer Stufe der Entwicklung zur nächsten verändert sich die Struktur dessen, wie eine Person sich selbst, andere und die Welt insgesamt interpretiert. Kegan spricht dabei vom Organisieren von Erfahrung, so dass jede Stufe ein System darstellt, mit dem ein Mensch Bedeutung für sich schafft (im Englischen »meaning making system«). Ähnlich wie Cook-Greuter (2004) unterscheidet Kegan zwischen zwei verschiedenen Arten von Veränderung, die er als Information und Transformation bezeichnet. Abbildung 5 verdeutlicht diesen Unterschied anhand des Bildes zweier Behälter und der inhärenten Bedeutung der beiden Begriffe, wenn man diese in ihre Bestandteile zerlegt: In-Formation und Trans-Formation.

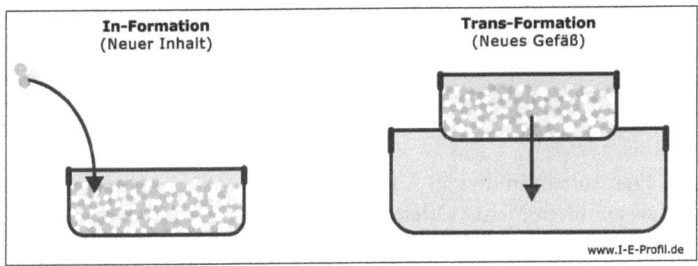

Abbildung 5: In-Formation versus Trans-Formation

Nach Kegan ist Lernen vor allem »In-Formation«. Diese kann man sich so vorstellen, dass immer mehr Themen und Aspekte in eine bestehende Form »gegossen« werden. Die Form bleibt dabei allerdings unverändert. Insofern ist Information das, was Cook-Greuter als horizontale Entwicklung (beziehungsweise Lernen) bezeichnet. Bei einer »Trans-Formation« hingegen findet eine qualitative Umstrukturierung statt, das heißt die Form selbst (das, was jede Entwicklungsstufe ausmacht) wird transformiert. Der größere Behälter verdeutlicht diese neue Form, die entstanden ist und die nun in der Lage ist, die Bestandteile der früheren Form zu integrieren.

So einfach der Unterschied zwischen horizontaler Entwicklung und vertikaler Entwicklung beziehungsweise zwischen Information und Transformation zu verstehen sein mag, so schwierig ist es allerdings, diesen Unterschied zu diagnostizieren, also bei einer Person zuverlässig eine bestimmte Stufe der Ich-Entwicklung bestimmen zu können. Loevinger hat dazu für ihr Modell einen Satzergänzungstest (den Washington University Sentence Completion Test, kurz WUSCT) entwickelt, während Kegan für sein Modell ein spezielles Interviewformat (Subjekt-Objekt-Interview, kurz SOI) einsetzt. Der folgende Interviewausschnitt aus einer Studie von Kegan illustriert, wie eine Frau innerhalb ihrer Beziehung zu einer neuen Erkenntnis gekommen ist, die sie nun auch in ihr Handeln umsetzt (Kegan et al., 1998):

>»Ich tue jetzt einfach einige der Dinge, die ich mag, selbst, anstatt sie nicht zu tun oder Randy dazu zu bewegen, sie mit mir zu unternehmen. Er selbst mag es lieber, zu Hause zu sitzen und Fernsehen zu schauen und ich war es gewohnt, bei ihm zu sitzen und nicht auszugehen. Aber jetzt habe ich verstanden, dass er gar nicht die Absicht hat, dies auch zu machen und dass er sich wirklich viel besser fühlt, wenn ich alleine in eine Kunstausstellung gehe. Denn dann fühlt er sich nicht, als würde er mir vorenthalten, zu gehen oder als ob er selbst gehen müsste. Vorher war das eine richtige Belastung zwischen uns, weil wir nicht so viel ausgingen, wie ich wollte. Oder wir gingen und er mochte es eigentlich nicht, so dass ich mich schuldig fühlte, ihn überredet zu haben, mitzukommen. Ab und zu alleine auszugehen macht uns beide glücklicher und dadurch läuft es zwischen uns runder« (S. 49, e. Ü.).

Die Frau spricht in diesem Ausschnitt über eine Veränderung im Verhältnis zu ihrem Mann. Offensichtlich hat sie etwas in Bezug auf ihre gegenseitige Beziehung gelernt und realisiert, dass sie nun anders handeln kann und dies auch umsetzt. Wäre die Frage des Allein-Ausgehens ein Beratungsanliegen der Frau gewesen, könnte man sagen, dass die Beratung erfolgreich war. Aber hat dabei tatsächlich auch Entwicklung (Transformation) stattgefunden? Ein qualitativer Sprung, der ihr auch bei weiteren Anliegen die geschilderte Freiheit lässt – oder fand nur eine inhaltliche Veränderung (In-Formation) statt?

Eine Transformation hätte stattgefunden, wenn die Frau nun in der Lage wäre, das Erfüllen ihrer eigenen Wünsche unabhängig von den Empfindungen, Bewertungen und Wünschen ihres Mannes zu konstruieren. Dies würde bedeuten, dass die in diesem Ausssschnitt bei genauer Betrachtung noch deutlich werdende konformistische Grundstruktur ihres Ichs (sich selbst in Abhängigkeit von Anderen zu konstruieren) nicht mehr zum Ausdruck kommt. Dieser Unterschied zwischen einer rein verhaltensorientierten Betrachtung und einer Betrachtung, welche die dahinterstehende Organisation des Ichs mitberücksichtigt, ist das, was eine entwicklungsorientierte Perspektive ausmacht.

2.1.6 Ebenen der Entwicklung

Das Modell der Ich-Entwicklung von Loevinger beschreibt einen Prozess aufeinanderfolgender Stufen. Jede Stufe der Ich-Entwicklung stellt dabei einen Meilenstein dar, der zu einer immer umfassenderen und differenzierteren Sicht auf sich selbst, auf andere und die Welt führt. So unterschiedlich die einzelnen Entwicklungsstufen auch sind, lassen sich übergreifende Gemeinsamkeiten entdecken, wenn eine weiter reichende Betrachtungsperspektive eingenommen wird: In Analogie zu Kohlberg (1969) kann man nicht nur Stufen, sondern auch Ebenen der Entwicklung unterscheiden. Kohlberg benennt für sein Modell zur Entwicklung moralischen Urteilens drei Ebenen und bezeichnet diese als präkonventionell, konventionell und postkonventionell. Die drei Ebenen verdeutlichen den generellen Orientierungsrahmen, in den die einzelnen Stufen eingeordnet sind. Damit helfen sie, Gemeinsamkeiten einzelner Entwicklungsstufen besser zu verstehen und vor allem auch zentrale Entwicklungsübergänge besser zu kennzeichnen. Kohlbergs Dreiteilung wurde daher auch von anderen Forschern aufgegriffen (z. B. Alexander u. Langer, 1990; Miller u. Cook-Greuter, 1994). Tabelle 2 gibt dazu einen komprimierten Überblick (vgl. Garz, 2008, S. 102). Im Vergleich zu Kohlberg sind die kennzeichnenden Merkmale der Ebenen leicht angepasst. Damit umfassen sie auch Aspekte, die sich nicht nur auf die Entwicklung moralischen Urteilens beziehen.

Tabelle 2: Ebenen der Entwicklung

Ebenen	Merkmale
vorkonventionell	– konkret-individuelle, nicht sozialisierte Perspektive – vorwiegend am eigenen Selbst orientiert
konventionell	– Ebene des sozialisierten Individuums – an Erwartungen, Normen und Regeln der Gesellschaft oder Teilbereichen davon orientiert
postkonventionell	– der Gesellschaft vorgeordnete Perspektive – unabhängig davon an allgemeinen Prinzipien orientiert – Relativität eigener Sichtweisen anerkennend

2.1.6.1 Vorkonventionelle Ebene

Die vorkonventionelle Ebene beinhaltet die Impulsive und Selbstorientierte Stufe der Ich-Entwicklung (E2 und E3). Beide Stufen sind für das Kindes- und Jugendalter ein normales Entwicklungsstadium, treten im

Erwachsenenalter allerdings eher selten auf. Auf dieser Ebene orientiert sich ein Mensch vorwiegend an eigenen Bedürfnissen und Interessen und ist noch nicht fähig, die Perspektive anderer Menschen oder der Gesellschaft dauerhaft in sein Handeln einzubeziehen. Damit ist nicht gemeint, dass Menschen auf dieser Ebene sich nicht für andere engagieren oder nur an sich denken. Es bedeutet vielmehr, dass sie sich dabei an ihren eigenen Gedanken, Gefühlen oder Motiven orientieren.

2.1.6.2 Konventionelle Ebene

Bei dieser Bezeichnung sollte beachtet werden, dass »konventionell« nicht mit »konservativ« zu verwechseln ist. Konventionell in diesem Sinne bedeutet, dass Menschen auf dieser Ebene weitestgehend durch ihre soziale Umwelt geprägt sind. Wie sie das tun und woran sie sich konkret orientieren, kann dabei sehr verschieden sein (vgl. Haan et al., 1973). Auf dem konventionellen Entwicklungsniveau befindet sich in westlich geprägten Gesellschaften der Großteil der Erwachsenen (siehe S. 86). Damit hat ein Mensch sozusagen das Stadium eines »sozialisierten Mitglieds« einer Gesellschaft erreicht. Die konventionelle Ebene umfasst insgesamt drei Stufen der Ich-Entwicklung. Beginnend mit der Gemeinschaftsbestimmten Stufe (E4), die stark durch die Erwartungen der jeweiligen Bezugsgruppe definiert ist, entwickeln sich die meisten Menschen bis zur Rationalistischen Stufe (E5) weiter. Ihr Blick weitet sich über die unmittelbare Bezugsgruppe hinaus. Damit gewinnen sie mehr innere Unabhängigkeit und eine stärkere Orientierung an eigenen Standards. Die Eigenbestimmte Stufe (E6) hingegen ist die letzte konventionelle Stufe. Man kann sie als »Modell« der westlichen Gesellschaft ansehen: Ein Mensch, der eine eigene Identität entwickelt hat, fähig ist, Unterschiede wahrzunehmen, Situationen rational abzuwägen und sich seine eigenen Ziele setzt. Eine Weiterentwicklung darüber hinaus wird von der Gesellschaft kaum unterstützt (z. B. Billington, 1988).

2.1.6.3 Postkonventionelle Ebene

Die postkonventionelle Ebene beginnt mit der Relativierenden Stufe (E7). Personen, die dieses Entwicklungsniveau erreichen, haben zunehmend mehr Abstand zu der Art und Weise, wie in einem sozialen System (Familie, Freundeskreis, Unternehmen, Gesellschaft etc.) Dinge eingeschätzt und für wichtig und richtig befunden werden. Bestehende Normen, Regeln und Strukturen werden nun als eine Art, die Wirklichkeit zu gestalten, aufgefasst und daher als prinzipiell veränderbar

Detaillierte Darstellung des Ich-Entwicklungsmodells von Loevinger

angesehen. Während bei den konventionellen Stufen der Ich-Entwicklung (E4 bis E6) vor allem Ähnlichkeit zu Anderen und Stabilität im Vordergrund stehen, werden auf den postkonventionellen Stufen zunehmend Unterschiede und Veränderung an sich begrüßt. Damit einher geht eine wachsende Bewusstheit, wie man Dinge interpretiert und wie dies durch eigene kulturelle Prägungen beeinflusst ist. Tabelle 3 gibt einen Überblick über die den drei Ebenen der Entwicklung zugeordneten Ich-Entwicklungsstufen.

Tabelle 3: Ebenen und Ich-Entwicklungsstufen

Stufennummer	Ich-Entwicklungsstufen	Ebenen
E2	Impulsgesteuerte Stufe	vorkonventionell
E3	Selbstorientierte Stufe	
E4	Gemeinschaftsbestimmte Stufe	konventionell
E5	Rationalistische Stufe	
E6	Eigenbestimmte Stufe	
E7	Relativierende Stufe	postkonventionell
E8	Systemische Stufe	
E9	Integrierte Stufe	

Loevinger verwendet Kohlbergs Unterscheidung dreier Entwicklungsebenen für die von ihr herausgearbeiteten Stufen der Ich-Entwicklung nicht. Dennoch sind die Parallelen in den darin zum Ausdruck kommenden grundlegenden Merkmalen der Entwicklungsebenen offenbar. Dies wird in Überblicksarbeiten deutlich, in denen die Stufen verschiedener Entwicklungsmodelle vergleichend dargestellt werden (z. B. Kegan, 1979; Lee u. Snarey, 1988). In einigen empirischen Studien wurde eine zum Teil ähnliche Gruppierung von Teilnehmern vorgenommen, bei der die Autoren zwischen »Pre-Conformists« (E2, E3 = präkonventionelle Ebene), »Conformists« (E4, E5 = konventionelle Ebene) und Postconformists (≥ E6 = späte konventionelle und postkonventionelle Ebene) unterscheiden, um Entwicklungsunterschiede besser herausarbeiten zu können (z. B. Rozsnafszky, 1981; Novy, 1993). Allerdings beginnt mit der Relativierenden Stufe (E7) ein weiterer entscheidender Entwicklungsschritt, der mit mehr Distanz zur eigenen kulturell geprägten Sichtweise einhergeht, die dadurch zunehmend relativiert wird. Insofern erscheint Kohlbergs Unterscheidung dreier genereller Entwicklungsebenen auch für die Ich-Entwicklungssequenz als die sinnvollere Einteilung.

2.1.7 Die Erweiterung der postkonventionellen Ebene nach Cook-Greuter

Loevinger (1976, 1996) beschreibt in ihrem Ich-Entwicklungsmodell insgesamt neun Stufen. In ihren Forschungsarbeiten deutete sich an, dass es nach der Systemischen Stufe (E8) noch eine weitere Stufe zu geben schien. Diese konnte sie aber aufgrund der wenigen Personen, die sich bis dorthin entwickeln, nicht ausreichend klar herausarbeiten. Loevinger (1976) selbst war die erste, die sich damit kritisch auseinandersetzte:

> »Es ist aufgrund vieler Ursachen die am schwierigsten zu beschreibende Stufe. Weil sie so selten ist, ist es schwierig genügend Fälle zu finden, um sie zu untersuchen. Zudem muss jeder Psychologe, der diese Stufe erforschen will, seine eigenen Begrenzungen als ein potenzielles Hindernis des Verstehens in Rechnung stellen. Je höher die Stufe ist, die man untersucht, desto mehr ist es wahrscheinlich, dass diese die eigene übersteigt und die eigene Kapazität herausfordert« (S. 26, e. Ü.).

Hauser (1976) beanstandete in der ersten kritischen Übersicht zum Ich-Entwicklungsmodell von Loevinger dementsprechend, dass die Integrative Stufe (E9) zu unpräzise gefasst und nicht hinreichend genau zu messen sei. Er schlug vor, für zukünftige Forschungsstudien die beiden letzten Stufen (E8 und E9) in einer Kategorie zusammenzufassen. Loevinger schloss sich dieser Kritik an: »Weil diese Stufe in den meisten Stichproben selten ist und es auch unter qualifizierten Scorern größere Unterschiede in der Beschreibung und Anwendung dieser Stufe auf bestimmte Fälle gibt, sollte diese Stufe in den meisten Fällen mit der Stufe 8 kombiniert werden« (Hy u. Loevinger, 1996, S. 7, e. Ü.).

Unter wissenschaftlichen wie auch praktischen Gesichtspunkten bleibt dieser Vorschlag aber unbefriedigend, weshalb sich nicht alle Forscher mit dieser Lösung zufrieden gaben. Die weitere Forschung zu den späten postkonventionellen Stufen der Ich-Entwicklung wurde maßgeblich von Cook-Greuter angestoßen und vorangetrieben (1994). Cook-Greuter war seit Ende der siebziger Jahre an vielen unterschiedlichen Studien als Scorerin für den WUSCT beteiligt. Bald fiel ihr auf, dass die Auswertungskriterien für Loevingers Integrierte Stufe (E9) im Vergleich zu früheren Stufen nicht ausreichend waren. Bei den auszuwertenden Tests gab es immer wieder Satzergänzungen, für die in der Theorie und im Auswertungsmanual keine Entsprechung zu finden waren. Diese ungewöhnlichen Satzergänzungen deuteten auf eine Entwicklungsstufe hin, in der die Mechanismen der eigenen Bedeutungsschöpfung zunehmend bewusst sind und hinterfragt werden. Sie stammten zudem von Personen mit einem Gesamtwert jenseits der Eigenbestimmten Stufe (E6). Cook-Greuter vermutete daher, dass es sich um Zeichen noch späterer Entwicklungsstufen handelte, als sie im Modell von Loevinger beschrieben werden. Sie fing ab 1980 systematisch an, ungewöhnliche und mittels der bisherigen Auswertungskriterien nicht hinreichend zuordenbare Aussagen zu sammeln und Kriterien zu finden, mit denen sie diese ordnen konnte. Wie bei Loevinger war der Ausgangspunkt von Cook-Greuters Erforschung der späten Ich-Entwicklungsstufen also ihre Irritation durch ungewöhnliche Daten. Im weiteren Verlauf ihrer Arbeit glich sie die aus den Daten entwickelten Kriterien mit Konzepten anderer Forscher ab, die sich auf empirischer Grundlage mit der Entwicklung des Denkens im Erwachsenenalter befassten (Basseches, Commons, Kegan, Koplowitz, Torbert). Ebenso studierte sie die Entwicklungstheorien, die sich mit transpersonalen Entwicklungsstadien befassten (Alexander, Wilber), um dort weitere Hinweise zu selten auftretenden späteren Stufen der Ich-Entwicklung zu gewinnen. Interessanterweise wurde sie bei diesem Vorhaben nicht von Loevinger ermutigt, da diese davon überzeigt war, dass die Erforschung »höherer« Entwicklungsstufen unmöglich sei (Cook-Greuter u. Volckmann, 2003).

Die Erweiterung des Ich-Entwicklungsmodells von Loevinger fiel in eine Zeit, in der viele Forscher begannen, Entwicklung im Erwachsenenalter intensiver zu erforschen (z. B. Alexander u. Langer, 1990). Bis dahin hatte Piagets letzte Stufe der kognitiven Entwicklung, die Stufe der formalen Operationen, lange Zeit einen Punkt markiert, der von vielen Forschern als Ende der Entwicklung angesehen wurde: »Diese generelle Form des Gleichgewichts kann man in dem Sinne als Endpunkt annehmen, als er während der Lebensspanne des Individuums nicht mehr modifiziert wird« (Piaget u. Inhelder, 1958, S. 332, e. Ü.). Ab 1981 fanden zur Entwicklung im Erwachsenenalter an der Harvard University die ersten Symposien statt, aus denen zwei einflussreiche Sammelbände entstanden (Commons, Richards u. Armon, 1984; Commons et al., 1990). Dort stellte Cook-Greuter (1990) erstmals ihre Erweiterung von Loevingers Ich-Entwicklungsmodell vor. Zu dieser Zeit hatte sie Daten aus 24 verschiedenen Forschungsprojekten und fast 2000 Satzergänzungstests in Hinblick auf Zeichen späterer Entwicklungsstufen ausgewertet. Ihre Erweiterung betrifft vor allem zwei Aspekte. Einerseits präzisiert sie die Entwicklung nach dem Erreichen der eigenbestimmten Stufe (E6). Andererseits beschreibt sie zwei neue Entwicklungsstufen, die bei Loevinger in die »Restkategorie« der Integrierten Stufe (E9) fallen.

2.1.7.1 Die Neuinterpretation der Postkonventionellen Ebene

Nach Cook-Greuter (2000, S. 81–82) gibt es eine Zweiteilung der postkonventionellen Ebene, die Loevinger noch nicht erkannt hatte:

Den ersten Schritt innerhalb der Postkonventionellen Ebene bezeichnet sie in Anlehnung an Koplowitz (1984) als *Systemische Ebene der Postkonventionalität* (vgl. Systemische Gesellschaft, 2013). Menschen, die diese Ebene erreichen (E7 und E8), beginnen immer mehr zu realisieren, wie sie die Welt interpretieren und inwiefern dies durch ihren persönlichen und kulturellen Hintergrund beeinflusst ist. Insofern nehmen sie die Subjektivität ihrer eigenen Sichtweise zunehmend in Betracht. Sie konstruieren sich und die Welt dabei als weitestgehend stabil, sind sich aber der Bedeutung dessen, wie sie diese Vorstellung aufbauen, zunehmend bewusst. Dabei berücksichtigen sie gegenseitige Abhängigkeiten und gestalten Beziehungen zwischen einzelnen Elementen nicht mehr nur linear, sondern auch zirkulär. Sie stellen unterschiedliche Ansätze, Modelle und Betrachtungsweisen in Rechnung und können diese auch aufeinander beziehen. In Bezug auf sich sind sie zunehmend in der Lage, auch unterschiedliche und sich widersprechende Anteile ihrer Persönlichkeit in ein stabiles Selbst zu integrieren.

Den zweiten Schritt innerhalb der Postkonventionellen Ebene kann man am besten als *Dialektische Ebene der Postkonventionalität* bezeichnen. Menschen, die sich hierhin entwickeln (E9 und E10), erkennen immer mehr, dass alle Objekte nur menschlich produzierte Konstrukte sind. Sie hadern mit der Begrenzung ihrer Erfahrung durch Sprache und verlieren sozusagen den Glauben daran, dass Sprache ein adäquates Instrument zum Verständnis der Realität ist (vgl. Laske, 2006a, S. 73). Menschen auf dieser Ebene versuchen dem hinter allen Bezeichnungen, Bewertungen und Unterscheidungen liegenden permanenten Fluss der Dinge näher zu kommen. Denn ohne Sprache und ihre durch das Ich erschaffenen Konstrukte scheint es nur einen undifferenzierten Fluss von Phänomenen zu geben. Und somit fühlen sie sich auch immer mehr durch die Idee des Ichs selbst begrenzt. Der zweite Schritt innerhalb der Postkonventionellen Ebene stellt daher einen Übergang zu der von Forschern für Transpersonale Entwicklung als Ich-Transzendente Ebene beschriebenen Modus des Bewusstseins dar.

Cook-Greuter bezeichnete den zweiten Schritt innerhalb der Postkonventionellen Ebene zunächst als »unitär« (1990) und später als »postautonom« (1999, 2000, 2011). Mit dem Begriff »postautonom« verdeutlicht sie, dass es sich um Entwicklung jenseits der von Loevinger als »autonom« (E8) bezeichneten Stufe der Ich-Entwicklung handelt. Ihre Bezeichnung erscheint jedoch aus zwei Gründen nicht ganz befriedigend:

Detaillierte Darstellung des Ich-Entwicklungsmodells von Loevinger 53

Einerseits erfolgt die Benennung quasi als Abgrenzung zu einer Stufe, die in ihrer Bezeichnung selbst oft missverstanden wird. Andererseits kommt darin nicht die spezifische Qualität dieses Schritts zum Ausdruck. Die Bezeichnung »dialektisch« im Sinne von Basseches (1984a, 1984b, 1986) scheint wesentliche Merkmale (zumindest des Denkens) dieses zweiten Schritts innerhalb der postkonventionellen Ebene besser abzubilden. Denn dialektisches Denken geht davon aus, dass ein Objekt nicht ohne sein Gegenteil gedacht werden kann, immer Teil eines größeren Feldes ist, in Beziehung zu anderen Objekten steht und in stetigem Wandel begriffen ist (vgl. Laske, 2009). Die Essenz dessen bringt vielleicht Lenin (1915/1964, S. 338) in seinem berühmten Essay »Zur Frage der Dialektik« gut auf den Punkt: »Spaltung des Einheitlichen und Erkenntnis seiner widersprechenden Bestandteile [...] ist das Wesen [...] der Dialektik«. Auch Cook-Greuters (2000, S. 105) Vergleich ihrer Scoringkriterien mit anderen postformalen Entwicklungstheorien weist den größten Zusammenhang zu Basseches' Merkmalen auf. Pascual-Leone (1990, S. 279 ff.) schlägt sogar den Begriff einer »dialektischen Stufe« für diesen Entwicklungsbereich vor. Basseches beschrieb diese Form des Denkens in 24 sogenannten »dialektischen Denkformen« und machte sie empirisch messbar. Eine empirische Untersuchung von Ledoux (1991) zeigte bereits deren Zusammenhänge zu späten Stufen der Ich-Entwicklung auf und auch Laske gibt dafür mehrere Beispiele (2006, S. 73; 2009, S. 249 ff.).

Über diesen zweiten Schritt der postkonventionellen Ebene hinaus scheint es eine weitere Ebene der Bewusstseinsentwicklung zu geben: Die Ich-transzendente Ebene (Cook-Greuter, 2000b), die allerdings nicht mehr durch die von Loevinger oder Cook-Greuter gewählten Methoden erfassbar scheint. Andere Entwicklungstheoretiker (z. B. Alexander u. Langer, 1990; Wilber, 2001) beschreiben diese theoretisch. Miller und Cook-Greuter (1994) erläutern die Schwierigkeit, diese Ebene zu fassen, wie folgt:

> »Eines der vertracktesten Probleme bei dem Versuch, über diese ungewöhnlichen Modi der Erfahrung zu sprechen, ist das Fehlen eines Vokabulars, das die gestalthafte Natur und Nichtlinearität der dabei benutzten Konzepte widerspiegelt. Von einer universellen Perspektive aus gesehen gibt es nur eine unteilbare Realität, ein zusammenhängendes Netz von Phänomenen. Vor der Sprache gibt es kein Höher oder Niedriger, kein Früher oder Später, kein Gut und kein Schlecht. Mit der Sprache betonen wir auf spezifische Art einige Aspekte des Flusses der Erscheinungen, während wir andere vernachlässigen. Wir analysieren, teilen, vergleichen, kategorisieren, bewerten Erfahrungen und dadurch bilden wir unsere menschliche Welt der sprachlichen Konstrukte. Im menschlichen Bereich wird Erfahrung durch Sprache

vermittelt und geteilt. Aber Wörter sind nie neutral: sie sind abstrahiert und durch unsere Aufmerksamkeit speziell gemacht. Für die meisten Menschen bedeutet »höher« auch »besser«: ein höherer Verdienst, höhere Leistungen, höhere Entwicklung. Aber die Reise der [postkonventionellen] Entwicklung ist adäquater beschrieben als eine Reise nach innen zu immer tieferen und subtileren Schichten des Wahrnehmungsvermögens. Sie führt zu einer immer direkteren Erfahrung des nichtsprachlichen, nicht durch Repräsentationen vermittelten Bereich des Seins« (S. xxii–xxiii, e. Ü.).

Tabelle 4 zeigt das erweiterte Modell der Ich-Entwicklung mit der Zweiteilung der postkonventionellen Ebene und den zwei neu herausgearbeiteten postkonventionellen Stufen. Diese sind im nächsten Abschnitt beschrieben.

Tabelle 4: Ebenen und Ich-Entwicklungsstufen mit Erweiterung nach Cook-Greuter

Stufennummer	Ich-Entwicklungsstufen	Ebenen	
E2	Impulsgesteuerte Stufe	Vorkonventionell	
E3	Selbstorientierte Stufe		
E4	Gemeinschaftsbestimmte Stufe	Konventionell	
E5	Rationalistische Stufe		
E6	Eigenbestimmte Stufe		
E7	Relativierende Stufe	Schritt 1: systemisch	postkonventionell
E8	Systemische Stufe		
E9	Integrierte Stufe	Schritt 2: dialektisch	
E10	Fließende Stufe		
E11 – ?		Ich-transzendent	

2.1.7.2 Die letzten beiden Stufen der Ich-Entwicklung nach Cook-Greuter

Anstelle der Integrierten Stufe (E9), deren Beschreibung Loevinger selbst nicht ganz zu trauen schien (s. o.), arbeitete Cook-Greuter zwei neue Stufen heraus: Die Integrierte Stufe (E9) (engl. »construct-aware stage«) und die Fließende Stufe (E10) (engl. »unitive stage«), die beide in den zweiten Abschnitt der Postkonventionellen Ebene fallen.

Auf der *Integrierten Stufe (E9)* realisiert ein Mensch für sich, dass das Ich zentraler Bezugspunkt ist (Ich als Repräsentation aller Lebenserfahrungen) und gleichzeitig alle inneren und äußeren Reize verarbeitet

Detaillierte Darstellung des Ich-Entwicklungsmodells von Loevinger

(Ich als Prozess). Die dadurch gegebene Egozentrik wird als Beschränkung des eigenen Erlebens und als Hindernis für weiteres Wachstum empfunden. Infolgedessen kehrt sich die Aufmerksamkeit immer mehr darauf, die Grenzen des immer wachsamen und alle Erfahrungen strukturierenden Ichs zu überwinden. Man versucht zunehmend, den eigenen automatisierten Denkmustern und Denkprozessen auf die Spur zu kommen. Menschen auf dieser Stufe spüren nun, dass es nahezu unmöglich ist, nicht zu denken und zu analysieren und dass Sprache an sich immer schon ein Vorsortieren und Abstrahieren von der zugrundeliegenden Realität ist. Ihnen wird gewahr, dass die weitere Verfeinerung von Beschreibungen sie immer weiter weg von der als zugrundeliegend gespürten Einheit führt. In Bezug auf sich selbst fühlen sie die Vergeblichkeit, sich selbst adäquat zu beschreiben. Sie sehen diesen Versuch zunehmend als Selbstbeschränkung an und stellen die Vorstellung, dass es einen solchen stabilen Kern der eigenen Persönlichkeit gibt, immer mehr in Frage.

Die *Fließende Stufe (E10)* stellt bereits einen Übergang zur Ich-transzendenten Ebene dar und kann vielleicht am prägnantesten anhand ihrer zentralen Motivation des Seins beschrieben werden (vgl. Cook-Greuter, 2000, S. 155). Menschen auf der Fließenden Stufe streben nicht mehr wie diejenigen auf der systemischen Entwicklungsstufe (E8) danach, sich maximal selbst weiterzuentwickeln, noch danach, »bewusst zu sein« wie auf der integrierten Entwicklungsstufe (E9), sondern vielmehr nur »zu sein«. Sie erleben den Wunsch, frei zu sein von jeder selbsteinschränkenden Selbst-Definition, ebenso wie von exzessiven Kategorisierungen und Bewertungen anderer. Die Selbst-Identität auf dieser Stufe ist vielmehr fließend. Die Funktion des Ichs, sich durch Abgrenzung von anderen zu definieren und zu vergegenständlichen, wird durchschaut. Damit geht eine Erweiterung und neue Qualität des Ichs einher, denn man erlebt sich und andere nun als ein Teil der Menschheitsgeschichte, eingebettet in den Fluss der Ereignisse und nicht mehr getrennt von ihnen. »Gefühle der Zugehörigkeit und Gefühle des Getrenntseins und Einzigartigkeit werden ohne übermäßige Spannung empfunden« (Cook-Greuter, 1990, S. 93, e. Ü.). Menschen auf dieser Stufe scheinen offensichtlich fließend zwischen verschiedenen Perspektiven, Ebenen, Zeitfenstern oder zwischen Groß und Klein ihren Fokus verändern zu können. Ebenso akzeptieren sie alle Formen des Bewusstseins als gleichartige Erfahrungen. Sie empfinden weniger, Dinge kontrollieren zu müssen oder immer exaktere Beobachtungen anzustellen, sondern vielmehr »Zeuge« dessen zu sein, was gerade passiert. Ihr Ich, das zunehmend weniger eigene Grenzen kennt, scheint diesen Menschen eine Freiheit zu ermöglichen, andere wirklich so lassen zu können oder gar eine Einheit mit ihnen zu spüren, weil sie sich selbst in Einheit mit allem erleben. Diese Stufe liegt insofern am Ende eines langen Weges der Ich-Entwicklung, in dem zunächst überhaupt ein »Ich« aufgebaut wird (bis Stufe E6), um es dann wieder zu verflüssigen oder zu dekonstruieren. Kaum jemand hat dies so treffend auf den Punkt gebracht wie Engler (1986, S. 17): »You have to be somebody before you can be nobody.«

Die Forschungsarbeit von Cook-Greuter und ihre Neuformulierung und Erweiterung des Ich-Entwicklungsmodells in Hinblick auf die späten Stufen war der Startpunkt für die weitere Erforschung der späten postkonventionellen Ebene. Insbesondere durch Cook-Greuters Zusammenarbeit mit Ken Wilber (2001) wurde ihre Arbeit immer bekannter. In Folge dessen entstanden mehrere Forschungsarbeiten, die Cook-Greuters Stufenerweiterungen und Auswertungsmechanismen nutzten. Die wesentlichen Aspekte ihrer Neuformulierung der späten Ich-Entwicklungsstufen schienen sich dabei zu bestätigen (Hewlett, 2003; Stitz, 2004; Marko, 2006; Pfaffenberger, 2007; Nicolaides, 2008). Ebenso entstand ein Sammelband mit verschiedenen Beiträgen zu »Postkonventioneller Persönlichkeit«, der eine kritische Auseinandersetzung damit leistet (Pfaffenberger, Marko u. Combs, 2011). Hy und Loevinger (1996) selbst kommentierten in späteren Jahren das wachsende Interesse in Verbindung mit der Mahnung, die eigene Position auf der Entwicklungssequenz richtig einzuschätzen:

> »Es ist nachvollziehbar, dass gerade die niedrigsten und die höchsten Stufen besonderes Interesse auslösen, weil beide eine Art mystischer Aura umgibt ... Die höchsten Stufen sind zum Teil faszinierend, weil sie so viel davon beinhalten, was jeder von uns auch anstrebt oder glaubt, dass er oder sie es erreicht hat« (1996, S. 7, e. Ü.).

Cook-Greuter (2010) äußerte ebenfalls wiederum Skepsis gegenüber mancher neuerer Forschung zu postkonventionellen Stufen der Ich-Entwicklung. Denn bei all diesen Studien steht zugleich die Frage im Raum, inwiefern die Forscher selbst eine Entwicklungsstufe erreicht haben, die ausreicht, um diese Art der Forschung wirklich in ihrem Kern verstehen und auch selbst betreiben zu können (vgl. Laske, 2006b).

2.1.8 Exkurs: Kegans Subjekt-Objekt-Theorie der Entwicklung des Selbst

Neben Loevingers Modell der Ich-Entwicklung gibt es einen weiteren Entwicklungsansatz, der dazu große Parallelen aufweist: Die Subjekt-Objekt-Theorie der Entwicklung des Selbst von Kegan (1994). Beide Ansätze werden von anderen Autoren (z. B. Speicher u. Noam, 1999) dem gleichen Thema (Ich-Entwicklung) zugerechnet und in Übersichten verschiedener Entwicklungsmodelle immer wieder vergleichend nebeneinander gestellt (z. B. Wilber, 2001). Sowohl Loevingers als auch Kegans Modell sind Theorien, die sich auf Ich-Entwicklung in einem konstruktivistisch-entwicklungspsychologischen Verständnis beziehen. Loevingers Forschungsarbeit steht allerdings durch die aus der Forschungspraxis abgeleitete Entwicklung ihres Modells als auch durch ihre Messmethode (den WUSCT) weitestgehend außerhalb des Piaget'schen Ansatzes. Erst später integrierte sie Aspekte dieses Ansatzes in ihr Werk. Kegan hingegen steht eindeutig in der strukturgenetischen Tradition Piagets und zwar sowohl bezüglich seines theoretischen Hintergrunds als auch seiner Messmethodik (dem SOI). Umso erstaunlicher ist, dass sich beide Theorien als auch die dazu empirisch gewonnenen Erkenntnisse nahezu vollständig überlappen. Kegans Modell verdeutlicht zudem Aspekte, die bei Loevinger zwar implizit enthalten sind, aber nicht direkt beschrieben werden. Diese Aspekte (Verhältnis Kognition/Emotion, Subjekt-Objekt-Gleichgewicht, spiralförmiger Prozess der Entwicklung) bieten ergänzende Zugänge zum vertieften Verständnis von Ich-Entwicklung. Da Kegan nicht nur als Wissenschaftler tätig war, sondern auch im klinischen Bereich als Praktiker arbeitete, vermag er zudem, viele Prinzipien anschaulich anhand von Beispielen zu illustrieren.

Loevinger und Kegan nahmen in den 1970er und 1980er Jahren direkt aufeinander Bezug, anfangs kritisch den jeweils anderen Ansatz beäugend (Loevinger, 1979c, 1986b; Kegan, 1979, 1986b; Barrett u. Harren, 1979) und in späteren Jahren eher versöhnlich (Kegan et al., 1998). Vergleicht man beide Ansätze, spricht alles dafür, dass sie im Kern die gleiche Entwicklungssequenz meinen, selbst wenn ihre Stufeneinteilungen und Begriffe zum Teil voneinander abweichen. So beschreibt Block (1971) beispielsweise Ich-Entwicklung im Kern als zunehmende Differenzierung des Ausgleichs zwischen Selbst und Anderen, womit er im Wesentlichen eines der später von Kegan beschriebenen Kernprinzipien betont. Kegan spricht im Gegensatz zu Loevinger nicht vom »Ich«, sondern vom »Selbst« (1994), bezieht sich in der Einordnung seines Modells aber dennoch auf Loevingers Ansatz der Ich-Entwicklung (1979, 1998); und auch Loevinger spricht zuweilen vom »Selbst« statt vom »Ich«

(Loevinger, 1987a; Loevinger u. Blasi, 1991). Leider fehlt bisher jeder tiefergehende Vergleich des theoretischen Hintergrunds, abgedeckter Themen, Vergleichbarkeit der Entwicklungssequenz, Messmethodik, empirischer Forschungslage und praktischer Anwendbarkeit. Das ist vor allem darauf zurückzuführen, dass das Beherrschen der Entwicklungsmodelle und deren spezifischer Messmethodik eine intensive und viele Monate umfassende Einarbeitung erfordert. Sowohl Loevinger (Loevinger u. Wessler, 1970; Hy u. Loevinger, 1996) als auch Kegan (Lahey, Souvaine, Kegan, Goodman u. Felix, 1988) weisen explizit auf die Anforderungen an Personen und die Schwierigkeit hin, die jeweiligen Scoringsysteme hinreichend zu erlernen. Theoretische Vergleiche beider Modelle finden sich bei Kroger (2004) und Stålne (2011). Erste empirische Hinweise zur gleichen Stufensequenz finden sich bei Kroger und Green (2004) sowie Al-Owidha, Green und Kroger (2009).

2.1.8.1 Die »Entdeckung« des Subjekt-Objekt-Modells

Kegan und Rogers führten in den 1970er Jahren eine Reihe von klinischen Interviews mit psychiatrischen Patienten, um deren zugrundeliegende subjektive Erkenntnistheorie zu erfassen (Lahey et al., 1988, S. 290). Dabei machten sie zwei Entdeckungen. Sie erkannten, dass es eine Reihe von Themen gibt, die sich gut dazu eignen, zur zugrundeliegenden Struktur dessen vorzustoßen, wie ein Mensch sein Selbst/Ich definiert: Beispielsweise wenn Personen über Themen sprechen, die sie ärgerlich machen, bei denen sie sich erfolgreich fühlen oder wenn sie Angst empfinden. Denn bei diesen Themen geht es implizit um Selbstreferenz und damit um die Grenzziehung zwischen dem, was man dem eigenen Selbst als zugehörig empfindet und was nicht. Zweitens gelangten sie zu einer spezifischen Strategie des Interviewens, um die Struktur hinter dem Inhalt der Aussagen herauszuarbeiten und valide messen zu können.

Am Beispiel des Themas Ärger ist dies gut zu verdeutlichen, denn Ärger ist eine Art Verletzung des Selbst. Üblicherweise würde man eine Person danach fragen, warum sie ärgerlich ist oder was sie verärgert hat. Kegan und Rogers ging es aber um die dahinter liegende subjektive erkenntnistheoretische Dimension. Mit ihrer spezifischen Interviewstrategie versuchten sie daher zu erfahren, wie das Selbst konstruiert sein muss, um die geschilderte Erfahrung als eine Bedrohung des Selbst zu erleben, auf die ein Mensch mit Ärger reagiert. Ein fundamentaler Unterschied in der Fragestellung!

2.1.8.2 Kognition und Emotion als zwei Seiten der Entwicklung

Loevinger erkundete das Thema Ich-Entwicklung anhand von Satzergänzungen, die allgemeine (z.B. Regeln), persönliche (z.B. Selbstdefinition) und interpersonelle (z.B. Familie) Themenstellungen betreffen. Insofern stand bei ihr das innere emotionale Erleben der untersuchten Personen nicht im Vordergrund, selbst wenn dieses implizit in den Satzergänzungen zum Ausdruck kommt. Kegan hingegen lotete in seinen klinischen Interviews direkt und in all seinen Facetten aus, was für den Interviewten bei den besprochenen Themen auf dem Spiel steht. Dadurch beschäftigte er sich direkter mit den emotionalen Anteilen und damit, in welchem Verhältnis diese zu der spezifischen Organisation des Selbst (das sogenannte Subjekt-Objekt-Gleichgewicht) stehen.

Dazu definierte Kegan jedoch die klassische Frage »Was ist das Verhältnis von Kognition zu Emotion?« neu und fragte stattdessen: »Welche Beziehung haben Kognition und Emotion miteinander?« (Kegan, Noam u. Rogers, 1982, S. 105, e. Ü.). Er argumentiert, dass Kognition und Emotion nicht zu trennen sind, sondern zwei Seiten einer gemeinsamen Struktur und eines gemeinsamen Entwicklungsprozesses darstellen. Auch Piaget (1981) äußerte sich so, obwohl in seiner eigenen Arbeit hauptsächlich die Erforschung kognitiver Aspekte im Fokus stand: »Es gibt keine zwei Entwicklungsprozesse, einen kognitiven und einen affektiven; es gibt keine zwei getrennte psychische Funktionen, und es gibt keine zwei Formen von Objekten: alle Objekte sind kognitiv und affektiv zugleich« (S. 41, e. Ü.). Kegan et al. (1982, S. 106) verdeutlichen diese Idee anhand der Metapher einer Glasröhre mit zwei offenen Enden, in der sich eine Murmel befindet. Bewegt sich die Glasröhre, beginnt man sich zu fragen, an welcher Seite der Glasröhre die Murmel herausrollen wird. Das heißt, man fängt an, die rechte Öffnung von der linken Öffnung zu unterscheiden und sich nur noch auf die beiden Öffnungen zu konzentrieren. Vielleicht wird man jedoch irgendwann die Sichtweise entwickeln, dass die beiden Öffnungen verbunden sind und die Glasröhre das entscheidende Element ist: Denn ohne die Glasröhre gibt es auch keine Öffnungen. Analog zu der Glasröhre besteht die Frage zum Verhältnis von Emotion und Kognition darin, was der größere Kontext sein könnte, auf den sich Emotion und Kognition gemeinsam zurückführen lassen.

2.1.8.3 Subjekt-Objekt-Beziehungen als Grundlage der Bedeutungsbildung

Im Zuge seiner Forschung erkannte Kegan, dass dieser größere Kontext in der spezifischen Beziehung zwischen Subjekt und Objekt liegt. Das sich daraus ergebende Subjekt-Objekt-Gleichgewicht beschreibt er als ein grundlegendes Prinzip der Organisation des Selbst. Er bezeichnet es als »den schlafenden Schlüssel zum besseren Verständnis von Transformationen« (Debold u. Kegan, 2003, S. 84). Nach seinem Modell ist unter diesen Begriffen Folgendes zu verstehen:

- *Subjekt:* Hierunter fallen alle Aspekte, die von einer Person nicht gesehen oder hinterfragt werden können, beispielsweise Beziehungsdefinitionen oder Annahmen über die Welt. Man könnte dies mit einer Brille vergleichen, durch die man auf die Welt schaut, ohne dass man weiß oder merkt, dass man diese Brille trägt. Aspekte, die vollkommen auf der Subjektseite einer Person liegen, können daher nicht reflektiert werden, denn man ist mit ihnen verschmolzen, identifiziert oder in sie eingebettet. Insofern hat ein Aspekt, der dem Subjekt einer Person zugeordnet ist, diese Person im Griff.

- *Objekt:* Hierunter fallen die Aspekte, die eine Person sehen, über die sie reflektieren, die sie steuern und sich dazu bewusst in Beziehung setzen und kontrollieren kann. Insofern ist ein Aspekt, der auf der Objektseite zu verorten ist, in der Verantwortung und bestenfalls im Zugriff dieser Person.

Die Frage von Subjekt und Objekt ist letztendlich eine uralte philosophische Frage, die Kegan in seinem Modell empirisch überprüfbar gemacht und ganz auf die Praxis bezogen hat. Im Zuge der Ich-Entwicklung verschiebt sich das Verhältnis von Subjekt zu Objekt immer mehr in Richtung Objekt und das Subjekt wird kleiner. Diese Verschiebung wird in Abbildung 6 verdeutlicht.

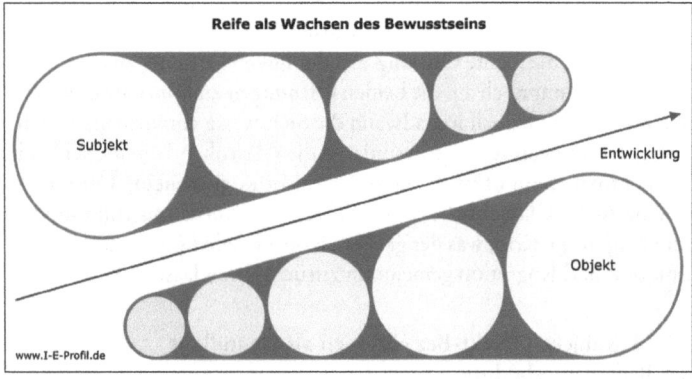

Abbildung 6: Verschiebung des Subjekt-Objekt-Gleichgewichts

Detaillierte Darstellung des Ich-Entwicklungsmodells von Loevinger 61

Dies ermöglicht eine immer größere Bewusstheit und Freiheit des Ichs. Aber nicht nur das: »Mit jedem dieser Schritte gesteht er [der Mensch] der Welt ein weiteres Stück unabhängiger Integrität zu, auf jeder Stufe wird die Verschmelzung zwischen ihm und der Welt etwas mehr gelöst« (Kegan, 1994, S. 106). Kegan sieht in seinem Modell der Subjekt-Objekt-Beziehungen ein Prinzip, das verschiedenen Entwicklungstheorien zugrunde liegt. So zeigt er beispielsweise, wie sich damit die Entwicklung der Formallogik nach Piaget und die Moralentwicklung nach Kohlberg erklären lassen. Das folgende Beispiel (Kegan, 1994) verdeutlicht die Subjekt-Objekt-Beziehung in Hinblick auf Piagets Stufen der kognitiven Entwicklung:

»Einmal ereignete sich folgendes: Eine Mutter von zwei Kindern war wegen des ständigen Quengelns ihres Sohnes am Ende ihrer Geduld angelangt. Diesmal ging es um die Verteilung des Nachtischs. Die Mutter hatte ihrem Zehnjährigen zwei Stückchen Kuchen gegeben, ihrem Vierjährigen nur eines. Dem betrübten jüngeren Sohn hatte sie erklärt, er bekäme nur eins, weil er kleiner sei; wenn er größer ist, wird er auch zwei bekommen. Wie man sich vorstellen kann, war der Kleine mit dieser Logik nicht einverstanden und fuhr fort, sein Schicksal zu beklagen. Die Mutter verlor die Geduld. In einem Anflug von Sarkasmus griff sie seinen Teller und sagte: »Du willst zwei Stücke? Gut, du sollst zwei Stücke haben. Hier!« – wobei sie seinen Kuchen in der Mitte durchschnitt. Sofort war Ruhe; der kleine Junge dankte seiner Mutter ernsthaft und machte sich zufrieden an seinen Nachtisch. Die Mutter und der ältere Bruder waren beide überrascht. Sie schauten den Kleinen an, als hätten sie einen Geist vor sich. Dann schauten sie sich gegenseitig an; in diesem Augenblick teilten sie eine eben gewonnene Einsicht in die Realität des Sohnes und Bruders, eine Realität, die von der ihren recht verschieden war« (S. 50).

Der vierjährige Junge ist vermutlich der vor-operativen Entwicklungsstufe des Denkens zuzuordnen. Damit ist er noch nicht zu einer Sicht in der Lage, die der Welt Beständigkeit verleiht (konkret-operative Stufe), wie sie zum Beispiel in Piagets bekanntem Wasserexperiment zur Mengeninvarianz untersucht wird. Was aber ist das dahinter liegende Subjekt-Objekt-Gleichgewicht, das ihm die Teilung des Kuchenstücks nicht als Farce vorkommen, sondern so zufrieden erleben lässt? Der Vierjährige scheint noch in seine Wahrnehmungen eingebunden zu sein, das heißt, er kann noch nicht zwischen den Dingen an sich und seiner Wahrnehmung darauf unterscheiden. Ebenso wenig kann er seine Wahrnehmungen so koordinieren, dass er vorher und nachher gleichzeitig in Rechnung stellen kann. So meint er nun, genauso zwei Stücke wie sein älterer Bruder erhalten zu haben. Daher »ist« der Vierjährige seine Wahrnehmungen, anstatt sie zu »haben«. Auf der Objektseite hingegen kann er in seinem Alter schon

Errungenschaften verbuchen, die ihm bis zum Alter von ungefähr zwei Jahren nicht zur Verfügung standen, weil er sie nicht kontrollieren konnte: zum Beispiel Koordination seiner Handlungen und Reflexe. Die folgende Tabelle 5 (Kegan, 1994, S. 65) zeigt dieses Subjekt-Objekt-Gleichgewicht.

Tabelle 5: Subjekt-Objekt-Gleichgewicht auf zwei Stufen kognitiver Entwicklung

Piagets Stufen der kognitiven Entwicklung	Subjekt: Wodurch werde ich gesteuert?	Objekt: Was kann ich steuern?
Vor-operative Stufe	Wahrnehmungen	Handlungs-Empfindungs-Reflexe
Konkret-operative Stufe	Reversible Operationen (das Gegenwärtige)	Wahrnehmungen

Auf der nächsten Entwicklungsstufe (konkret-operativ) wird das, was auf der vorherigen Entwicklungsstufe Subjekt war, zum Objekt. »Anstatt die Welt durch seine Wahrnehmungen zu sehen, kann das Kind jetzt die Wahrnehmungen selbst sehen« (Kegan, 1994, S. 56). Ein Beispiel dafür wäre ein Junge, der von einem hohen Gebäude aus nach unten schaut und sagt: »Die Leute sehen aus wie Ameisen«, womit er vermittelt, dass er seine eigenen Wahrnehmungen in Rechnung stellen kann. Somit ist ein qualitativer Sprung in der Organisation des Selbst entstanden. Dieses Selbst ist differenzierter, weil es weitere maßgebliche Unterscheidungen treffen kann, und es ist integrierter, weil es diese nun auch auf einer bewussteren Ebene in sein Handeln integrieren kann.

Im Zuge seiner Forschungsarbeiten zur subjektiven Erkenntnistheorie von Erwachsenen konnte Kegan nun spezifische, qualitativ unterschiedliche Entwicklungsstufen des Selbst identifizieren, die eine eindeutige Entwicklungssequenz bilden. Diese sind jeweils durch ein bestimmtes Subjekt-Objekt-Gleichgewicht gekennzeichnet. Kegan benutzt dafür zum Teil auch andere Bezeichnungen und spricht beispielsweise von Stufen der Bedeutungsbildung (»meaning making«), Stufen des Bewusstseins oder Komplexität des Geistes. Diese Stufen korrespondieren in hohem Maße mit den Stufen der Ich-Entwicklung von Loevinger. In späteren Veröffentlichungen erwähnen Kegan und Lahey (2009) Loevingers WUSCT und das Subjekt-Objekt-Interview als zwei Instrumente, mit denen sich die Komplexität des Geistes messen lässt.

Die folgende Tabelle 6 (vgl. Kegan 1996, S. 122–123) verdeutlicht das Subjekt-Objekt-Gleichgewicht auf den jeweiligen Entwicklungsstufen des Selbst und setzt diese mit den entsprechenden Stufennummern der Ich-Entwicklung von Loevinger in Beziehung.

Detaillierte Darstellung des Ich-Entwicklungsmodells von Loevinger

Tabelle 6: Subjekt-Objekt-Gleichgewicht nach Kegan und korrespondierende Stufen der Ich-Entwicklung nach Loevinger

Entwicklungsstufe (Loevinger)	Entwicklungsstufe (Kegan)	Subjekt Wodurch werde ich gesteuert?	Objekt Was kann ich steuern?
E3	Souveränes Selbst (S2)	Bedürfnisse, Interessen, Wünsche	Impulse, Wahrnehmungen
E4	Zwischenmenschliches Selbst (S3)	Beziehungen, Erwartungen relevanter Bezugspersonen	Bedürfnisse, Interessen, Wünsche
E6	Institutionelles Selbst (S4)	Eigene(s) Identität, Ideologie, Weltbild	Beziehungen, Erwartungen relevanter Bezugspersonen
E8	Überindividuelles Selbst (S5)	Überindividuelle Prinzipien und Werte, Austausch zwischen Selbstsystemen	Eigene(s) Identität, Ideologie, Weltbild
E10		Subjekt-Objekt-Differenzierung löst sich auf	

Die Ich-Entwicklungsstufen E5, E7 und E9 sind in dieser Tabelle nicht aufgeführt, da sie Zwischenstufen des Subjekt-Objekt-Gleichgewichts darstellen. Aufgrund ihrer Forschungsergebnisse sieht Loevinger diese als eigenständige Entwicklungsstufen an, da sie über Jahre oder Jahrzehnte stabile Stufen der Entwicklung sein können, die zudem durch eine spezifische Struktur von Aspekten definiert sind. Nach dem Modell von Kegan sind diese Stufen allerdings in einem Ungleichgewicht, das Laske (2006a, S. 115 f.) als Entwicklungskonflikt bezeichnet. Ein Mensch auf diesen Stufen befindet sich sozusagen zwischen zwei sehr unterschiedlichen Subjekt-Objekt-Gleichgewichten, die schwer miteinander in Einklang zu bringen sind. Tabelle 6 zeigt, dass mit jeder neuen Hauptstufe das, was das Ich auf der vorherigen Stufe ausgemacht hat (Subjekt), zum Objekt wird. Dies bedeutet, dass zum einen eine immer unverzerrtere Wahrnehmung und zum anderen immer mehr Freiheitsgrade entwickelt werden. Beispielsweise ist man auf der Gemeinschaftsbestimmten Stufe (E4) seine Beziehungen, während man auf der Eigenbestimmten Stufe (E6) seine Beziehungen hat. Damit wird ein Mensch in die Lage versetzt, besser mit widersprüchlichen Ansprüchen anderer umzugehen.

2.1.8.4 Der spiralförmige Prozess der Entwicklung des Selbst

Den von Kegan beschriebenen Entwicklungsstufen des Selbst liegt noch ein weiterer Prozess zugrunde. Diesen kann man in Anlehnung an Kroger als Prozess der (strukturellen) Identitätsentwicklung bezeichnen. Denn letztlich geht es dabei um die Balance »zwischen dem, was als Selbst definiert wird, und dem, was dem Bereich des Anderen zugeordnet wird« (Kroger, 2004, S. 10, e. Ü.). Der Zusatz »strukturell« soll darauf hinweisen, dass es nicht um den spezifischen Inhalt der Identität geht. Diese kann beispielsweise anhand vollkommen verschiedener Themen und Aspekte für sich definiert werden (z. B. Religion, Berufszugehörigkeit, Nationalität, Hobby, politische Auffassungen). Bei Kegan geht es hingegen nicht um den Inhalt, sondern um die Struktur der Identität. Das folgende Beispiel verdeutlicht vielleicht am besten diesen Unterschied (Kegan, 1994):

> »Ein weißer Jugendlicher, der in den Nordstaaten Amerikas in einer liberal gesinnten Vorstadtumgebung lebt, wird sich sehr wahrscheinlich für Rassengleichheit aussprechen, wenn das die herrschende Ethik seiner Altersgenossen ist; wird ein Schul- und Wohnungswechsel notwendig, der die Familie in den Süden oder näher an die Großstadtzentren des Nordens bringt, so wird der Jugendliche sehr bald die rassistischen Meinungen seiner neuen rassistischen Freunde übernehmen. Nach herrschender Auffassung wird es heißen, der Jugendliche habe sich unter der Einwirkung neuer Freunde und neuer Einflüsse verändert; genauso richtig ist es aber, zu sagen, die Art, wie der Jugendliche Bedeutung bildet, sei die gleiche geblieben« (S. 88).

Im Zuge dieser (strukturellen) Identitätsentwicklung sind zwei Aspekte wichtig:
- Die Entwicklung der Identität vollzieht sich in einem wiederkehrenden Wechsel zwischen der Bezogenheit auf sich selbst (Ich) und der Bezogenheit auf andere. Auf Stufen mit gleichem Fokus wird diese allerdings strukturell anders definiert (z. B. E3 und E6).
- Die Identität eines Menschen wird mit jeder Ich-Entwicklungsstufe umfassender und zugleich flexibler. Dadurch gewinnt das Selbst immer mehr Freiheitsgrade.

Dieser Wechsel zwischen der Bezogenheit auf sich selbst und der Bezogenheit auf andere geht auf zwei Grundbedürfnisse zurück, die die »Dualität der menschlichen Erfahrung« (Bakan, 1966) ausmachen: »Das eine dieser Bedürfnisse kann man vielleicht als Verlangen nach Zugehörigkeit bezeichnen, als Verlangen nach Beteiligung, Nähe, Bindung, als Verlangen, von anderen gehalten, aufgenommen, begleitet zu werden. Das andere Bedürfnis kann man Verlangen nach Unabhängigkeit oder Selbständigkeit nennen; es ist unser Verlangen, verschieden zu sein, unsere eigene Richtung zu bestimmen, die eigene Integrität zu wahren« (Kegan, 1994, S. 149).

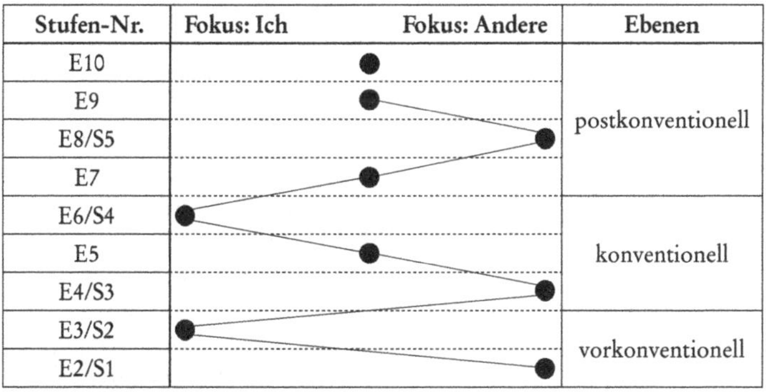

Stufen-Nr.	Fokus: Ich	Fokus: Andere	Ebenen
E10		●	postkonventionell
E9		●	
E8/S5		●	
E7		●	
E6/S4	●		konventionell
E5		●	
E4/S3		●	
E3/S2	●		vorkonventionell
E2/S1		●	

Abbildung 7: Helix der Entwicklung mit Stufennummern nach Loevinger (E) und Kegan (S)

Die obenstehende Abbildung 7 (vgl. Kegan, 1994, S. 152) veranschaulicht diesen Prozess der Identitätsentwicklung. Die Punkte auf der Kurve zeigen die jeweilige Stufe der Ich-Entwicklung und damit das, was man am treffendsten als »strukturelle Identitätsposition« (Binder, 2009b) bezeichnen kann. Die Punkte auf den Außenpositionen, die jeweils einem Fokus zugeordnet werden können, sind die jeweiligen Hauptstufen des Selbst, denen ein stabiles Subjekt-Objekt-Gleichgewicht zugrunde liegt (siehe Tabelle 6). Die Punkte in der Mitte (z. B. E5 und E7) sind stabile Zwischenpositionen, die nach Loevinger eigene Entwicklungsstufen darstellen. Die beiden letzten Identitätspositionen (E9 und E10) sind von Kegan selbst nicht weiter erforscht oder beschrieben worden und fallen in den zweiten Abschnitt der postkonventionellen Ebene (Cook-Greuter, 2000).

2.1.8.5 Hauptstufen des Selbst

Im Folgenden sind die Hauptstufen des Selbst jeweils kurz beschrieben. Diese bezeichnet Kegan auch als Stufen des Bewusstseins (vgl. Kegan et al., 1998). Auf die Charakterisierung der ersten Stufe (S1) wird verzichtet, da diese hauptsächlich kleine Kinder betrifft und auch in Loevingers Modell der Ich-Entwicklung keine Berücksichtigung findet.

- *S2 – Souveränes Selbst:* Ein Mensch auf dieser Stufe ist vornehmlich durch seine eigenen Wünsche und Bedürfnisse bestimmt (Subjekt). Im Vergleich zur vorherigen Stufe muss er seinen Impulsen (Objekt) nicht mehr sofort nachgehen. Er hat gelernt, dass andere Menschen andere Meinungen und Gedanken haben, die getrennt von seinen sind. Er kann sich allerdings nur schwer in die Lage anderer hineinversetzen. Er orientiert sich an seinen eigenen Interessen, andere Personen werden nur insofern in den Blick genommen, wenn sie seinen eigenen Interessen dienen können oder ihnen entgegenstehen.
- *S3 – Zwischenmenschliches Selbst:* Ab dieser Stufe sieht ein Mensch Andere nicht mehr nur als Mittel zur Befriedigung eigener Bedürfnisse. Da die Bedürfnisse und Interessen jetzt auf der Objektseite liegen, ist er stärker in der Lage, diese zu reflektieren und mit den Interessen anderer zu koordinieren. Er hat nunmehr die Meinungen, Erwartungen und Ansichten relevanter anderer Personen oder Bezugsgruppen verinnerlicht und ist in ihren Empfindungen von ihnen abhängig. Es gibt sozusagen kein »Ich«, das unabhängig von den Ansprüchen und Sichtweisen (relevanter) anderer existiert. Insofern kommt ein Mensch auf dieser Stufe dann in Konflikt, wenn zwei relevante Bezugspersonen unterschiedliche Erwartungen an ihn stellen. Denn er verfügt noch über kein System, das diese von einer außenstehenden Position koordinieren kann.
- *S4 – Institutionelles Selbst:* Erreicht ein Mensch diese Stufe, hat er zum ersten Mal ein stabiles Ich gebildet, das unabhängig von den Meinungen, Ansichten und Erwartungen anderer Personen existiert. Das Ich *ist* jetzt nicht mehr seine Beziehungen, sondern *hat* seine Beziehungen und kann sie daher von einem eigenen Standpunkt aus koordinieren. Es hat eigene Werte und Bezugssysteme entwickelt, anhand derer es seine Entscheidungen treffen kann. Die Begrenztheit dieses Selbstsystems liegt darin, dass das Ich seine eigene Bedeutungsbildung, das heißt, welchen Werten und Bezugsystemen es selbst unterliegt, kaum hinterfragt und auch nicht deren Begrenzung in Anwendung auf andere sieht.
- *S5 – Überindividuelles Selbst:* Die wenigen Menschen, die diese Stufe erreichen, erkennen die Grenzen ihres eigenen inneren Systems beziehungsweise die Grenzen, überhaupt mit einem identifiziert zu sein. Ihr eigenes Werte- und Bezugssystem ist nun auf der Objektseite und daher der Reflexion, Überprüfung und Steuerung zugänglich. Sie sind nicht mehr mit irgendeinem System identifiziert, sondern in der Lage, ihr jeweiliges System zu hinterfragen, anzupassen oder aufzugeben, wenn ein Kontext etwas anderes sinnvoll erscheinen lässt. Wie auf der Stufe 3 (sozialisiertes Selbst) liegt bei dieser Stufe der Fokus auf

der Beziehung zu anderen, allerdings auf einem strukturell anderen Niveau: »Der große Unterschied zwischen der nun erreichten Ebene und Stufe 3 besteht darin, dass wir es jetzt mit einem ›Selbst‹ zu tun haben, das sich dem Anderen zuwenden kann, anstatt aus ihm hervorzugehen. Die Ich-Stufe 3 [E4] war zwischenmenschlicher Natur (Beziehungen durch Verschmelzung); die Ich-Stufe 5 [E8] ist überindividueller Natur (Beziehungen, in denen die Partner ihre Identität wahren können)« (Kegan, 1994, S. 146–147).

Die oben beschriebenen Stufen zeigen nicht nur immer komplexer werdende Strukturen des Selbst, sondern ermöglichen einem Mensch einen immer größer werdenden Freiheitsgrad. Dies hat auch emotionale Auswirkungen. Wie Kegan verdeutlicht, scheint es so etwas wie »stufenspezifische Reizbarkeiten« zu geben: Jeder weitere Schritt in der Ich-Entwicklung erlaubt es einem Menschen, Dinge gelassener zu sehen, die er früher nicht konnte. Auf der Stufe des souveränen Selbst (S2/E3) ist man beispielsweise nicht mehr Objekt seiner Impulse und momentanen Stimmungen und erträgt daher auch einen Verzicht darauf leichter (vgl. Loevingers Aspekt der Impulskontrolle als Teil der Ich-Entwicklung).

2.1.9 Stabilität und Veränderbarkeit von Ich-Entwicklung

2.1.9.1 Alter und Ich-Entwicklung

Ein kennzeichnender Aspekt von Ich-Entwicklung ist deren bemerkenswerte Stabilität im Erwachsenenalter. Während Kindheit und Jugend eine Zeit des Wachstums im Sinne persönlicher Reife sind, scheint sich Ich-Entwicklung im Erwachsenenalter zu stabilisieren. So fand Loevinger (1976) in ihren Studien heraus, dass sich das Ich-Entwicklungsniveau bei der Mehrheit der Erwachsenen auf der Rationalistischen Stufe (E5) einpendelt.

Um diese Feststellung anhand einer breiteren und sichereren Datenbasis zu überprüfen, führte Cohn (1998) eine Metaanalyse durch, in der er die Ergebnisse zahlreicher anderer empirischer Studien mit Jugendlichen und Erwachsenen zu Ich-Entwicklung und Alter zusammen untersuchte. Cohn verfolgte bei seiner Sekundäranalyse vorhandener Daten eine mehrschrittige Auswertungsstrategie. Zuerst analysierte er die Daten von 30 Querschnittsstudien und anschließend von 16 Längsschnittstudien. Im folgenden Schritt untersuchte er weitere 56 Studien anhand einer Regressionsanalyse, um so deren Trends besser untersuchen zu können. Der Vorteil dieses Vorgehens lag darin, die Frage zum Zusammenhang von Alter und Ich-Entwicklung anhand unterschiedlicher Forschungsdesigns und -methoden analysieren zu können. Insgesamt berücksichtigte Cohn in seiner Metaanalyse 102 unterschiedliche Studien, die Daten von insgesamt 12.370 Teilnehmern umfassten.

Die Ergebnisse von Cohn bestätigen Loevingers Beobachtungen zur Stabilität von Ich-Entwicklung im Erwachsenenalter. Bei der Analyse der Querschnittsstudien stellte sich heraus, dass die durchschnittliche Korrelation zwischen Alter und Ich-Entwicklung im Jugendalter (bis 20 Jahre) bei r = 0,40 lag. Bei den Erwachsenen (älter als 20) hingegen fand Cohn eine Korrelation von r = 0,04, das heißt nur noch einen äußerst schwachen Zusammenhang zwischen Alter und Ich-Entwicklung. Die Längsschnittstudien zeigten ein ähnliches Bild: Während bei den Jugendlichen in 11 der 16 Studien ein signifikanter Zuwachs an Ich-Entwicklung auftrat, war dies bei den jungen Erwachsenen nur noch bei 6 von 21 Studien der Fall. Auch in den Längsschnittstudien unterschied sich die durchschnittliche Korrelation von Alter und Ich-Entwicklung in den beiden Altersgruppen: Bei den Jugendlichen war sie fast die gleiche wie bei den Querschnittsstudien: r = 0,41. Bei den jungen Erwachsenen hingegen lag sie mit einem Wert von r = 0,13 deutlich niedriger. Die unterschiedliche Höhe dieser Korrelationen ist erneut ein Indiz dafür, dass sich Ich-Entwicklung mit dem Eintritt in das Erwachsenenalter abschwächt, auch wenn sie nicht gänzlich stehen bleibt. Die Ergebnisse der Regressionsanalysen mit insgesamt 144 Stichproben zeigten schließlich ein ähnliches Bild: Das Auftreten von quadratischen Trends stützt die Hypothese, dass im Kinder- und Jugendalter eine fortschreitende Ich-Entwicklung stattfindet, die sich im frühen Erwachsenenalter abschwächt und dann stabilisiert. In Abbildung 8 ist ein solcher Trend deutlich anhand der Mittelwerte von insgesamt 252 unterschiedlichen Stichproben zu erkennen. So zieht Cohn (1998, S. 143, e. Ü.) folgendes Fazit: »Es findet individuelle Entwicklung im Erwachsenenalter statt, obwohl es scheint, dass dies für die meisten Menschen nicht charakteristisch ist.«

In dieser Untersuchung wurden keine Geschlechtsunterschiede berücksichtigt. Dazu existierte jedoch bereits eine Metaanalyse, ebenfalls von Cohn (1991). Dessen Ergebnisse zeigten bei Mädchen im Teenageralter einen deutlichen Entwicklungsvorsprung in Hinblick auf Ich-Entwicklung. Dieser verringerte sich bereits mit dem Eintritt ins Collegealter, so dass im Erwachsenenalter kaum Unterschiede zwischen Männern und Frauen zu verzeichnen waren.

Kurz nach Cohns Metaanalyse (1998) legten Westenberg und Gjerde (1999) die Ergebnisse ihrer neunjährigen Längsschnittstudie mit zwei Erhebungszeitpunkten anhand von Teilnehmern im Alter von 14 und 23 Jahren (N = 97) vor. Im Gegensatz zu früheren Studien konnten sie

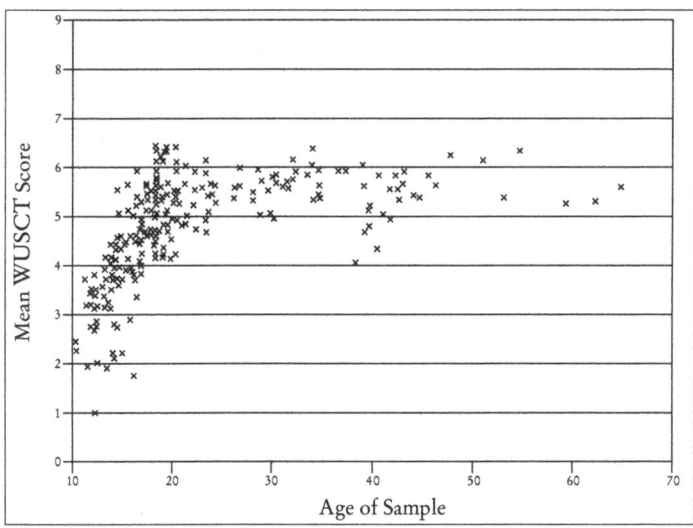

Abbildung 8: Ich-Entwicklung und Alter in verschiedenen Stichproben (Cohn, 1998, S. 140)

damit die Entwicklungsverläufe vom Jugendalter bis in das frühe Erwachsenenalter untersuchen. Ihre Ergebnisse bestätigen mit einem durchschnittlichen Zuwachs von etwa 1,5 Stufen, dass vom Jugendlichen- zum frühen Erwachsenenalter eine hohe Variabilität der Ich-Entwicklung besteht. Der Vergleich der beiden Erhebungen zeigte auch, dass die Varianz der Ich-Entwicklungsstufen im Alter von 23 Jahren signifikant größer war: So fanden sich im Alter von 14 Jahren vier und im Alter von 23 Jahren sechs verschiedene Ich-Entwicklungsstufen bei den Teilnehmern. Im Erwachsenenalter scheinen daher neben dem reinen Alterszuwachs andere Aspekte eine größere Rolle zu spielen. Aufgrund ihrer kleinteiligen Untersuchungen intraindividueller Verläufe stießen Westenberg und Gjerde noch auf ein weiteres interessantes Ergebnis: Je nach Ich-Entwicklungsstufe im Alter von 14 Jahren zeigten sich unterschiedlich starke Zuwächse zum zweiten Erhebungzeitpunkt mit 23 Jahren. Jugendliche, die sich zum Zeitpunkt der ersten Erhebung bereits auf der Rationalistischen Stufe (E5) befanden, verzeichneten in den folgenden neun Jahren den geringsten Zuwachs an Ich-Entwicklung. Dies führte Westenberg und Gjerde (1999, S. 247) zu der Annahme, dass die Stabilisierung des Ich-Entwicklungsniveaus eher mit dem Erreichen der Rationalistischen Stufe (E5) zu tun hat als mit einem bestimmten Alter. Syed und Seifge-Krenke (2013, S. 379), die diese Fragestellung aufgriffen, kommen später anhand der Ergebnisse ihrer zehnjährigen Längsschnittstudie mit 98 weiblichen Jugendlichen (14 bis 24 Jahre) zu dem gleichen Schluss.

Ähnliche Ergebnisse in Bezug auf Alter und Entwicklung finden sich auch in der Weisheitsforschung. Staudinger (2005, S. 346) bemerkt dazu in einem Überblicksartikel: »Zwischen etwa 14 und 25 Jahren bildet sich die Grundlage dieses Einsichts- und Urteilssystem [sic!] heraus, nach dem 25. Lebensjahr allerdings scheint es nicht mehr auszureichen, älter zu werden, um ›lebenseinsichtiger‹ oder gar ›weiser‹ zu werden.«

2.1.9.2 Das Erreichen eines stabilen Gleichgewichts der Ich-Entwicklung

Loevinger als auch Kegan verstehen Ich-Entwicklung (im Sinne Piagets) als interaktionistischen Prozess. Das heißt, dass Entwicklung eine aktive Auseinandersetzung des Menschen mit seiner Umwelt darstellt und nicht ein bloßer Reifungsprozess (wie etwa zur Geschlechtsreife) ist, der zu einem fixen Endpunkt führt. Loevinger verdeutlichte dies anhand eines Modells überlappender Kurven (siehe Abbildung 9). Zu jedem Alter können sich Menschen auf unterschiedlichen Stufen der Ich-Entwicklung befinden. Ich-Entwicklung kann dabei aufgrund vieler Einflüsse weiter voranschreiten oder auch zu einem (vorläufigen) Ende kommen.

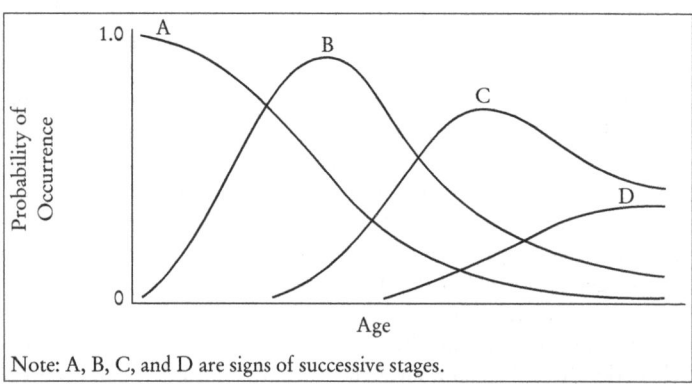

Abbildung 9: Entwicklungsmodell einer Meilensteinsequenz (Loevinger, 1976, S. 167)

Auch Piagets Modell der kognitiven Entwicklung, das qualitativ unterschiedliche und aufeinanderfolgende Stufen des Denkens beschreibt, lässt sich dem oben skizzierten Modell zuordnen (Loevinger, 1976, S. 172). Im Vergleich der empirischen Studien zu beiden Modellen zeigt sich allerdings

Detaillierte Darstellung des Ich-Entwicklungsmodells von Loevinger

ein auffälliger Unterschied: Piagets letzte Stufe der kognitiven Entwicklung (formal-operativ) erreichen die meisten Menschen in einem Alter zwischen elf bis fünfzehn Jahren (Buggle, 2001; Scharlau, 2007). Damit haben sie prinzipiell ein Denken erreicht, mit dem sie von konkreten Inhalten abstrahieren und abstrakt logisch schlussfolgern können. Lange vor dem Erwachsenenalter ist somit die nach Piaget letzte Stufe der kognitiven Entwicklung erreicht, auch wenn diese nicht immer in voller Ausprägung und in allen Bereichen gleich auftritt (z. B. Shayer u. Wylam, 1978; De Lisi u. Staudt, 1980; Bradmetz, 1999). Im Gegensatz dazu findet bei der Mehrheit der Erwachsenen kein Wachstum bis zur spätesten (heute messbaren) Stufe der Ich-Entwicklung (E10) statt. Das Ich-Entwicklungsniveau stabilisiert sich beim Großteil der Erwachsenen in westlichen Ländern auf der Rationalistischen Stufe (E5). Damit scheinen sie mit ihrer gegenwärtigen Stufe der Ich-Entwicklung ein Gleichgewicht gefunden zu haben, das eine Weiterentwicklung im Sinne größerer persönlicher Reife unwahrscheinlich werden lässt. Dies verwundert umso mehr, denn eine Weiterentwicklung zu späteren Stufen der Ich-Entwicklung bringt eine Vielzahl von Vorzügen mit sich, die so gut wie alle Arbeits- und Lebensbereiche betreffen (vgl. Kegan, 1996; Rogers, Mentkowski u. Reisetter Hart, 2006, S. 509 ff.). Manners und Durkin (2000, S. 477) stellen in ihrer Übersicht zu Ich-Entwicklung im Erwachsenenalter beispielsweise folgende Vorteile heraus:
- Bessere präventive Gesundheitsfürsorge bei älteren Erwachsenen (z. B. Gast, 1984),
- besseres Verstehen von Kindern (z. B. Dayton, 1981),
- höhere Empathie, Nähe und Klarheit der Kommunikation bei Paaren (z. B. Zilbermann, 1984),
- größere Kompetenz von Managern (z. B. Givens, 1984),
- effektiveres Entscheidungsverhalten bei Managern (z. B. Merron, 1985),
- geringere Symptomschwere von psychiatrischen Patienten (z. B. Noam, 1998).

Die aufgeführten Studien im zweiten Kapitel (siehe S. 134) und im dritten Kapitel (siehe S. 196) zeigen, dass dies nur eine kleine Auswahl der vielen positiven Aspekte ist, die mit späteren Stufen der Ich-Entwicklung einhergehen. Gerade bei einem Persönlichkeitskonstrukt wie Ich-Entwicklung, bei dem Unterschiede nicht nur eine Frage des persönlichen »Stils« sind (im Sinne eines neutral zu bewertenden »so oder anders«), stellt sich die Frage, weshalb sich Entwicklung im Erwachsenenalter verlangsamt beziehungsweise bei vielen Menschen zum Stillstand kommt (vgl. Edelstein u. Krettenauer, 2004). So scheint es zunächst, dass Piagets zentrale Entwicklungsprinzipien Ich-Entwicklung nur bedingt zu erklären vermögen. Nach Piaget (1970/2010) ist das Auflösen interner Widersprüche eine der zentralsten Quellen für Entwicklung. Diese führt gemäß Werners »orthogenetischem Prinzip« zu internen Strukturen des Denkens, die immer differenzierter und integrierter sind und mit denen neuartigen Situationen zunehmend flexibler begegnet werden kann (Werner, 1948; Glick, 1992). Diese Auflösung von Widersprüchen, die für einen Menschen ein Ungleichgewicht darstellen (Disäquilibration), geschieht nach Piaget durch ein Wechselspiel zweier unterschiedlicher Mechanismen:

1. *Assimilation:* Ein Mensch passt seine Erfahrungen an die eigene kognitive Struktur an, ohne diese selbst zu verändern.
2. *Akkomodation:* Wenn die bisherigen Denkschamata nicht mehr ausreichen, bestimmte Erfahrungen zu verarbeiten, passt ein Mensch seine kognitive Struktur an die Umwelt an.

Prinzipiell ist Assimilation daher stabilisierend und Akkomodation ein in Richtung Veränderung wirkender Mechanismus. Loevinger (1976) erklärt, warum offensichtlich diese beiden Mechanismen nicht ausreichen, um zu einem späten Ich-Entwicklungsniveau zu führen:

»Natürliche Phänomene wirken als Schrittmacher für kognitives Wachstum, indem sie konstant Erwartungen in Frage stellen, die auf falschen Hypothesen beruhen. Daher benötigt ein maximales Gleichgewicht das Erreichen der formal-operationalen Entwicklungsstufe. Das Ich [hingegen] ist eine Struktur von Erwartungen, die sich nicht auf natürliche, sondern vorwiegend auf interpersonelle Phänomene bezieht. So lange ein Kind in einer Umwelt lebt, die diese Erwartungen nicht bestätigt, liegt ein Potenzial für weiteres Wachstum vor. Wenn die Sichtweise des Kindes auf seine interpersonelle Umwelt mit dem übereinstimmt, was dort existiert, das heißt wenn seine Erwartungen den Verhaltensnormen um es herum entsprechen, dann ist ein Gleichgewicht erzielt und die Wahrscheinlichkeit für weitere Veränderung ist klein« (S. 311, e. Ü.).

Auch Block (1982) weist in seinem klassischen Artikel zu Piagets Konzeption der Mechanismen von Assimilation und Akkomodation darauf hin, dass diese nur begrenzt auf Persönlichkeitsentwicklung anwendbar sind. Denn sie beziehen sich auf Denken in Hinblick auf unbelebte Dinge (wie das Verständnis von Raum, Zeit, Kausalität etc.): »Der Unterschied zwischen einer passiven und leidenschaftslosen Welt, über die man ein eindeutiges Verständnis erlangen kann, und einer interaktiven, Leidenschaft mit sich bringenden Welt, in der das Verständnis niemals mehr als Ungewissheit und Vieldeutigkeit übersteigt, ist schwerwiegend« (Block, 1982, S. 289–290, e. Ü.). Bei Ereignissen oder Situationen, die für Menschen potenziell ein Ungleichgewicht erzeugen können, spielen insofern weitere Aspekte wie beispielsweise das Ausmaß und der Umgang mit eigener Angst, Einstellungen, Erwartungen oder Motive eine zentrale Rolle. Die Frage ist, wie diese Aspekte zusammen Ich-Entwicklung beeinflussen oder wie man diese fördern kann. Denn es scheint, dass Weiterentwicklung eher unwahrscheinlich wird, sobald Menschen eine passende Nische für sich gefunden haben. Auch Loevinger (1976) stellte sich diese Frage, sah aber auch die Schwierigkeiten, die damit verbunden sind:

»Manche Leute glauben, dass die Gesellschaft Bedingungen fördern sollte, die dazu führen, dass mehr Menschen die Stufen jenseits von Konformität [Stufe E4 bis E5] erreichen. Sie schlagen vor, dass die Gesellschaft diejenigen belohnen sollte, die auf der Eigenbestimmten Stufe oder sogar der Strategischen Stufe sind, wie sie jetzt Konformisten oder Opportunisten belohnt. Aber dieser Vorschlag ist oder führt zu einem Paradox. Die Essenz der Eigenbestimmten Stufe ist es, zumindest teilweise frei von sozial erwünschten Belohnungen oder Strafen zu sein. Wie kann man Belohnungen so einsetzen, dass eine Person davon befreit wird, auf sie zu reagieren und durch sie geprägt zu werden?« (S. 28, e. Ü.).

Mittlerweile liegt zu diesen Fragen eine Reihe von Praxiserfahrungen und Forschungsergebnissen vor. Diese bieten zahlreiche Hinweise darauf, welche Aspekte mit fortschreitender Ich-Entwicklung im Zusammenhang stehen. Dazu ist es sinnvoll, sowohl stabilitätsfördernde als auch veränderungsfördernde Mechanismen von Persönlichkeit in den Blick zu nehmen. Denn Veränderungsmechanismen scheinen nicht nur die Kehrseite von Stabilitätsmechanismen zu sein: »Diese sind vielmehr oft verschiedene Mechanismen, die zu jeder Zeit Kontinuität und Veränderung erzeugen können« (Caspi u. Roberts, 2001, S. 62, e. Ü.).

2.1.9.3 Mechanismen der Stabilität und Veränderbarkeit von Persönlichkeit in Bezug auf Ich-Entwicklung

Caspi und Roberts (2001; Roberts u. Caspi, 2003) beschreiben ein Rahmenmodell zur Kontinuität und Veränderbarkeit von Persönlichkeit im Lebensverlauf. Auf der Grundlage zahlreicher Studien unterschiedlicher Forschungsbereiche skizzieren sie darin wesentliche Aspekte beziehungsweise Mechanismen, die für Kontinuität als auch Veränderung von Persönlichkeit im Lebensverlauf verantwortlich zeichnen.

Folgende drei Mechanismen scheinen danach potenziell stabilisierend auf Persönlichkeit im Lebensverlauf zu wirken:

1. Umgebungsbezogene Einflüsse aufgrund langfristig stabiler Umwelten
2. Genetische Einflüsse
3. Person-Umwelt-Interaktionen
   a) Reaktive Interaktionen, also das bewusste Auswählen und Filtern von Informationen aus der Umwelt
   b) Proaktive Interaktionen, also das selektive Auswählen von Umwelten und Personen, die der eigenen Persönlichkeit entsprechen
   c) Evokative Interaktionen, also das Hervorlocken von bestimmten Reaktionen anderer aufgrund eigener bestimmter Persönlichkeitsmerkmale (die wiederum eine bestätigende Wirkung ausüben)

Die Vielzahl der Mechanismen, die potenziell verändernd auf Persönlichkeit wirken, fassen Caspi und Roberts zu folgenden Clustern zusammen:
1. Umstände/Bedingungen, die andere Reaktionen erfordern, beispielsweise die Übernahme neuer Rollen oder neuartige Situationen,
2. Selbstbeobachtung und Reflexion,
3. Beobachtung anderer (im Sinne sozialen Lernens),
4. Austausch und Rückmeldungen durch andere.

Das Modell von Caspi und Roberts nimmt keinen expliziten Bezug auf konstruktivistische Entwicklungmodelle der Persönlichkeit. Daher stellt sich die Frage, inwiefern sich in Studien zum Modell der Ich-Entwicklung Hinweise auf die dort herausgearbeiteten Mechanismen finden lassen. Roberts und Caspi beziehen sich bei Veränderungen der Persönlichkeit auch nicht auf eine bestimmte Richtung. In Entwicklungsmodellen der Persönlichkeit hingegen wird eine bestimmte Reihenfolge im Sinne von hierarchischen Entwicklungsstufen postuliert. Daher ist auch die Frage relevant, wie die oben beschriebenen Mechanismen der Veränderung genau wirken, um qualitative Sprünge der Entwicklung im Sinne von Ich-Entwicklung zu ermöglichen.

Viele Studien zu Ich-Entwicklung geben Hinweise auf die ersten beiden Aspekte, die sich auf Umgebungseinflüsse beziehungsweise veränderte Umstände beziehen. Insbesondere sind dies Studien von Hauser und Kollegen (z. B. Hauser et al., 1984; Hauser, Powers u. Noam, 1991; Billings, Hauser u. Allen, 2008; Allen, 2010). Im Rahmen ihrer ersten Studie erhoben Hauser et al. (1984) die Ich-Entwicklung von Jugendlichen als auch ihrer Eltern. Zudem analysierten sie das Kommunikationsverhalten der Familien (N = 61) anhand transkribierter Mitschnitte von Diskussionen zu moralischen Dilemmata. Dort zeigten sich bereits mittlere bis starke Zusammenhänge zwischen dem Kommunikationsverhalten der Eltern und der Ich-Entwicklung ihrer Kinder. Das Ausmaß akzeptierenden Kommunikationsverhalten war beispielsweise positiv

Detaillierte Darstellung des Ich-Entwicklungsmodells von Loevinger

(r = 0,40) und bewertendes negativ (r = –0,24) mit dem Ich-Entwicklungsniveau der Jugendlichen korreliert. Auch in Längsschnittstudien mit jungen Menschen im Alter zwischen 14 und 25 Jahren zeigte sich, dass die weitere Entwicklung von Jugendlichen mit dem Kommunikationsverhalten im Elternhaus zusammenhängt (z. B. Billings et al., 2008). Ähnliche Ergebnisse fanden Syed und Seiffge-Krenke (2013) in ihrer zehnjährigen Längsschnittstudie mit 98 Familien, bei der mit Fragebögen zum Familienklima gearbeitet wurde. Zudem hatten die Jugendlichen, die sich bis ins Alter von 25 Jahren besonders stark entwickelten, Eltern, die im Schnitt eine signifikant spätere Ich-Entwicklungsstufe aufwiesen (im Vergleich zu denjenigen, deren Entwicklung im Gruppenvergleich im Durchschnitt lag).

Anhand einer Querschnittstudie untersuchte Billington (1988) speziell den Einfluss von Promotionsprogrammen auf Ich-Entwicklung. Dabei verglich sie das Ich-Entwicklungsniveau von 60 Promotionsstudenten im mittleren Erwachsenenalter (37 bis 48 Jahre), von denen 30 gerade ihr Studium begonnen und 30 es beendet hatten. Die Hälfte davon studierte an »traditionellen« Universitäten, die andere Hälfte an einer Universität, die explizit eine Philosophie selbstbestimmten und gegenseitigen Lernens vertrat (»nicht-traditionell«). Zusätzlich wurden Informationen zum Lernklima und damit zusammenhängenden Aspekten (z. B. Feedback) mittels Fragebogen und Interviews erhoben.

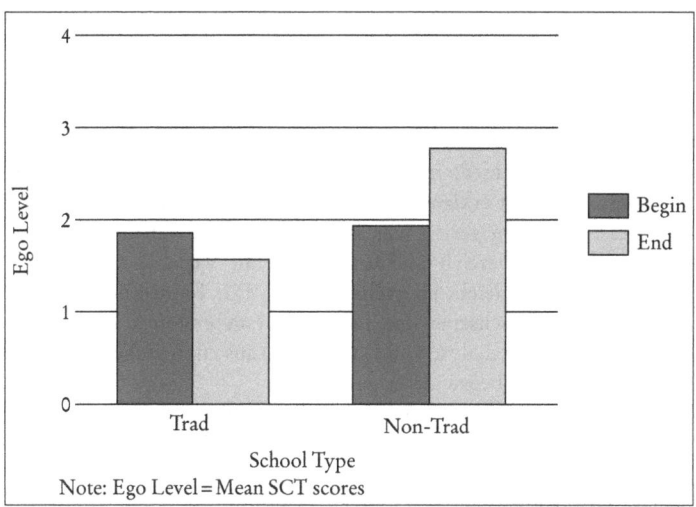

Abbildung 10: Ich-Entwicklung zu Promotionsbeginn/-ende und Art der Universität (Billington, 1988, S. 190) (Ego Level 2 = E6)

Während das Promotionsstudium an sich keinen Effekt auf die Ich-Entwicklung hatte, zeigte sich in der Varianzanalyse ein signifikanter Interaktionseffekt in Hinblick auf den Typ der Universität (Abbildung 10). Nur bei den Studenten der »nicht-traditionellen« Universität zeigte sich ein signifikanter Unterschied im Ich-Entwicklungsniveau zwischen Beginn und Ende. Dieser betrug nahezu eine Stufe. Der fehlende Haupteffekt weist darauf hin, dass die rein intellektuelle Herausforderung eines Promotionsstudiums offensichtlich kein Trigger für weitere Ich-Entwicklung ist, wenn das Studium nicht durch ein offenes und Exploration förderndes Lernklima ergänzt wird. Bemerkenswert war zudem der gefundene Interaktionseffekt zwischen dem Anspruch, den die Studierenden an eine stimulierende und herausfordernde Umgebung hatten, und dem Typ der Institution. Während sich bei Studenten mit hohem Anspruch bei der nicht-traditionellen Universität ein signifikanter mittlerer Anstieg im Ich-Entwicklungsniveau ergab, zeigte das Ich-Entwicklungsniveau zum Ende des Studiums an den traditionellen Universitäten sogar eine Regression.

Zum genetischen Einfluss auf Ich-Entwicklung existiert eine einzige Zwillingsstudie von Newman, Tellegen und Bouchard (1998). Diese testeten 45 eineiige und 28 zweieiige Zwillinge im Alter von 16 bis 70 Jahren, die seit ihrer Kindheit getrennt aufgewachsen waren. Mittels dieses klassischen Zwillingsdesigns zur Bestimmung des genetischen Anteils eines Persönlichkeitsaspekts (vgl. Asendorpf, 1988) schätzten sie den Anteil an Varianz auf 47 Prozent (kontrolliert für Intelligenzmaße). Damit ist der erbliche Anteil etwa so groß wie bei anderen bisher untersuchten Persönlichkeitsmerkmalen. Wie und wodurch dieser Wert bei einer Entwicklungsvariablen zustande kommt, kann dadurch allerdings nicht erklärt werden. Newman et al. erhoben bei ihrer Studie auch Werte für generelle Intelligenz und speziell verbale Intelligenz. Diese konnten die großen Unterschiede im Ich-Entwicklungsniveau der Teilnehmenden allerdings nicht erklären. Obwohl der Zusammenhang zum Alter in dieser Studie sehr gering war, könnte allerdings der mit 16 Jahren beginnende Altersbereich eine konfundierende Variable sein, die den genetischen Anteil leicht überschätzen ließ. Ein Teilnehmerkreis von ausschließlich Erwachsenen mit einem Mindestalter von 20 Jahren wäre angesichts der Metaanalyse von Cohn (1998) aus empirischen und theoretischen Gründen begründeter gewesen.

Besonders auf die stabilitätsfördernden Mechanismen, die Roberts und Caspi als Person-Umwelt-Interaktionen bezeichnen, wies auch Loevinger immer hin. Dabei bezog sie sich auf Sullivan (1953), um die bemerkenswerte Stabilität von Ich-Entwicklung zu erklären. Sein Begriff des »Selbst-Systems«, auf das Loevinger als einen zentralen Einfluss ihres Modells verweist, entspricht weitestgehend dem, was sie als spezifische

Struktur jeder Ich-Entwicklungsstufe versteht. Nach Sullivan tendiert jedes Selbst-System dazu, seine interne Konsistenz zu bewahren, indem es durch selektive Unaufmerksamkeit diejenigen Informationen ignoriert, die nicht zu der jeweils erreichten Stufe der Entwicklung passen. Jedes Selbst-System ist dabei im Wesentlichen ein Angstmanagement-System. Seine Funktion besteht darin, das Individuum vor unangenehmen und potenziell angstbesetzten Informationen und Situationen zu schützen. An anderer Stelle vergleicht Loevinger daher die jeweilige Ich-Entwicklungsstufe auch mit der Funktion eines Immunsystems (1987a, S. 93). Die Tatsache, dass ein Großteil der Erwachsenen sich auf einem mittleren Niveau der Ich-Entwicklung befindet, legt dabei die Vermutung nahe, dass es mit irgendeiner Art von Kosten verbunden wäre, sich weiterzuentwickeln. Diese Idee findet sich auch bei der transformationsorientierten Methodik von Kegan und Lahey (2001, 2009, 2010), die dazu dient, das jeweilige »Immunsystem gegen Veränderungen« herauszuarbeiten, um so Entwicklung zu ermöglichen.

Beispiele für vor allem reaktive Person-Umwelt-Interaktionen finden sich in den narrativen Studien von McAdams (z. B. 1985) oder später zusammen mit Bauer. In einer Studie mit 176 Personen im Alter zwischen 19 und 70 Jahren untersuchten Bauer, McAdams und Sakaeda (2005; Bauer u. McAdams, 2004a) beispielsweise den Zusammenhang zwischen der Betonung von Wachstumszielen und hedonistischen Zielen. Das Ausmaß dieser Ziele verglichen sie mit dem unabhängig davon erhobenen Ich-Entwicklungsniveau. Interessant dabei war, dass nicht explizit nach diesen Zielen gefragt wurde, sondern einzelne Episoden ihrer autobiographischen Erinnerungen anhand eines dafür entwickelten Schemas kodiert wurden. Die Ergebnisse der Auswertungen bestätigten die These, dass ein hohes Ich-Entwicklungsniveau vor allem mit einem hohen Ausmaß an Erinnerungen, die mit Wachstum zu tun hatten, zusammenhängt. Personen, die ihre Erfahrungen vor allem dahingehend reflektieren, was sie daraus lernen oder welche neuen Perspektiven sie daraus gewinnen, wiesen im Durchschnitt eine spätere Stufe der Ich-Entwicklung auf als diejenigen, die vor allem den »hedonistischen« Aspekt betonten (im Sinne ihres damaligen Wohlbefindens). Weitere Studien dazu konnten diese Zusammenhänge auch in Längsschnittstudien nachweisen (Bauer u. McAdams, 2010).

Studien, die sich mit Ich-Entwicklung im klinischen Kontext beziehungsweise mit Psychopathologie befassen, geben weitere Hinweise auf Faktoren, die dazu führen, dass Personen sich nicht oder schwieriger in Richtung weiterer persönlicher Reife entwickeln. Insbesondere sind hier die zahlreichen Studien von Noam und Kollegen zu erwähnen. Noam (1992) verglich in einer Studie (N = 139) Highschool-Schüler mit Jugendlichen, die sich in psychiatrischer Behandlung befanden. Letztere wiesen im Vergleich eine signifikante Verzögerung in der Ich-Entwicklung auf, wie die weiter links liegende Verteilung der hellgrauen Balken in Abbildung 11 zeigt.

Er führt dies auf etwas zurück, das er »Einkapselung« nennt: alte Strukturen, die von einer früheren affektiven und kognitiven Logik geprägt sind und die »zu rigiden, abgesonderten Aspekten der vorherrschenden Selbst- und Weltsicht« führen (Röper u. Noam, 1999, S. 263). Warum diese aufrecht gehalten werden, erklärt Noam (1992, S. 686, e. Ü.) wie folgt: »Oft wird der Verlust, der mit dem Loslösen von einer Einkapselung verbunden ist, als größer empfunden als die Vorteile, die mit weiterer Entwicklung vermutet werden«. Noam, Recklitis und Paget (1991) untersuchten in einer Studie mit 37 Teilnehmern (12- bis 16-jährige Jugendliche), inwiefern eine Verbesserung der klinischen Symptome in Zusammenhang mit einem Zuwachs oder Stehenbleiben auf der jeweiligen Ich-Entwicklungsstufe zusammenhängen. Diejenigen Jugendlichen, die nach ihrer Entlassung eine leichte Zunahme in ihrer Ich-Entwicklung verzeichneten, wiesen im Vergleich zu denjenigen, bei denen keine fortschreitende Ich-Entwicklung stattfand, auch eine signifikante Abnahme ihrer psychiatrischen Symptome auf.

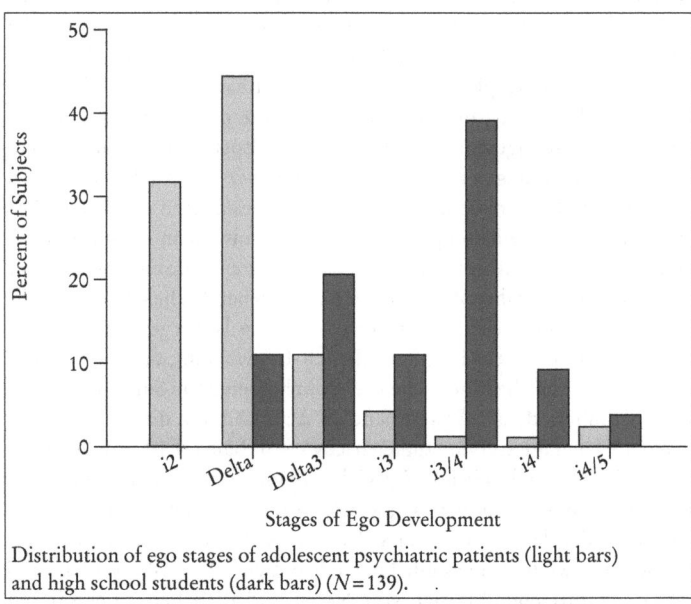

Abbildung 11: Ich-Entwicklung psychiatrischer Patienten und gleichaltriger Jugendlicher (Noam, 1992, S. 682) (I3 = E4)

Detaillierte Darstellung des Ich-Entwicklungsmodells von Loevinger

Ein Beispiel für proaktive Person-Umwelt-Interaktionen findet sich in einer der ersten interkulturellen Ich-Entwicklungsstudien. Lasker (1978) untersuchte bei einigen Teilstichproben in Curacao auch, inwiefern Ich-Entwicklung Einfluss auf Freundschaftsbeziehungen hatte. Dabei bat er die Teilnehmer seiner fünftägigen Trainings sechs Monate später, eine Liste ihrer besten Freunde aufzustellen. Aus diesen konnte er Soziogramme bilden und die Häufigkeit gegenseitiger Wahlen berechnen. Die Ergebnisse zeigen, dass die gleichzeitig erhobene Ich-Entwicklungsstufe offensichtlich auch eine »soziologische« Variable ist: Gegenseitige Wahlen zeigten sich am häufigsten bei Personen innerhalb einer halben Ich-Entwicklungsstufe ($p < 0,05$). Ähnliche Ergebnisse fanden sich auch in einer Studie zu Ich-Entwicklung und Freundschaft von Mikkelson (1980). Sofern dies nicht nur für diese Studie zutrifft, schaffen sich Menschen damit eine Umwelt, die zumindest bezüglich dieser Variable keine weiteren Anregungen bietet. Gerade die Auseinandersetzung mit Personen, die auf einer späteren Stufe denken und empfinden, ist aber einer der klassischen Treiber von Entwicklung, wie in den Interventionsansätzen zur Moralentwicklung von Kohlberg herausgearbeitet wurde (z. B. Arbuthnot, 1984). Findet dies nicht nur in einzelnen Einheiten wie bei Interventionsprogrammen statt, sondern über Monate und Jahre wie bei Ehepaaren, sind noch größere Effekte zu erwarten.

Genau entgegengesetzt scheint hingegen das Persönlichkeitsmerkmal »Offenheit für neue Erfahrungen« zu wirken, das in vielen Studien signifikant mit Ich-Entwicklung korreliert (siehe S. 92). Wie genau dieser Aspekt allerdings auf Ich-Entwicklung wirkt, ist bisher noch nicht sicher. Bisher liegen gemischte Ergebnisse dazu vor, ob diese Variable tatsächlich mit explorierendem Verhalten in einer Vielzahl von Lebensbereichen einhergeht (vgl. Manners u. Durkin, 2000, S. 499–501). Dies könnte eine Erklärung für die gefundenen Zusammenhänge sein: Denn je mehr eine Person sich auf neue Themen oder Situationen einlässt oder diese sogar aktiv aufsucht, umso mehr Chancen ergeben sich, die bisherige Struktur der Bedeutungsbildung zu hinterfragen beziehungsweise hinterfragen zu lassen.

In der mehrjährigen und vielfältigen Studie von Lasker finden sich auch erste Hinweise für evokative Person-Umwelt-Interaktionen, bei denen das Verhalten von Personen eine Reaktion hervorruft, die wiederum bestätigend auf die Person zurückwirkt. Lasker wollte die Interaktionen in seinen Trainingsgruppen zur Leistungsmotivationssteigerung besser verstehen. Dabei griff er auf Bales' Interaktionsprozessanalyse zurück, ein System zur Verhaltenskodierung in Gruppen. Er gruppierte die von Bales (1970) aus typischen Interaktionsmustern bestehenden Persönlichkeitstypen in seinen Trainingsgruppen nach Stufen der Ich-Entwicklung und fand eine Reihe signifikanter Unterschiede in der vermuteten Richtung. Das Beziehungsverhalten von Personen auf der Selbstbestimmten Stufe (E3) kommentiert er etwa wie folgt: »Es besteht eine gewisse eindringliche, sich selbst erfüllende Qualität in Bezug auf diese Beziehungen. Indem sich eine Person auf der selbstbestimmten Stufe in eine ruhige, beherrschte und selbst-schützende Position bringt, entfremdet sie sich selbst von der Gruppe und scheint eine Atmosphäre von Feindseligkeit und Uneinigkeit zu erzeugen, die Selbstschutz erfordert. Wenn diese Feindseligkeit als Negativität zu Tage tritt, dann schiebt ihn dies in weitere soziale Isolation« (Lasker, 1978, S. 349, e. Ü.).

Eine Studie von Bursik (1991) illustriert besonders den Aspekt des Reagierens auf unerwartete und potenziell stressbesetzte Umstände. Dazu untersuchte sie 104 Frauen, die gerade eine Trennung oder Scheidung von ihrem Mann erlebt hatten, die nicht länger als acht Monate zurück lag. Zu diesem Zeitpunkt und erneut ein Jahr später testete Bursik das Ich-Entwicklungsniveau dieser Frauen und mittels verschiedener Instrumente den Grad an gelungener Anpassung an ihre neue Lebenssituation. Die Trennung an sich zeigte keinen Einfluss auf das Ich-Entwicklungsniveau. Frauen allerdings, welche die Trennung zu Beginn als besonders stressvoll erlebten (Disäquilibration) sowie ein Jahr später eine gelungene Anpassung (und damit gelungenes Coping) zeigten, wiesen einen signifikanten Zuwachs an Ich-Entwicklung auf. Bei allen Gruppen mit anderen Verläufen (unverändert hohe oder niedrige Anpassung zu beiden Zeiten oder hohe Anpassung zu Beginn und später nicht) zeigte sich hingegen wie vermutet keine signifikante Veränderung im Ich-Entwicklungsniveau.

Eine Studie, in der es vor allem um veränderungsfördernde Mechanismen der Selbstbeobachtung und Reflexion, Austausch und Rückmeldungen durch andere und Rollenübernahme geht, stammt von Torbert und Fisher (1992). Diese berichten von Ergebnissen zweier Studien mit MBA-Studierenden und Managern, von denen zu zwei Erhebungszeitpunkten Daten bezüglich ihres Ich-Entwicklungsniveaus vorlagen. Die Autoren verglichen dabei das Ich-Entwicklungsniveau derjenigen, die kontinuierlich an sogenannten »Selbsterforschungsgruppen« teilgenommen hatten, mit denjenigen, von denen keine dieser gezielten Aktivitäten bekannt waren. Dabei traten signifikante und eindrucksvolle Unterschiede auf, wie die folgende Tabelle 7 zeigt.

Tabelle 7: Ich-Entwicklung und Teilnahme an Selbsterforschungsgruppen
(Torbert u. Fisher, 1992, S. 186)

	Did develop to later stage	Did not develop to later stage	Total
Did participate in a/b self-inquiry group	22	2	24
Did not participate in a/b self-inquiry group	3	165	168
Totals	25	167	n = 192

Die Aktivitäten in den Selbsterforschungsgruppen bezogen sich allerdings auf einen Zeitraum von mindestens eineinhalb Jahren und beinhalteten eine Vielzahl von Aspekten. Beispielsweise wurde mit Rückkopplung eigener transkribierter Beratungssituationen und der gezielten schriftlichen Auseinandersetzung damit gearbeitet. Ebenso beinhaltete dies auch das Arbeiten mit autobiographischen Elementen vor dem Hintergrund von Loevingers und Kegans Ich-Entwicklungsmodell. Zudem fand ein intensiver Austausch und gegenseitiges Erkunden zu persönlichen Themen in den Gruppen selbst statt, in denen auch gezielt Feedback auf unterschiedlichen Ebenen erfolgte (vgl. Torbert, 1973, 1976, 1981, 2000; Argyris, 1995; Argyris, Putnam u. McLain Smith, 1990). Leider liegen zu diesen Aktivitäten keine weiteren Daten der Teilnehmer vor. Berichtet wird allerdings, dass Variablen wie Alter und Bildung keinen Einfluss auf die Ergebnisse hatten.

Eine Metaanalyse mit Studien, die ebenfalls eine Vielzahl von veränderungsfördernden Mechanismen beinhalteten, stammt von Sprinthall (1994). Dieser verglich insgesamt elf Interventionsstudien, in denen jeweils Moralentwicklung und Ich-Entwicklung als abhängige Variable gemessen wurden. Teilnehmer waren in diesen Fällen allerdings Jugendliche im Highschool-Alter. Alle Interventionsstudien arbeiteten mit dem Aspekt der sozialen Rollenübernahme (vgl. Mead, 1974; Selman, 1971) kombiniert mit Training in Beratungsfähigkeiten und kritischer Reflexion. Die Ergebnisse dieser Metaanalyse zeigten ein eindeutiges Bild mit einer im Durchschnitt signifikanten und hohen Effektstärke, wie Tabelle 8 zeigt.

Tabelle 8: Metaanalyse zu Interventionsstudien mit sozialer Rollenübernahme (Sprinthall, 1994, S. 89)

Social Role Taking: A Meta-Analysis of Moral Judgment and Ego Developmental Effects							
		Kohlberg MJI or Rest DIT (Pscore) Posttest			Loevinger SCT or Hunt CL Posttest		
Study		Mean	SD	Effect	Mean	SD	Effect
Dowell (1971)	E	350	–	MJI	5.3	–	SCT
	C	280	82	+.85	3.3	1.09	+1.83
Rustad & Rogers	E	401		MJI	5.7		SCT
(1975)	C	295	55	+1.97	4.3	.89	+1.57
Mosher &	E	345		MJI	7.21		SCT
Sullivan (1976)	C	272	36.5	+2.02	5.57	1.40	+1.17
Tucker (1977)	E	44.2		P	6.00		SCT
	C	41.3	16.7	+.18	5.70	1.26	+.23
Hedin (1979)	E	40.2		P	5.48		SCT
	C	35.3	6.8	+.72	4.05	1.06	+1.35
Cognetta (1980)	E	39		P	6.05		SCT
	C	38	12.3	+.08	4.46	1.16	+1.37
Exum (1980)	E	No data available			7.06		SCT
	C				5.83	.98	+1.25
Satterstrom	E	48		P	2.0		CL
(1980)	C	48	19	.00	1.8	.42	+.47
Sprinthall &	E	34.8		P	1.72		CL
Scott (1989)	C	26.2	9.7	+.87	1.39	.27	+1.22
Sprinthall, Hall	E	33.3		P	6.70	SCT	SCT
& Gerler (1992)	C	22.3	12.9	+.85	5.58	1.20	+.93
Reiman &	E	56.9		P	1.9		CL
Parramore (1993)	C	46.4	13.4	+.93	2.0	.61	–.16
Average Effect Size		(N=10)		+.85	(N=11)		+1.10
		MJI or DIT			SCT or CL		

2.1.9.4 Fazit zur Veränderbarkeit von Ich-Entwicklung im Erwachsenenalter

Für alle von Caspi und Roberts beschriebenen Mechanismen, die zu Stabilität oder auch Veränderbarkeit von Persönlichkeit im Lebensverlauf beitragen, finden sich Beispiele empirischer Studien in Bezug auf Ich-Entwicklung. In den oben beschriebenen Studien zeigen sich zudem weitere Hinweise auf spezifische Aspekte, die einen Fortschritt in Richtung späterer Stufen der Ich-Entwicklung behindern oder begünstigen können. Nur wenige Anstrengungen wurden allerdings bis in die 1990er Jahre unternommen, um diese Vielzahl von Hinweisen zu integrieren. So bemerkte auch Loevinger (1994a, S. 4, e. Ü.), dass »keine allgemein akzeptierte Theorie existiert, die Fortschritte in Ich-Entwicklung erklärt«.

Sprinthall (1994, S. 94, e. Ü.), der zur gleichen Zeit eine Metaanalyse zu Interventionen im Jugendalter veröffentlichte, leitete allerdings einige erste Wirkmechanismen für das Erwachsenenalter ab. »Die Bedingungen für psychisches Wachstum waren klar: (a) Erfahrungen in Rollenübernahme sammeln können, speziell im Helfen; (b) geleitete Reflexion; (c) eine Balance zwischen Handeln und Reflexion; (d) Kontinuität, mindestens über ein Semester andauernd; und (e) ein Gruppenklima, das sowohl unterstützend als auch herausfordernd war.«

Mittlerweile liegt auch eine Vielzahl von Interventionsstudien vor, in denen versucht wurde, Ich-Entwicklung im Erwachsenenalter gezielt zu fördern. Diese Studien bezogen sich auf sehr unterschiedliche Gruppen von Teilnehmern und fanden in unterschiedlichen Bereichen statt, von Krankenschwestern (White, 1985) über Gefängnisinsassen (MacPhail, 1989), Lehrer (Oja, 1978) zu vielen anderen Kontexten und Rollen. Ein kommentierter Überblick zu diesen Studien findet sich bei Manners und Durkin (2001, S. 488–492). Bereits Sprinthall (1994, S. 89–90) fand in einer nachträglichen Untersuchung heraus, dass bei den weniger erfolgreichen Interventionsstudien wesentliche Interventionselemente nicht gut ausbalanciert waren. Ähnliches zeigte sich auch bei den von Manners und Durkin kommentierten Studien. Bei diesen gab es teilweise methodische Fehler oder wesentliche Wirkelemente waren nicht ausreichend berücksichtigt. Insgesamt erwiesen sich allerdings 10 der 16 untersuchten Interventionsstudien als wirksam. Das heißt, dass auch im Erwachsenenalter eine gezielte Förderung von Ich-Entwicklung möglich ist. Auch zeigte sich, dass eine Entwicklung über die bei Studien immer wieder als Modalwert gefundene Rationalistische Stufe (E5) erreicht werden konnte. In Bezug auf die Wirkmechanismen stellte sich heraus, dass von den insgesamt neun Interventionsstudien, die explizit mit einem

Equilibrationsmodell arbeiteten, acht signifikante Fortschritte in der Ich-Entwicklung erreichen konnten.

Nach Manners und Durkin stellt eine Weiterentwicklung zu einer nächsten Stufe der Ich-Entwicklung eine »akkomodative Antwort« auf bestimmte Lebenserfahrungen dar. Diese können selbst initiiert sein (beispielsweise durch Teilnahme an einer »Selbsterforschungsgruppe«) oder sich ergeben (beispielsweise durch eine nicht selbst gewollte Trennung). Allerdings scheint es auf spezifische Qualitäten von Lebenserfahrungen anzukommen, damit eine solche Umstrukturierung der eigenen Persönlichkeit in Richtung reiferer Entwicklungsstufen stattfindet. In ihrem umfassenden Überblick haben Manners und Durkin (2000, S. 503) diese Aspekte einzeln herausgearbeitet. Potenziell entwicklungsfördernde Lebenserfahrungen
- stellen die Struktur der bisherigen Ich-Entwicklungsstufe in Frage,
- sind persönlich bedeutsam,
- emotional fordernd,
- interpersoneller Natur
- und als Herausforderungen positiv interpretierbar.

Die Studien zu Ich-Entwicklung, in denen bestimmte Umweltbedingungen mit untersucht wurden, weisen zusätzlich auf ein bestimmtes entwicklungsförderndes Klima hin: Dies scheint in einer besonderen Mischung von unterstützenden, wohlwollenden und gleichzeitig herausfordernden sowie in Frage stellenden Verhaltensweisen im Umfeld anderer Menschen zu bestehen. Sprinthall (1994, S. 94, e. Ü.) nennt diese schwer zu erreichende Balance das »erzieherische Paradox«. Auch Syed und Seiffge-Krenke (2013, S. 380, e. Ü.) kommen in ihrer zehnjährigen Längsschnittstudie zu einem ähnlichen Schluss: »In Bezug auf das Fördern von Ich-Entwicklung scheint ein rein warmes und unterstützendes Umfeld nicht ausreichend.« Dies erinnert daran, was Schulz von Thun (2013, S. 54) in einem anderen Zusammenhang mit seiner psychologischen Faustregel (A + K = E) kurz und knapp auf den Punkt bringt: Danach ist Entwicklung (E) dann wahrscheinlich, wenn ein ausreichendes Maß an Akzeptanz (A) mit Konfrontation (K) durch andere Sichtweisen zusammen kommt.

Studien zu Ich-Entwicklung, in denen gleichzeitig weitere Persönlichkeitsaspekte untersucht wurden, zeigen zudem deutlich, dass die Wahrscheinlichkeit, eine spätere Stufe der Ich-Entwicklung zu erreichen, offensichtlich mit anderen Persönlichkeitsaspekten als Ich-Entwicklung selbst in Zusammenhang steht. Belege dafür sind auf unterschiedlichen Ebenen der Persönlichkeit, wie sie McAdams (2002) in seinem Drei-Ebenen-Modell beschreibt, zu finden (siehe S. 97). Beispiele für die erste Ebene der grundlegenden Eigenschaften finden sich in den Untersuchungen zum Big-Five-Modell. Dort korreliert beispielsweise der Faktor »Offenheit für neue Erfahrungen« positiv mit Ich-Entwicklung (z. B. McCrae u. Costa, 1980). Beispiele für die zweite Ebene der spezialisierteren Persönlichkeitsaspekte finden sich bei Lasker (1978), der Ich-Entwicklung in Bezug auf McClellands Grundmotive untersuchte oder auch in der oben beschriebenen Studie von Bauer und McAdams (2004a), die implizite Ziele in den Blick nimmt. Ein Beispiel für die dritte Ebene der Persönlichkeit (Integrative Lebenserzählungen) findet sich in der Studie von Helson, Mitchel und Hart (1985). Diese gibt Hinweise darauf, inwiefern die Ebene der Identität mit Ich-Entwicklung zuammenhängt: Die Autoren analysierten intensiv die Lebenswege von sieben Frauen, die bei der letzten Erhebung ihrer mehr als zwanzigjährigen Längsschnittstudie die äußerst selten erreichte systemische Stufe (E8) erreicht hatten. Trotz aller Unterschiede in den konkreten Lebenswegen zeigten sich dort bemerkenswerte Ähnlichkeiten, in der Art und Weise, wie diese Frauen auf sich und ihr Leben schauten. Weitere Beispiele, wie bestimmte Selbstdefinitionen zu Lebenswegen führen, die im Zusammenhang mit Ich-Entwicklung stehen, finden sich bei Helson und Roberts (1994) oder Helson und Srivastava (2001).

Wie letztlich verschiedene Aspekte zusammenkommen müssen, um ein Fortschreiten in Hinblick späterer Ich-Entwicklungsstufen zu ermöglichen, beschreiben Staudinger und Kunzmann (2005) sehr eindringlich:

»Es braucht außergewöhnliches Bemühen und wahrscheinlich auch Pein, um auf dem Weg in Richtung Weisheit und persönlichem Wachstum voranzuschreiten. Der Umfang kritischer Selbstprüfung und das Ausmaß an Flexibilität und Ungewissheitstoleranz, die notwendig ist, um diesen Fortschritt zu ermöglichen, erfordert eine besondere Kombination an persönlichen Eigenschaften, Motivation und Erfahrungskontexten, die selten vorkommen« (S. 326, e. Ü.).

Diese verschiedenen Aspekte zu sehen und Menschen darin herauszufordern sowie sie dabei zu unterstützen, diese zu mobilisieren, auch wenn sie zunächst nicht erkennbar sind, scheint aufgrund der Forschungslage ein weiterer Hebel zu sein, Ich-Entwicklung zu fördern (vgl. King u. Hicks, 2007). Dennoch: »Man kann nur versuchen, Türen zu öffnen. Es wird immer die Wahl des Einzelnen sein, ob er durch diese Türen gehen möchte« (Loevinger, 1976, S. 426, e. Ü.).

2.1.10 Verteilung der Ich-Entwicklungsstufen im Erwachsenenalter

2.1.10.1 Loevinger-basierte Studien

Cohn (1998) ging in seiner Metaanalyse zu Alter und Ich-Entwicklung der Frage nach, wann sich Entwicklung verlangsamt oder zum vorläufigen Ende kommt. Die Daten bestätigen eindeutig Loevingers These, dass sich Ich-Entwicklung mit Anfang 20 stabilisiert: Die Korrelation zwischen Alter und Ich-Entwicklung über Tausende Probanden beträgt ab diesem Zeitpunkt nur noch r = 0,04. Allerdings untersuchte Cohn nicht, welche prozentuale Verteilung sich nur bei Erwachsenen zeigt, obwohl seine Datenbasis von über 12.000 Personen unterschiedlichster Stichproben im Alter zwischen 9 und 91 Jahren einen umfassenden Überblick dazu erlaubt hätte. Es zeigte sich immerhin, dass der Mittelwert der meisten Studien im Erwachsenenalter zwischen der Rationalistischen Stufe (E5) und der Eigenbestimmten Stufe (E6) lag (Cohn, 1998, S. 140).

Wie der vorherige Abschnitt zeigt, gibt es genügend Hinweise, dass eine weitere Entwicklung auch im Erwachsenenalter möglich ist (z. B. Helson, Mitchell u. Hart, 1985). Daher ist die Frage relevant, von welcher Verteilung im Erwachsenenalter ausgegangen werden kann. In den ersten Jahren wurde der Großteil der Studien zu Ich-Entwicklung allerdings mit Jugendlichen oder gemischten Altersgruppen durchgeführt. Ein erster Hinweis auf die Verteilung bei Erwachsenen findet sich bei Loevinger und Wessler (1978), die für ihre Manualkonstruktion verschiedene Teilstichproben mit einem breiten Altersspektrum verwendeten. Darunter ist auch eine Teilstichprobe mit Frauen im Alter zwischen 21 und 50 Jahren und mindestens einem Collegeabschluss (n = 106). Die prozentual umgerechnete Verteilung im Vergleich zur weiblichen Gesamtstichprobe (N = 1640) zeigte sich wie folgt (Tabelle 9):

Tabelle 9: Verteilung der Ich-Entwicklungsstufen im Vergleich erwachsener Frauen zur Gesamtstichprobe (Loevinger u. Wessler, 1978, S. 28)

Stichproben	E2	E3	E4	E5	E6	E7	E8	E9
Erwachsene	0 %	3,8 %	31,1 %	19,8 %	30,2 %	11,3 %	3,8 %	0 %
Gesamtstichprobe	4,6 %	7,3 %	32,8 %	24,6 %	22,8 %	5,4 %	1,8 %	0,7 %
Ebenen	vorkonventionell		konventionell			postkonventionell		

Im Vergleich fällt auf, dass sich nur 3,8 Prozent der erwachsenen Frauen auf der vorkonventionellen Ebene befinden (gesamt: 11,9 Prozent). Und der Prozentsatz auf der postkonventionellen Ebene ist mit 15,1 etwa doppelt so hoch wie in der Gesamtstichprobe (7,9 Prozent). Die Rationalistische Stufe (E5) markiert bei den erwachsenen Frauen etwa die Mitte, knapp die Hälfte befindet sich auf den späteren Stufen (E6–E9), bei der Gesamtstichprobe hingegen sehr viel weniger (30,7 Prozent). Vor dem Hintergrund vieler weiterer Studien bemerkt Loevinger später zum Ich-Entwicklungsniveau im Erwachsenenalter (1987b, S. 231, e. Ü.): »Die meisten Erwachsenen ohne Collegeabschluss befinden sich auf dieser Stufe [E5] oder einer niedrigeren; die meisten Erwachsenen mit einem Collegeabschluss sind auf dieser Stufe oder einer höheren« (vgl. Loevinger et al., 1985).

Mit einer Kurzversion des WUSCT erhob Holt (1980) eine repräsentative Stichprobe für Jugendliche und junge Erwachsene (16 bis 25 Jahre) in den USA (N = 966), in der zudem weibliche und männliche Teilnehmer fast zu gleichen Teilen vertreten sind. Um den Effekt von weiterführenden Bildungsabschlüssen auf Ich-Entwicklung zu untersuchen, kontrastiert er Personen mit und ohne Collegeabschluss.

Tabelle 10: Repräsentative Verteilung der Ich-Entwicklungsstufen im Jugendlichen- und Erwachsenenalter (Holt, 1980, S. 916)

Frequency Distributions of Levels of Ego Development (TPR): National Norms					
	College (%)		Noncollege (%)		Total (%)	
TPR category	M	F	M	F	M	F
Impulsive (I–2)	4	2	2	3	3	2
Self-Protective (Δ)	3	3	15	7	10	6
Ritual-Traditional (Δ/3)	9	4	14	10	12	10
Conformist (I–3)	12	10	26	26	21	20
Self-Aware (I–3/4)	41	39	34	41	37	40
Conscientious (I–4)	22	31	9	10	13	16
Individualistic (I–4/5)	8	9	1	3	3	4
Autonomous (I–5)	–*	–*	0	–*	–*	1
Integrated (I–6)	0	0	0	0	0	0
n	162	181	314	309	476	490

Note. TPR = Total Protocol Ratings. M = male; F = female.
* Less than 1 %

In Tabelle 10 wird sichtbar, dass der Modalwert in beiden Teilstichproben auf der Rationalistischen Stufe (E5) liegt. Im konventionellen Bereich der Ich-Entwicklung sind über 70 Prozent aller Teilnehmer zu verorten (Conformist = E4 bis Conscientious = E6). Bei den Collegeteilnehmern fällt allerdings der Anteil der präkonventionellen Stufen deutlich niedriger und der Anteil der postkonventionellen Stufen (ab Individualistic = E7) deutlich höher aus. Ebenso findet sich bereits ein höherer Prozentsatz an Teilnehmern auf der Eigenbestimmten Stufe (E6).

Die Erhebung der Verteilung im Erwachsenenalter anhand einer breiten Datenbasis wie derjenigen von Holt ist aufgrund des immensen Aufwands schwer zu realisieren. Es sind aber verschiedene Zusammenstellungen verfügbar, in denen mehrere Einzelstudien mit erwachsenen Teilnehmern unterschiedlichen Alters aggregiert wurden. Die erste stammt von Torbert (1991, S. 43) und beinhaltet sechs verschiedene Studien mit Managern unterschiedlicher Branchen (N = 497), die Torbert später aggregierte und deren Ergebnisse (Torbert and Associates, 2004, S. 79) hier aufgeführt sind. Interessant ist dabei die Aufschlüsselung nach Hierarchieebenen. In den obersten Ebenen zeigt sich der Prozentsatz der Manager auf der Gemeinschaftsbestimmten Stufe (E4) verschwindend gering. Hingegen ist der Prozentsatz der Manager auf den postkonventionellen Stufen erhöht, selbst wenn dieser auch nur 14 Prozent beträgt. Die zweite Verteilung stammt aus Rooke und Torberts (2005, S. 68) bekannt gewordenem Artikel im Harvard Business Review (HBR), der vielfach als Referenz genommen wird (z. B. Wilms, 2010; April, Kukard u. Peters, 2013). Aufgrund des Zeitschriftformats der HBR finden sich keine genauen Angaben zur Herkunft der Daten, außer dass sie aus unterschiedlichsten Projekten mit Tausenden Teilnehmern stammen. Die dritte Verteilung stammt von Cook-Greuter (2010, S. 304–305) und beinhaltet Forschungsstudien und Projekte von 1980 bis 2000 mit Personen im Alter zwischen 16 und 82 Jahren (N = 4267). Da darin Personen unterschiedlichster sozialer Schichten, Bildungsniveaus und Berufsgruppen enthalten sind, ist diese Verteilung zumindest für US-amerikanische Verhältnisse besonders repräsentativ. Alle drei Verteilungen sind in der folgenden Tabelle 11 aufgeführt. Prozentzahlen, die für zwei Stufen gelten, sind im Original so aufgeführt.

Detaillierte Darstellung des Ich-Entwicklungsmodells von Loevinger

Tabelle 11: Verteilung der Ich-Entwicklungsstufen in drei aggregierten Stichproben

Stich-proben	E2	E3	E4	E5	E6	E7	E8	E9	E10
Tobert (1991/2004)	0 %	3 %	10 %	45 %	35 %	7 %	0 %	–	
Rook␣u. Torbert (2005)	0 %	5 %	12 %	38 %	30 %	10 %	4 %	1 %	
Cook-Greuter (2010)	0,7 %	7,1 %	8,4 %	37,1 %	29,7 %	10,6 %	4,6 %	1,3 %	0,5 %
Ebenen	vorkonventionell	konventionell				postkonventionell			

Alle aufgeführten Verteilungen sind bezogen auf die Prozentzahlen der konventionellen Ebene in etwa vergleichbar. Zwischen etwa 75 und 80 Prozent der getesteten Personen befinden sich auf der Gemeinschaftsbestimmten, der Rationalistischen oder der Eigenbestimmten Stufe der Ich-Entwicklung (E4 bis E6). Zwischen 7 und 17 Prozent erreichen die postkonventionelle Ebene (E7 bis E10). Der Prozentsatz auf den vorkonventionellen Ebenen scheint hingegen im Erwachsenenalter sehr gering zu sein (zwischen 3 und 7 Prozent). Insofern weisen die drei Gesamtverteilungen trotz Unterschieden vor allem im postkonventionellen Bereich große Ähnlichkeiten auf.

2.1.10.2 Vergleich mit Studien zu Kegans Ich-Entwicklungsmodell

Die obigen Verteilungen beziehen sich alle auf das Ich-Entwicklungsmodell von Loevinger. Auch zu Kegans Modell der Ich-Entwicklung gibt es mehrere empirische Studien, selbst wenn die Datenlage nicht annähernd die Vielzahl an weltweiten Studien zum WUSCT erreicht. Da die beiden Modelle eine hohe Überschneidung aufweisen, wäre zu erwarten, dass auch die mit den beiden Instrumtenten (WUSCT, SOI) erhobenen Daten ähnliche Verteilungen aufweisen.

Tabelle 12 gibt einen Überblick über die Ergebnisse aus den verschiedenen Studien zu Kegans Modell. Alle Studien beziehen sich auf Erwachsene im Altersbereich bis 55 Jahre (Kegan, 1996, S. 194). Die Gesamtstichprobe besteht aus insgesamt zwölf verschiedenen Studien (N = 282) einzelner Dissertationen. Die in diese zwölf Studien eingeschlossene Bar-Yam-Studie untersucht amerikanische Militärangehörige und ihre Familien, die alle ein Graduate-Studium abgeschlossen haben. Daher stellen die Befragten eine Stichprobe mit einem höheren Bildungsniveau im Vergleich zur Gesamtstichprobe dar (N = 60), weshalb die Ergebnisse hier einmal über alle Studien und einmal nur für die Bar-Yam-Stichprobe wiedergegeben werden.

Tabelle 12: Verteilung der Ich-Entwicklungsstufen im Vergleich – Kegan basierte Studien (Kegan, 1996, S. 193)

Stufen (Kegan)	Gesamtstichprobe (12 Einzelstudien)	Mit Graduate-Studienabschluss (Bar-Yam-Studie)	Ebenen
S5	0 %	0 %	postkonventionell
>S4<S5	6 %	10 %	
S4	34 %	42 %	konventionell
>S3<S4	32 %	37 %	
S3	14 %	11 %	
>S2<S3	8 %	0 %	vorkonventionell
S2	5 %	0 %	

Insgesamt ist der Prozentsatz auf der präkonventionellen Ebene mit 13 Prozent in Kegans Gesamtstichprobe höher als in Loevinger basierten Studien. Dies kann aber auch auf Stichprobeneffekte zurückzuführen sein (vgl. Bugenhagen u. Barbuto, 2012, S. 42). Beispielsweise befanden sich bei der sozioökonomisch gemischten isländischen Studie von Krettenauer, Hofmann, Ullrich und Edelstein (2003) mit 22-jährigen Teilnehmern noch 15,6 Prozent im präkonventionellen Bereich der Ich-Entwicklung (N = 103).

Loevingers und Kegans Modelle nutzen vollkommen unterschiedliche Methoden (Satzergänzungstest vs. klinisches Interview), nehmen unterschiedliche Stufeneinteilungen vor und unterscheiden sich in der Art der auszuwertenden Entwicklungsaspekte sowie der Cut-off-Punkte und Verrechnungssysteme zur Bestimmung der Gesamtstufe einer Person. Zudem sind die Stichproben unterschiedlich. Insgesamt gesehen sind die Ergebnisse der Kegan-basierten Studien denen der auf Loevinger basierenden Studien dennoch sehr ähnlich. Darauf weist Kegan hin:

»Wir haben jetzt zwei hoch entwickelte, reliable und weit verbreitete Messverfahren, um geistige Komplexität in dem hier besprochenen Sinne zu bestimmen. ... Beide Studien [Kegan, 1994; Torbert, 1987], jede mit komplett unterschiedlichen Stichproben durchgeführt, erreichen die gleichen Ergebnisse – dass bei der Mehrheit der Personen die geistige Komplexität noch nicht die institutionelle Stufe [self-authoring, S4 ~ E6] erreicht hat – und da beide Studien in Hinblick auf Mittelschicht und Berufstätige mit Collegeabschluss verzerrt sind, scheint der aktuelle Prozentsatz in der Gesamtbevölkerung noch höher zu sein« (2009, S. 27, e. Ü.).

2.1.11 Ich-Entwicklung und Persönlichkeit

Jede Fokussierung auf ein Persönlichkeitsmodell birgt die Gefahr, die ganze Persönlichkeit damit erklären zu wollen. Insofern ist aus wissenschaftlicher Sicht eine Einordnung dessen erstrebenswert, was durch ein Modell nicht erklärt wird und inwiefern die dort beschriebenen Aspekte im Zusammenhang mit dem Feld der Persönlichkeit insgesamt stehen. Dieser Anspruch wird bisher kaum erfüllt, da sich die einzelnen Ansätze und Modelle meist nur innerhalb ihrer eigenen Forschungstraditionen bewegen (siehe unten). So beschreibt auch beispielsweise Mayer (1998, S. 118) das Feld der Persönlichkeitspsychologie insgesamt als »desorganisiert«.

Als Persönlichkeitstypologie und Entwicklungssequenz zugleich, als Abfolge von Meilensteinen, als Modell, das die Subjekt- und nicht die Objektseite der Erfahrung abbildet und letztendlich als Modell mit einer Vielzahl von Aspekten (kognitiv, motivational, emotional etc.) ist Loevingers Modell der Ich-Entwicklung schwer einzuordnen. Loevinger selbst sah in Ich-Entwicklung einen zentralen Faktor der Persönlichkeit (»master trait«), betonte aber, das Ich-Entwicklung nicht alles ist: »Das Ich ist nicht das Gleiche wie die ganze Persönlichkeit. Es ist in etwa das, was die Person als ihr Selbst empfindet« (1976, S. 67, e. Ü.; vgl. Blasi, 1976; Blasi u. Oresick, 1987, S. 74). Sie selbst grenzte sich von anderen Persönlichkeitsmodellen ab, unternahm aber keine Versuche, das Konstrukt Ich-Entwicklung im Kontext anderer Persönlichkeitsansätze differenzierter zu verorten (vgl. Loevinger, 1998). Daher stellt sich die Frage, wie Ich-Entwicklung im Verhältnis zur Persönlichkeit eines Menschen zu sehen ist.

2.1.11.1 Begriffsklärung Persönlichkeit

Im weitesten Sinne ist fast jeder im Alltag eine Art Persönlichkeitspsychologe. Um im täglichen Miteinander handlungsfähig zu sein, machen sich Menschen beispielsweise Gedanken darüber, was das Gegenüber auszeichnet, warum er oder sie sich in bestimmten Situationen auf eine bestimmte Art und Weise entschieden hat oder sich in Zukunft wohl verhalten wird. Doch diese »naiven« Persönlichkeitstheorien sind eher implizit, meist bruchstückhaft und oft einseitig. Zudem zeigt die Ich-Entwicklungssequenz, dass mit fortschreitender Ich-Entwicklung überhaupt erst ein Verständnis von Individualität entsteht. Beispielsweise entwickelt sich erst ab der Rationalistischen Stufe (E5) ein Verständnis von überdauernden differenzierten Eigenschaften, die jenseits von klischeehaften Zuschreibungen wie beispielsweise »gut«, »böse« oder »nett« sind (vgl. Block, 1995, S. 196).

Auch in der wissenschaftlichen Psychologie gibt es keine allgemein anerkannte Definition, was Persönlichkeit umfasst. Bereits Allport (1937) führte in seinem klassischen Werk 49 Definitionen von Persönlichkeit auf und ergänzte sie um eine eigene fünfzigste Definition. Seitdem hat sich der Einigungsprozess nicht wesentlich verbessert (vgl. Sader u. Weber, 1996, S. 9 ff.). Doch einseitige Definitionen von Persönlichkeit sind gefährlich, weil sie einen bestimmten Persönlichkeitsansatz beziehungsweise eine bestimmte Tradition zum Maßstab einer Forschungsdisziplin machen (vgl. Riegel, 1981). In Anlehnung an Herrmann (1991, S. 29), der bereits eine integrative Definition vorschlägt, scheint heute in etwa Konsens über folgende Aspekte von Persönlichkeit zu bestehen (Binder, 2009a, S. 3): »Persönlichkeit bezieht sich auf die Einzigartigkeit, das heißt die spezifische Art und Weise, wie ein Mensch über verschiedene Situationen sowie einen längeren Zeitraum (Monate/Jahre) denkt, fühlt und sich verhält, das heißt mit seiner Umwelt agiert und auf sie reagiert.«

2.1.11.2 Ich-Entwicklung und Eigenschaftsansätze der Persönlichkeit

Im Alltag wird Persönlichkeit oft mit den Eigenschaften eines Menschen gleichgesetzt. Auch in der wissenschaftlichen Psychologie ist der Eigenschaftsorientierte Persönlichkeitsansatz sehr präsent, wenn nicht gar vorherrschend zur Erklärung von Persönlichkeit. Dies hat sich vor allem nach der durch Mischel (1968) angestoßenen Situationismusdebatte verschärft. Dort wurde die Frage diskutiert, ob es überhaupt Sinn macht, von stabilen Persönlichkeitsmerkmalen zu sprechen oder ob nicht von einem höheren Einfluss situativer Aspekte auf Verhalten auszugehen ist. Die dadurch angeschobenen Forschungsarbeiten haben dazu geführt, dass es heute überzeugende »Belege für die breite Beschaffenheit individueller Unterschiede, ihrer zeitlichen Stabilität, ihrer psychobiologischen Fundierung und ihrer Effektivität im Voraussagen von wichtigen Verhaltenstrends und Lebensergebnissen« gibt (McAdams u. Pals, 2006, S. 204, e. Ü.).

Das Erstarken des Eigenschaftsorientierten Ansatzes hängt stark mit der Formulierung und Überprüfung des sogenannten Big-Five-Modells der Persönlichkeit zusammen. Bis in die siebziger Jahre entstand eine Vielzahl gut ausgearbeiteter empirischer Persönlichkeitsmodelle (z. B. Cattels Sixteen Personality Factor Questionnaire), die jeweils unterschiedliche und unterschiedlich viele Eigenschaften beinhalteten. Gleichzeitig gab es immer mehr Studien, die nachzuweisen schienen, dass die Vielzahl von Eigenschaften, die in diesen Persönlichkeitsmodellen abgebildet waren, im Wesentlichen auf fünf große Cluster zurückzuführen sind. Diese werden meist wie folgt benannt:

1. Neurotizismus (z. B. Grad an Nervosität, Ängstlichkeit, emotionaler Labilität)
2. Extraversion (z. B. Grad an Geselligkeit, Aktivität, Gesprächigkeit)
3. Offenheit für Erfahrungen (z. B. Grad an Neugier, Bevorzugung von Abwechslung)
4. Verträglichkeit (z. B. Grad an Wohlwollen und Kooperation anderen gegenüber)
5. Gewissenhaftigkeit (z. B. Grad an Zuverlässigkeit, Pflichtbewusstsein)

Etwa ab den 1980er Jahren bestand immer mehr Konsens, dass mit diesen fünf Clustern (den Big Five der Persönlichkeit) erstmals eine einheitliche Struktur von Persönlichkeitseigenschaften gefunden war. Bald aber schien es, dass die Hauptvertreter dieser Big Five, vor allem Goldberg (1990) und Costa und McCrae (1992), damit auch einen übermäßigen Anspruch vertraten, wie beispielsweise in folgendem Zitaten zum Ausdruck kommt: »Genauso, wie sich Kartographen letzten Endes auf ein Standardsystem mit Nord-Süd- und Ost-West-Achsen geeinigt haben, so müssen sich Persönlichkeitsforscher auf ein Standardset von Platzierungen für die Big-Five-Dimensionen einigen« (Goldberg, 1993, S. 30, e. Ü.). In McCraes Aussagen wird die Bandbreite der Big Five ähnlich gesehen (1992, S. 243, e. Ü.), in dem er behauptet, dass das Big-Five-Modell ein »universell beschreibender Rahmen [...] für ein umfassendes Assessment von Individuen« ist. Dieser Anspruch des Eigenschaftsansatzes wurde speziell für das Big-Five-Modell (z. B. Block, 1995), aber auch generell (z. B. Pervin, 1994) fundiert kritisiert.

Da Loevinger mit ihrem Modell der Ich-Entwicklung einen gänzlich anderen Ansatz von Persönlichkeit vertrat, wurde bald die Frage nach der Beziehung zwischen diesen beiden Ansätzen gestellt und in mehreren Studien empirisch untersucht. Eine erste Studie stammt von McCrae und Costa (1980), in der die Autoren drei ihrer Faktoren (Neurotizismus, Extraversion, Offenheit für Erfahrungen) zusammen mit Ich-Entwicklung überprüften. Die Ergebnisse zeigten, dass nur der Faktor »Offenheit für Erfahrungen« mit Ich-Entwicklung in einem hochsignifikanten, jedoch insgesamt moderaten Zusammenhang stand (r = 0,23), weshalb die Autoren schlussfolgerten: »Ich-Entwicklung und Offenheit sind nicht äquivalent. Ich-Entwickung ist ein breiteres Konzept« (McCrae u. Costa, 1980, S. 1188, e. Ü.). Sie vermuteten, dass Offenheit möglicherweise ein förderlicher Faktor für Ich-Entwicklung ist. Denn Offenheit für neue Erfahrungen ermöglicht einer Person eine breitere Palette an Erfahrungen. Dieser Faden wurde in einer späteren Studie von Morros, Pushkar und Reis (1998) wieder aufgenommen, die den von McCrae und Costa gefundenen Zusammenhang an einer Stichprobe mit älteren Teilnehmern überprüften. Der Zusammenhang konnte dabei bestätigt werden, wobei sich eine um den Einfluss von Ausbildung bereinigte hochsignifikante Korrelation von r = 0,29 ergab. Der Zusammenhang zwischen Offenheit für Erfahrung und Ich-Entwicklung war somit noch etwas höher. Dies könnte darauf zurückzuführen sein, dass bei den untersuchten Personen eine größere Bandbreite an Ich-Entwicklungsstufen vorhanden war, was den Zusammenhang in der ersten Studie möglicherweise unterschätzen ließ. In Anbetracht der damaligen Forschungslage zogen Costa und McCrae (1993) im Vergleich beider Ansätze folgendes Fazit: »[Loevingers] Betonung von Persönlichkeitsentwicklung, individuellem Ausdruck von Eigenschaften und der internen Struktur von Eigenschaften macht auf neue Fragen aufmerksam, die traditionelle Eigenschaftsmodelle typischerweise ignoriert haben« (S. 22, e. Ü.).

In späteren Studien wurden schließlich alle fünf Faktoren zusammen mit Ich-Entwicklung untersucht. Die Ergebnisse dieser Studien bestätigen den Zusammenhang mit Offenheit für neue Erfahrungen und ergänzen die früheren Forschungsarbeiten um wertvolle Erkenntnisse. Einstein und Lanning (1998) kommen dabei zu folgendem Schluss: »Wir versuchten zu untersuchen, in welchem Ausmaß die fünf Faktoren die Essenz jeder Ich-Entwicklungsstufe erfassen konnten. Zu einem großen Teil konnten sie dies nicht« (S. 578, e. Ü.). Und Hogansen und Lanning (2001), die aus den Satzergänzungen des WUSCT (zur Messung von Ich-Entwicklung) Einschätzungen bezüglich der Big-Five-Faktoren errechneten, stellten fest, dass sich die Bedeutung der fünf Faktoren in Abhängigkeit von der Position auf der Ich-Entwicklungssequenz hinweg ändert. Auch Loevinger hatte genau auf diesen Aspekt sich verändernder Bedeutungen von Eigenschaften, die im Big-Five-Modell nicht abgebildet werden können, immer wieder hingewiesen, vor allem in Hinblick auf den fünften Faktor Gewissenhaftigkeit: »Wie können Psychologen dieser Denktradition [Big-Five-Eigenschaftsmodell] mit aus Gewissen handelnden Leuten, die Widerstand leisten und oft ein nicht ordentliches Auftreten haben, umgehen? Wenn

Konformität [E4] und Gewissenhaftigkeit [E6] die gleiche Dimension sind, was bedeutet dann ziviler Ungehorsam? Sowohl die Nürnberger Gerichtsprozesse als auch die Watergate-Verhandlungen beruhen auf genau dieser Unterscheidung« (Loevinger, 1994a, S. 3–4, e. Ü.). Denn vor welchem Hintergrund sich im Big-Five-Modell ein hoher Wert im Faktor Gewissenhaftigkeit ergibt, kann mit dem Eigenschaftsansatz nicht erfasst werden. Damit fehlt letztlich die spezifische Struktur der Bedeutungsbildung, die sich mit jeder Stufe der Ich-Entwicklung manifestiert: Ein sich auf Konformität berufender Adolf Eichmann und eine Widerstandskämpferin wie Sophie Scholl, die ihrem eigenen Gewissen folgte, hätten möglicherweise den gleichen Wert im Faktor »Gewissenhaftigkeit« erhalten können. Insofern stellt das Ich-Entwicklungsmodell eine wichtige Ergänzung von Eigenschaftsmodellen dar. Denn die im Big-Five-Modell (oder anderen Modellen) abgebildeten Eigenschaften werden damit weiter kontextualisiert (Roberts u. Pomerantz, 2004). Es ist daher anzunehmen, dass dies auch zu einer höheren Vorhersagekraft (prädiktive Validität) beispielsweise im Rahmen beruflicher Auswahlverfahren beitragen kann.

Offenbar handelt es sich bei dem Big-Five-Eigenschaftsmodell und dem Ich-Entwicklungsmodell nicht um vollkommen unabhängige Ansätze, mit denen Aspekte der Persönlichkeit erfasst werden, die nichts miteinander zu tun haben. Vielmehr scheint es sich um komplementäre, also sich gegenseitig ergänzende Modelle zu handeln. Beide erfassen Aspekte, die im jeweils anderen Modell kaum oder zumindest nicht explizit erfasst werden (z. B. Neurotizismus als Aspekt des Big-Five-Modells) und sie scheinen die Aspekte des jeweils anderen Modells in ihrer jeweiligen Ausprägung zu ergänzen. Vor dem Hintergrund der beiden Studien von Einstein und Lanning (1998) sowie Hogansen und Lanning (2001) liegt allerdings der Schluss nahe, dass Ich-Entwicklung wie von Loevinger behauptet tatsächlich ein »master trait« ist, der als wesentlicher Moderator der Persönlichkeit fungiert: Denn die spezifischen Ausprägungen der Big-Five-Eigenschaften scheinen sich dadurch erheblich zu verändern (vgl. Kurtz u. Tiegreen, 2005, S. 315–316). Dagegen kann durch die zusätzliche Betrachtung der Big Five weder die Spezifität einzelner Ich-Entwicklungsstufen erfasst werden noch wird die Reihenfolge der Ich-Entwicklungssequenz in Frage gestellt.

2.1.11.3 Ich-Entwicklung im Rahmen integrativer Persönlichkeitsansätze

Beschäftigt man sich mit Persönlichkeitspsychologie, stellt man zumeist ein buntes Potpourri großer Erklärungsansätze (z. b. Psychoanalyse, Behaviorismus, Eigenschaftmodell) und Forschungsarbeiten zu einzelnen Aspekten der Persönlichkeit (z. B. Motivforschung) fest. So beklagt beispielsweise Hogan (2005, S. 332, e. Ü.), dass »unter den aktiven Forschern so gut wie keine Übereinkunft bezüglich einer Agenda für diese Disziplin [Persönlichkeitspsychologie] besteht«. McAdams und Pals (2006, S. 204, e. Ü.) bringen ein ähnliches Unbehagen zum Ausdruck: »Das Zögern der Persönlichkeitspsychologie, einen übergreifenden Rahmen zum Verständnis der ganzen Person zur Verfügung zu stellen, ist besonders in den Lehrbüchern dieser Disziplin offensichtlich.« Da das große Gebiet Persönlichkeit von unterschiedlichen Schulen und Traditionen mit jeweils eigenen Forschungsansätzen und -methoden bearbeitet wird, stellen sich (nicht nur im Hinblick auf Ich-Entwicklung) zwei grundlegende Fragen:
– Worin liegen die Unterschiede und Gemeinsamkeiten zwischen den einzelnen Persönlichkeitsmodellen und -aspekten – das heißt, was wird durch sie speziell beschrieben oder erklärt?
– Wie können die einzelnen Persönlichkeitsmodelle und -aspekte im Zusammenspiel verstanden werden und welche Mechanismen kommen dabei zum Tragen?

Um den Beitrag von Ich-Entwicklung zum Verständnis der Gesamtpersönlichkeit einordnen zu können, ist es wichtig, gerade diese Vielfalt an Persönlichkeitsaspekten und damit einhergehenden Forschungstraditionen zu würdigen und in einem integrativen Zusammenhang zu sehen. John und Robins (1994, S. 141, e. Ü.) fordern in ihrem Plädoyer für eine Forschungsvielfalt genau das: »Wir sind zuversichtlich, dass letztendlich Eigenschaftsforschung durch dynamische und entwicklungsbezogene Ideen durchdrungen wird und wir damit einem integrativen Modell der Persönlichkeit näher kommen.« Insofern kann keine Forschungstradition ein Vorrecht beanspruchen, Persönlichkeit erklären zu wollen (Loevinger, 1996). Vor dem Hintergrund der Vielfältigkeit des Menschen scheint dies auch nicht mit einem Gesamtmodell möglich. Denn schon Loevinger als ausgewiesene Psychometrikerin bemerkte dazu (mit einem Seitenhieb auf Eigenschaftstheoretiker, die sich vor allem faktorenalytischer Methoden bedienen) (1976, S. 176, e. Ü.): »Die Natur verheißt uns kein orthogonales Universum, eine Welt, die in Zeilen und Spalten geordnet ist, wo alle unterscheidbaren Eigenschaften statistisch unabhän-

Detaillierte Darstellung des Ich-Entwicklungsmodells von Loevinger

gig voneinander sind«. Insofern sind Ansätze, die Big Five noch weiter statistisch zu verdichten (Musek, 2007) zweifelhaft, vor allem auch in Hinblick auf den Nutzen für die Praxis.

Viel befruchtendere Forschungsfragen und größeren Nutzen für die Praxis versprechen Versuche, diese Vielfalt zu würdigen und im Rahmen integrativer Ansätze aufeinander zu beziehen. Mayer (1998) schlägt dazu beispielsweise einen allgemeinen systemtheoretischen Rahmen vor, um die Vielfalt einzelner Forschungen in diesem Feld zu ordnen. Für die Frage, inwiefern das Konstrukt Ich-Entwicklung im Gesamtkontext der Persönlichkeit zu verstehen ist, bieten sich insbesondere die Ansätze von McAdams und Kuhl an. Denn beide Forscher haben neben ihrer eigenen spezialisierten Forschung einen integrativen Rahmen entwickelt, der in der Lage ist, eine Vielzahl unterschiedlichster einzelner Forschungsstränge zu integrieren. Inwiefern das Modell der Ich-Entwicklung in diesem Rahmen verortet werden kann, wird im Folgenden beschrieben.

2.1.11.3.1 Ich-Entwicklung im Rahmen des Drei-Ebenen-Modells der Persönlichkeit von McAdams

In den 1990er Jahren schrieb McAdams einen viel beachteten Artikel (1995), in dem er einen konzeptionellen Rahmen für Persönlichkeitsforschung skizzierte. Darin stellte er anhand einer persönlichkeitspsychologischen Reflexion über einen Partygast die folgende Frage: What do we know when we know a person? In diesem und weiteren Artikeln (1996a, 1996b, 2006) knüpfte er an Murrays Programm einer synthetischen Persönlichkeitsforschung an, die dieser »Personology« genannt hatte (Murray, 1938). Ausgangspunkt dafür war Kluckhohn und Murrays (1953, S. 53) bekannte Aussage, dass jeder Mensch in bestimmter Hinsicht erstens wie alle anderen Menschen, zweitens wie einige andere Menschen und drittens wie kein anderer Mensch ist.

Vor diesem Hintergrund entwickelte McAdams (2002 im Detail) sein Drei-Ebenen-Modell der Persönlichkeit, das die Vielzahl psychologischer Forschungsarbeiten mit Relevanz für die Persönlichkeitspsychologie aufgreift. Tabelle 13 zeigt dessen wesentliche Charakteristika auf.

Tabelle 13: Drei-Ebenen der Persönlichkeit und ihre Beziehung zu Kultur (McAdams u. Pals, 2006, S. 212)

Ebene		Funktion	Beziehung zur Kultur
1	Grundlegende Eigenschaften	Umreißen einen Grundriss des Verhaltens	Beeinflusst, wie Eigenschaften ausgedrückt werden
2	Charakteristische Anpassungen	Füllen die Details menschlicher Individualität	Animiert zu verschiedenen Mustern charakteristischer Anpassungen (z. B. eher individualistisch oder kollektivistisch)
3	Integrative Lebenserzählungen	Erzählen, was das Leben für einen Menschen insgesamt bedeutet und wie Identität entwickelt wird	Versorgt Lebensentwürfe mit einem Menü von Geschichten und spezifiziert, wie diese erzählt und gelebt werden sollten

Die erste Ebene der Persönlichkeit besteht nach McAdams aus relativ breiten Eigenschaften, wie sie im Big-Five-Modell abgebildet sind. Nach McAdams stellen sie nur Informationen über die allgemeinsten, vergleichenden und dekontextualisierten Dimensionen einer Person zur Verfügung, ähnlich den Wahrnehmungen und Interpretationen von Fremden, wenn sie sich begegnen. Aus evolutionärer Sicht hatte es offenbar in Begegnungen mit Fremden einen Vorteil, bestimmte grundlegende Eigenschaften zu berücksichtigen. Nach Goldberg (1981) scheint die Sprache dafür fünf Gruppen von Begriffen zu beinhalten: So kann jedem der fünf Faktoren letztendlich eine relevante Frage zugeordnet werden, die hilft, eine fremde Person besser einzuschätzen. Für den ersten Faktor »Neurotizismus«, der unter anderem auch Labilität beinhaltet, wäre dies beispielsweise: Ist sein/ihr Verhalten weitestgehend berechenbar? Oder für den vierten Faktor »Verträglichkeit« wäre dies etwa die Frage: Wie gut kann man mit ihm/ihr auskommen? McAdams sieht daher einen wichtigen, wenn auch begrenzten Nutzen des Big-Five-Modells: »Das letztliche Ergebnis einer guten Eigenschaftsanalyse würde wenig mehr als eine systematische Psychologie des Fremden erscheinen« (1996, S. 303, e. Ü.).

Die zweite Ebene der Persönlichkeit fügt diesem Bild eines Menschen charakteristische Details hinzu, die helfen, die Individualität besser verstehen zu können. Denn Eigenschaften können beispielsweise keine Dynamik erklären, die sich aus bestimmten Bedingungen herleitet, wie beispielsweise im Ausspruch »Meine Dominanz zeigt sich, wenn meine

Kompetenz bedroht wird« (Thorne, 1989, S. 149, e. Ü.). In die zweite Ebene fallen daher so unterschiedliche Konstrukte wie Motive, Werte, Abwehrmechanismen, Coping-Stile, persönliche Projekte und vieles mehr. Nach McAdams ist diese zweite Ebene noch ein »weitestgehend unkartographiertes Feld« (1995, S. 376). Im Gegensatz zu den letztlich nur beschreibenden, grundlegenden Eigenschaften des Big-Five-Modells sind die Aspekte der zweiten Ebene der Persönlichkeit eher richtungsgebender, strategischer oder entwicklungsbezogener Art. Insofern kontextualisieren sie die grundlegenden Eigenschaften (Ebene 1) in Hinblick auf Zeit, Ort oder Rolle. Denn richtungsgebende Persönlichkeitsaspekte wie Motive, Ziele oder Pläne orientieren eine Person in Hinblick auf die Zukunft und können nicht durch die Big Five erklärt werden (Winter, John, Stewart, Klohnen u. Duncan, 1998). Ebenso fällt die Bewältigung bestimmter Lebensaufgaben, wie sie in Eriksons Modell der psychosozialen Entwicklung beschrieben werden (Erikson, 1968), mit bestimmten Lebensphasen zusammen (Kontextualisierung in Hinblick auf Zeit und Rolle).

Die dritte Ebene der Persönlichkeit betrifft das, was selbst nach Einbezug der vielen verschiedenen, spezifischen Aspekte der zweiten Ebene immer noch fehlt: Die Frage, wie ein Mensch sein Leben und seine Biographie deutet und welchen Sinn er darin sieht. Das heißt, es geht letztlich darum, wie ein Mensch Identität entwickelt und aufrechterhält. Denn eine noch so lange Liste von Eigenschaften oder Aspekten von Ebene 1 und Ebene 2 ergibt noch lange keine persönliche Identität, auch wenn diese Liste ein Teil davon ist (McLean u. Fournier, 2007). McAdams zeigt durch seine Forschungsarbeiten, wie diese Aufgaben gemeistert (oder verfehlt) werden, in der Art und Weise, wie Menschen ihr eigenes Leben erzählen (McAdams, 1985, 1993, 2008).

Betrachtet man diese drei Ebenen der Persönlickeit nach McAdams, stellt sich die Frage, wo das Modell der Ich-Entwicklung darin zu verorten ist. Zunächst ist Ich-Entwicklung ein Aspekt der zweiten Ebene. Denn wenn ein Mensch eine bestimmte Entwicklungsstufe erreicht hat, dann ist die Perspektive, aus der heraus dies geschieht, bereits kontextualisiert (zeitliche Entwicklung). Dennoch scheint das Ich eine Sonderstellung einzunehmen, wie beispielsweise Hogansen und Lanning (2001, S. 459, e. Ü.) in ihren Studien zu Ich-Entwicklung im Zusammenhang mit dem Big-Five-Modell bemerken: »Aber obwohl Ich-Entwicklung vielleicht als nur eines von mehreren Konstrukten auf dieser Ebene verstanden werden könnte, kann es auch als ein grundlegenderes, organisierendes Prinzip des Persönlichkeitssystems verstanden werden, das topographisch tiefer und ontologisch vor den vielen anderen Variablen auf der ersten und zweiten Ebene in McAdams' (1995) Schema liegt.«

McAdams sieht das Selbst eines Menschen als Konstrukt an. Daher ist zu fragen, wer dies eigentlich konstruiert. McAdams (1996, S. 301, e. Ü.), der Ich-Entwicklung in den meisten seiner Forschungsarbeiten als Variable miterhob, positioniert das Ich letztlich im Sinne von James (1892/1963) außerhalb der drei Ebenen: »Eine adäquate Beschreibung einer Person erfordert eine klare Unterscheidung zwischen den Ich- und Mich-Aspekten von Persönlichkeit«. Und weiter: »Eigenschaften, Interessen und Geschichten sind keine ›Teile‹ oder ›Komponenten‹ des Ichs; stattdessen sind sie potenzielle Elemente des Michs« (S. 303, e. Ü.). Nach McAdams ist das Ich demnach »der Regisseur der Persönlichkeit« (1985, S. 129, e. Ü.). Wie dieses Ich auf unterschiedlichen Stufen seiner Entwicklung bedeutende Unterschiede in der Art und Weise produziert, wie Identität erzeugt wird, hat McAdams in vielen Studien gezeigt (z. B. de St. Aubin u. McAdams, 1995; Adler, Wagner u. McAdams, 2007).

2.1.11.3.2 Ich-Entwicklung im Rahmen der Theorie der Persönlichkeits-System-Interaktionen von Kuhl

Ein weiterer integrativer Ansatz der Persönlichkeit, in dem unterschiedliche Aspekte und Traditionen zusammenführt werden, stammt von Kuhl (2001). Wie McAdams beantwortet er die Frage nach den Unterschieden und Gemeinsamkeiten der verschiedenen Persönlichkeitsaspekte. Obwohl McAdams durchaus auch die Frage, wie die einzelnen Persönlichkeitsaspekte zusammenspielen, in seine Forschung einbezieht, geht es ihm in seinem Drei-Ebenen-Modell allerdings mehr darum, einen Menschen in seiner Gesamtheit zu verstehen und daraus ableiten zu können, wie er sich verhält. Kuhl dagegen versucht mit seiner Theorie der Persönlichkeits-System-Interaktionen (PSI-Theorie), stärker die zweite Frage zu beantworten und auch die spezifischen Mechanismen herauszuarbeiten, die dabei am Werke sind. Insofern hat die Theorie von Kuhl einen etwas anderen Schwerpunkt: Sie ist enger gefasst, da die Ebene 3 in McAdams Modell (Identität – integrative Lebenserzählungen) nicht explizit berücksichtigt wird. Und sie ist umfassender, weil die handlungssteuernden Mechanismen expliziert werden. Kuhls Persönlichkeitstheorie ist im Wesentlichen handlungstheoretisch orientiert und nimmt dabei auch Aspekte aus den persönlichkeitspsychologischen Nachbardisziplinen Emotions-, Motivations-, Kognitions- und Neuropsychologie auf. Er postuliert insgesamt sieben Systemebenen (siehe Tabelle 14).

Detaillierte Darstellung des Ich-Entwicklungsmodells von Loevinger

Tabelle 14: Die sieben Systemebenen der Theorie der Persönlichkeits-System-Interaktionen (Kuhl, 2010, S. 437)

Systemebene	Primäre Funktion	
	Verhaltensbahnung	Erfahrungsorientierung
1 Elementare Kognition	*Gewohnheiten* Intuitive Verhaltenssteuerung	*Objekte* Objekterkennung
2 Temperament	*Motorische Aktivierung* Opportunistische Energetisierung sensumotorischer Netzwerke	*Sensorische Erregung* Sensibilisierung der Objekterkennung
3 Affekt	*Belohnungsfokus* Konditionierung positiven Affekts auf Objekte	*Bestrafungsfokus* Konditionierung negativen Affekts auf Objekte
4 Progression vs. Regression	*Top-down* Modulation der Ebenen 1–3 durch die Ebenen 5–7	*Bottom-up* Dominanz der Ebenen 1–3
5 Motive als »intelligente Bedürfnisse«	*Leistung, Macht* Wirkungsorientierte Motive	*Beziehung, Freies Selbstsein* Erlebnisorientierte Motive
6 Höhere Kognition (Wissen u. Fühlen)	*Analytisches Denken (entweder – oder)* Wissensabhängig	*Holistisches Fühlen (sowohl – als-auch)* Erfahrungsabhängig
7 Selbststeuerung (Agency)	*Selbstkontolle* Ich (Intention)	*Selbstregulation* Selbst (Extension)

Nach ihm nehmen die verschiedenen Traditionen in der Psychologie jeweils nur bestimmte Ausschnitte menschlichen Funktionierens in den Blick. Keine davon ist exklusiv nur einer Systemebene zuzuordnen, akzentuiert aber meist eine davon. Seiner Meinung nach erlaubt der Stand der heutigen Forschung, vor allem durch neuere experimentalpsychologische und neurobiologische Forschung, eine Einordnung in ein integratives Persönlichkeitssystem. Kuhl versteht Persönlichkeit daher wie folgt (2010, S. 16): »Persönlichkeit lässt sich demnach als die für das Individuum typische Art und Weise beschreiben, wie die verschiedenen Systemebenen das Erleben und Handeln steuern.« Kuhl sieht die einzelnen Systemebenen als aufsteigendes System von jeweils höher entwickelten (komplexeren) Ebenen, die das Handeln eines Menschen gemeinsam beeinflussen. Höhere Systemebenen können dabei die Funktionen auf den niedrigeren Systemebenen modulieren beziehungsweise steuern. Auf jeder dieser Systemebenen gibt es nach Kuhl (2010, S. 436) zwei Funktionen, »die andersartig oder gar antagonistisch arbeiten«. Während die Erfahrungsorientierung eher ganzheitlich orientiert ist, funktioniert die Verhaltensbahnung, indem sie auf spezifische Objekte fokussiert.

Auf der ersten Systemebene geht es vor allem um automatisierte Verhaltensprogramme, die im Sinne von Gewohnheiten das Verhalten steuern. Diese funktionieren nach dem Reiz-Reaktions-Schema, das heißt, sobald ein entsprechender Reiz auftaucht, wird ein bestimmtes Verhalten automatisch abgespult, ohne Beteiligung weiterer Denkprozesse. Die zweite Systemebene betrifft den Grad der globalen Aktivierung eines Menschen (Temperament), wobei diese Aktivierung eher situationsblind und unspezifisch wirksam ist. Eigenschaften wie Neurotizismus oder Extraversion sind beispielsweise dieser Ebene zuzuordnen. Wie sich diese Aspekte spezifisch äußern, wird allerdings erst durch höhere Ebenen der Persönlichkeit beeinflusst. Auf der dritten Systemebene (Affekt) wird dieser Grad an ungerichteter Aktivierung spezifiziert, das heißt, es entwickelt sich durch Lernvorgänge ein Muster an Anreizen, die für eine Person attraktiv sind und daher Verhalten motivieren oder hemmen. Dies hängt damit zusammen, wie positive Affekte durch die Befriedigung von eigenen Bedürfnissen entstehen oder frustriert werden.

Kuhl sieht diese ersten drei Ebenen aus Sicht der Evolution des Menschen als ältere Quellen des Erlebens und Handeln. Sie sind eher unspezifisch oder berücksichtigen nur einzelne Ausschnitte (Ebene 3): »Immer dann, wenn eine differenziertere (›intelligente‹) Berücksichtigung des Kontexts sinnvoll erscheint, sollten die einfachen Gewohnheiten und Anreizaufsuchungsroutinen abgeschwächt werden« (Kuhl, 2010, S. 212). Auf der vierten Systemebene geht es daher im weitesten Sinne um Stressbewältigung (Coping) und die Entscheidung darum, inwiefern es sinnvoll ist, den früheren Ebenen das Steuer zu überlassen (Regression) oder zum Beispiel auf planvolles Handeln umzuschalten (Ebene 5–7).

Mit der fünften Systemebene wird eine komplexere Verhaltensbahnung ermöglicht. Dabei stehen Motive im Vordergrund, die offensichtlich vorbegrifflich und nicht direkt bewusster Natur sind. Hiermit wird Verhalten in eine Richtung gelenkt, die davon abhängt, welche Grundmotive bei einem Menschen im Vordergrund stehen. Liegt beispielsweise ein starkes Machtmotiv vor, dann wird ein Mensch in vielen Kontexten versuchen, Einfluss auf andere auszuüben. Auf der sechsten Systemebene befinden sich nach Kuhl die höheren kognitiven Prozesse. Diese Ebene beinhaltet, wie (und ob) ein Mensch sich Ziele vornimmt und Pläne entwickelt. Die kognitive Verarbeitung kann dabei eher analytisch oder auch ganzheitich erfolgen, je nachdem wie gut der Zugriff auf Parallelverarbeitungsprozesse des Gehirns gelingt (Erfahrungs- und Verhaltensbahnung). Die höchste, siebte Systemebene in der PSI-Theorie betrifft die Selbststeuerung. Sie stellt sozusagen die Steuerungszentrale der Persönlichkeit insgesamt dar. Sie übernimmt die Aufgabe, die Beteiligung der einzelnen Systemebenen am Erleben und Handeln insgesamt zu regulieren. Dabei sind zwei Funktionen zu unterscheiden: Einerseits die Selbstkontrolle, beispielsweise im Sinne bewusster Unterdrückung von bestimmten Gewohnheiten, und die Selbstregulation, das heißt das Flexibilisieren oder möglicherweise Infragestellen der eigenen Ziele.

Kuhl nimmt in seiner PSI-Theorie keinen expliziten Bezug auf das Modell der Ich-Entwicklung. Er verwendet aber das »Ich« und das »Selbst« als zentrale Begriffe für seine siebte Systemebene und verweist vielfach auf Theorien, die sich mit dem Selbst beschäftigen, beispielsweise Kohut, Erikson oder Rogers. Diese Begriffe weisen Parallelen zu Loevingers Begriff des Ichs auf, wobei Kuhl das Ich und das Selbst hypothetisch trennt (siehe Tabelle 14). Forschungsstudien, bei denen sich zwischen Ich-Entwicklung und einzelnen Aspekten der bei Kuhl beschriebenen Systemebenen Zusammenhänge gezeigt haben, können jedoch Hinweise auf die Verortung von Ich-Entwicklung in Kuhls Persönlichkeitsmodell liefern. Dazu lässt sich tatsächlich eine Reihe von Forschungsstudien finden, von denen die allermeisten jedoch Korrelationsstudien sind, aus denen keine Wirkungsbeziehungen geschlossen werden können. Dennoch scheinen diese alle eine Zuordnung zu einer Ebene nahezulegen. Mit zunehmender Ich-Entwicklung beispielsweise
- verändern Eigenschaften wie Neurotizismus und Extraversion sich in der Form ihres Ausdrucks (z. B. Hogansen und Lanning, 2001; 2. Ebene),
- können Emotionen besser verstanden und kontrolliert werden (z. B. Labouvie-Vief, DeVoe u. Bulka, 1989; 4. Ebene),
- verändert sich bei grundlegenden Motiven deren Gewichtung (z. B. Lasker, 1978) wie auch dessen Ausprägungsform (z. B. McClelland, 1978b; 5. Ebene),
- verändert sich die Art zu denken von anfangs einfachem Entweder-oder-Denken zu später größerer Multiperspektivität und Dialektik (z. B. Miller, 1994; 6. Ebene),
- nimmt die Komplexität des Selbstbildes zu (z. B. Hauser, Jacobsen, Noam u. Powers, 1983) und es finden sich in den Reflexionen über das eigene Leben zunehmend mehr Hinweise auf eigene Entwicklung im Sinne von Wachstum oder die Integration neuer Perspektiven über sich selbst (z. B. Bauer et al., 2005; 7. Ebene).

Es scheint somit, dass Ich-Entwicklung einen moderierenden Einfluss auf viele Systemebenen hat. Da Kuhls PSI-Theorie ein Modell hierarchischer Steuerung ist, wäre das Ich-Entwicklungsmodell auf der siebten

Systemebene anzusiedeln. Auch dort lassen sich Zusammenhänge zwischen zunehmender Ich-Entwicklung und den von Kuhl beschriebenen Funktionen des Ichs beziehungsweise Selbst finden. Ich-Entwicklung scheint dennoch nicht mit der siebten Systemebene von Kuhl identisch zu sein. Vielmehr liegt der Schluss nahe, dass das Niveau der Ich-Entwicklung ein guter Indikator dafür sein könnte, wie entwickelt Teile der siebten Systemebene sind. Wie die Studien von Blasi nahelegen (Blasi u. Oresick, 1987; Blasi, 1988), ist die siebte Systemebene auf frühen Stufen der Ich-Entwicklung möglicherweise noch kaum vorhanden und auch die sechste Systemebene wenig ausgebildet. Vor allem ab den postkonventionellen Stufen der Ich-Entwicklung scheint zudem immer mehr ein Ausgleich zwischen dem zu erfolgen, was Kuhl als »Ich« und »Selbst« bezeichnet. Beispielsweise herrscht bis zur Eigenbestimmten Stufe (E6) überwiegend noch ein statisches und eher rationales Erleben (»Ich«) vor, das sich mit den postkonventionellen Stufen immer mehr auch anderen Modi der Erfahrung (»Selbst«) öffnet (z. B. Cook-Greuter, 2010). Die Forschung zu postkonventionellen Stufen der Ich-Entwicklung (E7 bis E10) zeigt zudem, dass damit immer mehr Selbstrelativierung stattfindet. Diese entspricht dem von Kuhl benannten zweiten Modus dieser Ebene (Selbstregulation, als Ergänzung zur Selbstkontrolle). Insofern könnte in zunehmender Ich-Entwicklung auch ein gesunder Ausgleich dieser beiden Modi der siebten Ebene liegen, wie er sich in den sowohl von Hy und Loevinger (1996, S. 7) als auch von Kuhl (2010, S. 388) als Ideal beschriebenen »selbstaktualisierenden Person« nach Maslow oder der »voll-funktionsfähigen« Person nach Rogers zu zeigen scheint.

2.1.12 Kritik am Ich-Entwicklungsmodell von Loevinger

Loevingers Modell der Ich-Entwicklung ist kein Modell, das nur einen Teilaspekt menschlichen Daseins wie die Entwicklung des Denkens, des moralischen Urteilens oder der sozialen Perspektivenübernahme (z. B. Piaget, Kohlberg, Selman) beschreibt: »Loevinger war mit einem äußerst kreativen Forschungsprogramm vorgestoßen, das in etwa das größte und einflussreichste Persönlichkeitskonstrukt, das man sich vorstellen konnte, operationalisierte – das Ich selbst« (McAdams, 1998, S. 27, e. Ü.). Damit erlangte ihr Modell große Aufmerksamkeit, wie Hunderte Zitationen ihrer Publikationen (Loevinger, 1985a) sowie darauf bezogene theoretische und empirische Veröffentlichungen durch andere Forscher zeigen.

Zugleich wurde Loevingers Modell auch vielfältig kritisiert und von vielen Seiten kritisch überprüft (siehe S. 121). Denn es folgte keinem der damals (oder heute) vorherrschenden Forschungsparadigmen und Ansätzen der Persönlichkeits- oder Entwicklungspsychologie. Daher konnte ihr Modell der Ich-Entwicklung auch keinem dieser Ansätze eindeutig zugeordnet werden. Es war zwar empirisch angelegt, aber Loevingers Vorgehen folgte weder den vorherrschenden eigenschaftsorientierten, faktorenanalytisch vorgehenden Persönlichkeitsansätzen (z. B. Costa u. McCrae, 1992) noch den Neo-Piaget'schen Ansätzen, die Stufenstrukturen mittels intensiver klinischer Interviews ermittelten (z. B. Colby et al., 1987). Zu Beginn ihrer Forschung bezog Loevinger sich auch nicht auf den strukturgenetischen Ansatz Piagets, mit dessen Ansatz sie damals »komplett unvertraut« war (1998, S. 352, e. Ü.). In ihrem Überblick kommen Westenberg et al. (2004, S. 598, e. Ü.) daher zu folgendem Schluss: »Doch in vielerlei Hinsicht passt Loevingers Modell nicht in die Tradition kognitiver Entwicklungsansätze, weil es an sich kein [reines] Modell kognitiven Wachstums und Denkens ist«. Dennoch weist das Modell der Ich-Entwicklung zu diesen Ansätzen die meisten Parallelen auf. Letztlich geht es in ihrem Modell um die Genese von Strukturen, wenn diese auch anders definiert werden. Daher wurde die überwiegende Kritik auch von Vertretern Neo-Piaget'scher Ansätze formuliert.

Loevinger benutzte den an psychoanalytische Termini erinnernden Begriff »Ich-Entwicklung« und nahm auch auf psychoanalytische Gedanken und Theorien Bezug (z. B. Freud, Erikson, Sullivan). Ihrer Theorie wurde daher oft eine Nähe zur Psychoanalyse nachgesagt (z. B. Snarey et al., 1983). Von psychoanalytischer Seite wurde ihr Ansatz jedoch kaum aufgenommen, obwohl sie bereits in einem frühen Überblick psychoanalytische Theorien zu Ich-Entwicklung berücksichtigte (Loevinger, 1969). Eine Buchbesprechung aus psychoanalytischer Sicht resultierte sogar in einer negativen Empfehlung (Blanck, 1976). Ansonsten wurde Loevingers Modell der Ich-Entwicklung in psychoanalytischen Kreisen weitestgehend ignoriert (im Gegensatz beispielsweise zu Kernbergs Entwicklungsmodell, z. B. 1985). Dafür gab es verschiedene Gründe: Zum einen geht ihr Entwicklungsmodell explizit nicht auf klinische Aspekte oder Störungsbilder ein. Zum anderen fand ihr strikt empirisches Vorgehen und ihre Abneigung gegenüber »verdinglichten« theoretischen Konstrukten bei Psychoanalytikern wenig Anklang. Kegan beschreibt dies anschaulich anhand seiner Beobachtungen eines Zusammentreffens von Kohlberg, Gilligan und Loevinger in einem psychoanalytischen Institut in den 1970er Jahren (Kegan et al., 1998, S. 39–40). Westen, der ihr Modell Jahrzehnte später im Kontext psychoanalytischer Theorien bespricht, kommt allerdings zu einem anderen Schluss: »Loevinger bringt dem psychoanalytischen Denken etwas, das es dringend braucht: eine ausgeklügelte Empirie. Und bis heute hat kein Forscher, der so fließend darin ist und so mit psychoanalytischen Ideen gerungen hat, die Kombination von psychometrischer und theoretischer Gewandtheit wie Loevinger« (Westen, 1998, S. 66, e. Ü.).

Insgesamt bezieht sich die kritische Auseinandersetzung mit Loevingers Modell auf sehr unterschiedliche Aspekte. Den Großteil dieser Kritik kann man folgenden Themenbereichen zuordnen:
1. Fehlende Definition des Ichs und von Ich-Entwicklung,
2. Infragestellen der Einheit des Ichs im Gegensatz zu Bereichstheorien der Entwicklung,
3. keine harte Strukturtheorie im Sinne Piagets,
4. kein Messverfahren, das Tiefenstruktur misst,
5. unzureichende Erklärung der Mechanismen von Ich-Entwicklung,
6. fehlende Berücksichtigung von Anpassungsleistungen.

2.1.12.1 Fehlende Definition des Ichs und von Ich-Entwicklung

Auffallend ist, dass Loevinger selbst in ihren vielen Publikationen keine klare Definition ihrer beiden zentralen Begriffe gibt: Weder definierte sie »Ich« noch »Ich-Entwicklung«. Dies wird ihr seit ihren ersten Veröffentlichungen von vielen Seiten vorgeworfen (z. B. Holt, 1974). Loevinger selbst glaubte nicht daran, das Ich definieren zu können: »Das Ich zu definieren ist vielleicht gar nicht möglich, aber man kann darüber nachdenken« (1969, S. 85, e. Ü.). Sie verwies auf die immer wieder in ihren Daten gefundenen Muster der Entwicklung und fürchtete die Verdinglichung ihrer Begriffe. Ihr Interesse war ein ganz anderes: »Meine Absicht ist es, den Weg zu verstehen, wie ein Mensch durchs Leben navigiert, nicht künstlich abgegrenzte Einheiten zu kreieren« (Loevinger, 1984, S. 50, e. Ü.). So verständlich ihre Position auch ist, stellt die fehlende klare Definition sicherlich einen nachvollziehbaren Kritikpunkt dar, zumal über die vielen Publikationen Loevingers hinweg immer wieder einzelne Erläuterungen dazu zu finden sind. Es scheint, dass James' Unterscheidung zwischen dem Selbst als Subjekt (Ich) und dem Selbst als Objekt, wie sie auch McAdams (1996a) aufgreift, am besten klärt, was unter Loevingers Ich zu verstehen ist (siehe S. 20).

2.1.12.2 Infragestellen der Einheit des Ichs

Sowohl Loevingers als auch Kegans Modell sind Theorien, die sich direkt auf das Ich beziehen und damit auf eine Vielzahl von Aspekten, die das Ich ihrer Ansicht nach ausmachen. Diese Sicht wurde bereits früh kritisiert, beispielsweise anhand der Frage, welcher Entwicklungsbereich (z. B. kognitive Entwicklung) das umfassendere Konstrukt ist und damit andere Bereiche beinhaltet. Vor allem wurde bezweifelt, dass die von Loevinger herausgearbeiteten vier Bereiche der Ich-Entwicklung (Charakter, interpersoneller Stil, Bewusstseinsfokus, kognitiver Stil) tatsächlich eine Einheit bilden. Diese Frage kann heute angesichts Dutzender empirischer Studien als weitestgehend im Sinne Loevingers beantwortet gelten. Kohlberg näherte sich in den 1980er Jahren Loevingers Perspektive auf das Ich etwas an: »Während moralisches Urteilen die Domäne der Entwicklung über das rein Kognitive hinaus erweiterte, gibt es noch eine umfassendere Einheit, von der sowohl die kognitive als auch die moralische Entwicklung ein Teil sind. Wir beziehen uns dabei auf Ich-Entwicklung – die Erkenntnis neuer Bedeutungen im Leben« (Snarey et al., 1983, S. 303, e. Ü.). Im Gegensatz zu Loevinger nehmen Snarey et al. allerdings verschiedene Teilbereiche von Ich-Entwicklung an, wie sie in der von ihnen skizzierten Ich-Entwicklungsmatrix zum Ausdruck kommen (S. 309–310). Darin unterscheiden sie verschiedene Umweltaspekte (z. B. Natur, soziale Umwelt) und Arten des Denkens, Fühlens und Handelns darüber (z. B. moralisch, epistemologisch), die in Kombination verschiedene abgegrenzte Teilbereiche der Ich-Entwicklung ergeben. Danach repräsentiert beispielsweise Selmans Theorie der sozialen Perspektivenübernahme (1980) den Bereich von Ich-Entwicklung, der sich aus der Schnittmenge der sozialen Umwelt mit der des epistemologischen Denkens ergibt. Eine ähnliche Kritik an der Vermischung von sozioemotionaler und kognitiver Entwicklung findet sich später bei Laske (2009). Loevinger hingegen waren solche postulierten logischen Verknüpfungen einzelner Bereiche oder die künstliche Trennung von Entwicklungslinien suspekt. Für sie war gerade die hohe Ähnlichkeit über die einzelnen Entwicklungsmodelle hinweg das, was es nahe legte, dies als einheitliches Phänomen zu verstehen und empirisch zu testen. »Natürlich kann jede Eigenschaft, Fähigkeit oder Teilstruktur, die man mittels eines psychologischen Tests messen kann, aufgeteilt werden [...] Aber bedeutet das, dass man ad infinitum neue Strukturen postulieren muss?« (Loevinger, 1983, S. 340, e. Ü.). In Hinblick auf die praktische Anwendbarkeit des Modells scheint die Frage von Substrukturen eine Frage der Nützlichkeit und der Kosten zu sein. Diese kann nur von jedem Anwender selbst beantwortet werden (z. B. in der Managementdiagnostik). Für die Wissenschaft muss die Frage, inwiefern sich ein logisches Gebilde von aufeinander bezogenen Unterbereichen der Ich-Entwicklung nachweisen lässt, aufgrund des immensen Untersuchungsaufwands für ihre Beantwortung wahrscheinlich ungeklärt bleiben.

2.1.12.3 Keine harte Strukturtheorie im Sinne Piagets

Kohlberg und Armon (1984) unterscheiden in ihrem klassischen Artikel drei Arten von Stufenmodellen, die sie wie folgt bezeichnen: Harte Stufenmodelle (z. B. Piaget, Kohlberg), weiche Stufenmodelle (z. B. Loevinger, Fowler) und funktionale Stufenmodelle (z. B. Erikson, Levinson). Danach folgen allein die harten Stufenmodelle den von Piaget formulierten Kriterien für ein Stufenmodell (nach Kohlberg, Levine u. Hewer, 1983, S. 31), die man auf folgende drei Punkte reduzieren kann:
1. Die Entwicklungsstufen sind qualitativ unterschiedliche Strukturen im Sinne von Modi des Denkens. Jede dieser Stufen beinhaltet eine bestimmte Organisation des Denkens, eine strukturierte Ganzheit. Einzelne Aspekte davon formen ein bestimmtes und in sich konsistentes Cluster.
2. Diese Stufen folgen einer invarianten Sequenz, das heißt einer eindeutigen Reihenfolge. Kulturelle Faktoren können dabei einen Einfluss auf die Geschwindigkeit haben, aber nicht die Reihenfolge verändern.
3. Die Stufen stellen eine hierarchische Integration dar: Die jeweils folgende Stufe differenziert und integriert die Aspekte der vorherigen Stufe.

Bezüglich des ersten Kriteriums kritisieren Kohlberg et al. (1983, 1984) etwa, dass bei Loevinger keine innere Logik der einzelnen Stufen erkennbar ist und Inhalt und Struktur in den Stufenbeschreibungen vermischt werden. Diese Kritik wird allerdings dem Ich (im Gegensatz zu den kognitiven Funktionen bei Piaget) keineswegs gerecht, wie auch Blasi bemerkt: »Wenn es wahr ist, dass der Gehalt von Ich-Entwicklung aus Relationen zwischen der Person als Subjekt und den Emotionen, Interessen, Bedürfnissen, Werten und weiteren Aspekten dieser Person besteht statt aus Objekt zu Objekt-Relationen, dann folgt die Stukturierung der Elemente von Ich-Entwicklung dem Prinzip der Selbstkonsistenz und nicht notwendigerweise einem logischen Zusammenhang« (Blasi, 1998, S. 19, e. Ü.). Insofern versteht Loevinger das Kriterium Struktur anders, denn die Struktur einer Entwicklungsstufe kann auch inhaltliche Aspekte (beispielsweise Verantwortungsgefühl) umfassen. Loevinger abstrahiert allerdings von den konkret genannten Inhalten und versteht unter Struktur die in sich konsistente Art und Weise, auf sich, andere und die Welt zu schauen und dieser damit Bedeutung zu verleihen.

Bezüglich des zweiten und dritten Kriteriums wird kritisiert, dass Loevinger ihre Stufenfolge der Ich-Entwicklung nicht durch eine zugrundeliegende Logik erklärt (z. B. Broughton u. Zahaykevich, 1977;

Snarey et al., 1983). So beklagen Broughton und Zahaykevich (1988, S. 186, e. Ü.) »das Fehlen jeder logischen Natur in der Reihenfolge« oder »ihr Versagen, eine Erklärung für den Prozess zu liefern, durch die eine Entwicklung von einer Stufe zur nächsten zustande kommt«. Auch diese Kritik wendet Prinzipien an, die Loevingers Ich-Entwicklung nicht angemessen sind. Blasi verweist beispielsweise auf folgenden Aspekt: »Dass ein Mensch erst einmal ein angemessenes Ausmaß an Impulskontrolle erreichen sollte, bevor er Gegenseitigkeit in zwischenmenschlichen Beziehungen bewältigen kann, ist nicht eine Frage der Logik, sondern der menschlichen Psychologie« (Blasi, 1998, S. 22, e. Ü.). Ähnliche Erklärungen lassen sich nicht nur für den Übergang von der Selbstorientierten Stufe (E3) zur Gemeinschaftsorientierten Stufe (E4), sondern auch für andere Übergänge im Ich-Entwicklungsmodell finden. Diese wurden nicht explizit von Loevinger herausgestellt, sondern erschließen sich erst bei intensiver Beschäftigung mit ihrem Modell. Im Gegensatz dazu bietet der von Kegan (1979) herausgearbeitete Wechsel in der Subjekt-Objekt-Beziehung ein strukturelles Prinzip für die Entfaltung der Ich-Entwicklungssequenz: »Diese [Subjekt-Objekt-Beziehung] erfasst auch die zugrundeliegende Struktur und die Prozesse, die in Loevingers Theorie fehlen« (S. 9, e. Ü.). Auch Cook-Greuter ging in ihrer Erweiterung von Loevingers Ich-Entwicklungsmodell einen ähnlichen Weg wie Kegan. Sie verdeutlichte dabei, wie die Erweiterung der jeweils verfügbaren Perspektiven pro Stufe ein sich entfaltendes Prinzip der Ich-Entwicklungssequenz darstellt (Cook-Greuter, 1990, S. 87 ff.).

Insgesamt scheint die obige Kritik von Kohlberg und anderen an Loevingers Ich-Entwicklungsmodell ebenso wie die bewertende Unterscheidung zwischen harten und weichen Stufenmodellen nicht ihrem Gegenstand gerecht zu werden. Dies bemängeln auch Speicher und Noam (1999, S. 106, e. Ü.): »Wie auch immer, es bleibt unklar, warum ein konzeptioneller Fokus auf das Selbst [Ich] weniger Unterscheidungen in Bezug auf harte Stufen einbringen sollte als die Erforschung des moralischen Urteils«. Statt dieser bewertenden Unterscheidung schlagen sie daher vor, je nach Umfang des zu untersuchenden Themas zwischen minimalistischen (z. B. kognitiver Entwicklung) und maximalistischen (z. B. Ich-Entwicklung) Strukturmodellen zu unterscheiden. Offensichtlich konnte auch Kohlberg die Grenzen des von ihm vertretenen harten Strukturansatzes sehen (Kohlberg u. Ryncarz, 1990, S. 206, e. Ü.): »Die Gründe für den Erfolg von Piagets hartem Schema für das Vermessen logischer und moralischer Entwicklung sind möglicherweise genau die gleichen, die es verhindern werden, die Erfahrungen und Weisheit des Erwachsenenalters zu kartieren.«

2.1.12.4 Kein Messverfahren, das Tiefenstruktur misst

Eine generelle Kritik, die nicht spezifisch Loevingers Messinstrument (WUSCT) betrifft, sondern eine Vielzahl entwicklungspsychologischer Methoden, stammt von Forschern aus der Tradition von Commons und Dawson. Beide entwickelten Messverfahren, die Entwicklung als zunehmende Komplexität konzeptionalisieren und die bereichsunspezifische Prinzipien zur Messung verwenden. Mit bereichsunspezifischen Messverfahren ist gemeint, dass im Gegensatz zu Strukturen und Mustern, die nur für das Modell der Ich-Entwicklung oder das Modell moralischen Urteilens gelten, einheitliche Kriterien, sogenannte »Tiefenstrukturen« (Dawson, 2001) verwendet werden, um Entwicklung zu messen und abzubilden. Damit verbunden ist der Anspruch, nun keine »alten« Messverfahren mehr für spezifische Entwicklungsbereiche (z. B. Ich-Entwicklung oder Moralentwicklung) zu benötigen. Nach Commons (2008, S. 305, e. Ü.) ermöglicht sein Modell Hierarchischer Komplexität (MHC) »die Untersuchung universeller Muster der Evolution und Entwicklung«. Einen ähnlichen Anspruch vertritt Dawsons Lectical Assessment System (LAS) (Dawson-Tunik, Commons, Wilson u. Fischer, 2005). Mit beiden Messverfahren konnten beeindruckende Ähnlichkeiten zwischen verschiedenen kognitiven Entwicklungsmodellen gefunden werden (z. B. Dawson, 2000), die zeigen, dass aufsteigende Komplexität offensichtlich ein zentrales Erklärungsprinzip für verschiedene Entwicklungslinien ist (vgl. Werner, 1948). Stein und Heikkinen (2008, S. 128–129, e. Ü.) meinen dazu, dass »bereichsspezifische Messverfahren indirekt eine gemeinsame latente Dimension betreffen, die das LAS direkt erfasst«. In einem weiteren Artikel (2009) gehen sie in ihrer Argumentation noch weiter und empfehlen ausschließlich Commons und Dawsons Verfahren für das individuelle Testen von Entwicklungsaspekten.

Sowohl das MHC wie auch das LAS erscheinen zum Vergleich verschiedener Entwicklungsmodelle und zum Testen einzelner Fähigkeiten in Hinblick auf Komplexität äußerst sinnvoll. Dennoch bauen beide Systeme ausschließlich auf mathematischen Konzeptionen beziehungsweise rein logischen Argumenten und Verknüpfungen auf. Sehr bedenklich ist daher, dass ein (wenn auch zentrales) Prinzip von Entwicklung offensichtlich zum alleinigen Prinzip jeglicher Entwicklung gemacht wird (vgl. Rogers et al., 2006, S. 507). So basiert Stein und Heikkinens Kritik, ähnlich wie Kohlbergs Kritik 30 Jahre zuvor, auf einer einseitigen Anwendung von Prinzipien, mit der kognitive Komponenten von Entwicklung zwar sinnvoll zu erklären sind, durch die aber andere Entwicklungsaspekte einseitig begrenzt werden. Bezugnehmend auf ihre Kritik an Modellen zur Messung von Ich-Entwicklung bemerkt Murray (2009,

S. 353) Ähnliches: »Ich vertrete die Auffassung, dass [diese] wahrscheinlich Elemente besitzen, die sich nicht gemäß einer hierarchischen Logik entwickeln.« Er verbindet dies mit dem Vorschlag, dass jede Theorie und jedes Messinstrument zusammen mit einer Art »Begrenzungsanalyse« beschrieben werden sollten, mit der die potenziellen Anwendungsfelder explizit gemacht werden.

2.1.12.5 Unzureichende Erklärung der Mechanismen von Ich-Entwicklung

Immer wieder wurde Loevinger vorgeworfen, dass sie letztlich keine theoretische Erklärung für fortschreitende Ich-Entwicklung liefert. Dies betrifft verschiedene Punkte, beispielsweise was die Stabilität oder Veränderbarkeit von Ich-Entwicklung ausmacht, wie sich der Übergang von einer zur nächsten Stufe vollzieht oder woran es liegt, dass sich manche Menschen schneller oder überhaupt weiterentwickeln. So fragte Hauser (1976) im Zuge des ersten größeren externen Überblick zu Ich-Entwicklung: »Was ist der Mechanismus der Veränderung?« (S. 952, e. Ü.). Neben einigen Erklärungen dazu in ihrem umfassenden Gesamtüberblick (Loevinger, 1976), sah auch Loevinger selbst (1993b) diese Lücke. Es scheint jedoch, dass sie durch die Vielzahl der Forschungsarbeiten, vor allem durch eine Reihe von Längsschnittstudien, immer mehr geschlossen wird. Manners und Durkins Rahmenmodell (2000) stellt sicherlich eine Ergänzung dar. Auch das Rahmenmodell von Roberts und Caspi (2003), das im Abschnitt zu Stabilität und Veränderung angewendet wird, scheint einen guten Ordnungsrahmen dafür zu bieten.

2.1.12.6 Fehlende Berücksichtigung von Anpassungsleistungen

Ein über Jahrzehnte diskutiertes Problem ist das Verhältnis von Ich-Entwicklung zu Themen, die im Englischen unter Begriffen wie beispielsweise »adjustment«, »mental health« oder »well-being« erforscht werden. Im Englischen wird Ich-Entwicklung oft als »maturity« im Sinne persönlicher Reife bezeichnet (vgl. Helson u. Wink, 1987). Daher liegt die Vorstellung nahe, dass ein Mensch mit zunehmender Ich-Entwicklung eine in vielen Belangen »reife« Person ist, die keine Anpassungsprobleme, Neurosen oder andere kritische Persönlichkeitsaspekte aufweist. Vor allem im klinischen Bereich arbeitende Forscher wie Noam (1988) haben vor dem Hintergrund ihrer Forschungen daher kritisiert, dass Ich-Entwicklung eher mit Selbstkomplexität gleichzusetzen sei, nicht aber mit einer insgesamt integrierten Persönlichkeitsstruktur (vgl. Labouvie-Vief u. Diehl, 1998).

Loevinger hingegen warnte von Anfang an vor einer Gleichsetzung ihres Modells mit psychischer Gesundheit oder gelungener sozialer Anpassung (1968, S. 169, e. Ü.): »Jede Stufe hat ihre Schwächen, ihre Probleme und Paradoxien, die sowohl ein Potenzial für Fehlanpassung als auch für Wachstum bereitstellen.« Auch Kegans (1979) empirische Untersuchung zu Depression wies darauf hin, dass Menschen auf jeder Entwicklungsstufe depressiv werden können. Es zeigte sich allerdings, dass bestimmte Typen und damit Inhalte der Depression in starkem Zusammenhang zu bestimmten Entwicklungsstufen stehen. Ich-Entwicklung und psychische Gesundheit oder Wohlbefinden sind daher konzeptionell verschiedene Bereiche. Sie stehen aber in vielfältigen Zusammenhängen, die sich zudem über die verschiedenen Entwicklungsstufen hinweg verändern (vgl. Noam, 1998). Staudinger und Kunzmann (2005, S. 320, e. Ü.) sehen gerade darin die Stärke von Modellen wie Loevingers Ich-Entwicklung und betonen, »dass es nützlich sein kann, diese zwei Bereiche zu unterscheiden, anstatt sie in die gleiche Kategorie zu platzieren«. Einen ähnlichen Standpunkt vertreten King und Hicks (2007, S. 633–634) in ihrer Forschung. Anhand einer Skala zur Messung von Lebenszufriedenheit illustrieren sie beispielsweise, welche sehr unterschiedliche Bedeutung ein gleich hoher Wert haben kann, je nachdem auf welcher Stufe der Ich-Entwicklung sich eine Person befindet.

Insgesamt gesehen scheint daher die Kritik, dass Loevingers Ich-Entwicklungsmodell nicht genügend Gewicht auf integrative Persönlichkeitsprozesse legt (im Sinne von guter sozialer Anpassung, psychischer Gesundheit etc.) nicht zu greifen. Ihr Modell ist nicht als normatives Modell von Persönlichkeitsreife entwickelt worden. Vielmehr stellt es eine Abbildung dessen dar, wie sich das Ich eines Menschen verändert, wenn Entwicklung stattfindet. Daher hat Loevinger es auch immer verwehrt, einen Endpunkt von Entwicklung zu bestimmen. Auf allen Stufen des Ichs kann es zu einer guten oder weniger guten Anpassung eines Menschen kommen. Es scheint aber bei frühen Stufen ein negativer und bei sehr späten Stufen der Ich-Entwicklung ein positiver Zusammenhang zu bestehen. Gerade für die praktische Arbeit mit dem Modell ist es allerdings sinnvoll, beispielsweise »Einkapselungen« (Noam) und Fehlanpassungen gezielt mit zu berücksichtigen, nicht aber Modelle zu entwickeln, die beides zu integrieren versuchen.

2.2 Empirische Überprüfung des Ich-Entwicklungs-Modells

Das Ich-Entwicklungsmodell von Loevinger stieß bei anderen Forschern von Anfang an auf großes Interesse, aber auch auf Skepsis. Schon früh gab es daher Übersichtsstudien und später Metaanalysen, die sich sowohl mit den zentralen Prämissen von Loevinger als auch ihrer Messmethodik und dem dafür entwickelten WUSCT (Washington University Sentence Completion Test) kritisch auseinandersetzten, etwa von Hauser (1976, 1993), Loevinger (1979a), Holt (1980) und Vaillant und McCullough (1987). Die Zeitschrift Psychological Inquiry widmete Loevingers Ich-Entwicklungsmodell 1993 ein komplettes Themenheft und lud weltweit Forscher ein, sich daran zu beteiligen. Die aktuellsten Übersichten zum heutigen Stand der Forschung stammen von Loevinger selbst (1998), Manners und Durkin (2001) sowie Westenberg et al. (2004). Diese sind allerdings in vielerlei Hinsicht nicht vollständig: Bei den Übersichten zur Überprüfung der Sequentialität der von Loevinger postulierten Ich-Entwicklungsstufen sind zum Beispiel einige interessante Ansätze überhaupt nicht berücksichtigt (siehe S. 156). Zum Teil waren wichtige Überblicksstudien zu diesem Zeitpunkt noch nicht verfügbar (z. B. die Metaanalyse zu Intelligenz und Ich-Entwicklung von Cohn und Westenberg, 2004) oder es wurde eher oberflächlich auf andere Studien verwiesen (z. B. auf die Metaanalyse zu sozioökonomischen Status und Ich-Entwicklung von Browning, 1987), da die jeweiligen Publikationen einen anderen Schwerpunkt hatten.

In den Überblicksstudien zum Modell der Ich-Entwicklung wird immer wieder herausgestellt, dass das Modell der Ich-Entwicklung kaum von dem Messinstrument WUSCT selbst zu trennen ist. Denn Modell und Messmethodik waren bei Loevinger stets eng aufeinander bezogen und sind daher zusammen zu sehen. Nach Manners und Durkin (2001, S. 543, e. Ü.) »ist die Evaluierung der theoretischen und logischen Stimmigkeit untrennbar mit der Evaluierung der Konstruktvalidität des WUSCT verbunden«. Im Folgenden sind die wichtigsten Untersuchungen und Forschungsergebnisse zum Ich-Entwicklungsmodell beziehungsweise dem WUSCT aufgeführt. Damit sollen erstmals alle wesentlichen Aspekte des Modells zusammen dargestellt werden – ein Anspruch, den bisherige Überblickswerke nicht erfüllen. Zweitens soll die Vielzahl der Studien zum Ich-Entwicklungsmodell, mit denen die zentralen methodischen Fragen und Prämissen dazu überprüft wurden, das Konstrukt selbst weiter erhellen. Deswegen sind an vielen Stellen Graphiken und Tabellen aus den Originalstudien sowie Zitate der jeweiligen Autoren eingefügt, um so die Fragestellungen und Ergebnisse weiter

zu illustrieren und auf den Punkt zu bringen. Die Darstellung orientiert sich an den drei zentralen Gütekriterien empirischer Untersuchungen, psychologischer Messverfahren (Bortz u. Döring, 2006, S. 195 ff.; BDP, 2002) und letztlich auch psychologischer Theoriebildung:
- *Objektivität:* Das Ausmaß der Unabhängigkeit der Ergebnisse vom Untersucher und der Untersuchungssituation.
- *Reliabilität:* Der Grad der Zuverlässigkeit, mit der das zu untersuchende Merkmal gemessen wird.
- *Validität:* Das Ausmaß, in dem ein Verfahren tatsächlich das misst, was es zu messen verspricht.

Das Kriterium *Objektivität* bezieht sich auf Durchführung (z. B. standardisierte Testinstruktion), Auswertung (z. B. eindeutige Zuordnungskriterien) und Interpretation psychometrischer Verfahren. Diese Aspekte sind ausführlich bei Loevinger und Wessler (1970), Loevinger et al. (1970), Hy und Loevinger (1996) und Loevinger (1998) beschrieben. An dieser Stelle wird darauf nicht gesondert eingegangen, da sich diese Aspekte letztendlich in den Kriterien Reliabilität und Validität niederschlagen (Lienert u. Raatz, 1998, S. 13). Ein Sonderfall ist das Kriterium Interrater-Reliabilität. Denn bei projektiven Tests wie dem WUSCT ist diese letztlich auch ein Maß für Auswertungsobjektivität (Lienert u. Raatz, 1998, S. 8). Die Ergebnisse dazu finden sich im Abschnitt Reliabilität.

2.2.1 Reliabilität

Projektiven Verfahren wird häufig generell eine schlechtere Reliabilität vorgeworfen, da deren Ergebnisse im Gegensatz zu Tests mit vorgegebenen Skalen nicht automatisch errechnet werden, sondern einer persönlichen Auswertung bedürfen. Westen, Lohr, Silk, Gold und Kerber (1990, S. 362, e. Ü.) bringen die Vorbehalte gegenüber projektiven Tests auf den Punkt: »Generationen von Psychologen, auch Persönlichkeitspsychologen und Klinische Psychologen, sind unter der tief verwurzelten Annahme ausgebildet worden, dass projektive Verfahren von Natur aus invalide und unreliabel sind.« Insofern ist der Reliabilität besondere Beachtung zu schenken, denn ohne ausreichende Reliabilität kann auch keine gute Validität erreicht werden. Zum WUSCT liegen Reliabilitätswerte nach folgenden unterschiedlichen Methoden zur Reliabilitätsbestimmung vor:
- Testhalbierungs-Reliabilität (Split-half-Reliabilität),
- Interne Konsistenz,
- Test-Retest-Reliabilität,
- Interrater-Reliabilität (unterschiedliche Maße).

Weiterhin wurden Reliabilitätsuntersuchungen in unterschiedlichen Settings und mit unterschiedlichen Populationen vorgenommen. Ebenso wurde untersucht, inwieweit die Testergebnisse willentlich fälschbar sind, also beispielsweise im Sinne eigener oder sozialer Erwünschtheit beeinflusst werden können.

Die *Testhalbierungs-Reliabilität* gibt Auskunft über die Parallelität zweier Testhälften, wenn man einen Test in der Mitte teilt. Berechnet wird anschließend die Korrelation beider Testhälften, wobei eine hohe Korrelation für eine hohe Reliabilität spricht. Die ersten Untersuchungen dazu stammen von Redmore und Waldman (1975), die dieses Maß für zwei Studien erhoben, eine mit 51 Schülern und eine mit 81 Studenten. Die Split-half-Reliabilität in diesen Studien war r = 0,85 und r = 0,90. Novy und Francis (1992) testeten später die psychometrischen Qualitäten der revidierten Form 81 des WUSCT (Loevinger, 1985b). Bei einer Stichprobe von 265 Erwachsenen unterschiedlichen Alters und Bildungshintergrunds kamen sie auf einen Wert in Höhe von r = 0,96. Zusätzlich testeten sie die beiden Hälften zusammen mit acht externen Maßen, die Teilaspekte von Ich-Entwicklung abbildeten. Die Ergebnisse für diese acht Maße unterschieden sich zwischen den beiden Testhälften nur minimal. Dies zeigt an, »dass die beiden Testhälften austauschbar verwendet werden können« (Novy u. Francis, 1992, S. 1038, e. Ü.). Diese Kurzversionen des WUCST bieten sich aufgrund des geringeren Auswertungsaufwands für größere Forschungsprojekte an. Für den Einsatz auf Einzelebene sollte aufgrund der höheren Reliabilität des Gesamttests die Vollversion mit 36 Items verwendet werden.

Die *interne Konsistenz* als Maß für Reliabilität gilt als dem Testhalbierungsverfahren überlegen (Lienert u. Raatz, 1998, S. 191). Dabei wird davon ausgegangen, dass ein Test in so viele Teile zerlegt werden kann, wie er Items hat. Die Interne Konsistenz ist somit das Ausmaß, in dem die einzelnen Testitems zueinander in Beziehung stehen. Zur Berechnung wird üblicherweise Cronbachs Alpha verwendet. Loevinger und Wessler (1978) testeten den WUSCT für die Publikation ihres ersten Manuals anhand einer breiten Stichprobe von 543 Männern und Frauen im Alter von zwölf bis 70 Jahren und mit unterschiedlichem Bildungshintergrund. Cronbachs Alpha ergab dabei einen Wert von r = 0,91. Bei späteren Studien zeigten sich ähnlich hohe Werte, die je nach Stichprobe allenfalls leicht schwanken. In der oben erwähnten Stichprobe von Novy mit der revidierten Form 81 war der Wert für interne Konsistenz r = 0,90 für den Gesamttest sowie r = 0,84 und r = 0,81 für die erste und zweite Testhälfte (Novy u. Francis, 1992).

Ein weiteres Maß für die Messgenauigkeit ist die *Test-Retest-Reliabilität*. Dabei wird ein Test innerhalb einer bestimmten Zeitspanne bei der gleichen Stichprobe wiederholt. Zur Berechnung dieses Reliabilitätsmaßes dient der Korrelationskoeffizient, der sich ergibt, wenn die Testwerte der beiden Erhebungen miteinander verglichen werden. Je nach Test kann es dabei allerdings zu einer sogenannten »Scheinreliabilität« kommen, die den wirklichen Wert über- oder unterschätzt (Lienert u. Raatz, 1998, S. 180ff.). In den oben aufgeführten Studien untersuchten Redmore und Waldman (1975) unter verschiedenen Bedingungen auch die Test-Retest-Reliabilität. Je nach Zeitintervall (eine oder zwei Wochen) und Kontext fanden sie Werte, die sich massiv unterschieden und von $r=0{,}38$ bis zu $r=0{,}81$ reichten. Redmore und Waldmann folgern daraus, dass die Test-Retest-Reliabilität für den WUSCT ein ungeeigneter Index für Reliabiltiät ist. Sie führen als Erklärung an, dass es vor allem bei kürzeren Zeiträumen zu Motivationsverlusten kommen kann. Denn gerade bei einem projektiven Verfahren wie dem WUSCT spielt das Aktivierungslevel eine größere Rolle als bei respondenten Testverfahren, bei denen lediglich aus einem vorgelegten Material ausgewählt werden muss (vgl. in Bezug auf Motivmessung: Kuhl, 2010, S. 274–276). Insofern ist beim Einsatz zusammen mit anderen Erhebungsverfahren auch relevant, an welcher Stelle der WUSCT platziert wird: Der WUSCT sollte »eines der ersten und nicht eines der letzten Instrumente sein, die ausgefüllt werden« (Westenberg et al., 2004, S. 604, e. Ü.). Loevinger zieht insgesamt folgendes Fazit: »Das Risiko von Wiederholungsmessungen in einer zu kurzen Zeit und ohne ausreichende Erklärung ist, dass das TPR [= Total Protocol Rating: Wert für die Ich-Entwicklungsstufe] unter Umständen eine falsche Abnahme zeigt, wo eine wahre Abnahme in Bezug auf das Ich-Entwicklungsniveau tatsächlich extrem unwahrscheinlich ist« (1998b, S. 39, e. Ü.). Im Gegensatz zu diesen Ergebnissen stellt sich bei längeren Zeitintervallen die Ich-Entwicklung hingegen als ein sehr stabiles Konstrukt dar. So ergeben sich je nach Zeitintervall Werte um $r=0{,}80$ (z. B. Jurich u. Holt, 1987; Weiss, Zilberg u. Genevro, 1989; Blumentritt, Novy, Gaa u. Liberman, 1996).

Die *Interrater-Reliabilität* gilt als das wichtigste Reliabilitätsmaß für projektive Tests oder klinische Interviews (z. B. Kohlbergs Moral Judgement Interview oder Kegans Subjekt-Objekt-Interview). Damit ist das Ausmaß an Beurteiler-Übereinstimmung gemeint, wenn zwei (oder mehr) Beurteiler ein Merkmal einschätzen, wobei für dieses Maß unterschiedliche Indizes und Verfahren zur Verfügung stehen (z. B. Bortz u. Lienert, 2008, S. 309ff.). Loevinger und Wessler (1978) führten mit der oben erwähnten Stichprobe ($N=543$) eine Reihe von Untersuchungen dazu durch. Als Maße verwendeten sie den Prozentsatz an Übereinstimmung und die Korrelation der Urteile. Die durchschnittliche Übereinstimmung lag auf Gesamttestebene bei 71 Prozent (exakt) beziehungsweise bei 95 Prozent (innerhalb einer Stufe). Die Interrater-Korrelation lag bei r = 0,85 beziehungsweise r = 0,86. Ähnliche und zum Teil noch höhere Werte fanden sich in einem umfangreichen Sample (N = 1006) von Jugendlichen und jungen Erwachsenen mit der Kurzversion von Holt (1980) und in der oben berichteten Stichprobe von Novy (1993) mit der revidierten Form 81 (Loevinger, 1985b). Auch für die von Cook-Greuter ergänzten Stufen E9 und E10 wurde die Interrater-Korrelation untersucht. Diese lag bei einer Stichprobe von 60 Personen, die gleichmäßig auf die späten Stufen E6 bis E10 verteilt waren, zwischen r = 0,79 und r = 0,95 (Cook-Greuter, 2000, S. 118 ff.). Weitere Untersuchungen mit dem um die späteren Stufen E9 und E10 erweiterten Ich-Entwicklungsmodell finden sich bei Torbert und Livne-Tarandach (2009).

Zusätzlich zu diesen Studien, die sich direkt auf verschiedene Maße der Reliabilität beziehen, existiert ein weiterer Aspekt, der Einfluss auf die Reliabilität hat: *Unverfälschbarkeit*, das heißt der Grad, in dem Testpersonen ihre Ergebnisse willentlich beeinflussen können. Dieses Kriterium ergänzt die klassischen Gütekriterien und ist mittlerweile Teil der Bewertungskategorien des Testkuratoriums der Föderation der Deutschen Psychologenvereinigungen (2006, S. 499). Auch zu diesem Maß existiert eine Reihe von Studien mit dem WUSCT (z. B. Redmore, 1976), die im Abschnitt zur Asymmetrie des Verständnisses von Ich-Entwicklung aufgeführt sind (siehe S. 162). Zu testenden Personen gelingt es beim WUSCT kaum, ihr Testergebnis in Richtung späterer Stufen willentlich zu beeinflussen. Dies ist ein großer Vorteil im Vergleich zu anderen Persönlichkeitstests. Denn wenn es den zu testenden Personen kaum möglich ist, ihre Testergebnisse im Sinne sozialer Erwünschtheit zu beeinflussen, wird ihre Ich-Entwicklungsstufe auch exakter gemessen.

Neben diesen Maßen zur Reliabilität gibt es noch weitere damit zusammenhängende Studien, in denen die Auswirkungen einer unterschiedlichen Testdurchführung untersucht wurden. Insbesondere zwei Studien sind in diesem Zusammenhang interessant. Beide betreffen den Zusammenhang zwischen der (normalen) schriftlichen Darbietung und verschiedenen Formen der mündlichen Testdurchführung. Streich und Swensen (1985) fanden bei einer altersgemischten Stichprobe von 192 Teilnehmern keinen signifikanten Effekt in den Testwerten, wenn die eine Hälfte des WUSCT mündlich (allerdings im direkten Kontakt mit den Testleitern) und die andere schriftlich vorgegeben wurde. Dies war auch unabhängig von den gleichzeitig mit untersuchten Variablen wie Intelligenz (z. B. Sprachverständnis oder logisches Denken), Geschlecht oder Alter. Hansell, Sparacino, Ronchi und Strodtbeck (1985) untersuchten im Unterschied zu Streich und Swensen die mündliche Testdurchführung per Telefon, um herauszufinden, ob sich der WUSCT dadurch effizienter bei sehr umfangreichen Stichproben einsetzen lässt. Mittels einer Kurzversion des WUSCT (2 × 12 Items) beantworteten 221 Teilnehmer einer bildungs- und altersgemischten Stichprobe jeweils die eine Hälfte schriftlich und die andere per Telefon. Die Ergebnisse zeigten dabei, dass die Ich-Entwicklungswerte bei der telefonischen Durchführung signifikant niedriger ausfielen, wobei der Unterschied jedoch weniger als eine halbe Stufe ausmachte.

Ein weiterer Ansatz, Reliabilität zu überprüfen, besteht darin, die Anwendbarkeit des Instruments in unterschiedlichen Populationen zu überprüfen. Insbesondere die Verwendung im klinischen Kontext scheint hier relevant, da sich die zu testenden Personen in einer schwierigen persönlichen Situation befinden, die zudem Auswirkungen auf ihre psychische Funktionsfähigkeit hat. Waugh (1981) ging in seiner Forschung dieser Frage nach und überprüfte, inwiefern die berichteten Reliabilitätswerte auch im klinischen Kontext zu finden sind. Dazu rekrutierte er eine Stichprobe mit insgesamt 85 Personen, bei der die drei klinischen Symptombereiche Neurosen, Psychosen und Persönlichkeitsstörungen in etwa gleich repräsentiert waren. Die Ergebnisse seiner Untersuchung zeigten vergleichbare hohe Werte wie die von Loevinger und Wessler (1978) berichteten. Waugh (1981) schlussfolgert daraus: »Diese Ergebnisse zeigen, dass der Satzergänzungstest zur Ich-Entwicklung auch für normal-klinische Gruppen in Bezug auf Interrater-Reliabilität … und interne Konsistenz generalisierbar ist« (S. 486, e. Ü.). Weitere Forschungen im klinischen Kontext konnten Waughs Schlussfolgerungen bestätigen (z. B. Browning, 1986; Weiss et al., 1989; Noam et al., 1991; Kapfhammer, Neumeier u. Scherer, 1993).

2.2.2 Validität

Um bestimmen zu können, ob ein Test tatsächlich das misst, was er zu messen vorgibt, ist es notwendig, dessen Validität zu überprüfen (Cronbach u. Meehl, 1955). Klassisch werden dabei Inhaltvalidität, Konstruktvalidität und Kriteriumsvalidität unterschieden (Lienert u. Raatz, 1998, S. 10).

Mit *Inhaltsvalidität* ist gemeint, dass ein Test das zu erfassende Merkmal auch wirklich repräsentiert. Letztlich kann dies nur durch Experten beurteilt werden. Loevinger selbst verglich ihr Modell der Ich-Entwicklung umfassend mit einer Vielzahl von ähnlichen und unabhängig voneinander entwickelten Theorien und Modellen (1976, Kapitel 5). Sie spricht in diesem Zusammenhang von der »Makrovalidierung« ihres Modells (Loevinger, 1993a, S. 5). Dadurch klärte sie auch selbst noch deutlicher, was unter Ich-Entwicklung zu verstehen ist und was nicht.

Rogers, Bishop und Lane (2003, S. 238, e. Ü.) kommen in ihrem Vergleich und ihren Anwendungsempfehlungen zu Satzergänzungstests zu folgendem Fazit: »Die größte Stärke dieses Tests ist, dass deren Autoren sich darüber klar sind, was sie messen (Ich-Entwicklung) und dass sie externe Forschung betrieben haben, die das Kontrukt validieren.« Weiterhin sprechen auch die hohen bis sehr hohen Werte, die bei Untersuchungen zur Interrater-Reliabilität (siehe oben) gefunden wurden, dafür, dass dieses komplexe Konstrukt so vermittelbar ist, dass trainierte Anwender zu einer hohen Übereinstimmung ihrer Urteile kommen.

Das Ziel der *Konstruktvalidität* (Campbell u. Fiske, 1959) ist die psychologische Analyse eines Modells beziehungsweise eines Tests, denn Persönlichkeitsmerkmale sind letztlich nicht direkt beobachtbare und fassbare Einheiten, sondern Konstrukte. Den Bedeutungsumfang eines solchen Konstrukts zu klären ist »ein Vorgang von erheblicher Schwierigkeit und mit großem technisch-ökonomischen Aufwand verbunden« (Lienert u. Raatz, 1998, S. 226). Um dies zu erreichen, können verschiedene Methoden verwendet werden. Beispielsweise können die zu überprüfenden Tests mit anderen Persönlichkeitsmerkmalen korreliert werden, die ein ähnliches Konstrukt erfassen (siehe S. 120). Entscheidend dabei ist, dass ein Test hohe Zusammenhänge mit ähnlichen Aspekten und Konstrukten zeigt, die mit anderen Verfahren gemessen werden (konvergente Validität). Gleichzeitig sollen möglichst geringe Zusammenhänge mit andersartigen Aspekten und Konstrukten auftreten (divergente Validität). Nach Loevinger ist diese Unterscheidung allerdings nicht immer leicht zu treffen (1998a, S. 38, e. Ü.): »Außenstehende Variablen, die mit einem Testwert korrelieren, können Verzerrungen der Messung sein. In diesem Fall ist der Test umso valider, je geringer die Korrelation ausfällt. Oder sie können ein intrinsischer Teil dessen sein, was der Test misst. In diesem Fall kann der Test nicht valide sein, wenn die Korrelation gering ist. Das Problem besteht darin, zwischen diesen beiden Fällen zu unterscheiden.« Ein noch weiter gehender Validitätsnachweis ist die inkrementelle Validität, die dann als gegeben angesehen wird, wenn zusätzlich zu einer anderen Variable (beispielsweise Intelligenz) ein eigenständiger Erklärungsbeitrag des zu überprüfenden Konstrukts nachgewiesen werden kann.

Unter *Kriteriumsvalidität* versteht man den Zusammenhang zwischen den Ergebnissen eines Messinstruments und bestimmten Kriterien. Diese Kriterien sind abhängig von dem spezifischen Ziel, für das ein Test konstruiert wurde oder für das ein Verfahren eingesetzt werden soll. Kriteriumsbezogene Validität liegt demnach vor, wenn es signifikante und relevante Zusammenhänge des zu überprüfenden Verfahrens mit diesen Kriterien gibt. Sofern das Kriterium nach der Messung erhoben wird, spricht man von prädiktiver Validität. Letztlich kann die Kriteriumsvalidität daher auch als Teil der Konstruktvalidität aufgefasst werden (Lienert u. Raatz, 1998, S. 228), wenn die empirischen Studien, die zur Konstruktvalidierung durchgeführt wurden, ein für einen bestimmten Zweck oder Bereich relevantes Kriterium betreffen.

Lilienfeld, Wood und Garb (2000, S. 56, e. Ü.) bezeichnen in ihrer Studie zum wissenschaftlichen Status projektiver Tests den WUSCT als »das am umfassendsten validierte projektive Verfahren«. Ihrer Meinung nach hat »der WUSCT in zahlreichen Studien von unabhängigen Forschern beeindruckende Konstruktvalidität gezeigt«. Um einen optimalen Überblick zum Stand der aktuellen Forschung zu Fragen der Konstruktvalidität zu erhalten, ist die Vielzahl an empirischen Studien zu Ich-Entwicklung im Folgenden nach fünf zentralen Fragestellungen gruppiert:
1. Studien zu diskriminanter und inkrementeller Validität,
2. Studien zu konvergenter Validität,
3. Studien zu Loevingers Postulat der Einheit des Ichs,
4. Studien zur Sequentialität der Ich-Entwicklungsstufen,
5. Studien zur kulturellen Universalität des Ich-Entwicklungsmodells.

2.2.2.1 Diskriminante und inkrementelle Validität

In Überblicken und Reviews zu Ich-Entwicklung werden immer wieder drei Variablen besprochen, die möglicherweise eng mit den Stufen der Ich-Entwicklung zusammenhängen (Loevinger, 1976, 1979a; Hauser, 1976). Dies sind:
– sozio-ökonomischer Status,
– Intelligenz,
– Sprachvermögen.

In Bezug auf alle drei Variablen existieren mittlerweile mehrere Studien, mit denen sich Fragen nach der diskriminanten Validität klären lassen. In einigen davon wurde auch untersucht, inwiefern ein eigenständiger Erklärungsbeitrag von Ich-Entwicklung über die jeweilige Variable hinaus besteht (inkrementelle Validität).

2.2.2.1.1 Ich-Entwicklung und sozio-ökonomischer Status

Es ist kaum vorstellbar, dass Ich-Entwicklung nicht mit Bildungsmaßen und sozialem Status im Zusammenhang steht. Ob Ich-Entwicklung aber darauf reduziert oder weitestgehend dadurch erklärt werden kann, ist eine Frage, die vielfach überprüft wurde. Dabei wurden vor allem der Bildungsstand und der Beruf der Eltern und der getesteten Personen untersucht.

Erste Zusammenhänge wurden von Redmore und Loevinger (1979) berichtet. Im Rahmen von Post-hoc-Vergleichen untersuchten sie den Zusammenhang zwischen sozio-ökonomischem Status und Ich-Entwicklung anhand ihrer acht Längsschnittstudien. Insgesamt nahmen an diesen Studien 193 Jugendliche zwischen 12 und 16 Jahren teil, die jeweils zwei Mal getestet wurden. Deren sozioökonomischer Status (SES) war zum Teil sehr unterschiedlich (hoch, niedrig oder gemischt). Daher war es möglich, auch den Zusammenhang zwischen SES und Ich-Entwicklung zu analysieren. Dazu wurde der SES anhand einer zehnstufigen Skala gemessen, bei der jeweils Beruf und Bildungslevel der Eltern verrechnet wurden. Es zeigten sich signifikante Zusammenhänge zwischen SES und Ich-Entwicklung. Über alle Studien hinweg war die Befundlage allerdings uneindeutig, da es große Unterschiede zwischen den untersuchten Schulen gab: In der Hälfte der untersuchten Schulen konnten signifikante und mittelstarke Korrelationen gefunden werden ($r = 0,34$) in der anderen Hälfte hingegen nicht. Redmore und Loevinger folgerten daraus, »dass es wahrscheinlich scheint, dass die Unterschiede in Bezug auf Ich-Entwicklung bei den verschiedenen Schulen für jede Klassenstufe frühere Studien bestätigen, die einen Zusammenhang zwischen SES und Ich-Entwicklung in Japan (Kusatsu, 1977) und Curacao (Lasker, 1978) gezeigt haben« (1979, S. 16, e. Ü.).

Eine weitere Studie, die im Rahmen einer anderen Fragestellung SES und Ich-Entwicklung untersucht, stammt von Hansell et al. (1985). Diese fanden bei der von ihnen untersuchten Gruppe von Erwachsenen (N = 174) etwa gleich große, signifikante Zusammenhänge wie Redmore und Loevinger. Der Zusammenhang zwischen Ich-Entwicklung und eigenem Bildungsstand betrug dabei $r = 0,37$ und der zum Beruf des Vaters fiel etwas geringer aus mit $r = 0,28$. Da bei dem Sample allerdings mehrere Mitglieder pro Familie getestet wurden, ist nicht klar, inwiefern dies einen relevanten Verzerrungsfaktor darstellte.

Die erste Studie, die explizit den Zusammenhang zwischen SES und Ich-Entwicklung in den Fokus nahm und neben den Zusammenhangsmaßen auch die inkrementelle Validität untersuchte, stammt von Browning (1987). Sie greift auf eine große repräsentative Stichprobe mit insgesamt 930 Personen im Alter von 16 bis 25 Jahren zurück. Um den Zusammenhang differenzierter als in der Studie von Redmore und Loevinger erfassen zu können, verwendete Browning verschiedene Maße für SES und berechnete die Zusammenhänge nach Altersgruppen geschichtet. Die Tabelle 15 stellt die Ergebnisse für die dabei errechneten Zusammenhangsmaße dar (Total Protocol Rating = Stufe der Ich-Entwicklung).

Tabelle 15: Korrelation zwischen Ich-Entwicklung und SES-Maßen bei altersgeschichteten Gruppen (Browning, 1987, S. 116)

Linear Correlations of Variables with Total Protocol Rating						
	Age 16–18		Age 19–21		Age 22–25	
Variable	M	F	M	F	M	F
Age	.05	.11	.14	.09	−.06	.05
Item sum	.83**	.88**	.82**	.89**	.90**	.83**
Word count	.54**	.44**	.56**	.62**	.66**	.44**
Education	.21**	.21**	.28**	.29**	.25**	.28**
Father's occupation	.21*	.31*	.04	.21*	.08	.10
Father's education	.27**	.21*	.10	.25**	.17	.07
Mother's education	.22**	.11	.09	.26**	.19*	.18*
N	166	158	140	151	114	131

Note. Ns differ from Ns of norms because of missing data.
*p<.05. **p<.01.

Die Ergebnisse belegen einen eher moderaten Zusammenhang zwischen den verschiedenen Maßen, der gleich groß bis geringer als in den vorherigen Studien ausfällt. Der eigene Bildungsstand zeigt einen moderaten Zusammenhang mit Ich-Entwicklung über alle Altersgruppen. Der Einfluss der elterlichen Maße (Beruf und Bildungsstand) hingegen besteht nur für die jüngeren Altersgruppen. Nach dem 21. Lebensjahr hingegen lässt sich kein signifikanter Einfluss mehr nachweisen, außer einem geringen Zusammenhang zum Bildungsstand der Mutter. Browning untersuchte in ihrer Studie auch die inkrementelle Validität in Bezug auf den sozioökonomischen Status (SES). Dabei zeigte sich, dass die verschiedenen SES-Maße nur acht bis 13 Prozent der Varianz in Bezug auf Ich-Entwicklung erklären. Dies bedeutet, dass der SES zwar einen Einfluss auf Ich-Entwicklung hat, dieser aber relativ begrenzt ist. Bei den jüngeren Gruppen trugen die SES-Maße der Eltern im Vergleich zum eigenen Bildungsstand wie bereits angedeutet mehr zur Varianz der Ich-Entwicklung bei als bei den älteren Gruppen. Bei über Achtzehnjährigen war der Beitrag des eigenen Bildungsstands hingegen doppelt so hoch wie der ihrer Eltern. Dies deutet an, dass der Einfluss des elterlichen Hintergrunds in Bezug auf SES ab dem frühen Erwachsenenalter schwindet.

Spätere Studien kamen im Wesentlichen zu ähnlichen Ergebnissen, auch in anderen Ländern (z. B. Krettenauer et al., 2003). Lee und Snarey (1988) identifizierten in einer vertieften Analyse von insgesamt neun Studien (N = 567), in denen Ich-Entwicklung und Moralentwicklung gemessen wurde, einen moderaten Zusammenhang in Höhe von $r = 0{,}33$ zwischen Ausbildungsdauer und Ich-Entwicklung. Für die Moralentwicklung war hingegen ein starker Zusammenhang mit der Ausbildungsdauer zu verzeichnen ($r = 0{,}50$).

Eine sehr interessante Studie von Snarey und Lydens (1990) wirft noch ein weiteres Licht auf den Zusammenhang zwischen Bildung und Ich-Entwicklung. Die Autoren untersuchten Ich-Entwicklung und Moralentwicklung im Zusammenhang mit Lebens- und Arbeitsbedingungen von Mitgliedern und ehemaligen Bewohnern (N = 60) eines israelischen Kibbuz, da diese einen sehr speziellen Mikrokosmos darstellen. Dort scheinen vor dem Ideal von Gleichheit auch größere Bildungsunterschiede eine geringere Rolle zu spielen. Neben SES-Maßen testeten Snarey und Lydens in ihrer Studie auch den Einfluss von Arbeitskomplexität. Denn wie viele Forschungsarbeiten zeigen, hat vor allem die Komplexität der Arbeitsaufgaben und nicht nur der Bildungsstand einen Einfluss auf Persönlichkeit (z. B. Kohn, 1980; Hoff, 1986). Snarey und Lydens fanden so heraus, dass unter den förderlichen Bedingungen des Aufwachsens im Kibbuz kein Zusammenhang zwischen Bildung und Ich-Entwicklung mehr zu verzeichnen war (Tabelle 16). Wie erwartet zeigte sich allerdings ein hochsignifikanter Zusammenhang zwischen Arbeitskomplexität und Ich-Entwicklung., Bei den zwei Gruppen ehemaliger Kibbuz-Bewohner hingegen traten signifikante Zusammenhänge auf. Snarey und Lydens (1990, S. 92, e. Ü.) folgern daraus: »Der Kibbuz scheint besser in der Lage zu sein, wahre Entwicklungsunterschiede zwischen Personen konsistent zu erkennen und zu nutzen; er erlaubt Menschen, die auf höheren Stufen der Moral- und Ich-Entwicklung fungieren, sich konsistenter hochkomplexen Jobs zuzuordnen.«

Tabelle 16: Korrelation zwischen Ich-Entwicklung und Beruf, Ausbildung, sozialer Klasse sowie Arbeitskomplexität (Snarey u. Lydens, 1990, S. 90)

Social outcome measures	Workers			
	Kibbutz	Israeli city	North American	All
Occupation	.326	.457*	.576**	.358**
Education	.393	.674***	.586**	.526***
Social Class	.384	.453*	.576**	.400**
Work complexity	.598**	.365	.570**	.464***
n	17*	18	21	56

In Bezug auf die mittlerweile umfangreiche Datenlage zu Ich-Entwicklung und sozio-ökonomischem Status kommen Manners und Durkin (2001, S. 562, e. Ü.) in ihrem kritischen Review von Loevingers Modell zu folgendem Fazit: »Ich-Entwicklung war außerdem verschieden von SES, wie es durch Hintergrundfaktoren [z. B. Arbeitskomplexität] und den eigenen Bildungsstand erkennbar wird, ein Ergebnis, dass die Kritik anficht, die Theorie sei in Hinblick auf [soziale] Klasse verzerrt.«

2.2.2.1.2 Ich-Entwicklung und Intelligenz

Loevinger selbst wies immer auf die hohe Bedeutung des Faktors Intelligenz bei psychologischen Messungen hin (1998d, S. 347–348). Sie hielt es für angemessen, bei neuen Tests immer zu fragen, ob sie nicht nur schlechte Tests für generelle Intelligenz seien, bemerkte aber: »Generelle Intelligenz wurde fast ein Jahrhundert lang erforscht, ohne dass jemals auf ein Stufenkonzept wie Ich-Entwicklung hingewiesen wurde. Ja, Ich-Entwicklung ist mit Intelligenz korreliert, wie so vieles; nein, Ich-Entwicklung kann nicht auf Intelligenz reduziert werden« (Loevinger, 1993a, S. 57, e. Ü.). Sie selbst sah kognitive Entwicklung als notwendige, aber allein nicht hinreichende Bedingung für Ich-Entwicklung an. Ein gewisser Zusammenhang zu Maßen der Intelligenz ist somit zu erwarten, da zunehmende Ich-Entwicklung beispielsweise mit kognitiven Leistungen wie Perspektivenübernahme, einer zunehmenden Bewusstheit des eigenen Selbst und Einsicht in psychologische Zusammenhänge einhergeht.

Über die Jahre gab es immer wieder Studien, in denen Ich-Entwicklung (gemessen mit dem WUSCT) zusammen mit Intelligenztests untersucht wurde. Je nach verwendeten Intelligenzmaßen und Merkmalen der untersuchten Personen fanden sich unterschiedliche hohe Zusammenhänge zwischen diesen Aspekten, so dass daraus zunächst keine generalisierbaren Schlüsse abgeleitet werden konnten. Auf einer allgemeineren Ebene liefert die Metaanalyse von Ackerman und Heggestad (1997) Aufschlüsse über den Zusammenhang zwischen Intelligenz und Persönlichkeitseigenschaften. Für diese Analyse griffen sie auf 135 Studien und Datensätze von insgesamt 64000 Personen zurück. Über 90 Prozent der dabei untersuchten Korrelationen zwischen Intelligenz- und Persönlichkeitsmaßen lagen dabei bei oder unter $r=0{,}21$. Auch hier ergaben sich unterschiedliche Zusammenhänge je nach Persönlichkeitseigenschaft. Explizit ausgeschlossen hatten Ackerman und Heggestad allerdings alle Verfahren, die Entwicklung messen, da dies eine eigene Kategorie von Persönlichkeit darstelle, die einer anderen Forschungstradition unterliege. Aufgrund dessen blieb auch die Frage, inwieweit Intelligenz und Ich-Entwicklung korreliert sind, unbeantwortet. Da Ich-Entwicklung gleichzeitig Persönlichkeitsaspekte wie auch Leistungsaspekte beinhaltet, ist jedoch zu vermuten, dass ein Zusammenhang besteht, der sogar etwas höher ausfallen müsste als bei reinen Persönlichkeitseigenschaften, wie sie in der Studie von Ackerman und Heggestad untersucht wurden.

Cohn und Westenberg (2004) untersuchten in einer weiteren umfassenden Metaanalyse die Frage, inwiefern Intelligenz und Ich-Entwicklung tatsächlich zwei voneinander verschiedene Aspekte der Persönlichkeit darstellen. In diese Analyse nahmen sie alle verfügbaren Studien auf, in denen beide Aspekte zusammen untersucht wurden. Von den anfänglich 300 Studien analysierten sie 42 Studien (N = 5648), in denen Ich-Entwicklung und Intelligenz zusammen gemessen wurden. Tabelle 17 zeigt die gemittelten Werte unterschiedlicher Maße für Intelligenz.

Tabelle 17: Korrelation zwischen Ich-Entwicklung und Intelligenzmaßen (Cohn u. Westenberg, 2004, S. 765)

Correlations Between Washington University Sentence Completion Test Scores and Intelligence: Fixed-Effects Analyses					
Coefficient	All measures	Verbal intelligence	General intelligence	Knowledge and achievement	Performance intelligence	Piagetian measures[a]
Unadjusted for measurement error						
Estimated p	.30	.32	.32	.20	.29	.34
No. rs *(N)*	52 (5,648)	22 (2,779)	25 (2,307)	8 (862)	6 (704)	5 (383)
95 % CI	.27–.32	.30–.34	.28–.35	.13–.26	.22–.36	.25–.43
Q	236.1*	119.5*	89.4*	14.98*	6.95	17.4*
Adjusted for measurement error						
Estimated p	.33	.35	.34	.20	.32	.44
No. rs *(N)*	52 (5,648)	22 (2,779)	25 (2,307)	8 (862)	6 (704)	5 (383)
95 % CI	.30–.35	.34–.39	.31–.38	.15–.29	.26–.39	.35–.52
Q	306.7*	167.6*	106.9*	11.4	10.4	30.5*

Note. p refers to the estimated population correlation. CI = confidence interval.
[a] Two studies reported more than one correlation between ego level and Piagetian scores. To meet the assumption of independent effect sizes, we used the average correlation reported in each of the latter studies when computing the weighted average effect size and associated statistics.
* $p < .05$.

Wie erwartet wurde in 95 Prozent der Fälle tatsächlich ein Zusammenhang gefunden, wobei die gefundenen Korrelationen in den Studien teilweise sehr unterschiedlich waren und sogar in verschiedene Richtungen wiesen (zwischen r = – 0,27 und 0,64). Dies lag laut den Autoren an Moderatorvariablen wie zum Beispiel der durchschnittlichen Ich-Entwicklungsstufe in den verschiedenen Studien. Der mittlere Zusammenhang über alle Studien betrug r = 0,30, was auf einen moderaten Zusammenhang hinweist.

Eine noch strengere Prüfung der Unabhängigkeit beider Konstrukte liegt darin, zu untersuchen, inwiefern ein Zusammenhang zwischen Ich-Entwicklung und anderen gemessenen Aspekten (z. B. Konformität, Externalisieren von Problemen, emotionales Verstehen) besteht bleibt, wenn man die gleichzeitig gemessene Intelligenz statistisch herausrechnet (inkrementelle Validität). Cohn und Westenberg (2004) identifizierten insgesamt 16 Studien, bei denen diese Überprüfung anhand der verfügbaren Daten zu Ich-Entwicklung, Intelligenz sowie einem weiteren erhobenen Aspekt möglich war. Statistische Tests ergaben, dass in 94 Prozent der Tests weiterhin ein signifikanter Zusammenhang zwischen Ich-Entwicklung und der Kriteriumsvariable bestehen blieb, auch wenn der ebenfalls gemessene Intelligenzaspekt statistisch herausgerechnet wurde. Anders als Lubinski und Humphreys (1997), die spekulieren, dass Ich-Entwicklung möglicherweise keinen eigenen Beitrag über die Messung von Intelligenz hinaus bietet, kommen Cohn und Westenberg in ihrer Metaanalyse zu folgendem Fazit: »Die Ergebnisse erbringen keinerlei Unterstützung für diese Annahme. Im Gegenteil, die Befunde unterstützen eindeutig den gegensätzlichen Schluss: Ich-Entwicklung und Intelligenz sind zwei konzeptionell und funktionell verschiedene Konzepte« (2004, S. 767, e. Ü.).

2.2.2.1.3 Ich-Entwicklung und Sprachvermögen

Da Ich-Entwicklung über einen projektiven Test wie den WUSCT gemessen wird, ist die Frage nach dem Zusammenhang zwischen Sprache und Testergebnissen beim WUSCT relevant. Auf diesen Zusammenhang wies Loevinger von Anfang an hin. Ein zentraler Aspekt ist der Zusammenhang zwischen dem Testergebnis im WUSCT und der Anzahl der dabei benutzten Wörter über die 36 Satzstämme. Wenn die mit dem WUSCT gemessene Ich-Entwicklung tatsächlich etwas anderes ist als ein Aspekt von Sprachvermögen, dann müsste nachzuweisen sein, dass Ich-Entwicklung nicht auf reines Sprachvermögen reduziert werden kann.

Loevinger und Wessler (1978) berichten von Korrelationen zwischen Ich-Entwicklungsstufe und Anzahl der benutzten Wörter, die zwischen r=0,31 und r=0,35 liegen. In späteren Studien dazu ergaben sich ähnliche Werte (z. B. Slaughter, 1983); manchmal niedrigere (z. B. Kishton et al., 1984), aber in mehreren auch höhere (z. B. Browning, 1987). Nicht unerhebliche Zusammenhänge sind von der Sache her grundsätzlich zu erwarten, da Sprachvermögen (in diesem Fall ausgedrückt durch die Anzahl der im Test benutzten Wörter) ein Aspekt von kognitiver Komplexität ist, die ihrerseits einen Bereich von Ich-Entwicklung darstellt. Es ist beispielsweise fast unmöglich, mehrere Ideen in einer Äußerung miteinander zu verbinden, ohne dazu mehr Wörter zu benutzen. Ich-Entwicklung ist aber mehr als rein kognitive Komplexität, weshalb im Auswertungssystem klar zwischen dem Inhalt, der Struktur einer Äußerung sowie der Anzahl der dabei benutzten Wörter unterschieden wird. Es finden sich sogar explizite Hinweise darauf, bei konstruiert anmutenden Satzergänzungen zusätzliche Vorsicht walten zu lassen (Hy u. Loevinger, 1996, S. 35 f.). Sehr erfahrene Scorer können daher auch besser Testergebnisse erkennen, hinter denen möglicherweise die Intention stand, eine spätere Stufe zu erreichen. Mit zusätzlichen Auswertungen, die über die im WUSCT vorgeschriebenen Prozeduren hinausgehen, lässt sich dies noch eher erkennen (Binder, 2009b, vgl. Redmore, 1976). Loevinger selbst gibt zu, dass die Anzahl der Wörter ein potenzieller Faktor für eine Messverzerrung sein kann (1998b, S. 38), der sich aber bei einem freien Antwortformat nicht vermeiden lässt. Vaillant und McCullough sehen den Zusammenhang in ihrer kritischen Übersicht zum WUSCT als unproblematisch an, denn »die Anzahl der Wörter pro Antwort reflektiert sowohl Wortflüssigkeit als auch ein Element der Komplexität des Denkens sowie psychologische Bewusstheit, die ein legitimer Index für Ich-Entwicklung sind« (1987, S. 1193, e. Ü.).

Cohn und Westenberg (2004) untersuchten in ihrer Studie zu Intelligenz und Ich-Entwicklung auch diesen Zusammenhang in einer Metaanalyse, die 11 Veröffentlichungen mit 2721 Datensätzen umfasste. Die durchschnittliche Korrelation zwischen Ich-Entwicklungsstufe und Anzahl der Wörter war r=0,54. Da die einzelnen Studien sehr unterschiedliche Effektstärken aufweisen, vermuten die Autoren, dass mindestens eine Moderatorvariable präsent war, in diesem Fall das durchschnittliche Alter der Probanden (r=0,57).

Um zu überprüfen, ob Ich-Entwicklung tatsächlich einen Erklärungswert über das Sprachvermögen hinaus hat, das sich in den WUSCT-Protokollen zeigt, berechneten Cohn und Westenberg (2004) auch die inkrementelle Validität. Dazu benutzten sie fünf Studien, in denen Ich-Entwicklung, Anzahl der Wörter und mindestens eine weitere Kriteriumsvariable erhoben wurde. Das Ergebnis war eindeutig: Nach dem statistischen Herausrechnen der Wortflüssigkeit blieb bei allen fünf

Studien ein signifikanter Zusammenhang zwischen Ich-Entwicklung und der Kriteriumsvariable bestehen. Das bedeutet, dass sich Ich-Entwicklung nicht auf Wortflüssigkeit allein reduzieren lässt. Cohn und Westenberg verweisen in diesem Zusammenhang auch auf die Interventionsstudie von Slaughter (1983), bei der unter anderem der Einfluss von Wortflüssigkeit auf Ich-Entwicklung untersucht wurde. Bei den Teilnehmern handelte es sich um Mütter aus unteren Einkommensschichten, die an einem speziellen Elterntraining teilnahmen. Von der ersten Messung zur zweiten Messung gab es zwar einen Zuwachs an Ich-Entwicklung, allerdings keinerlei Veränderung in Bezug auf die Wortflüssigkeit.

2.2.2.2 Konvergente Validität

Im Folgenden sind Studien zusammengestellt, die Ich-Entwicklung im Vergleich zu ähnlichen Konstrukten oder Teilaspekten untersuchen. Zur besseren Übersicht sind die Forschungsarbeiten nach zwei Aspekten geordnet, und zwar nach:
– Studien in Bezug auf andere Verfahren und Konzepte für Reife,
– Studien in Bezug auf die vier Bereiche der Ich-Entwicklung (Charakter, interpersoneller Stil, Bewusstseinsfokus, kognitiver Stil).

2.2.2.2.1 Ich-Entwicklung und andere Verfahren und Konzepte für Reife

Das Modell der Ich-Entwicklung selbst sowie der WUSCT wurden in einem »bootstrap-Verfahren«, in das Verhaltensbeobachtungen einflossen, entwickelt (siehe S. 26). Neben der Messung durch den WUSCT wurde Ich-Entwicklung daher auch schon früh durch andere Verfahren und methodische Zugänge validiert. Dies sind einerseits Studien, in denen Ich-Entwicklung auf eine andere Art und Weise eingeschätzt oder gemessen wurde oder Studien, in denen Ich-Entwicklung anhand anderer Verfahren untersucht wurde, die persönliche Reife (maturity) abbilden oder damit in Zusammenhang stehen.

Die erste Studie dazu stammt von Lucas (1971) und vergleicht die Ergebnisse von Interviewer-Einschätzungen zur Ich-Entwicklung mit WUSCT-Scores. Die Autorin interviewte dazu insgesamt 26 College-Studentinnen. Anschließend wurden die Interviews in Hinblick auf die darin zum Ausdruck kommende Stufe der Ich-Entwicklung eingeschätzt. Um zu überprüfen, wie zuverlässig diese Einschätzung war, ließ sie diese Interviews jeweils durch eine zweite Person unabhängig davon beurteilen. Dabei zeigte sich eine hohe Interraterreliabilität von $r = 0{,}81$.

Zusätzlich füllten die College-Studentinnen jeweils einen WUSCT aus, der unabhängig davon ausgewertet wurde. Es zeigte sich, dass die Einschätzungen der Ich-Entwicklungsstufe anhand der Interviews mit dem unabhängig davon gescorten WUSCT zu r = 0,61 korrelierten.

Sutton und Swenson (1983) gingen später in einer ähnlichen Studie der Frage nach, inwieweit die Stufe der Ich-Entwicklung alternativ durch ein strukturiertes Interview oder auch den Thematischen Apperzeptions-Test (TAT) von Murray eingeschätzt werden kann. Der TAT ist ein projektiver Test, bei dem den Teilnehmern Bilder vorgegeben werden, zu denen sie frei danach, was sie darin sehen, kurze Geschichten aufschreiben. Um die Ich-Entwicklungsstufe beim Interview und beim TAT einzuschätzen, verwendeten Sutton und Swenson die von Loevinger und Wessler (1970) beschriebenen Kennzeichen. Im Gegensatz zu Lucas rekrutierten Sutton und Swenson eine größere Teilnehmergruppe (N = 70) aus sechs verschiedenen Untergruppen, die zudem in Hinblick auf Alter (zwischen 12 und 82 Jahren) und Ausbildung (Schüler bis Professoren) sehr unterschiedlich war. Wie die Abbildung 12 zeigt, liegen die durch die drei Verfahren gewonnenen Werte für Ich-Entwicklung dicht beieinander.

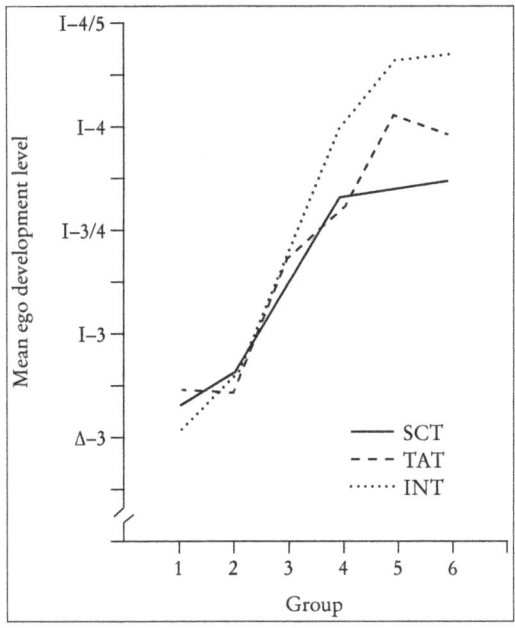

Abbildung 12: Ich-Entwicklung erhoben durch drei Verfahren (Sutton u. Swensen, 1983, S. 471)

Der statistische Zusammenhang zwischen Interview und WUSCT (r = 0,89) als auch zwischen TAT und WUSCT (r = 0,79) war in Sutton und Swensons Studie hoch bis sehr hoch. Angesichts dessen, dass es für die Analyse der Ich-Entwicklungsstufe aus dem Interview und dem TAT kein eigenes Auswertungsmanual, sondern nur Stufenbeschreibungen beziehungsweise Kennzeichen gab, drückt sich in den Ergebnissen der Untersuchungen von Lukas und Sutton und Swenson somit eine hohe Übereinstimmung aus. Eine Varianzanalyse zur Prüfung von Unterschieden der drei verwendeten Verfahren in Hinblick auf die Entwicklungsstufen ergab eine signifikant verzerrte Einschätzung zugunsten einer späteren Ich-Entwicklungsstufe durch das Interview und den TAT bei den Gruppen auf den späteren Stufen. Die zugunsten der späteren Stufen verzerrte Einschätzung bei späteren Entwicklungsstufen (E6 bis E9) durch das Interview und den TAT scheinen auf die mangelnde Vertrautheit und Übung mit Kennzeichen dieser Stufen (Sutton u. Swenson, 1983, S. 472) zurückzuführen zu sein. Ebenso ist zu vermuten, dass unterschiedliche Verrechnungsprozeduren zur Bestimmung der Gesamtstufe aus den einzelnen zu kodierenden Einheiten der Interviews und des TAT dabei eine Rolle gespielt haben.

Sehr früh wurde auch eine Studie durchgeführt, die mit Verhaltensmaßen arbeitete. Mikel (1974, zitiert nach Loevinger, 1998b, S. 35) untersuchte dabei insgesamt 107 Insassen eines Gefängnisses mit dem WUSCT. Unabhängig davon wurden die Gefängnisbetreuer gebeten, diese Insassen anhand von Adjektiven zu beschreiben. Die Gefängnisbetreuer hatten keine Kenntnis der Testergebnisse und waren auch nicht mit dem Konzept der Ich-Entwicklung vertraut. Die Frage war daher, ob sich später Ähnlichkeiten zwischen ihren Beschreibungen der Insassen finden würden, wenn man diese nach ihren Testergebnissen in die jeweiligen Ich-Entwicklungsstufen einteilte. Es zeigten sich dabei verblüffende Überschneidungen: Beispielsweise wurden Insassen auf der Impulsiven Stufe (E2) von den Betreuern als schnell reizbar und undiszipliniert beschrieben, Insassen auf der Gemeinschaftsbestimmten und Rationalistischen Stufe (E4 und E5) hingegen als gut angepasst, aber auch etwas dogmatisch. Personen, die sich auf der Eigenbestimmten oder späteren Stufen befanden (≥ E6), beschrieben die Mitarbeiter als ehrlich und zugänglich für Beratung. Die Beschreibungen spiegeln insofern genau die von Loevinger beschriebene Ich-Entwicklungssequenz wider.

In einer weitestgehend unbekannt gebliebenen Studie von Rootes, Moras und Gordon (1980) wurde der WUSCT anhand eines soziometrischen Maßes für Reife untersucht. Dazu wurden 60 Frauen einer Studentinnenvereinigung, die zusammen in einem Haus dieser Vereinigung

Empirische Überprüfung des Ich-Entwicklungs-Modells

lebten, mit dem WUSCT getestet. Zusätzlich sollten sie jeweils die zehn ihrer Meinung nach am reifesten und am wenigsten reifen Mitglieder ihrer Vereinigung auswählen. Dies geschah in Bezug auf vier Bereiche (Karriere, Ehe, Elternschaft, gesellschaftliche Aktivitäten), wobei jeweils kurze Beispiele für reifes Funktionieren in diesen Bereichen vorgegeben wurden, um den Teilnehmerinnen einen Anhaltspunkt für ihre Beurteilung zu ermöglichen. Aus diesen Daten wurde ein genereller Reifefaktor berechnet sowie jeweils ein Reifefaktor pro Bereich. Es zeigten sich hochsignifikante und mittlere Korrelationen zum generellen Reifefaktor ($r = 0,35$) und etwas höhere zu den Reifefaktoren in Bezug auf Karriere ($r = 0,42$) und gesellschaftliche Aktivitäten ($r = 0,45$). Zu den eher »intimeren« Reifemaßen (Ehe und Elternschaft) konnten hingegen keine signifikanten Beziehungen gefunden werden. Dies kann als Bestätigung für den WUSCT gesehen werden, zumindest in Bezug auf die generelle Einschätzung der Reife und auf die eher öffentlichen Rollen. Beim Ausüben dieser Aktivitäten wurden für Außenstehende offensichtlich Aspekte von Ich-Entwicklung sichtbar, die sich in ihren Einschätzungen widerspiegelten.

Die niedrigen Werte in Bezug auf die eher intimeren Reifemaße werfen zunächst die Frage auf, inwiefern das Modell der Ich-Entwicklung tatsächlich so breit ist wie von Loevinger beschrieben. Allerdings weist mit den gesellschaftlichen Aktivitäten derjenige Bereich von Reife die höchste Korrelation mit Ich-Entwicklung auf, den die Teilnehmerinnen anhand ihrer eigenen Erfahrung am besten beurteilen konnten. Auch ist zu fragen, inwieweit bei 60 einzuschätzenden Personen tatsächlich genügend Vertrautheit vorhanden war, um eine valide Einschätzung abgeben zu können. Dies wurde beispielsweise in der Studie von Rozsnafszky (1981, s. u.) besser gelöst, da dort nur diejenigen Personen Beurteilungen abgeben konnten, die mehrwöchigen und intensiven Kontakt mit den einzuschätzenden Teilnehmerinnen hatten. Ein weiterer verzerrender Faktor könnte sein, dass die Teilnehmerinnen eher solches Verhalten als reif einschätzten, das sie aufgrund ihrer eigenen Entwicklungsstufe als »reif« ansahen (siehe S. 162).

Rozsnafszky (1981) führte eine beeindruckende Studie mit 92 Kriegsveteranen in Krankenhäusern durch. Diese wurden jeweils mit dem WUSCT getestet und mit einem Q-sort-Instrument (Block, 1961) anhand von 80 Aussagen zu Persönlichkeitsaspekten eingeschätzt. Die Kriegsveteranen schätzten sich selbst anhand des Q-Sets ein und wurden von jeweils mehreren ihrer sie über längere Zeit behandelnden Krankenschwestern und Therapeuten damit eingeschätzt. Es fanden sich jeweils hohe Übereinstimmungen zwischen den Q-Set-Einschätzungen und der unabhängig davon mittels des WUSCT gemessenen Ich-Entwicklungsstufe. Je nach Entwicklungsstufe gab es dabei auch eine unterschiedlich hohe Übereinstimmung zwischen Selbst- und Fremdeinschätzungen. Diese war vor allem bis zur Gemeinschaftsbestimmten Stufe (E4) geringer. Sehr deutlich zeigten sich die qualitativen Unterschiede der Entwicklungssequenz in den höheren Korrelationen mit denjenigen Aussagen des Q-Sets, die besonders charakteristisch für eine jeweilige Ich-Entwicklungsstufe waren. Tabelle 18 illustriert diese Ergebnisse am Beispiel der Aussagen zur Gemeinschaftsbestimmten Stufe (E4) im Vergleich zu Aussagen, die für die Eigenbestimmte Stufe (E6) oder spätere Stufen besonders zutrafen.

Tabelle 18: California Q-Set Items in Bezug zu zwei Ich-Entwicklungsniveaus (Rozsnafszky, 1981, S. 114)

Minnesota Q-Set Items Differentiating Criterion Q-Set Ego Levels: Ratings of Conformist Versus Post-Conformist Ego Levels	
Q-set item number and item	Item validity*
Conformist	
15. Judges self and others in conventional terms like »popularity,« »the correct things to do,« social pressures, etc.	−.89
69. Favors conservative, conventional values in a variety of areas.	−.86
16. Compares self to others; wants to be like others, i.e., »normal.«	−.84
43. Believes that both men and women should follow conventional sex roles.	−.83
61. Tends to see things in a simple way; all good or all bad, black or white, etc.	−.81
42. Places high value on physical appearance and material possessions.	−.78
48. Lacks inner standards and has little or no sense of identity.	−.77
66. Believes strongly in following rules; feels guilty breaking rules.	−.75
12. Disapproves of the expression of hostility and aggression; tries very hard to be »nice.«	−.70
40. Is emotionally flat and unexpressive; lacks a rich inner life.	−.68

Minnesota Q-Set Items Differentiating Criterion Q-Set Ego Levels: Ratings of Conformist Versus Post-Conformist Ego Levels	
Q-set item number and item	Item validity*
Post-Conformist	
30. Values and strives for own independence and freedom from outside restrictions.	.84
76. Concerned with communicating feelings; is able to convey his own emotions clearly and vividly.	.83
17. Is concerned with philosophical problems, religion, values, the meaning of life, etc.	.81
74. Behaves in an ethically consistent manner; is consistent with own personal standards.	.80
32. Values his own and others' individuality and uniqueness.	.77
21. Is socially perceptive of a wide range of interpersonal cues.	.77
78. Tends to be rebellious and non-conforming.	.76
31. Is comfortable with uncertainty and complexities; resists seeing the world as black and white.	.76
23. Able to see the heart of important problems.	.76
20. Is tolerant of others' ideas.	.76

Note. The Conformist ego levels are Conformist (I-3) and Conscientious-Conformist (I-3/4). The Post-Conformist ego levels are Conscientious (I-4), Individualistic (I-4/5), and Autonomous (I-5).
* Item validities with negative signs designate items more likely to be used by the five raters to describe the Conformist ego levels; positive signs designate items used to describe the Post-Conformist ego levels.

Rozsnafszky (1981) zieht zu ihrer Studie folgendes Fazit:

»Die Messergebnisse dieser Studie sind besonders robust, weil die Beziehungen, die zwischen Ich-Entwicklungsstufe und Persönlichkeitsrating gefunden wurden, Beziehungen zwischen zwei kontrastierenden und völlig unabhängigen Messmethoden sind: Q-Set-Einschätzungen und anhand eines Satzergänzungstest gewonnene Werte. Sowohl Beobachtungseinschätzungen sowie Selbsteinschätzungen wurden durch Laien, Teilprofessionelle und Experten für psychische Gesundheit vorgenommen. Diese hatten keine oder nur minimale Kenntnis über die Theorie der Ich-Entwicklung, kannten die gemessene Ich-Entwicklungsstufe der jeweiligen Personen nicht und wussten nicht einmal, dass das Ziel der Forschung darin bestand, Ich-Entwicklung zu untersuchen« (S. 119, e. Ü.).

2.2.2.2.2 Ich-Entwicklung und Verfahren zur Messung einzelner Aspekte

Loevinger betonte immer, dass es sich bei Ich-Entwicklung um ein ganzheitliches Konstrukt handelt, dass aus folgenden vier Bereichen besteht:
1. Charakter,
2. Interpersoneller Stil,
3. Bewusstseinsfokus,
4. Kognitiver Stil.

Diese vier Bereiche betrachtet sie als integrale und daher nur gedanklich zu trennende Aspekte der Ich-Entwicklung. Da es zu Beginn für ein so umfassendes Konstrukt wie Ich-Entwicklung kaum adäquate Messverfahren gab, an denen das gesamte Modell überprüft werden konnte, bezogen sich die meisten Studien auf die Überprüfung einzelner Aspekte aus den vier Bereichen der Ich-Entwicklung. Ein Beispiel dafür sind die frühen Forschungsarbeiten von Hoppe (1972), in der die von Loevinger postulierte kurvilineare Beziehung von Konformität und Ich-Entwicklung erstmals explizit bestätigt wurde. Im Laufe von über vier Jahrzehnten wurde mittlerweile eine Vielzahl von Studien durchgeführt, in denen der Zusammenhang zwischen Ich-Entwicklung und den relevanten Aspekten des Konzepts untersucht wurde. Viele davon lassen sich nicht eindeutig nur einem der vier Bereiche von Ich-Entwicklung zuordnen. So berührt beispielsweise die frühe Studie von Hoppe sowohl den Bereich »Charakter« als auch den Bereich »Interpersoneller Stil«.

Etwa zwanzig Jahre nach den ersten Studien einzelner Aspekte der Ich-Entwicklung unternahm Novy (1993) eine umfangreiche Untersuchung, in der sie versuchte, alle vier Bereiche von Ich-Entwicklung anhand eines Außenkriteriums gemeinsam abzubilden. Dieses Außenkriterium sollte sich aus Aspekten der vier Bereiche der Ich-Entwicklung zusammensetzen. Dafür wählte sie einzelne Skalen oder Teilskalen aus anderen Instrumenten aus, von denen zu vermuten war, dass sie den vier Bereichen von Ich-Entwicklung entsprachen oder zumindest Teilbereiche davon abbildeten. Sie griff dabei zum Teil auf Instrumente aus Studien zurück, die schon von anderen Forschern für Validierungen von Ich-Entwicklung verwendet worden waren. Andere Skalen wurden nach theoretischer Passung zu den vier Bereichen von Ich-Entwicklung ausgewählt. Novy stellte auf diese Weise insgesamt zwölf Skalen zusammen, die so unterschiedliche Aspekte wie Impulskontrolle, Toleranz, Bewusstheit des Selbst im sozialen Kontext oder Ambiguitätstoleranz messen.

Mit diesen zwölf Skalen führte Novy eine Faktorenanalyse durch, die einen gut zu identifizierenden Hauptfaktor ergab. Diesen benutzte sie als Außenkriterium für Ich-Entwicklung, das heißt als alternatives Maß für psychologische Reife, und berechnete so für jede Person ihrer Stichprobe einen Wert auf diesem Hauptfaktor. Um dies berechnen zu können, hatte sie eine große Stichprobe (N = 229, Alter 18 bis 75 Jahre) an Personen rekrutiert, die eine möglichst große Bandbreite an Ich-Entwicklungsstufen abdeckten. Alle Personen beantworteten dazu den WUSCT als Maß für Ich-Entwicklung sowie die verschiedenen ausgewählten Skalen, mit denen die vier Bereiche der Ich-Entwicklung abgebildet werden sollten. Die Teilnehmer ihrer Studie teilte sie anschließend in drei Gruppen von Ich-Entwicklungsstufen ein, um genügend große Fallzahlen in den einzelnen zu vergleichenden Gruppen zu erreichen: Vorkonventionelle Gruppe (E2 und E3), weitgehend Gemeinschaftsbestimmte Gruppe (E4 und E5) und Eigenbestimmte Stufe oder später (E6 bis E8).

Tabelle 19: Ich-Entwicklungsniveau und Werte eines aggregierten Reifemaßes (Novy, 1993, S. 337)

Groupings of Ego Development Levels and Mean Scores and Standard Deviations on the First Component			
Ego level grouping	n	M	SD
Pre-Conformist	30	−.84	1.10
Conformist	117	−.03	.90
Post-Conformist	82	.36	.89

Wie die Ergebnisse in Tabelle 19 zeigen, bestätigten sich ihre Annahmen. Die durchschnittlichen Werte auf dem aus zwölf Skalen errechneten Hauptfaktor bildeten genau die nach dem Ich-Entwicklungsmodell zu erwartende Sequenz ab. Ebenso ergab sich eine hochsignifikante und mittelstarke Korrelation zwischen dem aggregierten Maß an psychologischer Reife und dem WUSCT-Wert für Ich-Entwicklung (r = 0,35). Dies ist umso erstaunlicher, da die verwendeten Subskalen alle wesentlich niedrigere Reliabilitätswerte als der WUSCT hatten, was den statistisch überhaupt zu erreichenden Zusammenhang vermindert.

Im Folgenden werden verschiedene empirische Studien zur konvergenten Validität vorgestellt, die sich vor allem auf einen der vier Bereiche von Ich-Entwicklung beziehen. Um einen guten Überblick über die Vielzahl von empirischen Studien zu einzelnen Aspekten der Ich-Entwicklung zu erreichen, sind die jeweils prägnantesten Studien dazu zusammengestellt und dem jeweiligen Bereich von Ich-Entwicklung zugeordnet, der dabei im Fokus der Forschungstudie steht. In der Zusammenstellung finden sich sowohl »klassische« Studien zu Ich-Entwicklung (z. B. Candee, 1974) als auch neuere Forschungen (z. B. Stackert u. Bursik, 2006). Nach Loevinger ist es wichtig, dass das Modell der Ich-Entwicklung, gemessen durch den WUSCT, »nicht nur im Ganzen, sondern in jedem Teil seiner Skala« validiert werden müsse (1979a, S. 307, e. Ü.). Soweit vorhanden sind in den folgenden Übersichten zu den einzelnen Bereichen der Ich-Entwicklung daher Studien über die gesamte Entwicklungssequenz vertreten: also sowohl Studien, die sich eher auf frühe Stufen der Ich-Entwicklung beziehen (z. B. Frank u. Quinlan, 1976) als auch Studien, die eher späte Stufen im Fokus haben (z. B. Bauer, Schwab u. McAdams, 2011).

2.2.2.2.2.1 Charakter als Bereich von Ich-Entwicklung

In früheren Darstellungen Loevingers (Loevinger u. Wessler, 1970) wird dieser Aspekt noch als »Impulskontrolle und Charakterentwicklung« bezeichnet, während sich später meist die Bezeichnung »Charakter« durchgesetzt hat. Obwohl dieser Begriff etwas veraltet scheint, trifft er gut den Kern dessen, was in diesem Bereich der Ich-Entwicklung passiert. So ist eine Person auf frühen Stufen stark impulsgesteuert und orientiert sich an Befürchtungen vor Bestrafung (wenn man sich »falsch« verhält) und entwickelt sich von dort hin zu mittleren Stufen, auf denen sie immer stärker eigene Maßstäbe entwickelt und selbstreguliert handelt. Auf den postkonventionellen Stufen (ab E7) werden diese Maßstäbe dann wieder relativiert, immer mehr in Frage gestellt und mit weiterer Ich-Entwicklung auch wieder transzendiert.

Loevinger selbst bezeichnete die Unterscheidung zwischen Konformismus (E4) und der Entwicklung eines eigenen Gewissens (E6) immer als das Herz der Ich-Entwicklung. Sie wehrte sich stets gegen die Vermischung dieser beiden Aspekte, wie es etwa im fünften Faktor »Gewissenhaftigkeit« des Big-Five-Persönlichkeitsmodells geschieht. Insofern bezogen sich einige der ersten Untersuchungen genau auf diesen Aspekt. So untersuchte Hoppe (1972; Hoppe u. Loevinger, 1977) den Zusammenhang zwischen Konformismus und Ich-Entwicklung. In einer Studie mit 107 Jugendlichen im Alter zwischen 13 und 17 Jahren erhob Hoppe dazu verschiedene Indizes für Konformismus, wobei er sehr unterschiedliche Messverfahren verwendete. Sowohl für die Ergebnisse aus dem Selbsteinschätzungsfragebogen als auch für die Ergebnisse aus einem Verhaltensmaß für Konformität (Index gebildet aus Verweisen aufgrund Verhaltens gegen die Schulautorität) zeigten sich die erwarteten kurvilinearen Beziehungen: Die höchsten Werte für Konformismus fanden sich jeweils im konformistischen Bereich der Ich-Entwicklung (E4 und E5), während die Werte auf den Stufen davor und danach geringer ausfielen. Die Beziehung zwischen den beiden Werten für Konformismus blieb auch nach dem Herauspartialisieren des Alters oder des IQ-Wertes signifikant. Bemerkenswert dabei ist, dass sich diese Effekte zeigten, obwohl drei vollkommen verschiedene methodische Zugänge gewählt wurden: Ich-Entwicklung wurde gemessen durch ein projektives Verfahren, Konformismus durch einen standardisierten Fragebogen und über ein Verhaltensmaß. Ein interessanter Aspekt bei dieser Studie war außerdem, dass die beiden Werte für Konformismus ihren Höhepunkt auf der Ich-Entwicklungsskala leicht versetzt (bei E4 und E5) hatten. Dies ist ein Hinweis dafür, dass Konformismus ein Aspekt mit mehreren Facetten ist. Ebenso ist dies ein Indiz dafür, dass stärkerer Konformismus nicht nur auf der Gemeinschaftsbestimmten Stufe (E4) auftritt, sondern auch noch auf der Stufe danach (Rationalistische Stufe, E5). Letztere wird von Loevinger (1987b) zwar als stabile Stufe angesehen, befindet sich aber im Übergang von einer konformistischen Sicht zur Entwicklung eines eigenen Gewissens: »Trotz Wachstums in Richtung eines reicheren inneren Erlebens und größerer konzeptioneller Komplexität ist eine Person auf dieser Stufe [E5] immer noch im Grunde ein Konformist« (S. 228, e. Ü.). Eine weitere Bestätigung für abnehmenden Konformismus mit zunehmender Ich-Entwicklung findet sich bei Weiss (1980), die eine Studie zu Unabhängigkeit und Selbstkontrolle durchführte. In ihrer Stichprobe von 112 College-Studenten zeigten sich bei einer Bandbreite von der Gemeinschaftsbestimmten (E4) bis zur Eigenbestimmten Stufe (E6) bei der spätesten Ich-Entwicklungsstufe auch signifikant höhere Werte für Unabhängigkeit.

Eine weitere Studie von Frank und Quinlan (1976) überprüfte vor allem die Validität des WUSCT in Bezug auf die frühen Stufen der Ich-Entwicklung (E2 und E3). Diese Entwicklungsstufen sind durch geringe Impulskontrolle und eine Moral gekennzeichnet, bei der sich eine Person vorwiegend an Bestrafung/Nichtbestrafung orientiert. Personen auf diesen Stufen haben noch keine Regeln wie diejenigen auf den mittleren Stufen verinnerlicht (ab E4) oder für sich selbst geprüft und entwickelt (E5 zu E6). Frank und Quinlan untersuchten dazu insgesamt 66 Mädchen im Durchschnittsalter von 16 Jahren mit vergleichbarem sozioökonomischem Hintergrund und ähnlichem IQ, wobei eine Gruppe von Jugendlichen aus einer Einrichtung für Mädchen mit auffälligem Verhalten rekrutiert wurde. Neben der Erhebung zur Ich-Entwicklung und Messung der Intelligenz wurden die Jugendlichen in einem Interview zu ihrem auffälligen Verhalten befragt. Sozialarbeiter oder andere

Betreuungspersonen, die mit den Mädchen gut vertraut waren, prüften anschließend die dabei berichteten Taten/Verhaltensweisen.

Die Ergebnisse entsprachen jeweils den nach dem Ich-Entwicklungsmodell zu erwartenden Hypothesen: Die straffällig gewordenen jugendlichen Mädchen befanden sich signifikant häufiger auf früheren Stufen der Ich-Entwicklung (insgesamt 85 Prozent der Mädchen auf der Impulsgesteuerten Stufe kamen aus der straffällig gewordenen Gruppe). Der Zusammenhang zwischen der Gesamtzahl der auffälligen Verhaltensweisen und Ich-Entwicklung betrug r=0,45 und war hochsignifikant. Ebenso große Unterschiede fanden sich auch bei dem Zusammenhang der verschiedenen als auffällig bewerteten Verhaltensweisen mit Ich-Entwicklung. Die Verhaltensweise, die am stärksten negativ und ebenfalls hochsignifikant korrelierte, war »Kämpfen« mit einem Wert von r=-0,52. Ähnliche Ergebnisse, die den Zusammenhang zwischen gewalttätigem Verhalten von Männern im häuslichen Bereich und deren Ich-Entwicklungstufe belegen, finden sich in einer späteren Studie von Hanson (1999).

Labouvie-Vief führte seit den 1980er Jahren verschiedene Studien durch, bei denen es vor allem um das Thema Emotionen in Abhängigkeit von Alter, Geschlecht und Ich-Entwicklung ging. Im Rahmen dessen untersuchte sie auch den Zusammenhang zwischen Emotionsverstehen, Ich-Entwicklung, Emotionskontrolle sowie spezifischen Coping- und Abwehrmechanismen (Labouvie-Vief et al., 1987; Labouvie-Vief, Hakim-Larson, DeVoe u. Schoeberlin, 1989; Labouvie-Vief, DeVoe u. Bulka, 1989). In ihrer Studie zur Emotionskontrolle bei negativen Gefühlen (Ärger, Traurigkeit, Angst) untersuchten Labouvie-Vief, Hakim-Larson et al. (1989) diese Zusammenhänge über eine größere Spanne der Ich-Entwicklung und anhand einer Stichprobe von 100 Personen im Alter von elf bis 67 Jahren. Dabei führten sie etwa zweistündige Interviews und baten die Teilnehmer, jeweils eine von ihnen erlebte Situation zu jedem Gefühl zu schildern. Im Anschluss daran wurde erkundet, wie diese Gefühle von ihnen erlebt und verstanden wurden und welche Mechanismen sie einsetzten, um wieder ins Gleichgewicht zu kommen. Die transkribierten Interviews wurden dann in Hinblick auf das darin erkennbare Level an emotionalem Verstehen (siehe Abbildung 13) und emotionaler Kontrolle bewertet. Unabhängig davon wurde die jeweilige Stufe der Ich-Entwicklung untersucht.

Empirische Überprüfung des Ich-Entwicklungs-Modells

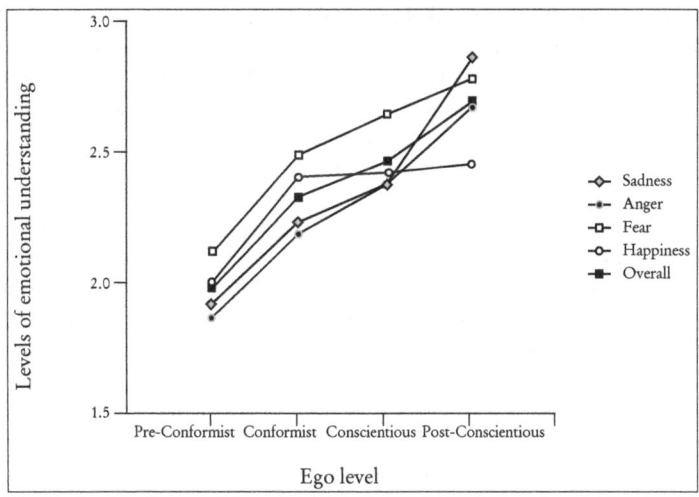

Abbildung 13: Ich-Entwicklung und emotionales Verstehen (Labouvie-Vief, DeVoe u. Bulka, 1989, S. 432)

Wie aufgrund des Ich-Entwicklungsmodells zu erwarten ist, waren die beiden Werte für emotionales Verstehen und emotionale Kontrolle hoch korreliert (r = 0,75). Emotionskontrolle (als ein Aspekt des Bereichs »Charakter«) und Verstehen von Emotionen (als ein Aspekt des Bereichs »kognitiver Stil«) waren offensichtlich kaum voneinander zu trennen, so dass die Autoren daraus einen gemeinsamen Emotionswert bildeten. Höhere Emotionswerte (besseres Verstehen und elaboriertere Kontrolle) gingen im Schnitt mit späteren Stufen der Ich-Entwicklung einher und umgekehrt, was sich in einer hohen Korrelation von r = 0,70 zeigte.

Eine Studie von Bauer et al. (2011) bezieht sich vor allem auf die sehr späten Stufen der Ich-Entwicklung (hier gemessen als E8 und E9). Die Forscher untersuchten dabei den Zusammenhang zwischen subjektivem Sich-Wohlfühlen als Folge einer sehr reifen Persönlichkeitsstruktur und Ich-Entwicklung. Loevinger (1968) hatte diese beiden Faktoren stets als getrennte Aspekte angesehen. Auch die Forschung dazu hatte gezeigt, dass spätere Stufen der Ich-Entwicklung nicht automatisch mit einem höheren Maße des Sich-Wohlfühlens einhergehen, sondern offensichtlich getrennt voneinander zu sehen sind (z. B. Bauer u. McAdams, 2004a, 2004b, 2010). In ihrer Studie mit insgesamt 320 Personen mittleren Alters unterzogen Bauer et al. drei ihrer Stichproben aus früheren Forschungen einer nochmaligen Untersuchung. Dabei gingen sie der Hypothese nach, dass die Beziehung zwischen Ich-Entwicklung und Maßen für das Sich-Wohlfühlen möglicherweise auf den sehr späten Stufen der Ich-Entwicklung anders ist. Denn auch Loevinger hatte die von ihr als späteste postulierte Stufe (E9) (auch aufgrund mangelnder Daten) mit der Beschreibung von »selbstaktualisierenden Personen« nach Maslow (1996) verglichen, deren Errungenschaften er in einer berühmt gewordenen Falluntersuchung skizziert hatte.

Vergegenwärtigt man sich die auf dieser späten Entwicklungsstufe beschriebenen Aspekte, scheint die Hypothese von Bauer et al. plausibel: Das Ich distanziert sich hier mehr von sich selbst, nimmt eine weitere Perspektive ein, betrachtet sich selbst zunehmend prozesshafter und sieht innere Konflikte als unausweichlichen Teil des menschlichen Daseins. Die Ergebnisse von Bauer et al., in denen die (nach Loevinger) letzten beiden Stufen der Ich-Entwicklung (E8 und E9) mit früheren Stufen verglichen wurden, bestätigten diese theoriebezogenen Annahmen: Sowohl in Bezug auf ein Maß psychologischen Wohlbefindens (Ryff u. Keyes, 1995) sowie in Bezug auf ein Maß der Zufriedenheit mit dem eigenen Leben (Diener, Emmons, Larson u. Griffen, 1985) zeigten sich signifikante bis hochsignifikante positive Unterschiede. Das heißt, dass Personen auf der Systemischen (E8) und der Integrierten Stufe der Ich-Entwicklung (E9) im Durchschnitt höhere persönliche Zufriedenheit mit ihrem Leben zeigen und sich dabei subjektiv wohler fühlen als Personen auf früheren Stufen – ein Phänomen, das King (2001) in eigenen Forschungen zu diesen Themen treffend als »the hard road to the good life: the happy mature person« bezeichnet.

2.2.2.2.2.2 Interpersoneller Stil als Bereich von Ich-Entwicklung

Auf den frühen Entwicklungsstufen (E2 bis E3) ist der interpersonelle Stil vor allem dadurch gekennzeichnet, dass das eigene Interesse im Vordergrund steht. Der Umgang mit anderen ist daher eher einseitig orientiert bis manipulierend. Auf den mittleren Stufen steht primär die Kooperation mit anderen und loyales Verhalten im Vordergrund, wobei das eigene Selbst zunehmend als von der Bezugsgruppe verschieden gesehen wird (E5). Im Zuge der weiteren Entwicklung kommt es zu einer größeren Verantwortungszunahme und stärkerem gegenseitigem Austausch. Auf den postkonventionellen Stufen der Ich-Entwicklung entwickelt sich eine immer größere Akzeptanz gegenüber anderen Meinungen, Lebensentwürfen und Philosophien. Die Autonomie anderer wird stärker berücksichtigt sowie auf für alle Seiten tragfähige interpersonelle Vereinbarungen geachtet.

Zu diesem Aspekt gibt es viele Studien, die sowohl frühe wie späte Bereiche der Ich-Entwicklung untersuchen. Blasi (1971) war einer der ersten, der Ich-Entwicklung im frühen bis mittleren Bereich der Entwicklungssequenz bei insgesamt 109 afroamerikanischen Schülern der sechsten Klasse untersuchte. Damit testete er das Modell der Ich-Entwicklung auch erstmals an einer Gruppe, die erstens jünger war, zweitens zur Hälfte männlich (der Test war bis dahin nur an Frauen entwickelt worden) und drittens komplett einer ethnischen Gruppe entstammte, die während der Testentwicklung unterrepräsentiert war. Zudem verwendete er Beobachtungsmaße (Raterübereinstimmung $r = 0{,}83$), um das Verhalten in den verschiedenen in der Studie durchgeführten Rollenspiele zum Thema Verantwortung einzuschätzen. Diese verglich er mit den unabhängig davon erhobenen Werten in Bezug auf die Ich-Entwicklungsstufe der Teilnehmer. Sein Beobachtungsmaß für die entwicklungsgestufte Art der Verantwortungsübernahme korrelierte hoch mit dem WUSCT ($r = 0{,}56$ für Mädchen, $r = 0{,}54$ für Jungen). Die in den Rollenspielen aufgezeichneten Verhaltensweisen zeigten ein genaues Bild davon, was aufgrund der jeweiligen Ich-Entwicklungsstufe der Schüler zu erwarten war: Beispielsweise von einem bestrafenden Verhalten bei Abweichungen auf den frühen Stufen bis zu einem an Autoritäten orientierten regelorientierten Verhalten anderen gegenüber auf der Gemeinschaftsbestimmten Stufe (E4).

Lorr und Manning (1978) untersuchten den Interpersonellen Stil in einer sehr großen Stichprobe mit 648 Schülern von 15 bis 21 Jahren mit Hilfe des Interpersonal Style Inventory (ISI) von Lorr und Youniss (1973). Dabei ergänzten sie einige Aspekte, die sich in einer früheren Studie von Harakal (1971) mit fast den gleichen Skalen als aufschlussreich erwiesen hatten. Bei dem von Lorr und Manning verwendeten Instrument handelt es sich um insgesamt 27 bipolare Skalen, die sich auf verschiedene Aspekte des interpersonellen Stils beziehen und anhand eines Fragebogens zur Selbsteinschätzung gemessen werden. Beispielhafte Skalen aus dem ISI, die Aspekte des interpersonellen Stils abbilden, sind:
- Direktiv vs. nondirektiv,
- Vertrauend vs. zynisch,
- Rollenfrei vs. rollengebunden,
- Aufmerksamkeitssuchend vs. aufmerksamkeitsvermeidend.

Die Autoren verwendeten eine Diskriminanzanalyse (mit den WUSCT-Werten als abhängige Variable), um zu überprüfen, inwieweit die Testwerte auf den 27 Skalen des Interpersonal Style Inventory in der Lage sind, zwischen den verschiedenen Ich-Entwicklungsstufen zu unterscheiden. Dies gelang anhand von zwei latenten Dimensionen, wobei sich eine hohe Varianzaufklärung zeigte (75 Prozent bei Frauen, 63 Prozent bei Männern). Die Ergebnisse illustrieren in eindrucksvoller Weise die aufgrund von Ich-Entwicklung zu erwartenden Zusammenhänge zu den einzelnen Ich-Entwicklungsstufen und bestätigen die bereits von Harakal an einer anderen Stichprobe gefundenen Resultate: Teilnehmer auf der Selbstorientierten Stufe (E3) wiesen beispielsweise die geringsten Werte bezüglich Fürsorge, Gewissen, Vertrauen, Toleranz, interpersoneller Sensitivität und psychologischer Orientierung auf und hatten gleichzeitig die höchsten Werte in Bezug auf »Closed-Mindedness«, externe Kontrolle und Gegenangriffe. Auf der Gemeinschaftsorientierten Stufe (E4) zeigten sich die geringsten Werte bei Regelfreiheit (die sich insgesamt kurvilinear verhielt) und die höchsten in Bezug auf Gemeinschaftsorientierung, während sich bei den Teilnehmern auf der Eigenbestimmten Stufe (E6) beispielsweise die höchsten Werte beim Sich-Durchsetzen zu finden waren. Die Teilnehmer auf den späteren Stufen hatten die höchsten Werte bei Variablen wie Unabhängigkeit und Regelfreiheit und die geringsten bei Variablen wie »Closed-Mindedness« oder externe Kontrolle.

Hauser untersuchte den Zusammenhang zu Interpersonellem Stil über viele Jahre anhand verschiedener Studien (auch Längsschnittstudien) und in realen Settings, um zu verstehen, wie sich das Ich-Entwicklungsniveau von Eltern im familiären Kontext zeigt und welche Auswirkungen dies auf die Entwicklung ihrer Kinder hat (Hauser et al., 1991). In seiner frühen Studie von 1978 untersuchte er, wie sich in einem Interview interpersonelles Verhalten in Abhängigkeit von der jeweiligen Ich-Entwicklungsstufe der Teilnehmer äußerte. Im Gegensatz zur Studie von Lorr und Manning handelt es sich hierbei nicht um Selbsteinschätzungs-, sondern um Beobachtungsdaten (wie bei Blasi, 1971). Dazu untersuchte Hauser insgesamt 98 Studenten, die über ein breites Spektrum von Ich-Entwicklungsstufen verteilt waren und bei denen pro Entwicklungsstufe keine signifikanten Unterschiede in Bezug auf soziale Herkunft und Intelligenz zu verzeichnen waren. Diese wurden zunächst anhand eines Leitfadens interviewt, dann nach ihren Phantasien zu TAT-Bildern (Thematic Apperception Test) gefragt und schließlich erneut interviewt. Die aufgezeichneten Interviewsequenzen wurden anschließend von zwei unabhängigen Ratern mittels einer sechsstufigen bipolaren Interaktions-Skala eingeschätzt, wobei sowohl verbale als auch nonverbale Zeichen codiert wurden. Aspekte, die dabei eingeschätzt wurden, waren beispielsweise: Warm vs. kalt, freundlich vs. ablehnend oder reaktionsfreundlich vs. ignorierend. Bei drei dieser Skalen zeichnete sich ein klarer Trend ($p < 0{,}10$) ab, nach dem sich Teilnehmer auf späteren Entwicklungsstufen als wärmer, freundlicher und reaktionsfreundlicher zeigten. Durch den Einsatz des TAT zwischen den beiden Intervieweinheiten zeigte sich ein weiteres bemerkenswertes Ergebnis, das in Abbildung 14 zum Ausdruck kommt.

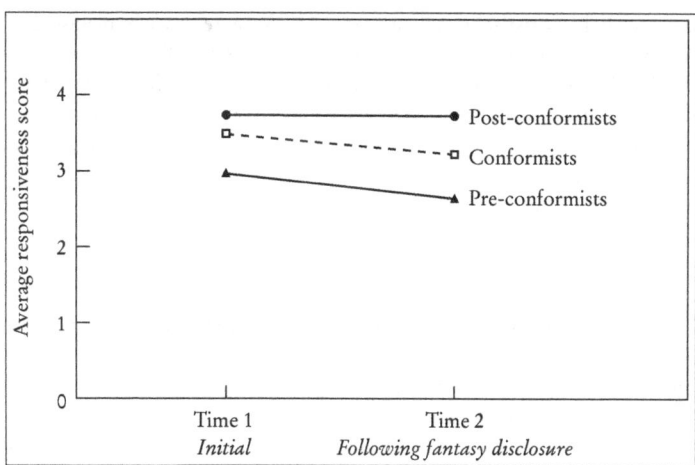

Abbildung 14: Ich-Entwicklung und Reaktionsfreundlichkeit in zwei Interviewphasen (Hauser, 1978, S. 343)

Durch das ungewohnte und möglicherweise angsterregende TAT-Verfahren kam es bei den Teilnehmern auf den konformistischen Stufen und davor zu einem signifikanten Rückgang bei dem Aspekt »Reaktionsfreundlichkeit«. Nur die Teilnehmer auf der Eigenbestimmten Stufe (E6) oder später zeigten sich davon unbeeindruckt und veränderten ihr interpersonelles Verhalten in Hinblick auf diesen Aspekt auch nach dem TAT im zweiten Interviewteil nicht.

Die Auswahl an Studien zum Interpersonellen Stil zeigt, dass sich dahinter ein vielschichtiges Phänomen verbirgt. Je nach gewählter Operationalisierung und der damit einhergehenden Auswahl eines Teilaspekts können die Zusammenhänge zu Ich-Entwicklung entweder linear oder kurvilinear sein. Während der Grad der Empathie (z. B. Carlozzi et al., 1983) mit steigender Ich-Entwicklung prinzipiell (linear) zuzunehmen scheint, ist etwa ein eher äußerlich freundliches, nettes und den äußeren Schein wahrendes Verhalten kurvilinear mit Ich-Entwicklung verbunden (vgl. Hoppe, 1972) und erreicht seinen Höhepunkt auf der Gemeinschaftsbestimmten Stufe (E4). Dies zeigte sich beispielsweise auch in der Studie von Westenberg und Block (1993).

Swensen, der sich als Forscher zu interpersonellem Verhalten schon früh auch mit dem Modell von Loevinger auseinandersetzte, kam daher zu dem Schluss, »dass Ich-Entwicklung eine Persönlichkeitsvariable zu sein scheint, die ein signifikanter Faktor in der Art und Weise ist, wie sich Menschen aufeinander beziehen« (1977, S. 47, e. Ü.). Ihm schien beispielsweise, dass sich behavioristische, rollentheoretische Ansätze sowie humanistische Ansätze zu interpersonalem Verhalten auf unterschiedliche Ausschnitte der Ich-Entwicklungssequenz beziehen. Denn die in diesen Ansätzen in den Fokus gestellten Aspekte gelten vorwiegend für bestimmte Entwicklungsstufen (behavioristisch eher bis E3, rollentheoretisch E4 bis E6, humanistisch ab E7). Diesen Gedanken verfolgte Noam später in Bezug auf klinische Interventionen weiter (z. B. Dill u. Noam, 1990).

2.2.2.2.2.3 Bewusstseinsfokus als Bereich von Ich-Entwicklung

Der Begriff Bewusstseinsfokus (engl. Conscious preoccupations) bezieht sich auf das, worauf sich die Gedanken einer Person hauptsächlich richten und um welche Themen beziehungsweise Aspekte sie kreisen. Der Fokus des Bewusstseins ist auf frühen Stufen der Ich-Entwicklung vor allem auf externe Dinge und physische Zustände gerichtet und bezieht sich auf eigene Bedürfnisse, Selbstschutz und Kontrolle. Auf der Gemeinschaftsbestimmten Stufe (E4) kommt zusätzlich das Thema soziale Akzeptanz, Benehmen und Ansehen hinzu. Ab der Rationalistischen Stufe (E5) richtet sich der Fokus mehr nach innen (Gefühle, Probleme), wobei dies im Wesentlichen noch relativ oberflächlich bleibt, während ab der Eigenbestimmten Stufe (E6) differenzierter interne Aspekte (Motive, Gefühle etc.) in den Blick genommen werden und eigene Leistung und Weiterkommen im Vordergrund stehen. Dies gestaltet sich in den späteren Stufen hin zu einem stärkeren Fokus auf Individualität, persönliche Entwicklung und Identitätsthemen.

Viele der Studien, die den Bewusstseinsfokus in Zusammenhang mit Ich-Entwicklung untersuchen, beziehen sich gleichzeitig auf den Aspekt »Kognitiver Stil«. Denn die Bewusstseinsinhalte sind häufig mit der Art und Weise, wie Personen darüber denken, verbunden. Eine erste Studie, die sich damit beschäftigte, stammt von Candee (1974), der insgesamt 79 Studenten untersuchte, die an ihrer Universität an Aktivitäten in Zusammenhang mit einer damals sogenannten »new leftist ideology« teilgenommen hatten. Candee interviewte die Studenten zu ihren politischen Ansichten und wertete diese Daten bezüglich der dabei verwendeten politischen Begründungen aus (siehe Abbildung 15). Die Art der politischen Begründungen unterschied sich signifikant zwischen den verschiedenen Stufen der Ich-Entwicklung (zusammengefasst nach früh, mittel, spät) und war je nach Art linear oder kurvilinear verteilt.

Beispielsweise lag die Anzahl affektiver Begründungen (z. B. »Being in the left made me feel good.«), die sich auf einfaches Wohlfühlen bezogen, auf den frühen bis mittleren Stufen (bis E5) am höchsten und nahm dann kontinuierlich ab. Pragmatische Begründungen, die sich auf das

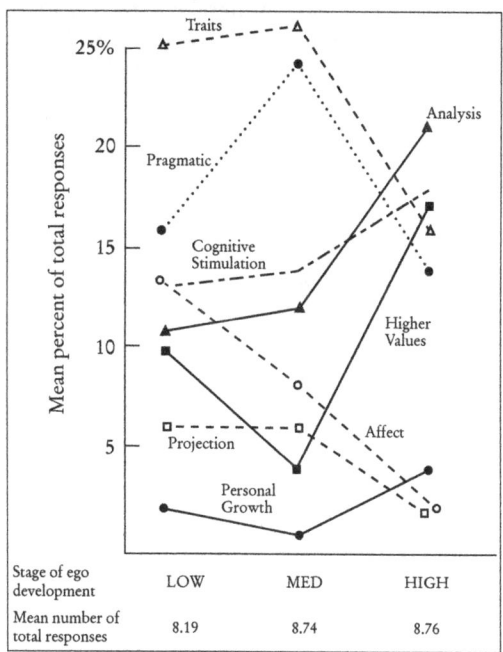

Abbildung 15: Ich-Entwicklung und Art politischer Begründungen (Candee, 1974, S. 624)

Durchführen von Aktionen oder das Erreichen bestimmter einzelner Ziele bezogen (z. B. »It got Lyndon Johnson out of office and ended the war.«), waren kurvilinear verteilt und bei der Eigenbestimmten Stufe (E6) am stärksten vertreten. Begründungen, die komplexe Analysen und ein umfassendes Verständnis politischer Begriffe beinhalteten oder sich auf persönliches Wachstum und universelle Werte (im Sinne von Kohlberg) bezogen, differenzierten vor allem die späteren von den mittleren Stufen.

Browning (1983) führte eine Studie durch, die insbesondere autoritäre Einstellungen im Verhältnis zu Ich-Entwicklung untersuchte. In einer frühen Studie von Shumate (1969) hatte sich bereits ein moderater negativer Zusammenhang gezeigt, wobei diese Stichprobe auf Personen im Bereich der Selbstorientierten Stufe (E3) bis zur Rationalistischen Stufe (E5) beschränkt war. Browning hingegen konnte verschiedene Aspekte autoritären Verhaltens anhand einer sehr großen Stichprobe von 966 Personen im Alter von 16 bis 25 Jahren über eine breite Auswahl an Entwicklungsstufen erforschen. Denn in ihrer Stichprobe waren Personen von der Selbstorientierten Stufe (E2) bis zur Relativierenden Stufe (E7) vertreten. Abbildung 16 illustriert die Ergebnisse dieser Studie.

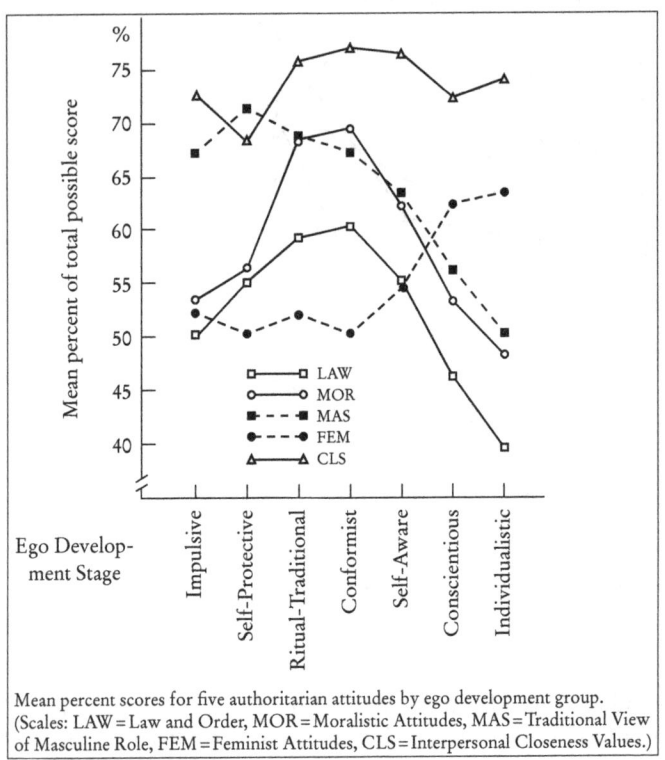

Mean percent scores for five authoritarian attitudes by ego development group. (Scales: LAW = Law and Order, MOR = Moralistic Attitudes, MAS = Traditional View of Masculine Role, FEM = Feminist Attitudes, CLS = Interpersonal Closeness Values.)

Abbildung 16: Ich-Entwicklung und autoritäre Einstellungen (Browning, 1983, S. 143)

Bei allen verwendeten Autoritätsmaßen zeigten sich signifikante Zusammenhänge mit Ich-Entwicklung. Insbesondere zeigten sich wie erwartet kurvilineare Zusammenhänge. Dies betraf autoritäre Einstellungen im Sinne von »law and order« (z. B. Ethnozentrismus, sich an Autoritäten halten) und moralistische Einstellungen (z. B. Ablehnen von bestimmten Aktivitäten wie außerehelichem Sex, Abtreibung etc.), bei denen jeweils die höchsten Werte auf der Gemeinschaftsbestimmten Stufe (E4) auftraten. Einstellungen, die sich auf die traditionelle Rolle von Männern bezogen, nahmen hingegen linear mit späteren Ich-Entwicklungsstufen ab.

Stackert und Bursik (2006) untersuchten in einer klinischen Studie mit 100 Psychotherapiepatienten, inwiefern in Abhängigkeit von der jeweiligen Ich-Entwicklungsstufe Unterschiede in Bezug auf die in der Therapie formulierten Ziele auftreten. Dabei wurden sowohl Struktur (im Sinne von Komplexität = kognitiver Stil) als auch Inhalt der Ziele analysiert. Wie nach Loevingers Modell zu vermuten ist, zeigten sich signifikante Unterschiede, welche Ziele in Abhängigkeit von der jeweiligen Ich-Entwicklungsstufe geäußert wurden. Während Patienten auf früheren Stufen vor allem konkrete Rehabilitationsziele (z. B. »Meine Medikamente regelmäßig nehmen.«) nannten, standen Ziele wie »Verbesserung der interpersonellen Beziehungen«, »Einsicht« oder »Lebensziele« bei Patienten auf späteren Stufen im Vordergrund. Dies steht im Einklang mit den Ergebnissen der Studien von Dill und Noam (1990; Noam u. Dill, 1996), in denen sich zeigte, dass Personen auf früheren Stufen der Ich-Entwicklung Therapieformen mit konkreten Interventionen bevorzugen, während auf späteren Stufen mehr einsichtsfördernde Therapieformen nachgefragt werden (vgl. Young-Eisendrath u. Foltz, 1998).

Ein reiches Material zu den Bereichen Bewusstseinsfokus (und kognitiver Stil) findet sich auch in Studien von Bauer und McAdams, die das Modell der Ich-Entwicklung zusammen mit intensiven Interviews im Rahmen ihres narrativen Ansatzes verwendeten und speziell auch die späteren Stufen erforschten (z. B. Bauer et al., 2005; Bauer u. McAdams, 2010). Beispielsweise zeigte sich in zwei Studien von Bauer et al. (2005) mit insgesamt 176 Teilnehmern von 21 bis 72 Jahren ein hochsignifikanter und starker Zusammenhang (r = 0,58) zwischen Ich-Entwicklung und »Integrativen Erinnerungen«. Personen auf späteren Stufen der Ich-Entwicklung berichteten somit häufiger von Ereignissen, bei denen eigene Entwicklung im Sinne von Wachstum, Lernen aus Situationen oder Integration neuer Perspektiven über sich und andere stattgefunden hatten – alles Aspekte, die vor allem ab den postkonventionellen Stufen der Ich-Entwicklung mehr im Fokus des Bewusstseins stehen.

2.2.2.2.2.4 Kognitiver Stil als Bereich von Ich-Entwicklung

Während sich manche Aspekte bei den bisher aufgezeigten drei Bereichen der Ich-Entwicklung linear und andere kurvilinear verhalten, scheint der Zusammenhang zwischen kognitiven Aspekten und Ich-Entwicklung eher linear zu sein. Dennoch verändern sich die Formen des Denkens im Zuge der Ich-Entwicklung. So ist das Denken auf frühen Stufen sehr einfach und stereotypisierend oder zum Teil auch konzeptionell konfus.

Auf der Gemeinschaftsbestimmten Stufe (E4) ist es zudem von vielen Klischees und scheinbar unauflösbaren Polaritäten (Entweder-oder-Denken) geprägt. Mit der Rationalistischen Stufe (E5) werden diese zum Teil aufgelöst und weitere Betrachtungsweisen ins Spiel gebracht. Ab der Eigenbestimmten Stufe (E6) werden zunehmend mehr Muster gesehen und es wird eine längere Zeitspanne berücksichtigt. Neben der noch weitgehend statischen Sichtweise wird in Ansätzen eine Prozesssicht erkennbar. Ab den postkonventionellen Stufen ($\geq$ E7) kommt es zu einer immer größeren konzeptionellen Komplexität und Multiperspektivität sowie auf den späteren Stufen zur Fähigkeit, immer mehr mit Ambivalenz und Widersprüchen umgehen zu können.

Vetter-Tesch (1980, 1981) war eine der ersten, die das Modell der Ich-Entwicklung im deutschsprachigen Raum anwendete. Sie erforschte in ihrer Studie den Zusammenhang zwischen Ich-Entwicklung und kognitiven Komplexität in Bezug auf Personenwahrnehmung. Loevinger (1976) selbst hatte sich bereits auf den Ansatz zur kognitiven Komplexität von Harvey, Hunt und Schroder (1961) bezogen, um die in ihren Forschungen zu Tage tretenden Unterschiede noch besser verstehen zu können. Vetter-Tesch untersuchte insgesamt 154 Personen von 15 bis 31 Jahren zu Beginn ihrer Polizeiausbildung. Beim Aspekt kognitive Komplexität in Bezug auf Personenwahrnehmung zeigten sich dabei hochsignifikante Korrelationen zu Ich-Entwicklung. Je nach Zeitpunkt der beiden Messungen war dieser Zusammenhang schwach oder mittelstark ($r=0{,}22$ bis $r=0{,}35$). Diese Ergebnisse bestätigen eine frühere Untersuchung von Sullivan, McCullough und Stager (1970), die ebenfalls kognitive Komplexität und Ich-Entwicklung untersuchten und zu ähnlichen Ergebnissen kamen. Nach Vetter-Tesch (1981, S. 116) haben zwar »kognitive Faktoren einen wesentlichen Anteil an der Ich-Entwicklung [...] für eine Reduzierbarkeit auf die Dimension kognitiver Komplexität liegen [aber] keine Hinweise vor«.

Hauser, Jacobson, Noam und Powers (1983) untersuchten im Rahmen ihrer Studien einen ähnlichen Aspekt kognitiver Komplexität, diesmal allerdings in Bezug auf die Selbstwahrnehmung. Dazu analysierten sie das Selbstbild von insgesamt 194 Jugendlichen im Alter von durchschnittlich 13 bis 14 Jahren. Die Jugendlichen bewerteten vorgegebene Adjektive in Bezug auf sich selbst (Selbstbild) und weitere Fragestellungen (z.B. ideales Selbst oder soziales Selbst, das heißt wie man glaubt, von anderen wahrgenommen zu werden). Daraus berechneten Hauser et al. einen gemeinsamen Komplexitätswert. Dieser korrelierte hochsignifikant und mittelhoch mit Ich-Entwicklung ($r=0{,}29$).

McAdams verwendete in seinen zahlreichen Studien zur Identität im Sinne von »Lebensgeschichte« auch sehr oft die Variable Ich-Entwicklung, die sich vor allem als ein guter Prädiktor für die Komplexität der jeweiligen subjektiven Lebensgeschichte herausstellte (McAdams, 1985, 1990, 1993). Beispielsweise zeigte sich in seiner Studie zur Entwicklung von Glauben/Zuversicht (McAdams, Booth u. Selvik, 1981), dass Personen auf der Eigenbestimmten Stufe (E6) oder späteren Stufen die Entwicklung ihres Glaubens als eine persönliche Suche mit schwierigen Entscheidungen und zum Teil dramatischen Transformationen in Bezug auf ihre Werte und Ansichten beschrieben. Personen auf früheren Stufen hingegen tendierten dazu, ihre Werte und Ansichten seit der Kindheit als beständig zu erleben. Wenn sie eine Entwicklung beschrieben, dann eher eine Reise, bei der sie ihre ursprünglichen religiösen Ansichten verwarfen, um dann später wieder zu ihnen zurückzukehren. Diese Ergebnisse gleichen auch sehr dem, was Fowler (1981/1995, 2000; Fowler, Streib u. Keller, 2004) in seinen Forschungen zu Stufen des Glaubens mit völlig anderen Verfahren herausfand.

McAdams, Ruetzel und Foley (1986) interviewten in einer weiteren Studie 50 Erwachsene im Alter von 35 bis 49 Jahren zu ihren Lebensplänen. Diese bezogen sich auf so unterschiedliche Bereiche wie Beruf, Beziehungen, Freizeit und Familie. Um ausreichende Fallzahlen für die späteren Berechnungen zu haben, teilten sie die untersuchten Personen in zwei Gruppen ein: Personen bis zur Rationalistischen Stufe (E5 =»Ego stage low«) und Personen ab der Eigenbestimmten Stufe (E6 =»Ego stage high«) oder später. In einer Varianzanalyse mit Ich-Entwicklung und Geschlecht fanden sie einen signifikanten Haupteffekt in Bezug auf die Komplexität der Lebensziele. Die Ergebnisse in Tabelle 20 zeigen, dass die Komplexität der Lebensziele bei der »high-Gruppe« sowohl für Männer als auch für Frauen höher ist. Bei einem zweiten Maß für Komplexität, mit dem das Ausmaß von Veränderungsbestreben in den Lebenszielen gemessen wurde, zeigte sich hingegen kein signifikanter Zusammenhang zur Ich-Entwicklung, obwohl dennoch ein eindeutiger Trend in Richtung eines höheren Ausmaßes anvisierter Veränderungen bei späteren Entwicklungsstufen sichtbar war.

Tabelle 20: Ich-Entwicklung und Komplexität von Lebenszielen (McAdams et al., 1986, S. 805)

Gender	N	Ego state		
		High	Low	Total
Female	30	2.57	2.13	2.34
Male	20	3.00	1.91	2.40
Total	50	2.74	2.04	2.37

Ähnliche Ergebnisse zeigten sich auch bei der schon erwähnten Studie von Stackert und Bursik (2006), bei der die Autoren die Fähigkeit, Ziele zu setzen in einer klinischen Stichprobe untersuchten. Dabei analysierten sie die von den Patienten genannten Ziele auch anhand von Kriterien wie Spezifität, Komplexität, Realisierbarkeit und Flexibilität. Ich-Entwicklung zeigte dabei einen hochsignifikanten, mittelstarken Zusammenhang zur Komplexität der Ziele (r = 0,30) wie auch zum Commitment (r = 0,27). In einer zusätzlich berechneten Regressionsanalyse stellte sich heraus, dass Ich-Entwicklung nicht nur ein guter Prädiktor für die Zielkomplexität war, sondern auch erhalten blieb, nachdem Variablen wie Alter und Ausbildungsgrad in die Gleichung eingeführt worden waren.

Da Ich-Entwicklung oft als rein kognitives Maß missverstanden wird, ist auch eine Studie interessant, in der diese Variable in Bezug auf Gefühlsäußerungen untersucht wurde. Lane, Quinlan, Schwartz, Walker und Zeitlin (1990) konstruierten dazu ein Instrument, das sie Levels of Emotional Awareness (LEAS) nannten. Dieses untersuchten sie mit Hilfe des WUSCT und weiterer Verfahren. Ausgangspunkt ihrer Untersuchung war eine Studie von Sommers (1981), die Hinweise darauf gab, dass die Breite des emotionalen Ausdrucks mit der Komplexität der Personenbeschreibung und der Fähigkeit, die Perspektive anderer Personen nachzuvollziehen, in Zusammenhang steht. Insofern lag ein Zusammenhang zum Ich-Entwicklungsniveau nahe. Um diesen Zusammenhang zu überprüfen, gaben sie 40 Studierenden im Alter von 20 bis 30 Jahren zwanzig kurz skizzierte Szenen mit der Aufforderung, zu beschreiben, was sie selbst fühlen würden und was die andere Person wohl fühlen würde. In jeder dieser (anhand einiger weniger Sätze beschriebenen) Szenen kamen zwei Personen vor. Die Szenen waren so konstruiert, dass sie potenziell Emotionen wie Ärger, Angst, Freude oder Traurigkeit abbildeten. Die dabei erkennbare Komplexität in der Emotionsverarbeitung ordneten die Autoren fünf unterschiedlichen Ebenen zu. Dabei ergab sich ein hochsignifikanter, mittelstarker Zusammenhang zu Ich-Entwicklung (r = 0,40). Um zu überprüfen, ob dabei nicht einfach Sprachflüssigkeit in Bezug auf Emotionen gemessen wurde, analysierten die Autoren zusätzlich den Zusammenhang zu LEAS, indem sie die Wörter in den Beschreibungen der Teilnehmer zählten. Dieser Zusammenhang erwies sich allerdings als nicht signifikant.

Auch Hauser und Safyer (1994) untersuchten den Zusammenhang zwischen Ich-Entwicklung und Emotionen. Dabei verwendeten sie allerdings Interviewdaten. Sie interessierten sich dafür, wie Jugendliche über eigene, für sie relevante emotionale Erfahrungen sprechen. Im Rahmen ihrer umfassenden Längsschnittstudie analysierten sie insgesamt 73 transkribierte Interviews, bei denen es um verschiedene für die jeweilige Altersgruppe relevante Themen ging. Dabei verwendeten sie ein Kodiersystem (Safyer u. Hauser, 1994) mit dem es möglich war, die spezifische Qualität (positiv, negativ) und Art der Emotion (z. B. Traurigkeit, Ärger, Angst) zu bestimmen.

Anschließend bildeten Hauser und Safyer jeweils zwei Werte, die unterschiedliche Aspekte der Emotionsverarbeitung abbildeten. Daraus resultierte jeweils ein Wert in Hinblick auf »konfliktäre Emotionen« (gleichzeitiges Auftreten von positiven und negativen Emotionen) sowie ein Wert in Hinblick auf »unterschiedliche Emotionen« (Anzahl unterschiedlicher Emotionen, unabhängig davon, ob negativ oder positiv). Die Ergebnisse zeigen, dass – wie vom Modell der Ich-Entwicklung her zu erwarten war – es bei beiden Werten signifikante Unterschiede in Hinblick auf die unterschiedlichen Ich-Entwicklungsstufen gibt. Wie in Abbildung 17 deutlich wird, steigen mit zunehmender Ich-Entwicklung beide Werte für Emotionsverarbeitung an.

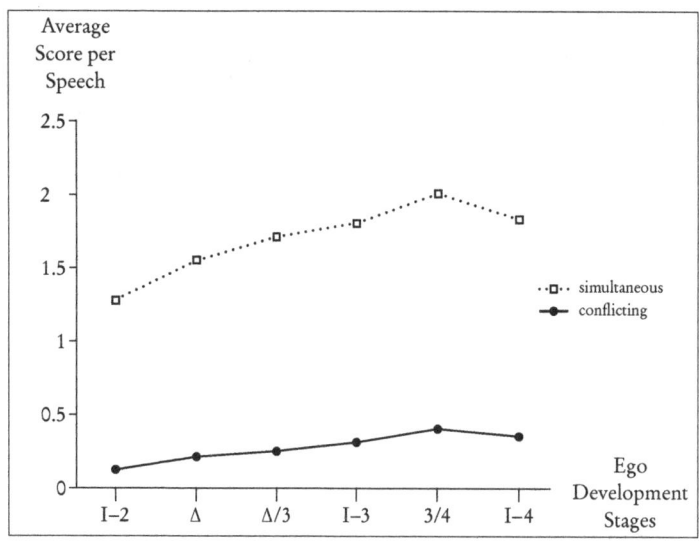

Abbildung 17: Ich-Entwicklung und Emotionen (Hauser u. Safyer, 1994, S. 495)

In ihrer weiteren Analyse gingen Hauser und Safyer der Frage nach, ob mit zunehmender Ich-Entwicklung auch stärker Emotionen offenbart werden. Wie Tabelle 21 zeigt, fanden sie bei allen kodierten Emotionen signifikante, in den meisten Fällen sogar hochsignifikante Korrelationen, die einen mittleren bis starken Zusammenhang aufweisen.

Tabelle 21: Korrelation zwischen Ich-Entwicklung und Emotionen (Hauser u. Safyer, 1994, S. 495)

Correlations Between Specific Emotions, Emotion Diversity, and Emotion Conflict and Year 1 Ego Stages	
Specific Emotion and Emotion Pattern	Ego Development Stage
Enthusiasm	.62***
Affection	.38**
Neutral	.37**
Sadness	−.24*
Anger	−.33**
Anxiety	.59***
Conflict	.61***
Diverse	.63***
*$p<.05$. **$p<.01$. ***$p<.0001$.	

Auch in der bereits erwähnten Studie von Candee (1974) zu Begründungen von politischen Aktivitäten bei Studierenden zeigten sich Unterschiede nicht nur in der Art der Begründungen, sondern auch in ihrer Komplexität. Ein signifikanter linearer Trend zeigte sich darin, dass mit zunehmender Ich-Entwicklung in den Begründungen komplexere Analysen vorkamen. Diese waren differenzierter, abstrahierter und organisierter, beispielsweise indem das Erreichen bestimmter Erfolge (Typ: Pragmatische Begründung) hinterfragt oder in einen größeren Zusammenhang gestellt wurde. Bei dieser Stichprobe gab es kaum Unterschiede in Intelligenz, kognitiven Leistungen oder Ausbildung (die gleichzeitig erhoben wurden). Insofern wunderte sich Candee (1974):

»Obwohl alle unsere Teilnehmer überdurchschnittliche kognitive Fähigkeiten hatten und ohne Zweifel in der Lage waren, Komplexität in der Gesellschaft zu sehen, fanden wir, dass nicht alle dies nutzten. Nur Personen auf den höheren Stufen der Ich-Entwicklung schienen sich selbst zu fragen, wenn sie mit ihrer eigenen politischen Aktivität konfrontiert waren, ›Welchem letztendlichen Zweck dient das?‹ (Typ: Analyse) oder ›Welche ultimativen Werte werden dadurch repräsentiert?‹ (Typ: Höhere Werte)« (S. 628, e. Ü.).

Betrachtet man diese (und weitere) Studien zum kognitiven Stil und Ich-Entwicklung, dann offenbart sich eine große Vielfalt. Der kognitive Stil zeigt sich in den Studien bei ganz unterschiedlichen Aspekten und weist den zu erwartenden eindeutigen Bezug zu Ich-Entwicklung auf, sowohl in Bezug auf das Selbstbild (Hauser et al., 1983), die Personenwahrnehmung (Vetter-Tesch, 1981), das Konstruieren einer Lebensgeschichte (McAdams et al., 1981, 1986), die emotionale Erfahrung (Lane et al., 1990), Begründungen zu politischen Sichtweisen (Candee, 1974) oder die eigenen Ziele (Stackert u. Bursik, 2006).

2.2.2.3 Die Einheit des Ichs

Ich-Entwicklung wird von Loevinger als »Master trait« der Persönlichkeit bezeichnet, der verschiedene andere Bereiche der Persönlichkeit integriert und letztendlich ein breites und facettenreiches Konstrukt darstellt. Die Basis ihres Konzepts und damit die Begründung für das Zusammenhängen der vielen Aspekte in ihrem Modell der Ich-Entwicklung bildete das dabei verwendete Verfahren des »homogenen Entschlüsselns« (Loevinger, 1978, S. 4). Loevinger beschreibt interne Konsistenz als »das Kriterium, das wiederholt in der Verfeinerung des Manuals benutzt wurde, so dass alle Items notwendigerweise die gleiche zugrunde liegende Variable zu reflektieren scheinen« (1998b, S. 31). Insofern untersuchte sie auch zuerst die interne Konsistenz (Cronbachs Alpha) als Maß zur Homogenitätsbestimmung. Nach Loevinger und Wessler (1978) liegt dessen Wert bei $r = 0{,}91$. Weitere Studien anderer Forscher zeigten ähnliche Werte und zwar sowohl für die vollständige 36-Item-Version (z. B. Redmore u. Walton, 1975; Browning, 1987) als auch für die Kurzversion (z. B. Holt, 1980; Hansell et al.,1985).

Ein zweites klassisches Verfahren zur Überprüfung der Frage, ob es sich bei dem Modell der Ich-Entwicklung um ein einheitliches Konstrukt handelt, ist die faktorenanalytische Überprüfung des WUSCT. Dabei werden die einzelnen Items mittels eines multivariaten statistischen Verfahrens auf zugrundeliegende Hintergrundfaktoren untersucht. Loevinger und Wessler (1978) wandten eine solche Faktorenanalyse auf die Ergebnisse einer Stichprobe von 543 Frauen an. Dabei ergab sich ein einzelner Hauptfaktor mit einer hohen Varianzaufklärung von 20 Prozent, während ein zweiter Faktor mit 5,6 Prozent nur einen sehr geringen Teil der Varianz aufklärte und auch nicht inhaltlich zu interpretieren war. Ähnliche Ergebnisse mit der verbesserten Form 81 des WUCST wurden von Novy (1993) berichtet. Diese fand eine noch höhere Varianzaufklärung für den Hauptfaktor in Höhe von 28 Prozent.

Um die Frage der Einheit des Ichs zu klären, ist eine dritte Möglichkeit, zu versuchen, eine Gruppe von Items im WUSCT zu identifizieren, die abgrenzbare Teilaspekte von Ich-Entwicklung repräsentieren. Blasi (1971) unternahm in seiner Doktorarbeit zu Ich-Entwicklung und Verantwortung einen solchen Versuch, der aber ohne Erfolg blieb. Das von ihm identifizierte Set von Items, die sich seiner Einschätzung nach auf Verantwortung beziehen, unterschied sich statistisch nicht vom Rest der Items. Ein weiterer Versuch wurde von Lambert (1972a) in Hinblick auf Moralentwicklung unternommen, da diese Variable mit Ich-Entwicklung hoch korreliert. Auch in dieser Studie blieb dies erfolglos. Nach Loevinger (1993b) gelang es auch anderen Forschern nicht, thematische Untergruppen von Items zu identifizieren, die spezifischen Teilaspekten der Ich-Entwicklung entsprechen.

Westenberg und Block (1993) untersuchten in einer Studie, inwiefern sich Unterschiede im Ich-Entwicklungslevel einheitlich bei einer Vielzahl von Aspekten der Persönlichkeit zeigen. Dazu untersuchten sie 98 Personen (im Alter von 14 und dann im Alter von 23 Jahren) anhand des WUSCT. Zusätzlich schätzten jeweils mehrere Beurteiler die teilnehmenden Personen mittels der Aussagen des California Adult Q-Sets ein (z. B. Item 60: »Hat Einsicht in eigene Bedürfnisse, kennt sein eigenes Selbst gut«). Grundlage dessen waren nicht wie bei Rozsnafszky (1981) mehrwöchige persönliche Vertrautheit, sondern intensive strukturierte Interviews (z. B. zu Beziehungen, moralischen Konflikten) und Beobachtungen in experimentellen Situationen (z. B. zu Belohnungsaufschub). Zusätzlich bildeten Experten in Ich-Entwicklung aus den insgesamt 100 Q-Set-Aussagen Cluster von Persönlichkeitseigenschaften, von denen aufgrund des Modells anzunehmen war, das sie in einem Zusammenhang mit Ich-Entwicklung stehen (z. B. Ich-Resilienz, interpersonelle Integrität, Konformismus und Bedürfnisregulation). Ein großer Vorteil dieser Studie gegenüber vielen anderen Studien ist, dass die Autoren explizit unterschiedlichen Verteilungsarten nachgingen. Sie unterteilten die Eigenschaftscluster des Q-Sets danach, welche Verteilungsart zu erwarten war (z. B. linear, kurvilinear). Dadurch konnten die Annahmen des Ich-Entwicklungsmodells anhand der im Q-sort-Verfahren einzuschätzenden Persönlichkeitsaspekte, auch in Bezug auf unterschiedliche Muster des Zusammenhangs getestet werden.

So zeigte sich beispielsweise theoriekonform, dass Bedürfnisregulierung am niedrigsten bei der Selbstorientierten Stufe (E3) war, dann stärker bei der Eigenbestimmten Stufe (E6) und sich danach wieder abschwächte (kurvilinearer Zusammenhang). Auch die anderen Untersuchungsergebnisse entsprachen den Erwartungen des Ich-Entwicklungsmodells. Westenberg und Block kommen daher zu dem Schluss, dass trotz der vollkommen unterschiedlichen Arten der Datenerhebung »die Ergebnisse starke Unterstützung für die generelle Hypothese zu geben scheinen, dass bestimmte individuelle Unterschiede in der Persönlichkeit in sich geschlossen mit dem Konzept der entwicklungsbezogenen Reife zusammenhängen« (1993, S. 797, e. Ü.).

Novy et al. (1994) führten zur Klärung der gleichen Frage eine umfassende Studie mit einem ganz anderen Ansatz anhand von 267 Erwachsenen durch. Dabei testeten sie die von Loevinger postulierte einheitliche Natur des Ichs erstmals mittels Strukturgleichungsmodellierungen. Dies sind multivariate statistische Verfahren zum Testen und Schätzen von kausalen Zusammenhängen. Wie in der früheren Studie von Novy (1993, s. o.) verwendeten sie dafür zwölf verschiedene Tests und Skalen zur Abbildung der vier Bereiche Charakter, interpersoneller Stil, Bewusstseinsfokus und kognitiver Stil. Diese wurden zusammen mit dem WUSCT erhoben. Anschließend formulierten sie verschiedene Modelle zu möglichen Zusammenhängen zwischen den vier Bereichen und Ich-Entwicklung.

Die Ergebnisse der Strukturmodellierungen stützen Loevingers Aussage, nach der Ich-Entwicklung der »Master trait« der Persönlicheit sei, nur teilweise: Das bestpassende Strukturgleichungsmodell hätte dafür das Modell sein müssen, in dem Ich-Entwicklung ein Konstrukt zweiter Ordnung ist, das die Kovariation der Konstrukte erster Ordnung (der vier Bereiche von Ich-Entwicklung, die durch eigene Skalen operationalisiert wurden) erklärt. Stattdessen war das bestpassendste Modell jedoch dasjenige, in dem die vier Bereiche und Ich-Entwicklung sowohl untereinander korreliert sind als auch mit einem weiteren Konstrukt zweiter Ordnung, das allen fünf Konstrukten zugrunde liegt. Novy et al. (1994, S. 114, e. Ü.) ziehen folgendes Fazit: »In Anbetracht der Einschränkungen als auch der überzeugenden theoretischen Ergebnisse dieser Studie, kann die Korrelation von Ich-Entwicklung mit dem Faktor zweiter Ordnung (0,480) nicht auf die leichte Schulter genommen werden. Eine Korrelation dieser Größenordnung ist beeindruckend angesichts der Tatsache, das dies eine Korrelation zwischen einem Konstrukt ist, das durch nur ein projektives Verfahren gemessen wurde, den SCT [WUSCT], und einem Konstrukt höherer Ordnung, das durch primäre Konstrukte identifiziert wurde, die sich jeweils aus mehreren objektiven Indikatoren zusammensetzen. Die Ergebnisse dieser Studie legen nahe, dass Ich-Entwicklung ein breites Konstrukt ist, das eine signifikante Rolle im Netzwerk von Beziehungen spezifischer Persönlichkeitskonstrukte spielt, wenn auch vielleicht nicht so dominant wie von Loevinger dargestellt.« Diese Studie liefert somit weitere Hinweise für die Einheit des Konstrukts Ich-Entwicklung, aber auch weitere Fragen. Insofern wären ergänzende Forschungsarbeiten wünschenswert. Diese sind allerdings sehr schwer zu realisieren, da eine adäquate Abbildung der vier Bereiche von Ich-Entwicklung anhand externer Skalen oder Tests sehr schwierig ist, wie die teilweise niedrigen Reliabilitäten der zur Überprüfung der einzelnen Bereiche herangezogenen Skalen bei Novy zeigten.

Die Überprüfung durch Strukturgleichungsmodelle bezieht sich eher auf eine Überprüfung im engeren Sinne, nämlich anhand der vier Bereiche von Ich-Entwicklung. Man kann Loevingers Aussage, nach der Ich-Entwicklung ein »Master trait« ist, jedoch auch in einem weiteren Sinne verstehen: dass es sich bei Ich-Entwicklung um ein Konstrukt handelt, das eine Vielzahl von anderen Aspekten beeinflusst. In diesem Sinne äußert sich Lasker, der auf das Modell der Ich-Entwicklung aufmerksam geworden war, weil er in seinen zusammen mit McClelland durchgeführten Studien zur Leistungsmotivation auf nicht erklärbare Phänomene gestoßen war: »Die Tatsache, dass eine Vielzahl von polaren Eigenschaften anscheinend auf einer a-priori-Basis in geordneten Mustern ansteigen und fallen, wenn man sie in Hinblick auf Ich-Entwicklungsstufen betrachtet, ist die Basis für Loevingers Aussage, dass Ich-Entwicklung ein ›Master trait‹ ist« (1978, S. 29, e. Ü.).

2.2.2.4 Sequentialität der Stufen

Als konstruktivistisches Entwicklungsmodell beschreibt Loevinger die Entwicklung des Ichs in aufeinander aufbauenden Stufen, von denen keine übersprungen werden kann. Daher ist der wissenschaftliche Nachweis dafür, dass die in dem Modell beschriebenen Stufen in der von ihr aufgezeigten, unveränderlichen und irreversiblen Reihenfolge aufeinanderfolgen, essenziell. In den ersten Jahren der Arbeit mit dem WUSCT war es schwierig, diesen Nachweis zu erbringen. Loevinger selbst bemerkte in ihrem ersten größeren Überblick zur Konstruktvalidität ihres Messinstruments zur Ich-Entwicklung noch selbstkritisch, dass die bisherigen Studien zwar »mehr oder weniger Unterstützung für die Behauptung bieten, aber keine davon vollkommen überzeugend ist« (1979a, S. 287, e. Ü.). Seitdem wurde allerdings eine Vielzahl von Studien durchgeführt, die allesamt starke Hinweise auf die von Loevinger postulierte Sequentialität ergaben. In ihrem Überblick zum Stand der Forschung etwa zwanzig Jahre später beschreibt Loevinger (1998b, S. 31) selbst vier verschiedene Ansätze (1–4) zur Überprüfung der Validität. Darüber hinaus entwickelten Davison, King, Kitchener und Parker (1980) und Soff (1989, 2004) weitere Ansätze.

So bieten sich insgesamt sechs verschiedene Ansätze an, um die Sequentialität der Ich-Entwicklungsstufen zu überprüfen:
1. Querschnittsstudien,
2. Längsschnittstudien,
3. Interventionsstudien,
4. Studien zur Asymmetrie des Verständnisses von Ich-Entwicklung,

Empirische Überprüfung des Ich-Entwicklungs-Modells 157

5. Untersuchungen anhand von Antwortmustern bei der Stufenbestimmung,
6. Biographieforschung anhand von Kriterien der Ich-Entwicklung.

2.2.2.4.1 Querschnittsstudien

Personengruppen unterschiedlicher Altersklassen zum gleichen Zeitpunkt zu untersuchen, ist meist der erste Ansatz, um Sequentialität zu überprüfen. Denn diese Art von Untersuchungsdesign ist in der Regel am einfachsten durchzuführen, da sie zeitökonomisch ist. Gerade im Kindes- und Jugendalter ist theoretisch zu erwarten, dass bei verschiedenen Altersklassen Unterschiede in Hinblick auf Ich-Entwicklung auftreten. Findet man solche Alterunterschiede, kann daraus auf einen Entwicklungsprozess geschlossen werden. Allerdings können diese Unterschiede nur einen indirekten Nachweis dafür leisten. Loevinger und Wessler publizierten 1970 ihre erste große Querschnittsstudie, bei der sie Ich-Entwicklung bei Kindern und Jugendlichen unterschiedlichen Alters maßen. In dieser Studie mit Jungen und Mädchen zwischen 9 und 18 Jahren zeigten die Ergebnisse eindeutig, dass es einen theoriekonformen Zuwachs an Ich-Entwicklung mit steigendem Alter beziehungsweise steigenden Klassenstufen gab. In Abbildung 18 zeigt sich dieser Zuwachs durch die sich immer weiter nach rechts verschiebenden Linien der verschiedenen Altersklassen.

Zahlreiche weitere Querschnittsstudien wurden zudem von anderen Forschern durchgeführt. Darunter sind vor allem diejenigen interessant, die Altersgruppen bis zum frühen Erwachsenenalter erforschen, da sich Ich-Entwicklung danach zu stabilisieren scheint. Browning (1987) beispielsweise konnte bei Studien mit zwei Altersgruppen genau diesen Unterschied finden: Während Ich-Entwicklung bis zum frühen Erwachsenenalter steigt, ist bei späteren Altersgruppen kein Unterschied mehr festzustellen. In seiner Metaanalyse zu Ich-Entwicklung und Alter untersuchte Cohn (1998) die Daten aus verschiedenen Querschnittstudien mit insgesamt 4330 Personen im Alter zwischen 10 und 91. Auch hier zeigte sich der erwartete Zusammenhang zwischen Alter und Ich-Entwicklung ($r = 0{,}40$) bis zum Alter von 20 Jahren, während für höhere Altersstufen keine signifikanten Zusammenhänge gefunden wurden (siehe S. 67).

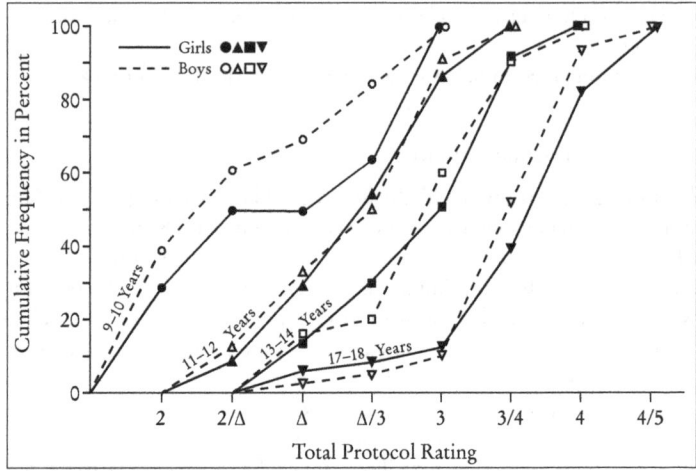

Abbildung 18: Querschnittuntersuchungen zu Ich-Entwicklung (Loevinger u. Wessler, 1978, S. 50)

2.2.2.4.2 Längsschnittstudien

Das mehrmalige Testen der gleichen Personen über einen bestimmten, am besten längeren Zeitraum gilt als Königsweg, um ein Entwicklungsmodell zu testen. Vaillant (1995), der Längsschnittuntersuchungen mit einer Zeitspanne von über einem halben Jahrhundert durchführte und dabei unter anderem auch den WUSCT einsetzte (Vaillant u. McCullough, 1987), bemerkte dazu folgendes: »Wenn Sie wünschen, dass Ihre geliebten Theorien intakt bleiben, halten Sie sich von Längsschnittuntersuchungen fern« (Vaillant, 2002, S. 263, e. Ü.).

Redmore und Loevinger konnten 1979 ihre ersten Längsschnittuntersuchungen mit Retest-Intervallen zwischen 1,5 und 6 Jahren vorlegen. Dabei verfügten sie über mehrere Samples mit unterschiedlichem sozioökonomischen Status, Bildungshintergrund, ethnischem Status und Alter. Die von den Autorinnen untersuchten Jugendlichen befanden sich zwischen der 6. Klasse und dem ersten Collegejahr. Es zeigten sich mit zunehmendem Alter signifikante Zuwächse in der Ich-Entwicklung der Jugendlichen (siehe Abbildung 19). Diese traten allerdings nur bei längeren Intervallen (mehr als 1,5 Jahre) auf, da Ich-Entwicklung ein sehr stabiles Merkmal ist und als Prozess Zeit braucht

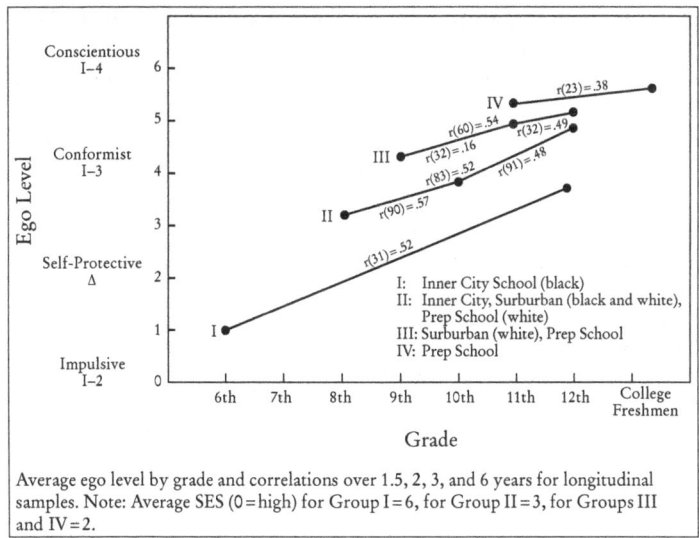

Abbildung 19: Längsschnittuntersuchungen zu Ich-Entwicklung (Redmore u. Loevinger, 1979, S. 18)

Aufbauend auf dieser ersten direkten Bestätigung für die Sequentialität der Ich-Entwicklungsstufen wurden von Loevinger und anderen Forschern viele weitere Längsschnittuntersuchungen durchgeführt, die zusätzliche Belege dafür erbrachten (z. B. Martin u. Redmore, 1978; Redmore, 1983; Gfellner, 1986; Bursik, 1991; Westenberg u. Gjerde, 1999; Krettenauer et al., 2003). Redmore (1983) führte eine Längsschnittstudie mit einer älteren Stichprobe (College-Studenten) als der von Redmore und Loevinger durch. Auch hier kam es theoriegemäß zu einer signifikanten Zunahme des Ich-Entwicklungsniveaus. Bei einer weiteren Analyse in Hinblick auf unterschiedliche Altersgruppen unter den College-Studenten zeigte sich zudem (wie auch bei Browning, 1987), dass sich die Entwicklung mit zunehmendem Alter abschwächt. Die durchschnittliche Zunahme an Ich-Entwicklung lag für die 17- bis 19-Jährigen bei 0,6 und für die 20- bis 21-Jährigen nur noch bei 0,11 (wobei eine Stufe = 1 entspricht). Bei den College-Studenten im Alter von 22 oder mehr Jahren war gar keine Weiterentwicklung bezüglich des Ich-Entwicklungsniveaus mehr festzustellen. Dies entspricht den Ergebnissen zur Stabilität von Ich-Entwicklung aus Cohns späterer Metaanalyse (1998). Bei den dort analysierten Längsschnittstudien zeigten sich hohe Zusammenhänge zwischen Alter und Ich-Entwicklung bei Jugendlichen (r=0,41) und wie erwartet ein geringerer Zusammenhang bei College-Studenten (r=0,13).

In den Längsschnittstudien zeigte sich auch, dass einige untersuchte Personen auf frühere Stufen zurückfielen. Adams und Fitch (1982) überprüften solche intraindividuellen Veränderungen anhand einer Zufallsstichprobe mit 148 College-Studenten, die sie nach einem Jahr erneut testeten (Tabelle 22). Sie kodierten die einzelnen Werte in Hinblick auf Stabilität, Zunahme oder Regression und überprüften, inwiefern die aufgetretenen Veränderungen theoriekonform waren.

Tabelle 22: Intraindividuelle Veränderungen der Ich-Entwicklung (Adams u. Fitch, 1982, S. 581)

	Outcome					
	No change		Advancement		Regression	
Sample	n	%	n	%	n	%
Males	34	52.3	15	23.1	16	24.6
Females	57	68.6	17	20.6	9	10.8
Total	91	61.4	32	21.6	25	17.0

Dabei fanden sie, wie andere Studien im ähnlichen Altersbereich, einen hohen Prozentsatz von Teilnehmern, die keine Veränderung zeigten (61,4 Prozent). Ein gutes Fünftel zeigte eine positive Veränderung (21,6 Prozent) und bei 17 Prozent war eine Regression zu beobachten. Diese Regression war allerdings theoriekonform, denn sie betraf nirgends mehr als eine Stufe Rückschritt. Ähnliche Ergebnisse finden sich auch bei Gfellner (1986). Diese Ergebnisse widersprechen somit nicht Loevingers postulierter Stabilität und Irreversibilität der Ich-Entwicklung, da die Regression nur um das Schwerpunktzentrum herum stattfand. Denn nach Loevinger bedeutet die Einstufung einer Person in eine Stufe »ungefähr, dass dies die höchste Stufe ist, auf der sie konsistent zu funktionieren fähig ist« (1976, S. 200, e. Ü.). Daher ist anzunehmen, dass es aufgrund von bestimmten Einflüssen auch zu leichten Rückschritten kommen kann.

Ebenso deuten einige Studien darauf hin, dass ein zeitweiser leichter Rückschritt auch im Sinne dessen, was der Psychoanalytiker Kris (1934/1952) »Regression im Dienste des Ichs« nannte, auftreten kann. Eine interessante Längsschnittstudie dazu stammt von Klein (1994), die genau dies untersuchte: inwiefern eine Regression in Zusammenhang mit zukünftigem Wachstum steht. Bei einer Stichprobe von 217 Jugendlichen mit drei Testintervallen analysierte sie die Verteilung einzelner Ich-Entwicklungsniveaus (Anzahl der Antworten auf verschiedenen Stufen) in den Profilen derjenigen, die zum zweiten Erhebungszeitpunkt eine Regression aufwiesen. Diese setzte sie in Beziehung zu ihrer Ich-Entwicklungsstufe bei der dritten Erhebung ein Jahr später. Die Ergebnisse bestätigen ihre Hypothesen, dass sich bei Regression eine größere Variabilität in der Verteilung der einzelnen Werte einstellt, als auch, dass diese mit einer Zunahme ein Jahr später verbunden ist.

Hinweise auf spezifische Muster, die mit Regression einhergehen, ging auch Rogers (1998) in ihrer Studie nach. Dabei führte sie zusätzliche Interviews mit Schülerinnen, die in zwei Längsschnittstudien (N = 38 und N = 64) wiederholt mit dem WUSCT getestet worden waren und bei denen es zu einer Regression gekommen war. Weitere Untersuchungen zu Regressionsphänomenen stammen von Kroger (1996) und Adams und Fitch (1983). Die Arbeiten von Hauser und Noam untersuchten weiterhin über lange Zeiträume spezifische Entwicklungsverläufe und inwiefern diese mit spezifischen Einflüssen zusammenhängen, beispielsweise dem Kommunikationsverhalten der Eltern (z. B. Hauser et al., 1991; Billings et al., 2008; Allen, 2010; Syed u. Seiffge-Krenke, 2013).

2.2.2.4.3 Interventionsstudien

Die gezielte Förderung von Ich-Entwicklung durch theoriegestützte Programme ist ein weiterer Weg, Sequentialität zu prüfen. Dieser Weg ist noch aufwändiger als Längsschnittuntersuchungen, da zusätzlich zu den (mindestens zwei) Messungen geeignete Förderprogramme zu organisieren sind. Die ersten Interventionsstudien mit dem Ich-Entwicklungsmodell führte Blasi (1971) durch, mit dem Ziel, Verantwortlichkeit zu fördern. Er testete insgesamt 109 Kinder der sechsten Klasse und bildete daraus Gruppen entsprechend ihres Ich-Entwicklungsniveaus. Anschließend entwarf er spezielle Trainingssitzungen, die auf die jeweilige Stufe angepasst waren und bei denen die Kinder dazu ermuntert wurden, gemäß einer späteren Ich-Entwicklungsstufe zu handeln und später darüber zu diskutieren. Die Sitzungen wurden aufgezeichnet und von mehreren Beobachtern ausgewertet. Nach dem insgesamt zweiwöchigen Interventionsprogramm wurden die Schüler erneut mit dem WUSCT getestet. Dabei konnten allerdings keine signifikanten Steigerungen verzeichnet werden, was Blasi auf die zu kurze Interventionszeit zurückführt. Die ersten Interventionsstudien mit Erwachsenen führte Lasker (1977) im Rahmen seiner langjährigen multikulturellen Forschung in Curacao durch. Bei diesen mehrmonatigen Trainingsprogrammen gelang es vor allem bei Arbeitern (deren Mittelwert dort überwiegend zwischen E3 und E4 lag), einen Anstieg zur Gemeinschaftsbestimmten Stufe (E4) zu erreichen.

Mittlerweile gibt es eine beträchtliche Anzahl von weiteren Interventionsstudien. Manners und Durkin (2000) geben dazu einen ersten Gesamtüberblick und führen insgesamt 16 Interventionsstudien zu Ich-Entwicklung an (siehe S. 83). Von diesen 16 waren 10 Studien erfolgreich, das heißt, es konnten signifikante Unterschiede im Ich-Entwicklungsniveau der teilnehmenden Personen nach den untersuchten Interventionen im Vergleich zur vorherigen Testung verzeichnet werden.

2.2.2.4.4 Studien zur Asymmetrie des Verständnisses von Ich-Entwicklung

Wenn es sich bei Ich-Entwicklung tatsächlich um eine Entwicklungsvariable handelt, wäre zu erwarten, dass Personen zwar in der Lage sind, Testergebnisse zu produzieren, die früheren Stufen entsprechen, aber nicht fähig sind, willentlich ein Ergebnis zu erreichen, das einer wesentlich späteren Ich-Entwicklungsstufe entspricht. Erste Ergebnisse dazu finden sich in einer unveröffentlichten Arbeit von Tate (1970), der explizit unterschiedliche Anweisungen bei der Durchführung des WUSCT testete (unter anderem auch »einen guten Eindruck machen«). Auch in der im vorherigen Abschnitt erwähnten Studie zur Förderung von Verantwortlichkeit gab Blasi (1971) den Kindern in Rollenspielen die Aufgabe, die Rollen von anderen Personen auf späteren Stufen zu spielen, in dem er ihnen dementsprechende Anweisungen gab. Wie sich in den Auswertungen der Beobachter herausstellte, waren die Kinder allerdings nicht dazu in der Lage. Sie konnten dies in den Rollenspielen nur gemäß ihrer eigenen Stufe umsetzen. Loevinger (1973) fasste dies als ersten Beleg für die Asymmetrie des Verständnisses auf: »Normale Leute können das Denken von [Menschen auf] solchen Stufen nicht verstehen, die mehr als einen Schatten von ihrer eigenen [Stufe] entfernt sind« (S. 14, e. Ü.). Wie weit dieser »Schatten« reicht, war zu dieser Zeit noch nicht untersucht worden. Zudem bezog sich Blasis Studie nicht auf Erwachsene, so dass als konfundierender Faktor zusätzlich die noch nicht voll ausgebildete Formallogik der Kinder (gemäß Piaget) eine Rolle gespielt haben könnte.

Die ersten systematischen Untersuchungen dazu wurden wenige Jahre später von Redmore (1976) unternommen, die fünf Experimente unter verschiedenen Bedingungen durchführte. In diesen Experimenten wurde das bewusste Herbeiführen sowohl von Testergebnissen früherer als auch späterer Stufen untersucht. Die Ergebnisse zeigten das erwartete Muster: Während es den Probanden nicht schwer fiel, ein Ergebnis auf früheren Stufen zu produzieren, gelang es nur einem Teil von ihnen, ein Ergebnis zu produzieren, das einer späteren Entwicklungsstufe entsprach. Der Zuwachs umfasste im Schnitt allerdings nur eine halbe Stufe gegenüber der unter normalen Bedingungen getesteten Ich-Entwicklungsstufe. Zudem gelang dies auch nur in den Experimenten, bei denen die Teilnehmer intensiv mit dem Konzept der Ich-Entwicklung vertraut gemacht worden waren (z. B. durch ein mehrwöchiges Seminar). Bei erfahrenen Scorern, die nach der automatischen Berechnung des Ich-Entwicklungswertes aus den einzelnen Items zusätzlich den Gesamteindruck des Testprotokolls bewerteten, waren die Zuwächse noch geringer. Ähnliche Ergebnisse zeigten spätere Studien von Jurich und Holt (1987), Beaudet (1990) sowie Blumentritt et al. (1996).

In der neuesten Studie zu diesem Thema kommen Drewes und Westenberg (2001) zu dem Schluss: »Diese und frühere Studien zeigen auf, dass das optimale Level 0,2 bis 0,9 oberhalb des funktionalen Levels liegt und von den spezifischen Bedingungen und Testinstruktionen abhängig ist« (S. 246, e. Ü.). Vor allem solche Testbedingungen, in denen die Teilnehmer mit explizitem Wissen über die Entwicklungssequenz von Loevinger oder sogar mit detaillierten Beschreibungen späterer Stufen versorgt wurden (wie bei Drewes und Westenberg unter der Role Play-Bedingung), scheinen sich die stärkeren Zuwächse einzustellen. Wie dort betont wird, ist aber auch dann »unter keinen Umständen zu erwarten, dass die Ich-Entwicklungsstufe um mehr als eine Stufe steigt« (S. 246, e. Ü.).

2.2.2.4.5 Untersuchungen zur Regelhaftigkeit von Antwortmustern

Ein ganz anderer Ansatz zur Überprüfung der Sequentialität von Entwicklungsmodellen wurde von Davison et al. (1980) entwickelt und anhand der Theorien von Harvey et al. (1961) und Loevinger (1976) getestet.

Dieser Ansatz ist eher ein interner Ansatz zur Überprüfung der Sequentialität, denn er bezieht sich auf die spezifischen Antwortmuster, die sich zeigen, wenn Personen in Hinblick auf ihre Entwicklungsstufe getestet werden. Entgegen der Kritik an Entwicklungsmodellen, wie sie beispielsweise von sozialkognitiven Lerntheoretikern (z. B. Bandura, 1977; Mischel u. Mischel, 1976) zuweilen geäußert wird, bedeutet die Einstufung einer Person auf einer bestimmten Stufe nämlich nicht, dass nur Verhalten entsprechend dieser Stufe zu erwarten ist. Vielmehr zeigt sich schon beim Messen, dass eine Bandbreite von Codes verschiedener Stufen auftritt.

Abbildung 20 illustriert dies anhand des Ergebnisses einer mit dem I-E-Profil getesteten Person aus der empirischen Erhebung dieser Studie (Binder, 2014b). Hierbei handelt es sich um eine Person auf einer frühen

Eigenbestimmten Stufe (E6). Es ist deutlich zu sehen, dass Antworten auf fünf verschiedenen Stufen der Ich-Entwicklung gegeben wurden, wobei der Großteil der Antworten auf drei, 72 Prozent davon sogar nur auf zwei Entwicklungsstufen entfallen.

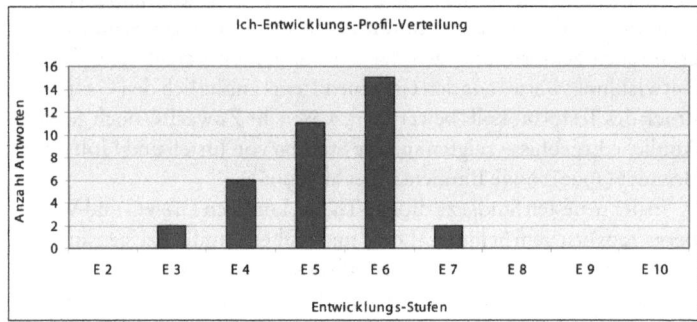

Abbildung 20: Ich-Entwicklungs-Profil-Verteilung aus erster Erhebung (ID-37a)

Wenn sich eine Person weiterentwickelt, wäre zu erwarten, dass sich das spezifische Muster ihrer den verschiedenen Stufen zugeordneten Antworten insgesamt in Richtung späterer Entwicklungsstufen verschiebt. Dies ist in Abbildung 21 gut anhand des Ergebnisses der gleichen Person aus der zweiten Erhebung der empirischen Studie zu erkennen. Nach der Gesamteinstufung handelt es sich zwar immer noch um eine Eigenbestimmte Stufe (E6), allerdings hat sich die ganze Verteilung nach rechts verschoben. Frühere Entwicklungsstufen (E3 und E4) tauchen in diesem Profil nicht mehr auf, während sich der Anteil von E5 stark verringert und der Anteil von E6 und auch E7 verstärkt hat.

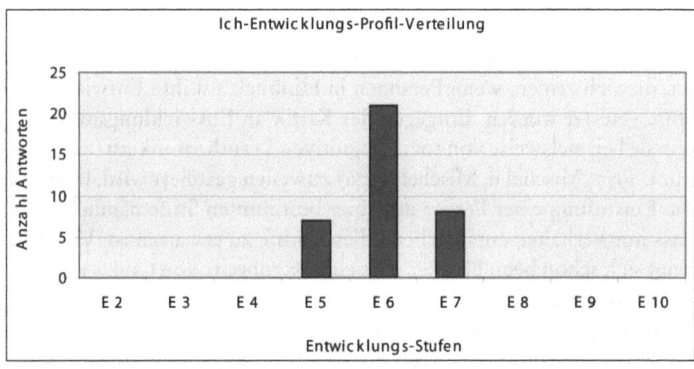

Abbildung 21: Ich-Entwicklungs-Profil-Verteilung aus zweiter Erhebung (ID-37b)

Davison et al. (1980) nehmen ähnliche Beobachtungen zum Ausgangspunkt ihres Stufen-Sequenz-Konzepts (siehe auch Davison, 1977, 1979), das dem »Entfalten« verschiedener Antwortmuster, wenn sich Personen entwickeln, Rechnung trägt. Dieses Konzept geht davon aus, dass es über eine Vielzahl von getesteten Personen bestimmte Antwortmuster geben muss, damit die Annahme eines sequentiellen (disjunktiven) Stufenübergangs bestätigt werden kann (Wohlwill, 1973), wie sie im Modell der Ich-Entwicklung von Loevinger beschrieben wird. Frühere Stufen werden also im Laufe der Entwicklung durch spätere Stufen ersetzt. Da jede Person zwar einer Stufe (als Schwerpunktzentrum) zugeordnet werden kann, aber beim Testen ihrer Entwicklungsstufe auch Reaktionen auf unterschiedlichen Stufen der Entwicklung gezeigt werden, ist dies empirisch gut zu überprüfen.

Nach dem Stufen-Sequenz-Konzept ist zu erwarten, dass eine Person häufiger ein Verhalten zeigt, dass dem Schwerpunktzentrum nahe ist. Verhalten auf weiter entfernt liegenden Stufen sollte hingegen weniger häufig benutzt werden. Davison et al. (1980, S. 123) illustrieren dies anhand einer hypothetischen Entwicklungssequenz mit vier Stufen (A bis E) und einem Schwerpunktzentrum einer fiktiven Person zwischen Stufe B und C (siehe Abbildung 22). Hierbei wäre zu erwarten, dass Reaktionen, die der Stufe B entsprechen, häufiger als solcher der Stufe A auftreten und ebenso Reaktionen, die der Stufe D entsprechen, häufiger als die der Stufe E zu verzeichnen sind, da sie näher am Schwerpunktzentrum sind.

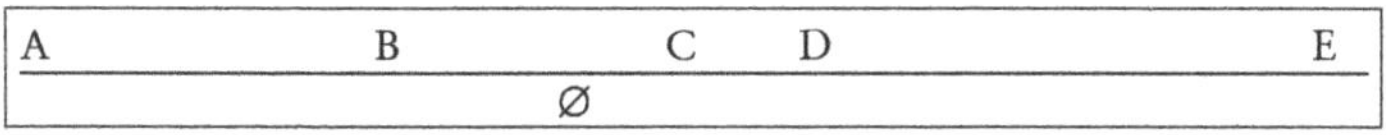

A	B	C	D	E
	Ø			

Abbildung 22: Hypothetische Entwicklungssequenz mit Schwerpunktzentrum (Ø) (Davison et al., 1980, S. 123)

Davison et al. (1980) testeten in einer Studie mit insgesamt 171 Studierenden (high school seniors, undergraduates, graduate students), inwieweit die mit Loevingers Satzergänzungstest gefundenen Antwortmuster diesem Stufen-Sequenz-Konzept entsprechen. Dazu listeten sie alle vorgefundenen Antwortmuster (bezogen auf die drei häufigsten im individuellen Profil vertretenen Stufen) auf, überprüften, wie häufig diese auftraten (Frequenz) und inwiefern diese dem Model entsprachen oder nicht (siehe Tabelle 23). Die einzelnen Stufen pro Antwortmuster ordneten sie jeweils nach der Häufigkeit (von links nach rechts). Je nach Auslegung des Modells zeigte sich eine hohe bis sehr hohe Übereinstimmung mit den Daten (72 Prozent beziehungsweise 81 Prozent), was Davison et al. als »beeindruckende Unterstützung« für Loevingers Stufenmodell der Ich-Entwicklung werten (1980, S. 129, e. Ü.).

Tabelle 23: Frequenz von Antwortmustern der Ich-Entwicklungs-Werte
(Davison et al., 1980, S. 126)

Experiment 2: Ego Development Response Patterns for 171 Subjects			
Pattern[a]	Frequency	Pattern[a]	Frequency
3, 3/4, 4	1	3/4, 3, 4, 4/5*	1
3, 3/4, Δ**	2	3/4, 3, 4	3
3, 3/4, Δ/3	2	3/4, 4, 3	4
3, 3/4, 4	41	4, 3, 3/4**	6
3, 4, 3/4**	11	4, 3/4, 3	16
3, 4, 4/5**	2	4, 3/4, 5**	1
3, 3/4, 4*	10	4, 5, 3**	1
3, 3/4, 2/Δ, Δ, 4*	1	4, 3, 3/4*	3
3, 4, 4/5**	1	4, 3/4, 4/5	2
3, 3/4, 4	2	4, 3/4, 3, 4/5	1
3, 3/4, 4, Δ*	1	4, 4/5, 3/4	1
3, 4, 3/4**	1	4, 4/5, 3**	1
3/4, 3, Δ**	2	5, 4, 4/5**	1
3/4, 3, 4	30	Δ, 5	1
3/4, Δ/3, 4**	1	Δ/3, 3, Δ, 3/4	1
3/4, 4, 3	18	Δ/3, 3, 3/4	1
3/4, 4, 5**	1		
Note. Underlined entries occurred with equal frequency. * No asterisk indicates an admissible pattern containing no ties, or one that is admissible no matter how ties are broken; * indicates a pattern that is admissible or inadmissible depending on how the tie is broken; ** indicates an inadmissible pattern containing no ties.			

Vetter-Tesch (1981) überprüfte das Ich-Entwicklungsmodell erneut anhand einer in etwa gleich großen deutschsprachigen Stichprobe von 151 Polizeischülern im Alter von 15 bis 31 Jahren mittels des Stufen-Sequenz Konzepts von Davison et al. Auch in diesem Fall ergab sich eine ähnlich hohe Übereinstimmung in Höhe von 74 Prozent, was Vetter als erneute Bestätigung auffasst: »Die Annahme einer geordneten Stufenabfolge im Sinne des disjunktiven Entwicklungsmodells kann für LOEVINGERs Konzept der Ich-Entwicklung somit als gesichert gelten« (1981, S. 56).

2.2.2.4.6 Biographieforschung anhand von Kriterien der Ich-Entwicklung

Einen sehr interessanten Ansatz, der in der internationalen Forschung zu Ich-Entwicklung jedoch bisher weitgehend unbemerkt geblieben ist, entwickelte Soff (1989, 2004, 2011) in Deutschland. Ihr Ausgangspunkt ist Charlotte Bühlers (1975) These, dass Tagebücher von Jugendlichen eigentlich »Entwicklungsbücher« sind, durch deren Analyse man typische Entwicklungsverläufe über die Zeit des Schreibens nachvollziehen kann (sofern diese über einen längeren Zeitpunkt vorliegen). Einzig Kroger scheint ähnliche Gedanken verfolgt zu haben, denn in ihrer vergleichenden Übersicht zu Entwicklungsmodellen der Identität nutzt sie Tagebuchausschnitte der jungen Anaïs Nin (1981, 1982) zur Veranschaulichung einzelner Ich-Entwicklungsstufen (Kroger, 2004, S. 130 ff.).

Im Rahmen ihrer Forschungen analysierte Soff Dutzende Tagebücher Jugendlicher auf die in diesen Texten zum Ausdruck kommende Ich-Entwicklungsstufe. Die ihr zur Verfügung stehenden umfangreichen Quellen boten reichhaltiges Material, um Bühlers (1922/1982) These anhand des Ich-Entwicklungsmodells von Loevinger zu überprüfen. Soffs Ansatz unterscheidet sich daher in vielerlei Hinsicht von anderen Ansätzen zur Überprüfung von Sequentialität. Da die von Soff analysierten Tagebücher von den Verfassern nicht für die Öffentlichkeit bestimmt waren, ist das dort geschriebene Material besonders intim. Es ist daher auch eine hohe Signifikanz des Materials für die schreibende Person zu vermuten, so dass die auszuwertenden Textstellen als authentisch aufzufassen sind. Dies ist ein großer Vorteil im Vergleich zu anderen persönlichen Veröffentlichungen wie etwa Autobiographien bekannter Personen, die häufig nicht allein verfasst und im Hinblick auf öffentliche Selbstdarstellung geschrieben werden. Soff wertete die einzelnen Tagebuchsequenzen in einem sorgfältigen Prozess nach den von Loevinger herausgearbeiteten Aspekten aus, die sich in den einzelnen Ich-Entwicklungsstufen zeigen (Soff, 1989, S. 100 ff.). Sie untersuchte auf diese Weise 58 Tagebücher unterschiedlicher Generationen mit insgesamt 16.482 Sinneinheiten, die sie zur Bewertung der darin zum Ausdruck kommenden Ich-Entwicklungsstufe verwendete. Dies beinhaltete auch eine Überprüfung der Interrater-Reliabilität wie bei den Untersuchungen anhand des Satzergänzungstests, wobei sich eine hohe Übereinstimmung zeigte (84 Prozent exakte Übereinstimmung). Die Tagebücher waren zum Forschungszeitpunkt schon Jahre und teilweise Jahrzehnte alt. Daher war kein gleichzeitiges Testen der Verfasser mit Loevingers standardisiertem Verfahren (WUSCT) möglich. Dies hätte einen Vergleich mit Soffs Bestimmung des Ich-Entwicklungsniveaus anhand freier Textstellen ermöglicht. Denn die von ihr zitierten Beispiele für postkonventionelle Stufen (Soff, 1989, S. 60–63) scheinen teilweise zu hoch eingestuft; ein Phänomen, dass sich bei der Studie von Sutton und Swensen (1983) bei freiem zu scorendem Material ähnlich zeigte (siehe S. 129).

Die Ergebnisse von Soffs umfangreichen Tagebuchanalysen zeigen, dass über die Jahre der Kindheit bis hin zum frühen Erwachsenenalter im Schnitt ein eindeutiger Anstieg der Ich-Entwicklung zu verzeichnen war. Ebenso folgte diese genau der in Loevingers Modell beschriebenen Sequenz der Ich-Entwicklung. Die Forschungen von Soff sind insofern ein besonderer Beleg für die Sequentialität der Ich-Entwicklungsstufen. Denn anhand der Tagebuchaufzeichnungen konnte über viele Jahre hinweg und kontinuierlich (durch die Vielzahl der wöchentlichen Aufzeichnungen) verfolgt werden, wie sich Entwicklung über die einzelnen Stufen vollzieht. Und dies, ohne dass ein von Forschern gesetzter Reiz (Test) gesetzt wurde oder die Personen mit Situationen oder Aufgaben konfrontiert wurden, die möglicherweise nicht ihrem Lebenskontext entsprechen. Soff (1989, S. 246) zieht daher folgenden Schluss: »Zusammenfassend kann festgestellt werden, daß die Untersuchung der Ich-Entwicklung anhand von Jugend-Tagebüchern aus verschiedenen Schreibergenerationen die Annahme prinzipiell epochen-unabhängiger Gültigkeit der Theorie LOEVINGERs im wesentlichen bestätigt hat.«

2.2.2.5 Kulturelle Universalität von Ich-Entwicklung

Wenn es sich bei dem Ich-Entwicklungs-Modell von Loevinger tatsächlich um ein zentrales und universelles Konstrukt der Persönlichkeit handelt, dann müssten die dort gefundenen Aspekte der Ich-Struktur sowie die Sequenz der Stufen in anderen Kulturen ebenso zu finden sein. Lasker (1977, 1978) überprüfte als erster Loevingers Modell in anderen Kulturen. In Curacao (Niederländische Antillen) wendete er in einem mehrjährigen Forschungsprojekt das zunächst nur für Frauen entwickelte Manual auch auf Männer an. In einem aufwändigen Mikrovalidierungsprozess entwickelte er ein Manual für die dortige Sprache und führte zusätzliche Validierungsstudien anhand weiterer Fragebögen, projektiver Tests und Verhaltensbeobachtungen durch. Lasker äußert sich zur Übertragbarkeit Loevingers Modells wie folgt: »Die Satzergänzungskategorien, die mit weiblichen amerikanischen Erwachsenen in Englisch entwickelt wurden, passten trotz kultureller, linguistischer und Unterschiede/n in Bezug auf Geschlecht klar für über achtzig Prozent der Antworten von Männern aus Curacao, die eine Vielzahl von Sprachen benutzten« (Lasker, 1978, S. 112, e. Ü.).

Ebenso früh fanden erste Forschungsarbeiten in einer asiatischen Kultur (Japan) statt (Kusatsu, 1977), die später erweitert und vertieft wurden (z. B. Sasaki, 1980; Watanabe u. Yamamoto, 1989). In diesen kulturübergreifenden Studien zeigte sich, dass das Ich-Entwicklungs-Modell von Loevinger auch gut im nicht westlichen Kontext anwendbar war. So konnte sowohl die Beschreibung als auch die Sequenz der einzelnen Ich-Entwicklungsstufen bestätigt werden. Abweichungen gab es hingegen vor allem im Inhalt der von den Teilnehmern produzierten Satzergänzungen im Vergleich zum originalen Manual, das mit US-amerikanischen Gruppen entwickelt und getestet wurde. Einige davon konnten gut durch kulturelle Unterschiede erklärt werden (z. B. der kollektivistischeren Kultur in Japan). Diese Unterschiede in den Inhalten der Satzergänzungen zeigen das auf, was McAdams und Pals (2006, S. 212) in ihrer Übersicht zu Persönlichkeitsaspekten und ihrer Beziehung zum jeweiligen kulturellen Kontext in seinem Drei-Ebenen-Modell der Persönlichkeit verdeutlichen (siehe S. 97). Ravinder (1986), der solche inhaltlichen Aspekte in Australien und Indien untersuchte, betont in diesem Zusammenhang: »Dennoch ist es Loevingers Theorie und Methode anzurechnen, dass solchen unterschiedlichen Antworten in ihrem Auswertungsmanual voll Rechnung getragen wird« (S. 683, e. Ü.).

Weathersby (1993), die während ihrer Gastprofessur in Sri Lanka mit singhalesischen Managern arbeitete und in dieser Zeit auch Validierungsstudien mit dem WUSCT unternahm, kommentiert die Unterschiede und Gemeinsamkeiten hinsichtlich des kulturellen Hintergrunds und der universellen Ich-Entwicklung wie folgt: »Es wurde gezeigt, dass der Kontext in Bezug auf Führung in Sri Lanka sehr verschieden von dem in den USA und anderen westlichen entwickelten Ländern ist. Dennoch, in Bezug auf die Dimension der menschlichen Entwicklung, scheint es, dass der Prozess des [Deutens und] Umdeutens der eigenen Führungsqualitäten trotz kultureller Unterschiede ähnlichen Mustern folgt« (S. 84).

Seitdem wurde eine Vielzahl von Studien in anderen Ländern mit sehr unterschiedlichem kulturellem Hintergrund durchgeführt. In einer Übersicht dazu führen Carlson und Westenberg (1998) insgesamt 19 Studien in elf verschiedenen Sprachen auf (Holländisch, Französisch, Deutsch, Hebräisch, Japanisch, Kanaresisch [Südindien], Norwegisch, Papiamentu [Niederländische Antillen], Portugiesisch, Singhalesisch, Vietnamesisch). Alles in allem unterstützen diese Studien die in den ersten kulturübergreifenden Untersuchungen gefundenen Erkenntnisse. Eine noch tiefergehende Analyse, wie sie zum Beispiel von Snarey (1985) in Bezug auf den Kohlbergschen Ansatz zur Moralentwicklung geleistet wurde, wäre sicherlich wünschenswert. Im Vergleich dazu deuten die bisherigen Studien allerdings auf ähnliche Aspekte hin wie die Untersuchungen zur Moralentwicklung.

Größere Vorsicht scheint allerdings bei der Übertragung des Manuals in gänzlich andere Kulturkontexte geboten, bei denen unbedingt mit zweisprachigen Scorern, die bereits über eine tiefe Kenntnis in Modell und Methodik haben, gearbeitet werden sollte (Hy, 1998). Insgesamt folgern Westenberg et al. (2004, S. 605, e. Ü.) in ihrem Überblick zu kulturübergreifenden Anwendungen, dass die von Loevinger entwickelte Methodik prinzipiell »geeignet ist für Personen von so gut wie jeder Kultur oder jeden Landes, da die Satzstämme sich auf universelle Themen (z. B. Eine Familie gründen und Kinder aufziehen ...) und soziale Interaktionen (z. B. Meine Mutter und ich ...) beziehen.«

2.2.3 Fazit

Die Vielzahl empirischer Studien zur Überprüfung des Ich-Entwicklungsmodells von Loevinger zeigt, dass über die Jahrzehnte so gut wie jeder Aspekt davon mehrfach untersucht wurde. Nicht nur für ein projektives Verfahren, sondern auch im Vergleich zu anderen Erhebungsinstrumenten zeigen sich hohe Werte für alle relevanten Methoden zur Reliabilitätsbestimmung. Ein weiterer Vorteil von Loevingers Satzergänzungsmethode zur Bestimmung von Ich-Entwicklung ist, dass es Testpersonen kaum gelingt, ihr Testergebnis in Richtung späterer Stufen zu beeinflussen.

Auch zur Überprüfung der Validität liegen umfangreiche Studien vor. Studien mit anderen Variablen, von denen ein enger Zusammenhang mit Ich-Entwicklung vermutet wurde (sozio-ökonomischer Status, Intelligenz und Sprachvermögen), zeigen, dass Ich-Entwicklung ein eigenes und nicht mit diesen zu verwechselndes oder durch diese verzerrtes Persönlichkeitskonstrukt ist. Zu diesen Variablen und Ich-Entwicklung wurden zudem Metaanalysen durchgeführt und sowohl Untersuchungen zur diskrimanten als auch zur inkrementellen Validität. Daher scheinen diese Ergebnisse gut gesichert. Studien, in denen Ich-Entwicklung mit Aspekten der vier sie konstituierenden Bereiche (Charakter, interpersoneller Stil, Bewusstseinsfokus, kognitiver Stil) überprüft wurde, bestätigen die Komplexität des Konstrukts und seine Meilensteinsequenz. Gerade diese wurde immer wieder als unlogisch kritisiert (siehe S. 106 f.). Loevinger (1997) zog zum Abschluss ihrer Forschungslaufbahn dazu folgendes Fazit:

»Der grundsätzliche Unterschied zwischen der Satzergänzungsmethode und der Methode der Neo-Piagetianer ist, dass die Satzergänzungsmethode auf Massen von Daten beruht. Da die Definition der Stufen aus den Daten entstanden ist, kann nicht garantiert werden, dass diese strikt logisch sind, genausowenig wie Menschen strikt logisch sind« (S. 202, e. Ü.).

Einstein und Lanning (1998, S. 559, e. Ü.) kommentieren vereinzelte Belege, die Loevingers Ich-Entwicklungssequenz als rein lineare Variable erscheinen lassen, wie folgt: »Wenn Ich-Entwicklung als eine einzelne Eigenschaft mit einem monotonen Entwicklungsverlauf erscheint, kommt dies aufgrund von unempfindlichen Methoden und alltäglichen Stichproben zustande, aber nicht aufgrund fehlender Validität des zugrundliegenden Modells.« In den vielen verfügbaren Studien, die Loevingers Ich-Entwicklungsmodell bestätigen, wurde zudem mit sehr unterschiedlichen Methoden gearbeitet. Darunter finden sich beispielsweise: Für andere Zwecke erhobene Verhaltensmaße (Frank u. Quinlan, 1976), Q-Sort-Einschätzungen (Rozsnafszky, 1981), Beobachtungsdaten (Blasi, 1971), Therapieziele (Stackert u. Bursik, 2006) oder Nachfrage nach unterschiedlichen Therapieformen (Dill u. Noam, 1990), klassische Fragebögen (Lorr u. Manning, 1978), Tagebücher (Soff, 1989), TATs (Sutton u. Swensen, 1983), soziometrische Maße (Rootes et al., 1980), Interviews (McAdams et al., 1986) oder freie Beschreibung von Gefühlen (Lane et al., 1990). Neben den konkreten Ergebnissen dieser Studien, ist gerade diese Methodenvielfalt, mit der die diesbezüglichen Daten erhoben wurden, ein zusätzlicher Beleg für die Validität von Loevingers Modell der Ich-Entwicklung.

Manners und Durkin (2001) ziehen in der kritischen Bewertung ihres Modells insgesamt folgendes Fazit:

»Zusammenfassend hat die Forschung, die in den zwanzig Jahren seit dem letzten Review (Loevinger, 1979) stattgefunden hat, weitere Belege für die konzeptionelle Stichhaltigkeit der Ich-Entwicklungstheorie geliefert. Die Forschungsergebnisse zeigen auf, dass Ich-Entwicklung als komplexes, aber einheitliches Konstrukt angesehen werden kann, bei dem das Ich sich in einer hierarchischen, invarianten und sequentiellen Art entwickelt« (S. 562, e. Ü.).

3 Analysen zu Beratungskompetenz und Ich-Entwicklung

3.1 Fragestellungen

Ausgangspunkt dieser Studie ist die Frage, inwiefern Kompetenzanforderungen an Berater Parallelen zu Aspekten aufweisen, wie sie in Loevingers Modell der Ich-Entwicklung beschrieben sind – vor allem in den späteren, postkonventionellen Stufen (≥ E7 = Relativierende Stufe).

Stimmt die Annahme zum Zusammenhang zwischen beraterischer Kompetenz und Ich-Entwicklung, würde dies nahelegen, in Beratungsausbildungen neben Fachwissen, Methoden, Haltung oder beraterischer Selbstreflektion gezielt Persönlichkeitsentwicklung – und speziell Ich-Entwicklung – in den Fokus zu nehmen. Dies würde bedeuten, das jeweilige Ich-Entwicklungsniveau der Weiterbildungsteilnehmer als zentralen Persönlichkeitsaspekt zu berücksichtigen und gezielt zu fördern, um die gesteckten Ziele der Beratungsweiterbildung tatsächlich erreichen zu können. Möller und Steinhardt (2011), die im deutschsprachigen Raum eine der wenigen empirischen Studien zu Kompetenzerwerb im Rahmen von Supervisionsausbildungen durchgeführt haben, bringen genau dies auf den Punkt (S. 10): »Supervisorische Kompetenzen sind komplex und auch nicht auf rein fachliche und methodische Aspekte zu reduzieren, sondern nur in Verbindung mit Persönlichkeitsentwicklung und sozialer Kompetenzentwicklung zu betrachten.« In den folgenden beiden Abschnitten wird diesem möglichen Zusammenhang anhand von zwei Fragestellungen nachgegangen:

1. *Inhaltliche Parallelen zwischen Kompetenzanforderungen an Berater und Aspekten der Ich-Entwicklung:* Inwiefern lassen sich inhaltliche Entsprechungen zwischen den von ausgebildeten Beratern (im Sinne von Prozessberatung) geforderten Kompetenzen und den Beschreibungen späterer Ich-Entwicklungsstufen finden?
   Hypothese: Es lassen sich inhaltliche Parallelen zu Aspekten von Ich-Entwicklung finden, die vor allem in späteren (postkonventionellen) Stufen stärker ausgeprägt sind.
2. *Empirische Zusammenhänge zwischen Beratungskompetenzen und Aspekten der Ich-Entwicklung:* Welche empirisch gefundenen Zusam-

menhänge gibt es zwischen Ich-Entwicklung und Beratungserfolg beziehungsweise Beratungskompetenzen (z. B. Grad der Selbstreflexivität) in Studien aus verschiedenen Bereichen (Klinische Psychologie, Managementforschung, Organisationspsychologie etc.)?
Hypothese: Es lassen sich signifikante Zusammenhänge mit Aspekten effektiver Beratung finden, in denen sich Personen auf früheren und späteren Ich-Entwicklungsstufen voneinander unterscheiden.

Da die beiden Begriffe »Beratung« und »Kompetenz« sowohl alltagssprachlich als auch im wissenschaftlichen Bereich sehr uneinheitlich und mit vielerlei Bedeutungsnuancen verwendet werden, wird zunächst herausgearbeitet, in welchem Sinne diese beiden Begriffe in der vorliegenden Studie verstanden werden.

3.2 Begriffsklärung Beratung

Wird im Folgenden von Beratung gesprochen, sind damit nur prozessberatende Formen von Beratung gemeint, aber keine reine Expertenberatung. Diese Unterscheidung bezieht sich auf die klassische Einteilung von Schein (1987, 1988, 2000), der drei grundlegende Modelle von Beratung beschreibt:
1. Expertenberatung,
2. Beratung nach dem Arzt-Patienten-Modell,
3. Prozessberatung.

Er definiert Prozessberatung dabei wie folgt: »Prozessberatung ist eine Reihe von Aktivitäten auf Seiten des Beraters, die dem Klienten helfen, das Prozessgeschehen in seiner Umgebung wahrzunehmen, zu verstehen und entsprechend zu handeln, um die Situation im Sinne des Klienten zu verbessern« (Schein, 1988, S. 11, e. Ü.). Die folgende Tabelle 24 gibt einen Überblick zur Abgrenzung der drei Beratungsmodelle und damit auch zum besseren Verständnis von Prozessberatung.

Tabelle 24: Grundmodelle der Beratung von Schein (nach Fatzer, 1999, S. 22–23)

Kurzbeschreibung	Grundannahmen und Voraussetzungen
1. Expertenberatung	
Klient weiß, was das Problem ist; welche Lösung benötigt wird und woher die Lösung kommen kann. Berater beschafft die benötigten Informationen und erarbeitet die Lösungen.	Klient hat das Problem richtig diagnostiziert. Klient hat Professionalität bzw. Spezialistentum des Beraters richtig beurteilt. Klient hat das Problem und welche Art der Lösung benötigt wird, richtig kommuniziert. Klient hat die Konsequenzen der Informationsbeschaffung bzw. der verlangten Lösung durchdacht und akzeptiert.
2. Beratung nach Arzt-Patient-Modell	
Klient spürt bestimmte Unzulänglichkeiten bzw. leidet unter Problemen, deren Ursachen sowie mögliche Lösungsansätze ihm aber unbekannt sind. Berater übernimmt die Verantwortung für eine richtige Diagnose des Problems und dessen angemessener Lösung. Klient ist abhängig vom Beratungsprozess bis zur Lösungsfindung.	Diagnoseprozess selbst wird als nützlich und hilfreich angesehen. Klient hat die Symptome richtig interpretiert und den Bereich, in welchem das Problem auftritt, richtig lokalisiert. Der indizierte Problembereich gibt die notwendigen Informationen für eine zutreffende Diagnose; er manipuliert nicht, sondern ist kooperativ. Klient versteht die Diagnose und den Lösungsvorschlag des Beraters richtig und ist bereit, ihn anzuwenden. Klient kann nach der Beraterintervention allein wunschgemäß weiter funktionieren.
3. Prozessberatung	
Der Klient hat das Problem und behält während des ganzen Beratungsprozesses die volle Verantwortung dafür. Berater hilft dem Klienten, die prozesshaften Ereignisse seiner Umwelt wahrzunehmen, richtig zu interpretieren, zu verstehen und ihnen angemessen zu begegnen.	Klient spürt Wunsch nach Veränderung, hat aber das Problem nicht im Griff. Klient kennt Möglichkeiten der Lösung nicht oder nur unzureichend; auch bezüglich der Frage, wer helfen könnte. Problem ist so beschaffen, dass der Klient nicht nur jemanden braucht, der die Problemursachen und -lösungen

Begriffsklärung Beratung

Kurzbeschreibung	Grundannahmen und Voraussetzungen
Stärkstes Beteiligtsein des Klienten, sich selber zu helfen; vermeidet, vom Klienten in eines der vorangehenden Modelle gebracht zu werden.	herausfindet, sondern dass der Klient durch die aktive Teilnahme am Diagnoseprozess profitiert. Klient hat konstruktive Absichten, er ist durch Ziele und Werte motiviert, die der Berater akzeptieren kann und ist in der Lage, eine sogenannte »helfende Beziehung« einzugehen. Klient ist der einzige, der wirklich weiß, welche Interventionsform für ihn jetzt hilfreich ist. Er kontrolliert also die Situation. Klient ist fähig zu lernen, wie er seine Probleme erkennen und lösen kann.

Diese Unterscheidung ist bedeutsam, denn Expertenberatung scheint dabei die wenigsten Anforderungen, eine Beratung nach dem Diagnosemodell »Arzt-Patient« etwas mehr und Prozessberatung die höchsten Anforderungen an die Persönlichkeit des Beraters zu stellen (Binder, 2010). Selbst wenn bei allen drei Arten das gleiche Fachwissen gefordert ist, muss sich ein Prozessberater am meisten auf den Kunden und seinen Kontext einlassen. Dies bedeutet beispielsweise, mehr Verantwortung beim Kunden zu lassen, Metakommunikation einzusetzen, sich angemessen abzugrenzen, flexibel auf die Anliegen des Gegenübers einzugehen und trotzdem durch den Beratungsprozess zu führen und insgesamt mehr auf Augenhöhe kommunizieren zu können. Unter Prozessbezogener Beratung sind folgende Beratungsformate zu verstehen (vgl. Fatzer, Rappe-Giesecke u. Looss, 1999):
– Supervision,
– Coaching,
– Organisationsentwicklung/Organisationsberatung.

Es ist angebracht, die Analysen zum Vergleich von Beratungskompetenz und Ich-Entwicklung auf alle drei Beratungsformen zu beziehen. Auch wenn sich die Beratungsformen bezüglich ihrer Herkunft, ihres Settings, ihrer Inhalte und ihres Stadiums der Professionalisierung unterscheiden (z. B. Gray, 2011), scheinen sie dennoch viele der dafür erforderlichen Beratungskompetenzen gemeinsam zu haben (z. B. Hart, Blattner u. Leipsic, 2001; Joo, 2005).

Indizien dafür finden sich viele: So gibt es seit Jahren zahlreiche Beratungsweiterbildungen, in denen verschiedene Beratungsformate (z. B. Supervision und Organisationsentwicklung) zusammen erlernt werden (z. B. ifs-Essen; Triangel, Berlin) oder in denen nach Grundmodulen zu prozessorientierten Beratungskompetenzen spezialisierte Beratungsformate gewählt werden können (z. B. Professio GmbH, Ansbach; ISYS, Rottenburg). Ebenso stellen einige Beratungsbücher und -artikel die verschiedenen prozessorientierten Beratungsformate zusammen dar (z. B. Fatzer et al., 1999; Buchinger u. Klinkhammer, 2007; DGSv, 2011a). Mehrere Berufsverbände, in denen Berater organisiert sind, vertreten auch gleichzeitig verschiedene prozessorientierte Beratungsformen (z. B. Berufsverband für Coaching, Supervision und Organisationsberatung, Schweiz [BSO]). Diese Entwicklung spiegelt sich auch darin wider, dass 2004 von mehreren (inzwischen 28) Beratungsverbänden gemeinsam die Deutsche Gesellschaft für Beratung e. V. (DGfB) gegründet wurde. Diese verfolgt das Ziel, professionelle und wissenschaftlich fundierte Beratung zu fördern.

Nach langen Debatten um Unterschiede, beispielsweise zwischen Coaching und Supervision, nahm der Vorstand der Deutschen Gesellschaft für Supervision (DGSv) dazu Stellung: »Fachlich ist die Frage des Unterschieds zwischen Supervision und Coaching nicht entschieden; eine Bewertung der bisherigen Debatten weist möglicherweise darauf hin, dass die Suche nach einer Unterscheidung ein unmögliches Unterfangen zur Beantwortung einer ›prinzipiell unentscheidbaren Frage‹ (Heinz von Foerster) darstellt« (DGSv, 2011b, S. 1). Schein (2010), der seit den 1960er Jahren maßgeblich Forschung und Beratung im Bereich der Prozessberatung vorangetrieben hat, geht im Vergleich sogar noch einen Schritt weiter und resümiert sein Leben als Wissenschaftler und Berater wie folgt:

> »Ich glaube mittlerweile, dass die soziale und psychische Dynamik des Helfens immer die gleiche ist, ob es darum geht, jemandem den Weg zu erklären, eine Führungskraft zu coachen oder einen kranken Ehepartner zu pflegen. Deshalb stelle ich zahlreiche Beispiele aus meiner persönlichen und beruflichen Erfahrung vor. Geholfen wurde mir in der Psychotherapie, durch Tennisstunden und auf zahllose andere Weise. Geholfen habe ich als Ehemann, als Vater von drei Kindern und Großvater von sieben Enkeln, als Lehrer, als Berater von einzelnen Klienten und von Organisationen und als jahrelanger Pfleger meiner an Brustkrebs erkrankten Frau. Erst wenn man die Ähnlichkeiten all dieser verschiedenen Situationen erkennt, kann man eine umfassende Theorie des Helfens entwickeln« (S. 13).

Allen Prozessberatungsformaten ist letztlich gemein, dass dabei nicht die eigene Fachexpertise im Vordergrund steht, die in Form von Vorschlägen oder Konzepten eingebracht wird, sondern die Gestaltung des Beratungsprozesses an sich (vgl. Reddy, 1997; Reineck u. Anderl, 2012). Die Beratungsrolle entspricht eher der Rolle, die im englischsprachigen Raum vor allem im Gruppenkontext als »facilitator« bezeichnet wird (z. B. Schwarz, 2002).

3.3 Begriffsklärung Kompetenz

Der Kompetenzbegriff geht auf McClellands einflussreichen Artikel »Testing for competence rather than intelligence« (1973) zurück, der »den Grundstein gelegt hat für die beachtliche »Competency«-Bewegung der letzten zwei Jahrzehnte« (Sarges, 2006, S. 133). McClelland plädierte darin dafür, in der beruflichen Auswahl und Förderung statt auf allgemeine Leistungsmerkmale wie Intelligenz (oder Kreativität) stärker auf anforderungsorientierte leistungrelevante Merkmale einer beruflichen Rolle zu achten und diese gezielt zu erfassen. Ebenso skizzierte er eine neue Forschungsmethodik (Behavioral Event Interview; McClelland, 1998), die heute in der Eignungsdiagnostik (vor allem im Management) weite Verbreitung gefunden hat.

Im deutschsprachigen Raum wurde die weitere Erforschung beruflicher Kompetenzen durch Projekte der Arbeitsgemeinschaft Betriebliche Weiterbildungsforschung e. V. (ABWF) stark gefördert. Dies resultierte in verschiedenen Publikationen, in denen sich Erpenbeck als federführend zeigte (z. B. Erpenbeck u. Heyse, 1999; Erpenbeck u. von Rosenstiel, 2007; Heyse, Erpenbeck u. Ortmann, 2010). Erpenbecks Definition ist wie folgt: »Kompetenzen sind Fähigkeiten einer Person zum selbstorganisierten kreativen Handeln in für sie bisher neuen Situationen (Selbstorganisationsdispositionen)« (Erpenbeck, 2010, S. 15). Damit nimmt er allerdings eine relativ breite und unscharfe Definition des Kompetenzbegriffs vor (vgl. Kompetenz, 2014), die auch für die im Handbuch Kompetenzmessung (Erpenbeck u. von Rosenstiel, 2007) aufgeführten Verfahren verwendet wird. Auch in der Beratungspraxis wird der Kompetenzbegriff kaum präziser benutzt (z. B. Lenbet, 2004).

Der ursprünglichen Idee von McClelland folgt eher die Definition von Spencer und Spencer (1993, S. 9., e. Ü.), die in ihrem Werk einen breiten Überblick zu Kompetenzmodellen geben: »Eine Kompetenz ist eine zugrundeliegende Charakteristik einer Person, die kausal mit überdurchschnittlicher Leistung verknüpft ist, die anhand von Kriterien definiert ist.« Das bedeutet, dass von einer Kompetenz tatsächlich erst dann gesprochen werden kann, wenn dadurch ein bestimmtes Leistungsniveau vorhergesagt und anhand von bestimmten Kriterien gemessen werden kann. Insofern wird damit der Anspruch einer Kompetenzskalierung verfolgt. Diese findet sich in Niveaumodellen der Kompetenz wieder, die Hartig und Klieme (2006, S. 133) wie folgt erklären: »Es geht hierbei z. B. um die Frage, welche spezifischen Anforderungen eine Person mit einer hohen Kompetenz bewältigen kann und welche Anforderungen eine Person mit einer niedrigen Kompetenz gerade noch bewältigt und welche nicht.«

Der Kompetenzbegriff sowie die daraus folgenden Kompetenzmodelle können insofern sehr unterschiedlich ausfallen: »In Abhängigkeit von der jeweiligen Perspektive variieren die Kompetenzdefinitionen, Untersuchungsprogramme, Erhebungsverfahren und Auswertungsstrategien« (Bundesinstitut für Berufsbildung, 2010, S. 3). So zeigte beispielsweise Weinert (1999) im Auftrag der OECD auf, dass es verschiedene Varianten des Kompetenzbegriffs gibt, je nachdem, ob rein kontextspezifische Leistungsdispositionen oder auch motivationale oder weitere Aspekte berücksichtigt werden.

In dieser Arbeit wird ein Kompetenzverständnis, wie es von McClelland (1973), Boyatzis (1982) und Spencer und Spencer (1993) vertreten wird, zu Grunde gelegt. Abbildung 23 illustriert dieses Kompetenzverständnis anhand zweier Graphiken.

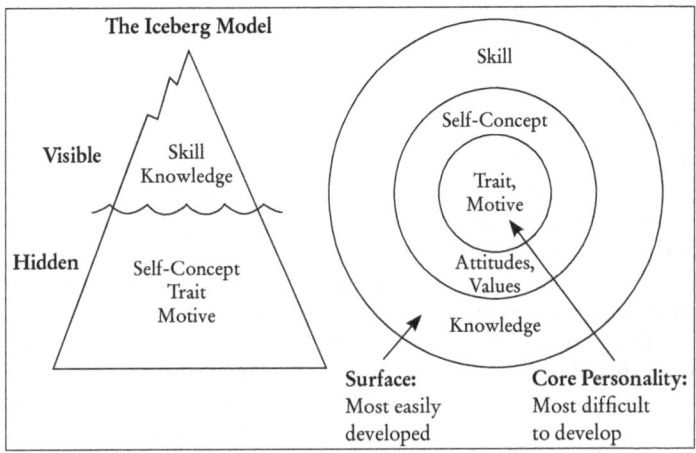

Abbildung 23: Unterschiedliche Ebenen von Kompetenzen (Spencer u. Spencer, 1993, S. 11)

Nach ihnen setzt sich Kompetenz aus mehreren Aspekten zusammen, die sich auf verschiedene Ebenen beziehen. Spencer und Spencer (1993) illustrieren dies mit dem Bild eines Eisberges, bei dem oberhalb der Wasseroberfläche die eher leicht sichtbaren Aspekte und unterhalb davon die eher verborgenen (oder daher nicht so schnell erkennbaren) Aspekte einer Person liegen. Der rechte Teil in Abbildung 23 veranschaulicht diese Aspekte anhand des gedachten Bildes einer Zwiebel, bei der jede Schicht einen unterschiedlichen Aspekt darstellt, wobei die äußeren Schichten (z. B. Wissen und Fähigkeiten) leichter zu verändern sind als die inneren Schichten (z. B. Selbstkonzept, Einstellungen und Werte). Boyatzis (1982, S. 33) stellte bereits in seiner Erläuterung der verschiedenen Kompetenzebenen eine Beziehung zu Ich-Entwicklung her und sah einen Zusammenhang vor allem auf der Ebene des Selbstkonzepts. Im Folgenden sind die verschiedenen Ebenen anhand des »aktiven Zuhörens« veranschaulicht, ein Aspekt, der in allen Prozessberatungsansätzen als grundlegende Anforderung vorkommt (vgl. Binder, 2004). Dieser Aspekt findet sich beispielsweise auch in der Kompetenzskala zu »Interpersonellem Verstehen« von Spencer und Spencer (1993, S. 39) wieder.

Das Wissen zum Konzept des aktiven Zuhörens oder die rein »technische« Komponente der Fähigkeit des aktiven Zuhörens, das heißt wie man beispielsweise Aufmerksamkeitsreaktionen (Nicken, Äußerungen wie »mhm«, »ah …«), Paraphrasieren oder Verbalisieren einsetzt, sind leichter zu entwickelnde und eher »äußere« Bestandteile einer Kompetenz. Die dahinterliegenden Einstellungen und Werte (z. B. dass eine Person ein intensives und intimes Zuhören tatsächlich schätzt) oder das tiefer verankerte Selbstkonzept (z. B. sich als wahrer Dienstleister und Ermöglicher des Beratungskunden zu sehen und ohne eigene »Heldenattitüden« zu agieren; vgl. Block, 1993) sind hingegen schwieriger zu verändern, wenn eine Person diese nicht von sich aus bereits aufweist. Auf einer noch tieferen, den Kern einer Person berührenden Ebene spielen möglicherweise entsprechende Eigenschaften (z. B. hohe Verträglichkeit im Sinne der Big-Five-Eigenschaften nach McCrae und Costa, 1997) oder zugrundeliegende Motive (z. B. Beziehungsmotivation) eine Rolle. Da letztere am stabilsten über die Zeit hinweg sind, sind sie auch am schwersten zu verändern.

Rückle, einer der ersten deutschsprachigen Berater und Autoren zum Thema Coaching bringt diese Unterschiede zwischen äußeren Ebenen (z. B. Können) und tiefer liegenderen Ebenen einer Person auf den Punkt: »Wer nicht interessiert ist, dem fallen auch keine Fragen ein, selbst wenn er Fragetechnik vor und rückwärts gelernt hat. Wer nicht couragiert ist, der formuliert auch keine Kritik, selbst wenn er Ich-Botschaften eingebleut bekam« (Rückle, 1992, S. 75).

In seinem Fazit zu den letzten 30 Jahren empirischer Kompetenzforschung zeigt Boyatzis (2008) auf, dass es vor allem drei leistungskritische Kompetenzcluster gibt. Diese unterscheiden in vielen Berufen zwischen durchschnittlicher und überdurchschnittlicher Leistung. Dazu gehören:
1. Kognitive Kompetenzen, zum Beispiel Systemdenken oder das Erkennen von Mustern;
2. Emotionale Kompetenzen, zum Beispiel Bewusstheit über Emotionen und emotionale Selbstkontrolle;
3. Soziale Kompetenzen, zum Beispiel Bewusstheit über soziale Phänomene, Beziehungsmanagement oder Empathie.

Fachliches Know-how oder spezifische Erfahrungen hingegen zählt Boyatzis zu sogenannten »Schwellenkompetenzen«. Diese müssen als Eingangsanforderung vorausgesetzt werden, um eine bestimmte Tätigkeit prinzipiell gut ausüben zu können. Sie differenzieren allerdings nicht gut zwischen unterschiedlichen Leistungsniveaus.

3.4 Inhaltliche Parallelen zwischen Kompetenzanforderungen an Berater und Aspekten der Ich-Entwicklung

Die Vielzahl von Studien, die sich auf einzelne Bereiche des Modells der Ich-Entwicklung beziehen, legen bereits einen Zusammenhang zu Aspekten nahe, die auch für Beratung relevant sind. Dazu zählen beispielsweise die klassischen Studien von Lorr und Manning (1978) zu interpersonellem Stil oder von Candee (1974) zum Bewusstseinsfokus. In Abschnitt 2.1.4 wurde aufgezeigt, dass sich Ich-Entwicklung in vier eng aufeinander bezogenen Bereichen vollzieht (siehe S. 38). Diese eignen sich als Ausgangspunkt, um mögliche Zusammenhänge zwischen Ich-Entwicklung und beratungsrelevanten Kompetenzaspekten zu erkennen. Im Verlauf von Ich-Entwicklung beispielsweise kommt es
1. zu einer immer größeren Unabhängigkeit von externen und internen Einflüssen, der Entwicklung eigener Maßstäbe, umfassenderer Moralvorstellungen und schließlich des Transzendierens der eigenen Maßstäbe (Charakter),
(mögliche Vorteile für den Beratungsprozess: zum Beispiel eigene Impulse stärker kontrollieren zu können, leichter mit Feedback vom Kunden umzugehen, eine unabhängigere Position einzunehmen, die eigene Position stärker hinterfragen zu lassen),

2. wird stärker auf Selbstbestimmung Anderer geachtet und es werden immer mehr auf Gegenseitigkeit beruhende Beziehungen geschätzt (interpersoneller Stil),
(mögliche Vorteile für den Beratungsprozess: zum Beispiel leichter eine Position auf Augenhöhe im Beratungsprozess einnehmen zu können, ihn nicht in eine bestimmte Richtung zu beeinflussen, die Entscheidungsfreiheit beim Gegenüber zu lassen),
3. nimmt die Fähigkeit zu, innere als auch äußere Aspekte von Personen und Beziehungen und deren Verknüpfung wahrzunehmen sowie einen breiteren Blick auf die soziale Umwelt einzunehmen (Bewusstseinsfokus),
(mögliche Vorteile für den Beratungsprozess: zum Beispiel stärkeres Erkennen persönlicher Muster, größere Berücksichtigung verschiedener Aspekte im Beratungskontext z. B. Gründe für Verhalten, momentaner emotionaler Zustand, Beziehungsabhängigkeiten),
4. kann eine Person komplexer und mit mehr Abstand wahrnehmen, unterschiedliche Aspekte einer Situation zusammen denken, leichter verschiedene Sichtweisen einnehmen und besser Uneindeutigkeiten akzeptieren (kognitiver Stil),
(mögliche Vorteile für den Beratungsprozess: zum Beispiel feinere Unterscheidungen relevanter Themen treffen zu können, prozesshaftere Sicht auf die Beratungsthemen einzunehmen, leichteres Umdeuten schwieriger Situationen).

3.4.1 Methodisches Vorgehen

Kompetenzanforderungen an (Prozess-)Berater finden sich in einer kaum zu überschauenden Zahl von Veröffentlichungen. Das Spektrum ist äußerst vielfältig und reicht von Anforderungsüberblicken aus Praktikersicht (z. B. Rappe-Giesecke, 1999, S. 86 ff.; Schreyögg, 2012, S. 151 ff.) bis zu empirischen Studien zu Anforderungen aus Kundensicht (z. B. Brandenberger u. Gassmann, 2006). Um eine nachvollziehbare und breite Auswahl an Quellen zu gewährleisten, die vor allem die Praktikersicht berücksichtigt, wurden die von Beratungsverbänden formulierten Anforderungen an ihre Mitglieder als Quellen für die zu klärende Fragestellung ausgewählt. Anhand der dort auffindbaren Aussagen wird analysiert und beispielhaft illustriert, inwiefern sich dort Parallelen zu Aspekten der Ich-Entwicklung finden. Viele Berufsverbände haben mittlerweile eigene Richtlinien (z. B. DCV), Standards (z. B. DGSv), Anforderungen an Zertifizierung (z. B. ICF) oder Kompetenzrahmen (z. B. EMCC) publiziert. Diese wurden in der Regel aus einem längeren Diskurs führender Vertreter dieses Fachs und unter Zuhilfenahme wissenschaftlicher Erkenntnisse gewonnen. Insofern ist davon auszugehen, dass diese Quellen einen guten Querschnitt zu Kompetenzanforderungen an Berater widerspiegeln. Denn darin zeigen sich das professionelle Selbstverständnis und die offiziell geforderten oder sogar zertifizierten Kompetenzen der in diesem Verband organisierten Berater.

3.4.1.1 Auswahl der Berufsverbände

Allein für die prozessorientierten Beratungsformate existiert eine große Zahl von Berufsverbänden. Ein Vergleich aller dieser Verbände in Hinblick auf ihre Kompetenzanforderungen würde eine eigenständige Forschungsarbeit erfordern. Um eine für die im Rahmen dieser Arbeit durchzuführende explorative Studie bearbeitbare Zahl zu erreichen, die zugleich ein breites und repräsentatives Bild ergibt, wurden folgende Kriterien für die Auswahl definiert:
- Sprache des Berufsverbandes (Deutsch),
- Größe des Berufsverbandes (Anzahl Mitglieder oder zertifizierter Berater),
- besondere Bedeutung des Verbandes (z. B. als Kongressveranstalter),
- Vorhandensein explizit formulierter Angaben oder Hinweise zu Kompetenzanforderungen an Berater (d. h. nicht nur formal überprüfbare Kriterien wie Ausbildungsnachweise oder reine Ethikrichtlinien),
- kein explizites Vertreten eines bestimmten Beratungsansatzes (z. B. nur systemische Beratung, NLP, Gruppendynamik).

Anhand dieser Kriterien wurden insgesamt sechs Berufsverbände ausgewählt, die im Folgenden jeweils anhand kurzer Angaben beschrieben werden (Stand September 2012):
1. Deutsche Gesellschaft für Supervision (DGSV)
   (größter deutschsprachiger Verband mit über 3800 Beratern und 40 Weiterbildungsinstitutionen, eigenem Kongress und eigener Fachzeitschrift),
2. Deutscher Verband für Coaching und Training (DVCT)
   (ca. 1050 Mitglieder, davon ca. 630 im Bereich Coaching zertifiziert),
3. Deutsche Gesellschaft für Coaching e. V. (DGfC)
   (ca. 290 Mitglieder, eigene Fachtagung),
4. Deutscher Berufsverband für Coaching e. V. (DBVC)
   (ca. 200 Mitglieder, eigener Coachingkongress und Coachingpreis),
5. Deutscher Coaching Verband e. V. (DCV)
   (ca. 170 Miglieder, eigener Coachingkongress),

6. International Coach Federation (ICF), deutsches Chapter (größter internationaler Coachingverband mit über 19.000 Mitgliedern und deutschem Chapter, eigener Kongress und Award).

3.4.1.2 Auswahl und Auswertung der Kompetenzanforderungen

Grundlage der Auswahl sind ausschließlich die auf den jeweiligen Websites der sechs ausgewählten Berufsverbände verfügbaren Quellen, in denen Kompetenzanforderungen beschrieben sind. Aus diesen Quellen wurden nur diejenigen ausgewählt, die vom Berufsverband selbst autorisiert sind, das heißt keine Quellen, die von einzelnen Mitgliedern oder Funktionären verfasst wurden. Damit wurde sichergestellt, dass die dort findbaren Anforderungen an Berater die offizielle Meinung des Berufsverbandes widerspiegeln (zum Stand September 2012).

Im ersten Schritt wurden aus den vorfindbaren Quellen jeweils diejenigen Aussagen zu Kompetenzanforderungen oder Aspekte von Kompetenzanforderungen ausgewählt, bei denen Parallelen zu Ich-Entwicklung zu vermuten sind. Diese betreffen vor allem die von Boyatzis (2008) beschriebenen drei leistungskritischen Kompetenzcluster (1. Kognitive Kompetenzen, 2. Emotionale Kompetenzen, 3. Soziale Kompetenzen). Von der Analyse ausgeschlossen wurden daher Kompetenzanforderungen, die nur Aussagen zu spezifischer Fachlichkeit (z. B. »sozial- und humanwissenschaftliche Grundkenntnisse«, DGfC, 2011, S. 4) oder bestimmter Methodik beinhalten (z. B. »wie er den jeweiligen Coaching-Kontrakt [als Einzel-, Dreiecks- oder Viereckskontrakt] gestalten sollte«, Schreyögg, 2009, S. 39). Um eine maximale Nachvollziehbarkeit zu gewährleisten, sind die ausgewählten Kompetenzanforderungen pro Beratungsverband mit einer kurzen Einleitung zur Art der Quelle (z. B. aus »Berufsbild Supervisor/in DGSv« oder »Standards Qualifizierung zum Coach DGfC«) versehen und jeweils im Original zitiert.

Im zweiten Schritt wurden alle ausgewählten und im Folgenden aufgeführten Quellen nach inhaltlichen Parallelen zu Aspekten der Ich-Entwicklung ausgewertet. Damit wurde herausgearbeitet, inwiefern die von den Beratungsverbänden beschriebenen Kompetenzanforderungen implizite Anforderungen an Persönlichkeitsentwicklung im Sinne von Ich-Entwicklung beinhalten. Die beiden Leitfragen für die Analyse der ausgewählten Textquellen waren:

1. Inwiefern sind in den Kompetenzanforderungen Aspekte von Ich-Entwicklung zu finden?
2. Inwiefern enthalten die Kompetenzanforderungen Hinweise auf bestimmte Stufen der Ich-Entwicklung, die als Voraussetzung für eine konsistente Verfügbarkeit dieser Kompetenzen scheinen?

Um herauszufinden, inwiefern sich die vier Bereiche der Ich-Entwicklung unterschiedlich stark in den Kompetenzanforderungen widerspiegeln, wurden zudem alle Aussagen in Hinblick darauf ausgewertet. Dabei wurden folgende vier Codes vergeben:
- Charakter [CH],
- Interpersoneller Stil [IS],
- Bewusstseinsfokus [BF],
- Kognitiver Stil [KS].

Findet sich in den Aussagen eine Parallele zu einem oder mehreren Bereichen der Ich-Entwicklung, sind die jeweiligen Codes hinter der entsprechenden Textpassage eingefügt. Um bei längeren Textpassagen die Zuordnung der Codes zu den jeweils betreffenden Textstellen transparent zu machen, finden sich die Codes dazu direkt im Text wieder. Die vier Codes wurden auf Grundlage der im ersten Teil aufgeführten Beschreibungen der einzelnen Ich-Entwicklungsstufen (siehe S. 32) vergeben. Hinzugezogen wurden dabei insbesondere die Übersicht von Loevinger, in der die vier Bereiche über die einzelnen Ich-Entwicklungsstufen hinweg zusammen dargestellt werden (Loevinger, 1976, S. 24–25), sowie die Kennzeichen der Ich-Entwicklung über die verschiedenen Stufen, wie sie von Hy und Loevinger (1996) aufbereitet wurden. Die direkt in die entsprechenden Textpassagen eingefügten Codes geben einen Eindruck davon, welche und wie viele Parallelen zwischen der jeweiligen Kompetenzanforderung und Ich-Entwicklung existieren.

Im dritten Schritt wird anhand von drei Kompetenzanforderungen unterschiedlicher Beratungsverbände beispielhaft illustriert, wie die Codevergabe [CH, IS, BF, KS] inhaltlich vor dem Hintergrund des Modells der Ich-Entwicklung begründet wird. Ebenso wird aufgezeigt, wie vor diesem Hintergrund ein Mindestlevel an Ich-Entwicklung für die jeweils analysierte Kompetenzanforderung anzunehmen ist.

3.4.2 Ergebnisse: Aspekte der Ich-Entwicklung in Kompetenzanforderungen von Beratungsverbänden

Die Berufsverbände unterscheiden sich darin, ob Aussagen zu Kompetenzanforderungen in einem expliziten Kompetenzmodell definiert sind (z. B. ICF/deutsches Chapter, DVCT) oder in verschiedenen Publikationen neben anderen Voraussetzungen auftauchen (z. B. DGSv). Obwohl nur Beratungsverbände in die Auswahl aufgenommen wurden, bei denen explizit formulierte Aussagen oder Hinweise zu Anforderun-

gen an Berater zu finden sind, zeigen die verfügbaren Quellen zudem große Unterschiede bezüglich
- des Umfangs (wie viel zu den einzelnen Kompetenzanforderungen geschrieben wird) und
- der Konkretheit der Aussagen (wie explizit die Aussagen die jeweilige Kompetenzanforderung beschreiben).

Um den im Umfang stark variierenden Quellen Rechnung zu tragen, ist im Folgenden pro Berufsverband eine etwa gleich große Anzahl an analysierten Textstellen aufgeführt und mit entsprechenden Codes für die vier Bereiche versehen. Bei den ersten fünf Beratungsverbänden (DGSV, DVCT, DGfC, DBVC, DCV) entsprechen die aufgeführten Textstellen allen Aussagen, bei denen sich Parallelen zu mindestens einem Bereich der Ich-Entwicklung finden lassen. Bei den Kompetenzanforderungen des deutschen Chapter des ICF wird unter den relevanten Kompetenzen eine beispielhafte Auswahl an Unteraspekten vorgestellt.

1. Deutsche Gesellschaft für Supervision (DGSv)
Die DGSv hat kein Kompetenzmodell für Supervisoren definiert. Aussagen zu Anforderungen finden sich allerdings in zwei unterschiedlichen Quellen. Die Erwartung an ausgebildete Teilnehmer wird von der DGSv (2012a) in ihrer Broschüre »Hochwertige Qualifikationen für Supervision und Coaching. Weiterbildungen und Studiengänge« wie folgt beschrieben:

> »Der erfolgreiche Abschluss einer von der DGSv zertifizierten Weiterbildung oder eines von der DGSv anerkannten Studienganges macht Sie zu einer Beratungsexpertin/einem Beratungsexperten für Fragen, Themen und Herausforderungen in Arbeit und Beruf – prozess- und zugleich ergebnisorientiert, Reflexion anregend und ermöglichend, Knowhow anbietend und immer mit dem verbindenden Blick für die individuelle Person, für ihre jeweilige berufliche Rolle und für die Dynamik der Organisation/des Unternehmens« [KS] [BF] (S. 7).

In Bezug auf die dafür erforderlichen Kompetenzen oder konkrete Anforderungen an die Ausbildungsteilnehmer findet sich in den von der DGSv herausgegebenen Broschüren dazu hingegen wenig (DGSv, 2011a, 2012b, 2013/2014). Allerdings werden in der Broschüre »Berufsbild Supervisor/in DGSv« »Persönliche Voraussetzungen« dazu beschrieben (DGSV, 2002):

»Supervisoren/innen müssen besondere persönliche Voraussetzungen erfüllen. Personen, die Supervision erlernen wollen, müssen darum über folgende Kompetenzen verfügen bzw. in der Lage sein, sie sich anzueignen:
- die Fähigkeit und Bereitschaft, auch in schwierigen oder konflikthaften Situationen die Beziehung zur/zum Supervisanden/in aufrecht erhalten zu können, [CH] [IS]
- Einfühlung in schwierige Supervisanden, ohne sich zu verlieren, [CH] [IS] [BF]
- Sensitivität für innerpsychische Prozesse bei sich und anderen, [BF]
- Sensitivität für soziale Prozesse in Gruppen, Arbeitsteams und Organisationen, [BF] [KS]
- emotionale Klarheit und rationale Schärfe,
- Neugier und Interesse,
- emotionale Stabilität und Belastbarkeit, um Spannungen aushalten und in Spannungsfeldern supervisorisch handlungsfähig bleiben zu können, [CH]
- adäquate Ausdrucks- und Sprachfähigkeit« [BF] [KS] (S. 6).

2. Deutscher Verband für Coaching und Training (DVCT)

Vom Verband ist ein eigenes »DVCT Kompetenzmodell Coach« (DVCT, 2012) entwickelt worden, dass sich im Unterschied zu Wissen und Fähigkeiten an den erweiterten Kompetenzbegriff (im Sinne verschiedener Ebenen) anlehnt. Der DVCT führt auf seiner Website fünf Kompetenzbereiche auf: Persönliche Kompetenz, Handlungskompetenz, fachlich-methodische Kompetenzen, sozial-kommunikative Kompetenzen und Feldkompetenz. Bis auf die fachlich-methodischen Kompetenzen und Feldkompetenz, bei denen es um spezifische Fachkenntnisse, Erfahrungen und Fertigkeiten geht, finden sich in den anderen drei Kompetenzen jeweils Bezüge zu Ich-Entwicklung:

Persönliche Kompetenz
Ein Coach verfügt über Fähigkeiten, die ihm garantieren, reflektiert [CH] [BF] [KS] und selbstorganisiert zu handeln. Im engeren Sinne kann er sich selbst in seiner Tätigkeit einschätzen und hat in diesem Rahmen Werthaltungen entwickelt, eigene Begabungen und Motive identifiziert [CH] [BF] und einen Leistungsvorsatz im Sinne seines Klienten als Coach entfaltet.
In seinem Verhalten als Coach zeigt er ein hohes Maß an Übereinstimmung von Einstellungen, Verhalten und Handeln. [CH] [BF] [KS] Als Coach orientiert sich das Verhalten gegenüber Klienten an dem Wert der Einzigartigkeit der Person. [CH] [IS] Vor diesem Hintergrund entwickelt sich ein Coach in seiner Persönlichkeit weiter.

Handlungskompetenz
Ein Coach ist in der Lage sein Handeln auf eigene Emotionen, Motive, Werte sowie auf alle anderen Fähigkeiten, Erfahrungen und Kompetenzen, die

seinen eigenen Willensantrieb im Coaching beeinflussen, zu überprüfen ... [CH] [BF]
... Im systemischen Kontext berücksichtigt er zusätzlich die Wechselwirkungen einer Veränderung innerhalb des Unternehmens bzw. der Organisation. [BF] [KS]

Sozial-kommunikative Kompetenzen
Ein Coach setzt sich unvoreingenommen mit seinem Klienten und dessen Kontext auseinander ... [CH] Er verhält sich dabei wertschätzend und respektvoll im Umgang mit Klienten und anderen im Prozess beteiligten Personen ... [CH] [IS]
Er nutzt seine Fähigkeiten, um einfühlend zuzuhören, eine Beziehung zum Klienten aufzubauen und angemessen in die Kommunikation mit dem Klienten zu führen. Zur sozial-kommunikativen Kompetenz gehört auch die Fähigkeit, Konflikte wahrzunehmen, sich diesen bewusst und selbstkritisch zu stellen, seinen Standpunkt darzulegen und einen Konsens oder Kompromiss zu finden. [CH] [IS] [BF]

3. Deutsche Gesellschaft für Coaching e. V. (DGfC)
Die DGfC (2011) hat eigene »Standards Qualifizierung zum Coach DGfC«, in denen auf vier Kompetenzbereiche eingegangen wird (S. 4): Selbstkompetenz, Interaktionale Kompetenz, Interventionskompetenz und Theoriekompetenz. Diese vier Kompetenzbereiche sind mit mehreren »Kompetenzarten« unterlegt, die allerdings nur stichpunktartig aufgeführt werden. Der dritte Kompetenzbereich »Interventionskompetenz« bezieht sich auf spezifische methodische Kompetenzen (z. B. »Befähigung zur prozessualen Diagnostik«, »Prozessplanung, Steuerung, Auswertung«). Unter den vierten Kompetenzbereich »Theoriekompetenz« fallen überwiegend Wissensbestandteile (z. B. »Kenntnisse unterschiedlicher Beratungsansätze«), so dass eigentlich nicht von einer Kompetenz, sondern nur einem Aspekt davon gesprochen werden kann (siehe S. 177). Allerdings finden sich dort auch zwei »Kompetenzarten«, die den Umgang mit diesen Wissensbestandteilen betreffen. Bei folgenden Kompetenzarten finden sich Parallelen zu Ich-Entwicklung (DGfC, 2011):

Selbstkompetenz
1. Selbstkenntnis und Selbstreflexion [CH] [BF]
2. Präsenz und Selbstkontakt (Bewusstheit) [BF]
3. Rollenflexibilität [CH] [BF]
4. Ambiguitätstoleranz = Toleranz gegenüber anderer [sic] Lebenswelten und Lebensentwürfen [CH] [IS] [BF] [KS]

Interaktionale Kompetenz
1. Kontakt und Dialogfähigkeit [IS] [BF]
2. Empathie und Abgrenzung [CH] [IS] [BF]
3. Perspektivwechsel und »Übersetzungsfähigkeit« [KS]
4. Verantwortungszuordnung [CH] [IS]

Theoriekompetenz
3. Bereitschaft und Fähigkeit zum Diskurs [CH] [IS]
4. Sensibilität für die eigenen, theoretischen Prägungen [CH] [BF] (S. 4)

4. Deutscher Berufsverband für Coaching e. V. (DBVC)

Der DBVC hat unter dem Titel »Leitlinien und Empfehlungen für die Entwicklung von Coaching als Profession« ein Werk mit dem Untertitel »Kompendium mit den Professionsstandards des DBVC« verfasst (Deutscher Berufsverband für Coaching e. V., 2009). Ein Kapitel davon ist dem Thema »Kompetenzprofil eines Coach« gewidmet. Dort finden sich folgende persönliche Anforderungen (Wolf, 2009):

»Ein Coach muss in der Lage sein, sich selbst effektiv als Werkzeug in der Beratung einzusetzen – jenseits von Darstellungsdrang, aber auch jenseits von Selbstverleugnung [CH] [IS] [BF]. Dazu braucht er als überfachliche Qualifikation insbesondere eine realistische Selbsteinschätzung [CH] [BF], emotionale Stabilität, ein gesundes Selbstwertgefühl [CH] [BF], Verantwortungsbewusstsein [IS], intellektuelle Beweglichkeit [KS] und Einfühlungsvermögen« [IS] [BF] (S. 36).

In dem anschließenden Abschnitt »Die Kernkompetenzen eines Coach« (Schreyögg, 2009) sind drei »Kompetenzgruppen« aufgeführt, die anhand mehrerer Anstriche erklärt werden. In den beiden ersten Kompetenzgruppen (»Der Coach als Analysierender« und »Der Coach als Dialogpartner«) finden sich keine Parallelen zu Ich-Entwicklung. Die Beschreibung der einzelnen Aspekte dieser Kompetenzgruppen bezieht sich ausschließlich auf fachliche oder methodische Aspekte, die nach dem Kompetenzmodell von McClelland beziehungsweise der Übersicht von Spencer und Spencer (siehe Abbildung 23) auf der äußeren Ebene (Wissen, Fähigkeiten) angesiedelt sind – obwohl die Benennungen eher auf persönliche Kompetenzanforderungen hindeuten. Allerdings finden sich Parallelen zu Aspekten der Ich-Entwicklung in der dritten Kompetenzgruppe. Diese ist daher vollständig aufgeführt:

»Kompetenzgruppe 3: Der Coach als normativ Reflektierender – die normative Basis des Coach
Beim Einsatz der Kompetenzen analytischer und methodischer Art ist der Coach idealerweise in der Lage, das einer Theorie oder einer Methode zugrunde liegende Menschenmodell, das heißt die anthropologischen Prinzipien zu reflektieren und auf seine pragmatischen und ethischen Implikationen (Herzog, 1984) hin zu betrachten (siehe dazu die Ausführungen im Ethik-Kodex)« [CH] [KS] (S. 39).

5. Deutscher Coaching Verband e. V. (DCV)
Der DCV hat kein eigenes Kompetenzmodell veröffentlicht. In seiner Ethikrichtlinie (2012, S. 1) findet sich allerdings ein eigener Abschnitt »Berufliche Kompetenz«. Dieser Abschnitt ist in drei Kompetenzen aufgeteilt, die kurz erläutert werden: Fachkompetenz, soziale Kompetenz und persönliche und emotionale Kompetenz. Unter Fachkompetenz finden sich vor allem Verhaltenverpflichtungen wie beispielsweise »seine Beratungskompetenz zum Wohlbefinden und im Interesse der Klienten zu nutzen«. Diese »Kompetenz« wird daher nicht extra aufgeführt, ebenso wie die Aufforderung zur Supervision. Bei folgenden Kompetenzen zeigen sich Parallelen zu Ich-Entwicklung (DCV, 2012):

Soziale Kompetenz:
Ein DCV-Coach benutzt seine kommunikativen Fähigkeiten und Techniken zum Wohle der KlientInnen. [CH] [IS] Er verhält sich in seiner Rolle kongruent. [BF] Er hat einen erweiterten Verhaltensspielraum und berücksichtigt in seinem Vorgehen die aktuelle und zukünftige Gesamtsituation der KlientInnen. [BF] [KS] Er achtet bei Veränderungsarbeiten auf das Gesamtsystem der KlientInnen. [BF] [KS]

Persönliche und emotionale Kompetenz:
Ein DCV-Coach hat Zugang zu seinen eigenen Ressourcen und Fähigkeiten und verfügt über Selbstwahrnehmung, Selbstregulierung [BF] [KS], Motivation, Empathie [IS]. Er hat seine persönliche Biografie weitgehend aufgearbeitet [CH] (S. 1).

6. International Coach Federation (ICF)
Der ICF verfügt über eine international gültige Zusammenstellung zentraler Kompetenzen, die von ICF-zertifizierten Coaches erwartet werden und beim deutschen Chapter etwas kürzer gefasst sind. Die elf Kernkompetenzen fasst der ICF in vier Gruppen zusammen, die in etwa dem Ablauf eines Coachingprozesses entsprechen. Dies sind (ICF, 2012): I. Grundlagen schaffen (Kompetenzen 1–2), II. Die Beziehung gemeinsam gestalten (Kompetenzen 3–4), III. Effektives Kommunizie-

ren (Kompetenzen 5–7), IV. Lernen und Erleichtern von Ergebnissen fördern (Kompetenzen 8–11). Parallelen zu Ich-Entwicklung zeigen sich bei den Kompetenzen 3 bis 5 und 7 bis 8. Im Folgenden sind für jede der fünf Kompetenzen zwei Aspekte aus der Broschüre (ICF, 2012) beispielhaft aufgeführt:

3. Vertrauen und Vertrautheit mit dem Klienten herstellen:
d. Zeigt Respekt für die Wahrnehmungen des Klienten, seinen oder ihren Lernstil und seine oder ihre individuelle Persönlichkeit, [CH] [IS]
f. Bittet den Klienten um Erlaubnis, wenn im Coaching-Prozess neue, sensible Gebiete berührt werden [IS] [BF].

4. Präsenz beim Coaching:
f. Hat keine Angst davor, den Blickwinkel zu ändern und experimentiert mit den Möglichkeiten des eigenen Handelns, [CH] [KS]
g. Zeigt Selbstvertrauen im Umgang mit starken Emotionen, hat sich im Griff und wird weder durch die Emotionen des Klienten überwältigt noch in sie verstrickt [CH] [BF] (S. 2).

5. Aktives Zuhören:
a. Geht auf den Klienten/die Klientin und seine/ihre Anliegen und Ziele ein und gibt nicht umgekehrt Ziele vor, nach denen sich der Klient/die Klientin richten soll, [CH] [IS]
e. Ermutigt und bestärkt den Klienten/die Klientin darin, Gefühle, Wahrnehmungen, Bedenken, Überzeugungen, Vorschläge usw. auszudrücken und akzeptiert und erforscht diese [IS] [BF] (S. 2–3).

7. Direkte Kommunikation:
b. Hilft dem Klienten/der Klientin, das, was sie/er möchte oder worüber sie/er unsicher ist aus einem anderen Blickwinkel zu sehen … [BF] [KS]
d. Gebraucht eine respektvolle Sprache, die dem Klienten/der Klientin angemessen ist (die also beispielsweise nicht sexistisch, rassistisch, und auch nicht zu technisch ist …) [CH] [IS] [BF] (S. 3).

8. Bewusstsein schaffen:
a. Geht bei der Einschätzung der Anliegen des Klienten/der Klientin über das Gesagte hinaus und hängt nicht an dessen/deren Beschreibung fest, [BF] [KS]
c. Identifiziert die eigentlichen Anliegen des Klienten/der Klientin, seine oder ihre typische und festgelegte Art, sich selbst und die Welt wahrzunehmen, die Unterschiede zwischen Fakten und ihrer Interpretation sowie die Unterschiede zwischen Gedanken, Gefühlen und Handlungen [BF] [KS] (S. 4).

3.4.3 Beispielhafte Begründungen für inhaltliche Parallelen und vorauszusetzende Mindestniveaus an Ich-Entwicklung

In den oben aufgeführten Kompetenzanforderungen der Beratungsverbände lassen sich neben den jeweils damit korrespondierenden vier Bereichen der Ich-Entwicklung in einigen Aussagen auch Mindestanforderungen bezüglich der dafür vorauszusetzenden Ich-Entwicklungsstufe erkennen. Eine ähnliche Vorgehensweise findet sich bei Laske (2010), der entwicklungsbezogene Mindestanforderungen der ICF-Kompetenzen anhand von Kegans Modell untersucht. Laske kommentiert dabei intensiv die fünfte Kompetenz des ICF (aktives Zuhören), der er einen eigenen Abschnitt widmet (S. 53–59). Dort kommt er zu folgendem Schluss:

»Wir haben oben behauptet, dass die ICF-Definition implizit von Coachs verlangt, zumindest auf S-3 [~ E4] hin entwickelt zu sein und idealerweise zumindest die Stufe S-4 [~ E6] erreicht zu haben. Anders ist ein echter Dialog, ganz zu schweigen von echter Kommunikation, gar nicht möglich und auch kein ›Verstehen des Klienten‹ als einer Person jenseits der Abhängigkeit des Beraters von eben dieser Klientenbeziehung. Wir haben gesehen, dass solange der Berater seine Bedeutungen von S-3 her bildet, das Bild, das sich der Berater von seinem Klienten macht, hochgradig mit dem Selbstverständnis des Coachs vermischt ist, das sich auf die tatsächlichen oder vermuteten Erwartungen Anderer beruft« (S. 59).

Im Folgenden wird die Zuordnung der Codes zu den oben aufgeführten Kompetenzanforderungen an Berater anhand dreier Beispiele unterschiedlicher Beratungsverbände illustriert. Sowohl die Vergabe der einzelnen Codes als auch die zum Ausdruck kommenden Mindestanforderungen werden dazu jeweils begründet.

1. Beispiel: (DGSv, 2002, S. 6):

»Supervisoren/innen müssen besondere persönliche Voraussetzungen erfüllen. Personen, die Supervision erlernen wollen, müssen darum über folgende Kompetenzen verfügen bzw. in der Lage sein, sie sich anzueignen: die Fähigkeit und Bereitschaft, auch in schwierigen oder konflikthaften Situationen die Beziehung zur/zum Supervisanden/in aufrecht erhalten zu können ...« [CH] [IS].

In dieser Kompetenzanforderung spiegeln sich Aspekte der Bereiche Charakter und interpersoneller Stil von Ich-Entwicklung wider. Nach den Formulierungen der DGSV scheint dies mindestens Errungenschaften einer voll entwickelten Eigenbestimmten Stufe (E6) vorauszusetzen. Auf dieser Stufe hat ein Mensch für sich eigene Maßstäbe und Werte entwickelt, die er unabhängig von anderen vertreten kann. Er fühlt sich bei Kritik oder Gegenwind weniger infrage gestellt, sondern kann nunmehr kritische Aspekte bei sich prüfen und verfügt zudem über ein ausgewogenes Maß an Selbstkritik [CH]. In Bezug auf den interpersonellen Stil zeichnet diese Stufe (E6) eine Konzeption von Gegenseitigkeit in interpersonellen Beziehungen sowie ein grundlegendes Interesse an Kommunikation aus, ebenso das Interesse, die Perspektive des anderen einzunehmen [IS].

2. Beispiel: (DCV, 2012, S. 1):

»Ein DCV-Coach hat Zugang zu seinen eigenen Ressourcen und Fähigkeiten und verfügt über Selbstwahrnehmung, Selbstregulierung ...« [BF] [KS].

In dieser Kompetenzanforderung spiegeln sich Aspekte der Bereiche Bewusstseinsfokus und kognitiver Stil der Ich-Entwicklung wider. Unabhängig von zeitlich begrenzten Zuständen, die natürlich die Handlungsfähigkeit beeinflussen können, scheint auch diese Aussage mindestens Errungenschaften der Eigenbestimmten Stufe (E6), wenn nicht sogar mehr, vorauszusetzen. Dann hat sich der prinzipielle Bewusstseinsfokus eines Menschen so erweitert, dass er sowohl äußere als auch innere Aspekte in seine Wahrnehmung integriert, wobei innere Aspekte (z. B. Gefühle oder Stimmungen) bereits differenziert wahrgenommen werden [BF]. Hy und Loevinger (1996, S. 6, e. Ü.) bemerken beispielsweise zu dieser Stufe: »Innere Zustände und individuelle Unterschiede werden in klaren und differenzierten Begriffen beschrieben.« Mit dieser Stufe geht ein kognitiver Stil einher, der eine gewisse konzeptionelle Komplexität aufweist und dadurch erst das Erkennen von hinterliegenden Mustern erlaubt (wie z. B. verfügbare innere Ressourcen). Auch werden absolute Aussagen nunmehr eingegrenzt oder Alternativen kombiniert, die auf früheren Stufen noch als entgegen gesetzte Pole erscheinen [KS]. Beides sind auch Voraussetzungen für effektive Selbstregulierung.

3. Beispiel (ICF, 2012, S. 4):

»Identifiziert die eigentlichen Anliegen des Klienten/der Klientin, seine oder ihre typische und festgelegte Art, sich selbst und die Welt wahrzunehmen, die Unterschiede zwischen Fakten und ihrer Interpretation sowie die Unterschiede zwischen Gedanken, Gefühlen und Handlungen ...« [BF] [KS].

Inhaltliche Parallelen 193

In dieser Kompetenzanforderung spiegeln sich Aspekte der Bereiche Bewusstseinsfokus und kognitiver Stil wider, die ein frühes postkonventionelles Entwicklungsniveau als Mindestanforderung nahelegen. Bezüglich des Bereichs Bewusstseinsfokus [BF] benennen Personen ab der Relativierenden Stufe (E7) (erste postkonventionelle Stufe) zunehmend Unterschiede zwischen Gedanken und Gefühlen oder zwischen dem Ergebnis und dem dazu führenden Prozess. Auch achten Personen ab dieser Entwicklungsstufe mehr auf Unterschiede zwischen dem, wie etwas erscheint und was möglicherweise dahinter steht oder vorgeht. Auch bezüglich des Bereichs kognitiver Stil [KS] sind hier eher postkonventionelle Aspekte angesprochen. Hy und Loevinger (1996, S. 6, e. Ü.) machen beispielsweise auf folgenden Unterschied aufmerksam: »Wo eine Person auf der Eigenbestimmten Stufe einen klaren Sinn für individuelle Unterschiede hat, besitzt eine Person auf der nächsten Stufe (Relativierende) einen Sinn für Individualität, für die Persönlichkeit als ganzes oder ihren Lebensstil.« Und ebenso werden erst ab der postkonventionellen Ebene Kontextgebundenheit und Relativität von Standpunkten sowie kulturelle Prägungen, die zu bestimmten Wahrnehmungen und Interpretationen führen, prinzipiell in Rechnung gestellt.

3.4.4 Fazit

Obwohl die verschiedenen Beratungsverbände unterschiedlich viele und unterschiedlich konkrete Aussagen zu nichtfachlichen Kompetenzen von Beratern machen, finden sich bei allen davon Inhalte mit Parallelen zum Modell der Ich-Entwicklung. In den analysierten und oben aufgeführten Aussagen zu Kompetenzanforderungen an Berater wurde bei allen Beratungsverbänden auch eine Vielzahl von Aspekten identifiziert, die im Zusammenhang mit Ich-Entwicklung stehen. Interessanterweise tauchen in den Aussagen aller sieben Berufsverbände gleichsam Aspekte aller vier Bereiche von Ich-Entwicklung auf (Charakter, interpersoneller Stil, Bewusstseinsfokus, kognitiver Stil). Viele Aussagen zu Kompetenzanforderungen betreffen zudem gleichzeitig zwei oder sogar mehrere Bereiche der Ich-Entwicklung. Nach Loevingers Modell wäre dies auch zu erwarten, da die vier Bereiche zwar gedanklich zu trennende, aber in hohem Zusammenhang stehende Aspekte sind, die in ihrem Zusammenspiel die Entwicklungssequenz ausmachen.

Ein Teil der mit diesem Abschnitt zu klärenden theoretischen Frage kann damit klar beantwortet werden: Es bestehen deutliche inhaltliche Parallelen zwischen Kompetenzanforderungen an Berater und Aspekten der Ich-Entwicklung.

Inwiefern diese inhaltlichen Parallelen mit relevanten Aspekten der späteren (postkonventionellen) Stufen der Ich-Entwicklung einhergehen, kann allerdings nicht sicher, aber zumindest tendenziell beantwortet werden. Die stark unterschiedliche Qualität der Kompetenzanforderungen verschiedener Berufsverbände erlaubt es zwar nur in einigen Fällen, auf ein bestimmtes Mindestniveau an Ich-Entwicklung zu schließen (wie in den oben detailliert begründeten drei Beispielen). Die Kompetenzanforderungen sind zum Teil zu unkonkret oder schlichtweg zu kurz formuliert, als dass ein fundierter Vergleich möglich wäre. Zudem hat keine Kompetenzanforderung eine Skalierung, die zwischen geringer, mittlerer oder hoher Ausprägung unterscheidet, wie sie in Niveaumodellen der Kompetenz üblich ist (siehe als Beispiel Anlage 2).

Insgesamt betrachtet scheint die Mehrzahl der Kompetenzanforderungen allerdings mindestens eine voll ausgeprägte Eigenbestimmte Stufe (E6), manche auch mindestens eine frühe postkonventionelle Stufe (E7) auf der Skala der Ich-Entwicklung vorauszusetzen. Wie in den vielen Untersuchungen mit Loevingers oder Kegans Modell deutlich wurde (siehe S. 86), erreicht mindestens die Hälfte der erwachsenen Bevölkerung nicht dieses Niveau. Zumal bei den Untersuchungen mit dem WUSCT in Rechnung zu stellen ist, dass die dieser Stufe zugeordneten Personen eine nicht unerhebliche Bandbreite aufweisen können (von früher Stufe mit nur wenigen Anzeichen davon bis zur Mehrzahl aller Aspekte dieser Stufe). Wenn man vom Kriterium einer voll ausgebildeten Stufe ausgeht, sind die Prozentsätze von Personen auf der Eigenbestimmten Stufe (E6) in der Gesellschaft noch einmal nach unten zu korrigieren. Insofern kann auch diese Mindestanforderung empirisch gesehen bereits als »späte« Stufe bezeichnet werden. Je nachdem, wie man die jeweilige Kompetenzanforderung interpretiert, impliziert dies auch ein unterschiedlich vorauszusetzendes Niveau der Ich-Entwicklung. Das heißt, je stärker die Ausprägung der Kompetenzanforderungen ausgelegt wird, umso mehr werden damit Aspekte vorausgesetzt, die erst auf einem postkonventionellen Niveau der Ich-Entwicklung (mit E7 beginnend) für Berater konsistent verfügbar sind.

3.5 Empirische Zusammenhänge zwischen Beratungskompetenzen und Aspekten der Ich-Entwicklung

Die Auswertung der Kompetenzanforderungen, wie sie von verschiedenen Beratungsverbänden formuliert sind, ergab deutliche inhaltliche Parallelen zu Aspekten der Ich-Entwicklung. Dies betrifft vor allem Kompetenzen, die in Bereiche wie »Selbstkompetenz/persönliche Kompetenz«, »soziale Kompetenz« oder »Handlungskompetenz« fallen. Damit kommt zum Ausdruck, dass offensichtlich von Seiten der Beratungsverbände und der in ihnen organisierten Berater implizite Anforderungen an den Grad der Persönlichkeitsentwicklung im Sinne von Ich-Entwicklung bestehen.

Die in diesem Abschnitt zu klärende Frage ist, ob sich diese inhaltlichen Parallelen zwischen Ich-Entwicklung und Kompetenzanforderungen an Berater auch in empirischen Studien zeigen. Unter den Hunderten von empirischen Studien, die es zum Modell der Ich-Entwicklung mittlerweile gibt, wurden auch einige in Beratungskontexten durchgeführt. Denn schon kurz nach Veröffentlichung von Loevingers Forschungsmanualen (Loevinger u. Wessler, 1970; Loevinger et al., 1970) griffen Forscher aus den Bereichen Counseling, Supervision und Beratung Ich-Entwicklung als ein potenziell für den Beratungskontext (und auch für Therapie, z. B. Kirshner, 1988) relevantes Modell auf (z. B. Zielinski, 1973; Swensen, 1980; Blocher, 1983; Young-Eisendrath, 1982; Cebik, 1985). Daraus resultierten zahlreiche Studien, von denen sich einige auf den Zusammenhang von Ich-Entwicklung und Beratung konzentrierten, andere auf die Förderung von Ich-Entwicklung für Berater. Zudem existieren viele weitere Studien aus Kontexten außerhalb von Beratung, in denen aber für Beratung relevante Kompetenzaspekte untersucht worden sind (z. B. Selbstreflexion, Umgang mit Komplexität). Diese Studien wurden allerdings nie systematisch zusammen betrachtet.

3.5.1 Studien innerhalb des Beratungskontexts

Thematisch können die Studien am besten in folgende fünf Cluster zusammengefasst werden:
1. Ich-Entwicklung und Empathie,
2. Ich-Entwicklung und Beratungskompetenz beziehungsweise Beratungseffektivität,
3. Ich-Entwicklung und Passung zwischen Berater und Kunde,
4. Ich-Entwicklung und eigenes Wohlergehen und Selbstregulation,
5. Ich-Entwicklung und Moral, ethische Einstellungen und Werte.

Im Folgenden werden die jeweiligen Studien innerhalb der einzelnen Cluster vorgestellt und deren Ergebnisse kommentiert.

3.5.1.1 Studien mit Fokus auf Empathie

Vergegenwärtigt man sich die Sequenz der einzelnen Ich-Entwicklungsstufen, wird deutlich, dass sich mit jeder Stufe ein immer mehr auf Gegenseitigkeit und an Austausch fokussierter interpersoneller Stil, ein erweiterter Bewusstseinsfokus (z. B. mehr die Innenwelt wahrnehmend) und ein ausdifferenzierterer kognitiver Stil zeigen. Insofern liegt es nahe, anzunehmen, dass Ich-Entwicklung auch mit einer erhöhten Fähigkeit zu Empathie einhergeht. Bereits Piaget (1981) hatte immer wieder darauf hingewiesen, dass Kognition und Emotion nicht voneinander zu trennen sind. Dies betont auch Commons (2002) anhand seines Modells hierarchischer Komplexität. Sinnott (1998) kommt gar zu dem Schluss, dass »die Brücke zwischen [zwei] Realitäten eine postformale [Entwicklungsstufe] zu sein scheint« (S. 245, e. Ü.). Gerade Empathie ermöglicht eine verständnisvolle Arbeitsbeziehung zwischen Berater und Kunde und ist für Beratung somit ein zentraler Faktor, wie schon Rogers in seinem klientenzentrierten Ansatz betont. Auch Metaanalysen zur Wirksamkeit von Psychotherapie (z. B. Grawe, Donati u. Bernauer, 1994; Wampold, 2001) bestätigen dies immer wieder.

Eine erste Studie zum Zusammenhang zwischen Ich-Entwicklung und Empathie führte Zielinski (1973) mit 40 Studenten eines Beratungsstudiums (Graduate-Level) durch. Dabei verwendete er zwei Empathiemaße von Carkhuff: Ein Maß zur Qualität des Erkennens empathischen Verstehens und ein Maß für empathisches Kommunizieren. Beim ersten Maß (Erkennen) mussten die Teilnehmer verschiedene Antworten auf eine vorgegebene Szene nach dem Grad des Empathielevels einschätzen. Hier ergaben sich keine signifikanten Unterschiede in Bezug auf Ich-Entwicklung. Beim zweiten Maß wurden die Teilnehmer aufgefordert, auf eine per Tonband vorgespielte Szene möglichst empathisch zu antworten. Diese Antworten wurden anschließend nach dem darin zum Ausdruck kommenden empathischen Kommunizieren bewertet. Insofern wurde hier eine Produktionsleistung getestet, während es sich beim ersten Maß nur um eine Reproduktionsleistung handelt. Hierbei ergab sich ein hochsignifikanter und mehr als mittelstarker Zusammenhang zu Ich-Entwicklung ($r = 0{,}46$). Das heißt, dass Berater auf späteren Stufen der Ich-Entwicklung mehr in der Lage waren, ein hohes Level an empathischem Kommunizieren zu erreichen.

Carlozzi, Gaa und Liberman (1983) griffen diese Studie auf, indem sie insgesamt 51 Studienberater mit dem WUSCT und Kagans Affective

Sensivity Scale testen. Bei diesem Instrument sind anhand kurzer Filmszenen die Gefühle der dort handelnden Personen anhand von Multiple-Choice-Antworten zu bewerten. Carlozzi et al. teilten die Berater nach ihrer Ich-Entwicklung in zwei Gruppen auf: Berater bis zur Gemeinschaftsbestimmten Stufe (E4) und Berater ab der Rationalistischen Stufe (E5). Denn aufgrund der Ich-Entwicklungssequenz vermuteten sie, dass Personen bis zur Gemeinschaftsbestimmten Stufe (E4) nur eine geringe Fähigkeit zur Empathie besitzen. Die Ergebnisse von Carlozzi et al. bestätigten diese Annahme: Bei einem Test auf Unterschiede zwischen den beiden Gruppen zeigten die Berater ab der Rationalistischen Stufe (E5) signifikant höhere Empathiewerte.

Von Bennett (1987) stammt eine Studie, die den Zusammenhang zwischen Ich-Entwicklung und Empathie anhand einer anderen Operationalisierung mit einer Gruppe von 42 Studentinnen (Masterprogramm in Counseling) untersuchte. Sie testete dabei mittels einer Regressionsanalyse, inwiefern Ich-Entwicklung ein guter Prädiktor für Empathie ist. Dabei ergab sich kein signifikanter Effekt. Bennett führt als mögliche Gründe für dieses unerwartete Ergebnis an, dass das verwendete Empathiemaß (Hogans Empathieskala) möglicherweise ungeeignet ist: Die aus 39 Aussagen bestehende Skala (Ja-/Nein-Anwortformat) misst kein empathisches Verstehen oder sogar Kommunizieren, sondern ist eine Selbsteinschätzung, die zum Teil im Kontext »des Bedürfnisses nach freundlicher Aufmerksamkeit« (Bennett, 1987, S. 72, e. Ü.) und ähnlicher Aspekte steht. Insofern verwundert nicht, dass gerade Teilnehmer auf den postkonventionellen Stufen keine hohen Werte auf diesem Maß aufwiesen.

Eine weitere Studie zu Empathie stammt von Hahn und LeCapitaine (1990), die Ich-Entwicklung und in diesem Fall emotionale Entwicklung zusammen im Rahmen eines Peer-Counseling-Programms für junge Erwachsene (17 bis 23 Jahre) erhoben. Zur Messung emotionaler Entwicklung setzen sie den Dupont Affective Development Test (DADT) ein. In diesem projektiven Test werden die Teilnehmer aufgefordert, zu verschiedenen Gefühlen (z. B. Glück, Trauer, Wut) zu beschreiben, aufgrund welcher Aspekte sie dazu kommen, dass jemand diese Gefühle hat und was die Konsequenzen daraus sein könnten. Diese Beschreibungen werden anschließend von Experten nach dem Grad der emotionalen Entwicklung eingeschätzt. Insofern misst dieser Test auf eine spezielle Art auch Empathie. Hahn und LeCapitaines Auswertungen ergaben einen hochsignifikanten und mittelhohen Zusammenhang zwischen Ich-Entwicklung und emotionaler Entwicklung ($r = 0{,}36$).

Zusammen weisen die verschiedenen Studien darauf hin, dass spätere Stufen der Ich-Entwicklung in einem signifikanten Zusammenhang mit höherer Empathiefähigkeit stehen beziehungsweise mit größerer emotionaler Entwicklung einhergehen (vgl. auch die bereits erwähnte Studie von Lane et al., 1990). Die nichtsignifikanten Ergebnisse bei Bennett (1987) scheinen vor allem auf ein in diesem Zusammenhang nicht sinnvolles Empathiemaß zurückzuführen zu sein. Andere Studien zu Ich-Entwicklung und Empathie oder Aspekten davon außerhalb des Beratungskontexts zeigen ebenfalls signifikante Zusammenhänge, beispielsweise eine Studie von MacDonald (1991), der Zusammenhänge von Ich-Entwicklung zu verschiedenen Maßen von Empathie fand, oder eine Studie von Kang und Shaver (2004) zu emotionaler Komplexität und Ich-Entwicklung. Einen weiteren Hinweis in die gleiche Richtung geben zudem Studien im Beratungskontext, die andere entwicklungsbezogene Verfahren im Zusammenhang mit Empathie untersuchten und zu ähnlichen Ergebnissen kommen, beispielsweise Bowman und Reeves (1987) in Bezug auf Moralentwicklung oder Lovell (1999) in Bezug auf Perrys epistemologisches Entwicklungsmodell.

3.5.1.2 Studien mit Fokus auf Beratungskompetenz beziehungsweise Beratungseffektivität

Eine Reihe von Studien hat den Zusammenhang zwischen Ich-Entwicklung und verschiedenen Maßen für Beratungskompetenz oder genereller Beratungseffektivität untersucht.

Hunsberger (1980) untersuchte anhand einer Stichprobe von 37 Studenten im Rahmen eines einjährigen Masterprogramms in Counseling, ob bei den in Ausbildung befindlichen Beratern ein Zusammenhang zwischen Ich-Entwicklung und der Effektivität von Beratung zu finden ist. Dazu verwendete er die von Myrick und Kelly entwickelte Counselor Evaluation Rating Scale (CERS), mit der drei verschiedene Lehrberater (Praxislehrer, Universitätssupervisoren, Supervisoren aus den Praxiseinrichtungen) die auszubildenden Berater einschätzten. Eine Varianzanalyse zum Ich-Entwicklungsniveau und der durch die jeweiligen Rater eingeschätzten Beratungseffektivität ergab allerdings keinen Zusammenhang. Allerdings lagen von den Supervisoren aus den Praxiseinrichtungen, bei denen anzunehmen war, dass sie die Beratungseffektivität aufgrund ihrer intensiven Praxisbegleitung am besten einschätzen konnten, nur für einen kleinen Teil der Stichprobe Werte vor. Um zu überprüfen, inwiefern eine Kombination aller drei Raterurteile mit der CERS einen Unterschied macht, unterzog Hunsberger seine Daten einer vertieften Analyse. Für die Teilstichprobe (n = 13) der Studenten, bei denen Ratings aller drei Lehrberater vorlagen, zeigte sich tatsächlich ein hochsignifikanter Effekt. Das heißt, dass die Counseling-Studenten auf späteren Ich-Entwicklungsstufen über alle drei Raterurteile hinweg als effektiver eingeschätzt wurden (Hunsberger, 1980, S. 99). Leider wird die Höhe der Korrelation nicht berichtet.

Allen (1980) führte zeitgleich eine Studie zum Zusammenhang von drei verschiedenen Entwicklungsmodellen (Ich-Entwicklung nach Loevinger, Moralentwicklung nach Kohlberg und Konzeptionelle Entwicklung nach Harvey et al.) mit verschiedenen Beratungsmaßen durch. Teilnehmer der Studie waren insgesamt 39 Studierende aus zwei Gruppen (Masterstudenten in Counseling und Undergraduatestudenten eines Human Services-Studiums). Als Effektivitätsmaße verwendete er drei verschiedene Verfahren: 1. Die Affect Sensitivity Scales von Campbell, Kagan und Krathwohl, mit denen bewertet wird, wie gut Emotionen bei anderen erkannt werden; 2. den Interpersonal Tracking Task von Ayers, mit dem verschiedene Aspekte des Interaktionsgeschehens zwischen Berater und Klient abgebildet werden; 3. simulierte Klientengespräche, die nachher mit Flanders Interaction Analysis System kodiert wurden sowie den im Nachhinein dazu erhobenen Effektivitätseinschätzungen der Berater durch die Klienten. Die Ergebnisse zur Affect Sensitivity Skala unterstützen den in den Studien zu Ich-Entwicklung und Empathie gefundenen Zusammenhang, denn es ergab sich eine signifikante mittlere Korrelation von $r = 0{,}34$. Ähnliche signifikante Beziehungen zeigten sich auch mit verschiedenen Maßen des Interpersonal Tracking Task, beispielsweise beim Index zum akkuraten Erkennen von Emotionen ($r = 0{,}31$). Die vielen Ergebnisse, die sich aus den Maßen der Interaktionsanalyse der durchgeführten Klientengespräche ergeben, fasst Allen (1980, S. 117, e. Ü.) für alle drei Entwicklungsmaße wie folgt zusammen: »Counseling-Studenten auf höheren Entwicklungsstufen tendieren dazu, weniger zu erklären und zu interpretieren und insgesamt mehr unterstützende und indirekte Mittel der Einflussnahme zu verwenden.« Die damit zum Ausdruck kommende Kombination von Interaktionsaspekten bildet somit die Verhaltensweisen ab, die von effektiven (Prozess-)Beratern erwartet werden. Die Effektivitätseinschätzung der Beratungsstudenten durch die Klienten ergab ein ähnliches Bild. Sowohl bei der Einschätzung, wie gut man sich und mit seinem Anliegen verstanden fühlt ($r = 0{,}37$), sowie die Einschätzung, als wie effektiv die Beratungssitzung erlebt wurde ($r = 0{,}34$), korrelierten signifikant, mittelstark und positiv mit der Ich-Entwicklungsstufe der Berater.

Von Borders stammen mehrere Studien zum Zusammenhang mit Beratungskompetenz beziehungsweise -erfolg (im Überblick: Borders, 1998). In ihrer ersten Studie (Borders, 1984) untersuchte Borders den Zusammenhang zwischen Ich-Entwicklung und

- wie Berater ihre Kunden wahrnehmen (mittels Repertory Grid Technik nach Kelly),
- dem direkten Verhalten mit ihren Kunden (mit den Vanderbilt Psychotherapy Process Scalen nach Strupp),
- der Einschätzung der Beratungseffektivität durch Lehrsupervisoren (anhand der Counselor Evaluation Rating Scales von Myrick und Kelly).

Borders gewann dafür 63 Graduate-Studenten in Counseling als Teilnehmer. Es zeigten sich allerdings nur zwischen dem Grad der Ich-Entwicklung und der Wahrnehmung der Klienten signifikante Zusammenhänge. In der Untersuchung dazu mittels des Repertory Grid wurden die Counseling-Studenten aufgefordert, acht ihrer Beratungskunden selbst zu charakterisieren und jeweils miteinander zu vergleichen (z. B. der Kunde, der ihr größter Erfolg war, der Kunde, der am schwersten für sie zu verstehen war). Die Ergebnisse kommentiert sie wie folgt: »Studenten auf höheren Stufen der Ich-Entwicklung schienen sich der interaktiven Natur der Berater-Kunden-Beziehung eher bewusst zu sein, etwa da sie mehr im Sinne von Prozessen über ihre Kunden dachten, im Gegensatz zu Studenten auf niedrigeren Ich-Entwicklungsstufen« (Borders et al., 1986, S. 46, e. Ü.). In Bezug auf das direkte Verhalten im Kontakt mit Kunden (Videosequenzen eigener Beratungen, kontrolliert nach Ausmaß der Beratungserfahrung) zeigte sich ein fast signifikanter Zusammenhang, der nahe legt, dass Studierenden auf späteren Stufen der Ich-Entwicklung häufiger emotional auf den anderen eingehen oder tiefer liegendere Zusammenhänge erkunden. Bei der Einschätzung der Beratereffektivität durch ihre Supervisoren ergab sich kein signifikanter Zusammenhang. Bei der weitergehenden Datenanalyse zeigte sich dennoch ein Trend, nach dem solche Berater effektiver waren, die sich auf späteren Ich-Entwicklungsstufen befanden.

Eine weitere Studie von Borders (1989) untersuchte den Zusammenhang zwischen Ich-Entwicklung und dem Reflektieren über eigene Beratungssitzungen bei 27 Graduate-Studenten in Counseling. Dazu benutzte sie ein Verfahren, bei dem die Berater Videomitschnitte ihrer eigenen gerade durchgeführten Beratungssitzung anschauten und darüber reflektierten. Diese Gedanken wurden anschließend mittels des Counselor Retrospection Coding System nach Dole ausgewertet. Bei den meisten Kategorien dieses Instruments zeigten sich keine Unterschiede in Bezug auf das Ich-Entwicklungsniveau. Bei der Kategorie »Modus« zeigten sich allerdings signifikante Unterschiede zwischen Beratern auf frühen und späteren Stufen. So zeigten Berater auf späteren Stufen der Ich-Entwicklung (E6 und E7) mehr neutralere Reflektionen und weniger nega-

Empirische Zusammenhänge

tive Gedanken gegenüber den Klienten als auch sich selbst gegenüber. Die Studie ergab zudem reiches qualitatives Material, das die quantitativ gefundenen Unterschiede gut illustriert. So berichteten Berater auf der Rationalistische Stufe (E5) am meisten von »Gefühlen von Frustration, Ungeduld oder Ärger über die Klienten, manchmal sogar den Klienten als verantwortlich dafür sehend, dass man selbst schlecht aussieht« (Borders, 1989, S. 166, e. Ü.). Im Kontrast dazu standen Berater auf der Eigenbestimmte Stufe (E6); diese »fragten sich, ob ihre verbalen Äußerungen den Klienten gegenüber zu bewertend klangen« (S. 166–167, e. Ü.). Berater auf der Relativierenden Stufe (E7) hingegen »benutzten einen nichtbewertenden, objektiven Ansatz, um ihre inneren Reaktionen den Klienten gegenüber zu analysieren« (S. 167, e. Ü.).

Borders und Fong (1989) untersuchten in zwei verschiedenen Studien den Zusammenhang zwischen Ich-Entwicklung und Beratungsfähigkeiten anhand mehrerer Maße. In ihrer ersten Studie mit 86 Studierenden am Anfang eines Beratungsstudiums wurden die Beratungsfähigkeiten zu Beginn und zum Ende des Semesters gemessen. Dies geschah auf Grundlage kurzer Videomitschnitte eingereichter Beratungssitzungen, die mit der Global Rating Scala nach Gazda, Asbury, Balzer, Childers und Walters eingeschätzt wurden. Zu Ende des Semesters wurde eine von Borders selbst entwickelte Prüfung zu Beratungstechniken anhand kurzer Videomitschnitte durchgeführt, bei denen die Berater jeweils bestimmte Beratungstechniken zeigen sollten, die dann eingeschätzt wurden. Die regressionsanalytische Auswertung ergab keinen signifikanten Effekt von Ich-Entwicklung auf die Einschätzungen zu Ende des Kurses. Allerdings zeigte sich ein signifikanter und moderater Zusammenhang zwischen Ich-Entwicklung und Beratungsfähigkeit zu Beginn des Kurses in Höhe von $r = 0{,}24$.

Die zweite Studie führten Borders und Fong (1989) mit 44 fortgeschrittenen Studierenden in Counseling (Master- bzw. Doktorlevel) durch. Dabei untersuchten sie den Einfluss von Trainingslevel und Ich-Entwicklung auf Beratungsfähigkeit anhand eines eingereichten eigenen Videomitschnitts mit ihren Klienten (eingeschätzt mit der Vanderbilt Psychotherapy Process Scale nach Strupp). Die Ergebnisse dazu finden sich in Tabelle 25.

Tabelle 25: Beratungsfähigkeit (VPPS) und Ich-Entwicklungsstufe sowie Trainingslevel (Borders u. Fong, 1989, S. 79)

VPPS[a] Scores by Level of Ego Development and Training Level		
	VPPS	
	Mean	Standard Deviation
Level of ego development		
Delta (Δ) ($n=1$)	197.00	
Conformist (I–3) ($n=1$)	202.00	
Self-Aware (I–3/4) ($n=13$)	206.62	31.10
Conscientious (I–4) ($n=26$)	214.77	33.36
Individualistic (I–4/5) ($n=3$)	221.67	25.81
Total ($n=44$)	212.14	31.23
Training level		
First Practicum ($n=23$)	204.65	28.88
Second Practicum ($n=7$)	214.43	16.60
Internship ($n=14$)	223.29	38.10
Total ($n=44$)	212.14	31.23
[a]VPPS = Vanderbilt Psychotherapy Process Scales.		

Um herauszufinden, inwiefern die zwei Aspekte relevante Prädiktoren für Beratungsfähigkeit sind, berechneten Borders und Fong eine Regressionsanalyse. Es ergab sich ein signifikanter Effekt bezüglich des Trainingslevels aber nicht in Bezug auf Ich-Entwicklung. Die Signifikanzschwelle in Bezug auf Ich-Entwicklung wurde dabei fast erreicht. So zeigt sich auch in Tabelle 24 mit fortschreitender Ich-Entwicklung ein eindeutiger aufsteigender Trend in Bezug auf Beratungsfähigkeit: Der Unterschied zwischen Beratern auf der Gemeinschaftsbestimmten Stufe (E4) mit einem Wert von 202,00 und Beratern auf der Relativierenden Stufe (E7) mit einem Wert von 221,67 entspricht etwa zwei Dritteln der Standardabweichung (31,23).

Während sich die oben aufgeführten Studien auf Beratung im Einzelkontext bezogen (Counseling, Supervision), untersuchten Bushe und Gibbs (1990) den Zusammenhang zwischen Ich-Entwicklung, einem eigenschaftsorientierten Persönlichkeitstest (MBTI) und Beratungskompetenz im Kontext von Organisationsberatung. Dazu führten sie eine umfangreiche Studie mit internen Beratern (im Bereich Qualitätsmanagement) eines Großunternehmens durch. Diese Studie ist besonders interessant, denn die 64 Teilnehmer dieser Studie befanden sich in einer sechsmonatigen internen Organisationsentwicklungsausbildung und damit in einer Rolle, die Beratung mit unterschiedlichen Personen, Gruppen und einem vielschichtigen Unternehmenskontext verlangt. Zur Einschätzung der Beratungskompetenz entwickelten sie einen Fragebogen, dessen neun Skalen auf Kompetenzstudien nach dem Modell von McClelland basieren. Diese Skalen bilden aufgrund des komplexeren Systems, in denen sich Berater im Organisationskontext bewegen, auch ein breiteres Kompetenzspektrum ab als in anderen Studien zu Ich-Entwicklung: Diagnostische Fähigkeiten, angemessen Einfluss nehmen, professionelles Selbstbild, Problemlösefähigkeiten, Resultatorientierung, taktische Flexibilität, starkes Selbstkonzept, Nutzen theoretischer Konzepte und Sicherstellen gemeinsamen Verständnisses.

Der Ich-Entwicklungstand wurde zu Beginn gemessen und die Einschätzung der Teilnehmer erfolgte am Ende der Ausbildung. Dabei schätzten beide Ausbilder jeden Teilnehmer ein. Zudem schätzten zwei Ausbildungsteilnehmer jeweils einen anderen Teilnehmer ein, mit dem sie eng zusammengearbeitet hatten. Die Auswertungen zeigen, dass die durch den MBTI gemessenen Persönlichkeitseigenschaften kaum Erklärungskraft in Bezug auf Beratungskompetenz haben. Nur der Aspekt »Intuition« des MBTI erwies sich als signifikanter Prädiktor für Beratungskompetenz – dies allerdings nur bei Kollegeneinschätzungen. Ich-Entwicklung zeigte sich hingegen sowohl für Kollegen- als auch Ausbildereinschätzungen in Regressionsanalysen als signifikanter Prädiktor. Um den relativen Einfluss aller Persönlichkeitsvariablen auf die eingeschätzte Beratungskompetenz zusammen zu überprüfen, verwendeten die Autoren auch komplexe Strukturgleichungsmodelle (Lisrel). Bei diesen zeigte sich, dass Ich-Entwicklung der einzige signifikante Prädiktor blieb – und dies sowohl für die Einschätzung der Beratungskompetenz durch Kollegen als auch für die durch Ausbilder. Die Beziehung zwischen Ich-Entwicklung und Kollegeneinschätzung (r=0,43) beziehungsweise Einschätzung durch die Ausbilder (r=0,49) war mittelstark und in beiden Fällen hochsignifikant.

Insgesamt weisen die verschiedenen Studien zu Ich-Entwicklung und Beratungskompetenz beziehungsweise Beratungseffektivität auf einen deutlichen Zusammenhang mit Ich-Entwicklung hin. In vielen Fällen wurden signifikante Beziehungen gefunden oder zumindest ein klarer Trend im Sinne von höherer Beratungskompetenz einhergehend mit weiterer Ich-Entwicklung. Neben den Studien zu Ich-Entwicklung existieren auch eine Reihe weiterer Studien mit anderen Entwicklungsmodellen zum Zusammenhang mit Beratungskompetenz beziehungsweise -erfolg. Deren Ergebnisse stützen den Zusammenhang zwischen Ich-Entwicklung und Beratungskompetenz. Von Holloway und Wampold

(1986) beispielsweise stammt eine Metaanalyse (24 Studien), in denen das Conceptual Systems Modell von Harvey et al. (1961) im Beratungskontext eingesetzt wurde. Die Autoren kommen zu folgendem Schluss: »Die Bestätigung der theoriebasierten Hypothese für die Effektgröße in Bezug auf die konzeptionelle Stufe weist darauf hin, das sie eine Beziehung zu bestimmten beratungsrelevanten Fähigkeiten aufweist« (1986, S. 317, e. Ü.). Auch in Bezug auf Perrys Modell der intellektuellen Entwicklung sowie dem der Moralentwicklung fanden sich signifikante Zusammenhänge zu Beratungskompetenz (z. B. McAuliffe u. Lovell, 2006; Eriksen u. McAuliffe, 2006).

3.5.1.3 Studien mit Fokus auf Passung zwischen Berater und Kunde

In einigen Studien wurde speziell der Frage nachgegangen, inwiefern das Verhältnis zwischen der Ich-Entwicklungsstufe der Berater und der Ich-Entwicklungsstufe der Kunden einen Einfluss auf die Effektivität von Beratung hat. In einem oft zitierten Artikel zur Anwendung des Ich-Entwicklungsmodells im Beratungs- und Therapiekontext folgerte Swensen, dass »ein Therapeut, der auf einer einfacheren Stufe der Ich-Entwicklung funktioniert, nicht in der Lage wäre, einem Klienten zu helfen, der sich auf einer komplexeren Stufe befindet« (Swensen, 1980, S. 387, e. Ü.). Seiner Empfehlung, dass Berater eine Stufe weiter als der Kunde sein sollten, aber auch nicht mehr, widersprach allerdings Loevinger: »Aber sollten sie [Therapeuten, Berater] nicht noch mehr als eine Stufe höher sein, wie er empfiehlt? Es ist vielleicht der Hauptvorteil, den man aus der Theorie entnehmen kann, dass [die] Therapeuten eher ein tieferes Verstehen ihrer Klienten entwickeln, wenn deren Stufe niedriger ist als ihre eigene« (Loevinger, 1980, S. 389, e. Ü.). Laske (2006b), der eine nach unterschiedlichen Konstellationen von Stufenverhältnissen zwischen Beratern und Kunden ausdifferenzierte Bewertung vornimmt, geht in den Konsequenzen noch weiter. Er hält eine Beziehung, bei der ein Berater sich auf einer früheren Stufe befindet, sogar für ethisch bedenklich und potenziell gefährlich. Denn es kann kein adäquates Verständnis der Handlungslogik seines Kunden sichergestellt werden (vgl. S. 178). Die Frage nach der Passung der Ich-Entwicklungsstufe zwischen Berater und Kunde wurde in der Beraterliteratur zu Ich-Entwicklung also immer wieder aufgegriffen.

Eine erste empirische Studie zu diesem Zusammenhang stammt von Young-Eisendrath (1980). Sie untersuchte mit 34 Studenten (Masterprogramm in Sozialarbeit und Beratung), ob die jeweilige Ich-Entwicklungsstufe der Berater einen Einfluss darauf hat, inwiefern sie Kunden auf unterschiedlichen Stufen der Ich-Entwicklung verstehen können. Dazu bediente sie sich eines innovativen Forschungsdesigns, in dem den Studenten 45-minütige Videoaufnahmen von aktuellen Therapiesitzungen zweier Klientinnen vorgespielt wurden. Diese befanden sich auf sehr unterschiedlichen Stufen der Ich-Entwicklung (E5 = Rationalistische Stufe und E9 = Integrierte Stufe). Die Studierenden sollten versuchen, die Werte, den Lebensstil und Muster der beiden Klientinnen aus den Sitzungssequenzen zu erschließen und zu beiden Fällen ein Essay zu schreiben. Bei der inhaltsanalytischen Auswertung zeigte sich, dass die wenigen Studenten, die selbst eine postkonventionelle Entwicklungsstufe aufwiesen, bei der Klientin auf postkonventionellem Niveau der Ich-Entwicklung in einem Test zur Überprüfung von Gruppenunterschieden signifikant besser abschnitten.

In einer weiteren Studie untersuchte Callanan (1986) den Einfluss von Moralentwicklung und Ich-Entwicklung auf den Beratungsprozess. Durch die gleichzeitige Erhebung beider Entwicklungsmaße bei Beratern und Kunden war es möglich, auch das Verhältnis von Beratern zu Kunden in Bezug auf deren Entwicklungsstand zu erforschen. Callanan testete dazu insgesamt elf Berater eines universitären Beratungszentrums und deren 107 Kunden mit der Kurzform des WUSCT (Ich-Entwicklung) und des DIT (Moralentwicklung). Ergänzend gaben die Berater mittels des Counselor Rating Form von LaCrosse und Barak eine Selbsteinschätzung ab und wurden von ihren Kunden mittels des Counseling Services Assessment Blank von Hurst und Weigel bewertet. Callanan teilte die Berater dabei in zwei Gruppen nach deren Ich-Entwicklungsstufe ein (früher als Eigenbestimmte Stufe und gleich oder später als Eigenbestimmte Stufe) und berechnete einen T-Test zur Überprüfung der Gruppenunterschiede bezüglich der Zufriedenheit der Kunden. Callanan (1986, S. 131, e. Ü) kommentiert die Ergebnisse wie folgt: »Es gab eine hohe Signifikanz für jeden der Zufriedenheitsindizes in Bezug darauf, ob die Berater ein ›hohes‹ oder ›niedriges‹ Niveau der Ich-Entwicklung hatten. Diese Ergebnisse legen deutlich nahe, dass die Ich-Entwicklungsstufe von Beratern sowohl mit der Kundenzufriedenheit mit dem Berater als auch mit erfolgreichen Ergebnissen der Berater/Klienten-Intervention stark zusammenhängt.« In den Untersuchungen zum Verhältnis von Ich-Entwicklungsstufe zwischen Berater und Kunde kam Callanan zu dem Ergebnis, dass sich erfolgreich beendete Beratungen vor allem dann zeigten, wenn Berater auf späteren Stufen der Ich-Entwicklung mit Kunden auf früheren Stufen arbeiteten und wenn Berater auf mittleren Stufen mit Kunden auf mittleren Stufen arbeiteten (deren Entwicklungsstufe etwas früher als die der Berater war).

Raviv (1989) führte eine weitere Studie zur Passung in Bezug auf Ich-Entwicklung durch. Dabei testete er, inwiefern sich Unterschiede in der Ich-Entwicklungsstufe auf die professionelle Entwicklung und das Wachstum von Therapeuten in Begleitung ihrer jeweiligen Supervisoren im Zeitraum eines Jahres auswirken. Dazu gewann er 40 Psychotherapeuten in Ausbildung (Masterstudenten und Promovierende aus unterschiedlichen Programmen) und deren insgesamt 37 Supervisoren. Alle auszubildenden Psychotherapeuten hatten zwischen einer und zwei Stunden Supervision pro Woche. Deren Ich-Entwicklungsstufe testete Raviv zu Beginn und Ende ihrer praktischen Ausbildung (neun bis zwölf Monate später). Die Ergebnisse der Analysen zeigten, dass die Zuwächse an Ich-Entwicklung im Zusammenhang mit der Ich-Entwicklung ihrer Supervisoren standen, wenn letztere eine spätere Entwicklungsstufe als die zu betreuenden Psychotherapeuten hatten. So zeigte beispielsweise der gebildete Diskrepanzwert zu Ich-Entwicklung von Supervisoren zu Psychotherapeuten eine signifikante und mittelstarke Korrelation zum Zuwachs an Ich-Entwicklung der Psychotherapeuten ($r = 0,3$). Der reine Ich-Entwicklungswert der Supervisoren hingegen zeigte keine signifikante Korrelation. So hatten beispielsweise 62,5 Prozent der Psychotherapeuten, die sich während des Untersuchungszeitraums in Richtung späterer Stufen entwickelten, Supervisoren, die selbst eine Ich-Entwicklungsstufe weiter waren. Von denen hingegen, bei denen eine Regression ihrer Ich-Entwicklungswerte zu verzeichnen war, hatten 75 Prozent Supervisoren, die auf einer früheren Entwicklungsstufe als sie selbst waren.

Urbaitis (1988) untersuchte die Passung in Bezug auf Ich-Entwicklung nicht im Beratungs- oder Therapiekontext, sondern in einem Mentoringkontext. In ihrer Studie verglich sie 26 Mentoringpaare mit 33 Paaren aus Vorgesetzten und ihren Mitarbeitern, bei denen keine Mentoringbeziehung bestand. Dabei ging sie zunächst der Frage nach, inwiefern sich ein Unterschied im Ich-Entwicklungslevel der Mentoren im Vergleich zu den nicht als Mentor fungierenden Vorgesetzten zeigt. Weiterhin untersuchte sie, ob es Unterschiede zwischen Mentor und Protegé gibt. Denn ihre aus theoretischen Überlegungen hergeleitete Annahme war, dass eine Mentoringbeziehung grundsätzlich eine Entwicklungskomponente beinhaltet. Bei der ersten Fragestellung zeigte sich ein signifikanter Effekt, wobei die als Mentoren fungierenden Führungskräfte im Schnitt eine halbe Ich-Entwicklungsstufe weiter waren als ihre Kollegen ohne Mentorenrolle. Ebenso zeigten die Ergebnisse von Urbaitis zu den Mentoringpaaren, dass die Mentoren im Schnitt ein signifikant späteres Ich-Entwicklungsniveau als die Protegés aufwiesen. Urbaitis (1988, S. iii) folgert daraus: »Es scheint, dass ein wichtiger Aspekt von Mentoringbeziehungen (der

Empirische Zusammenhänge 207

vielleicht die Passung erzeugt) nicht notwendigerweise die bestimmte Stufe an persönlicher Reife des Mentors ist, sondern, dass der Mentor auf einer höheren Stufe der Ich-Entwicklung ist als ihr/sein Protegé.«

Insgesamt zeigen die verfügbaren Studien zur Passung in Bezug auf Ich-Entwicklung einen klaren Zusammenhang. Es scheint, dass Berater, die sich im Verhältnis zu ihren Kunden auf späteren Stufen der Ich-Entwicklung befinden, positiven Einfluss auf verschiedene relevante Aspekte der Beratungsbeziehung haben; beispielsweise können sie die Welt ihrer Klienten besser verstehen und damit besser auf sie eingehen, sie erzielen eine höhere Zufriedenheit mit der Beratung sowie bessere Ergebnisse, und sie schaffen auch höhere Chancen für weitere persönliche Entwicklung.

3.5.1.4 Studien mit Fokus auf eigenes Wohlbefinden und Selbstregulation

In den Kompetenzanforderungen der ausgewählten Beratungsverbände finden sich eine Vielzahl von Aspekten, wie »Sensitivität für innerpsychische Prozesse bei sich«, »Belastbarkeit« (DGSv), »emotionale Stabilität« (DBVC) oder »Zugang zu seinen eigenen Ressourcen« (DCV). Auch zu diesen oder ähnlichen Aspekten gibt es empirische Studien mit Loevingers Ich-Entwicklungsmodell im Beratungskontext.

In einigen Studien wurde untersucht, inwiefern die Ich-Entwicklungsstufe von Beratern einen positiven Einfluss auf ihr eigenes Wohlergehen hat beziehungsweise Schutz vor Burnout bietet. Dies wäre zu vermuten, da spätere Stufen der Ich-Entwicklung beispielsweise mit einer größeren Bewusstheit über innere Vorgänge, höherer Toleranz für Widersprüche und mehr Sinn für die Autonomie anderer einhergeht. Dies alles sind potenzielle Aspekte, die dazu beitragen, im Beratungskontext auch für sich selbst besser sorgen zu können. Damit ist indirekt aber auch ein Zusammenhang zum Beratungskunden gegeben, denn eine schlechte Selbstfürsorge vermindert auch die Fähigkeit, dies für andere gewährleisten zu können (z. B. Maslach, 2003).

Eine frühe Studie dazu stammt von Gann (1979), die den Zusammenhang zwischen Ich-Entwicklung und Burnout (gemessen mit Maslachs Burnout Inventory/MBI) sowie weiteren Variablen wie beispielsweise Jobzufriedenheit anhand einer Stichprobe von 78 weiblichen Sozialarbeitern untersucht hat. Dabei stellte sich eine Reihe von signifikanten Zusammenhängen mit einzelnen Skalen des MBI heraus. Beispielsweise zeigten Sozialarbeiter ab der Eigenbestimmten Stufe (E6 oder später) der Ich-Entwicklung geringere Werte auf der Skala »Negative Einstellungen und Gefühle gegenüber Klienten«, die ein Indiz für das Externalisieren eigener Gefühle auf Klienten ist, als Sozialarbeiter auf der Rationalistischen Stufe oder früher (≤ E5). Im Zusammenhang der vielen überprüften Aspekte scheint es, dass zunehmende Ich-Entwicklung trotz Belastung als eine Art Moderatorvariable fungiert. So beschreibt Gann (1979, S. 96, e. Ü.) beispielsweise: »Obwohl Teilnehmer auf späteren Stufen auch emotionale Erschöpfung erlebten, waren diese Gefühle nicht in dem Ausmaß mit negativen Reaktionen gegenüber ihren Klienten, Gefühlen der Inkompetenz oder mit Schwierigkeiten außerhalb des Jobs verbunden wie bei Beratern auf mittleren Stufen.«

Von Lambie wurde dieses Thema später in zwei aufeinanderfolgenden Studien untersucht. In der ersten Studie ging Lambie (2007) anhand einer Stichprobe von 225 Schulberatern mittels des WUSCT (Ich-Entwicklung) und des MBI-HSS (Maslach Burnout Inventory Human Service Survey) dem Zusammenhang zwischen Ich-Entwicklung und Burnout weiter auf den Grund. Der MBI-HSS gestattet eine differenzierte Messung einzelner Komponenten von Burnout anhand dreier Subskalen: »Persönliche Erschöpfung«, »Entpersonalisierung« und »Fehlender Sinn für persönliche Erfolge«. Um die von ihm vermuteten Zusammenhänge zwischen Ich-Entwicklung und Burnout zu überprüfen, bediente er sich eines Pfadmodells, mit dem Kausalbeziehungen modelliert und getestet werden können. Dieses ergab keine ausreichende Übereinstimmung mit den Daten, was gegen einen Zusammenhang mit Ich-Entwicklung spricht. Allerdings bestätigten die Ergebnisse einer zweiten Pfadanalyse auch nicht, dass die drei Subskalen des MBI-HSS das Konstrukt Burnout erklären. Daher überprüfte Lambie den Zusammenhang von Ich-Entwicklung mit den drei Subskalen direkt. Hierbei fand er, dass die Burnout-Subskala »Fehlender Sinn für persönliche Erfolge« einen signifikanten Zusammenhang mit Ich-Entwicklung aufwies. Sowohl die Effektgröße in der Regressionsanalyse als auch die Korrelation ($r = 0{,}16$) waren aber gering. Zumindest liegt der Zusammenhang nahe, dass Berater »auf höheren Stufen der Ich-Entwicklung ein höheres Level an persönlichem Erfolg verspürten im Vergleich zu Beratern auf niedrigeren Ich-Entwicklungsstufen« (Lambie, 2007, S. 86, e. Ü.).

Lambie, Smith und Ieva (2009) führten eine weitere Studie mit Beratern durch, in der sie den Zusammenhang zwischen Ich-Entwicklung und Wohlbefinden beziehungsweise dem Gegenteil, psychologischer Beeinträchtigung, untersuchten. Die Stichprobe bestand aus 111 Counseling-Studierenden (Masterlevel) einer großen Universität mit unterschiedlichen Beratungsschwerpunkten (z. B. Mental Health, Familienberatung). Wohlbefinden wurde über den Five Factor Wellness Inventory von Myers und Sweeney gemessen, einem Instrument speziell aus der Counselingforschung, und psychologische Beeinträchtigung wurde mit dem Outcome Questionnaire-45-2 von Lambert erfasst. Beides sind Instrumente, mit denen die jeweiligen Konstrukte anhand mehrerer Subskalen abgebildet werden. Zwischen Ich-Entwicklung und psychologischer Beeinträchtigung zeigten sich keinerlei Zusammenhänge. Mit Wohlbefinden und drei seiner fünf Subskalen ergaben sich hingegen signifikante Zusammenhänge in der vermuteten Richtung: Je später die Ich-Entwicklungsstufe der Berater war, desto höhere Werte zeigten sich für Wohlbefinden. Die Zusammenhänge waren dabei schwach bis mittelstark: mit Wohlbefinden insgesamt r=0,23, mit kreativem Selbst r=0,26, sozialem Selbst r=0,31 und physischem Selbst r=0,20.

Walter (2009; Walter u. Lambie, 2012) erforschte in ihrer Studie mit 96 Counseling-Studierenden (Masterlevel) einen ähnlichen Zusammenhang wie Lambie, nämlich im Hinblick auf berufsbezogenen Stress in Beratungspraktika. Dazu verwendete sie neben dem WUSCT (Ich-Entwicklung) das Occupational Stress Inventory von Osipow. Dieses Instrument besteht aus drei Bereichen (rollenbezogene Aspekte, personenbezogene Erschöpfung und persönliche Ressourcen), die anhand von 14 Subskalen gemessen werden. Walter überprüfte den Einfluss von Ich-Entwicklung anhand einer multiplen Regressionsanalyse, bei der sich ein signifikanter Zusammenhang mit insgesamt 14,6 Prozent Varianzaufklärung herausstellte. Dies war vor allem auf den Zusammenhang mit den zwei Skalen Rolleninsuffizienz und Rationales/Kognitives Coping zurückzuführen. Je höher die Rolleninsuffizienz (Empfinden, den Jobanforderungen nicht zu genügen) war, desto geringer war der Wert für Ich-Entwicklung. Und je höher das Coping (das Ausmaß an kognitiven Fähigkeiten, mit berufsbedingtem Stress umzugehen) war, desto höher war auch der Wert für Ich-Entwicklung.

Insgesamt lässt sich aus den bisher vorliegenden Studien im Beratungskontext kein klarer Zusammenhang zwischen Ich-Entwicklung und eigenem Wohlergehen beziehungsweise Burnout erkennen. Es scheint vielmehr Zusammenhänge zu einzelnen Komponenten von Burnout zu geben (z. B. geringerer Depersonalisierungstendenz und höherem Erfolgserleben mit zunehmender Ich-Entwicklung). Auch bei diesem Themenkomplex kommt es in hohem Maße auf die gewählte Operationalisierung an. So weisen Lambie et al. beispielsweise darauf hin, dass viele Studien (außerhalb des Beratungskontexts) Ich-Entwicklung und Wohlergehen (well-being) eher im Sinne von globaler Zufriedenheit mit dem Leben konzeptionalisieren. Lambies Forschung bezieht sich hingegen eher auf den engeren Bereich des Wohlbefindens (Gesundheit und optimales Funktionieren) (Lambie et al., 2009, S. 117). Auch hier scheint das Forschungsfeld sehr komplex zu sein. Leipold und Greve (2009) weisen in ihrem integrativen Modell zu Resilienz, Coping und Entwicklung beispielsweise darauf hin, dass zwischen unterschiedlichen Hierarchieebenen von Konzepten unterschieden werden muss und diese in Studien getrennt erforscht werden sollten. So bemerken sie etwa, dass Entwicklung »nur dann erfolgreich sein kann, wenn ein adäquates Repertoire an Bewältigungsmechanismen verfügbar ist« (Leipold u. Greve, 2009, S. 47, e. Ü.). Insofern könnte Ich-Entwicklung eher eine Moderatorvariable sein, die beeinflusst, wie leicht oder schwer Bewältigungsmechanismen erlernt werden. Darauf weist auch eine Studie von Labouvie-Vief et al. (1987) zu Ich-Entwicklung, Coping und Abwehrmechanismen hin. In ihren Analysen fanden die Autoren, dass Ich-Entwicklung 18 Prozent der Varianz von Stress erklärt und folgerten daraus: »Fasst man alle Ergebnisse zusammen, stützen diese unsere Behauptung, dass es eine Entwicklungskomponente von Stress, Coping und Abwehrmechanismen zu geben scheint« (S. 293, e. Ü.).

3.5.1.5 Studien mit Fokus auf Moral, ethische Einstellungen und Werte

Viele Beratungsverbände haben in ihren Kompetenzanforderungen ethische Aspekte oder eigene Ethik-Richtlinien (z. B. DCV), die sich um Fragen von Moral, Respekt vor Unterschieden, ethischem Umgang mit Minderheiten oder der Verpflichtung gegenüber bestimmten Werten befassen. Auch diese Themen scheinen mit zum Bild von »kompetenter Beratung« zu gehören. Ethische Fragen können im Beratungskontext schnell entstehen, beispielsweise wenn im Rahmen eines vom Unternehmen beauftragten Coachings innerhalb eines Dreiecksvertrags (Auftraggeber, Coach, Coachee) gearbeitet wird. Je nachdem, wie gut diese ethischen Fragen gehandhabt werden, kann dies auch erhebliche Auswirkungen auf den Beratungserfolg haben.

Lambert (1972b) führte eine der ersten Studien zum Zusammenhang zwischen Ich-Entwicklung und Kohlbergs Entwicklungsmodell moralischen Urteilens mit insgesamt 119 Personen durch. In diese gingen die Ergebnisse von sechs Stichproben aus Altersgruppen von 11 bis 60 Jahren und Personen aller Bildungsniveaus ein, wobei drei der sechs Stichproben aus dem Beratungsbereich stammten.

Tabelle 26: Ich-Entwicklung und Stufen moralischen Urteilens nach Kohlberg (Lambert, 1972b, S. 116)

Contingency Table: Kohlberg Test X Loevinger Test							
Loevinger stage	Kohlberg stage						
	1	2	3	4	5	6	Total
2	3	9	4				16
D	5	2	8	3			19
D/3		3	8	2			13
3			3	7	1		11
3/4		4	6	11	2		23
4				4	13	1	18
4/5				3	14	1	18
5						1	1
Total	8	18	30	30	30	3	119

Tabelle 26 zeigt einen sehr starken Zusammenhang zwischen beiden Modellen (r = 0,80): Je später die Stufe der Ich-Entwicklung, desto später ist auch die Stufe des moralischen Urteilens, die beispielsweise auf den postkonventionellen Stufen (ab Stufe 5) mit der Anwendung allgemein gültiger ethischer Werte einhergeht, auch unabhängig von in einem bestimmten Kontext geltenden Werten und Rechten. Spätere Überblicke außerhalb des Beratungskontexts bestätigen den von Lambert gefundenen Zusammenhang mit im Schnitt etwas geringeren, aber immer noch hohen Korrelationen (r = 0,65; Lee u. Snarey, 1988). Eine Studie von Skoe und Lippe (2002) zum Verhältnis von Ich-Entwicklung mit Gilligans Entwicklungsmodell einer Ethik der Fürsorge fand ähnliche hohe Zusammenhänge (r = 0,58).

Lambie, Ieva, Mullen und Hayes (2011) untersuchten den Zusammenhang zwischen Ich-Entwicklung und Ethik anhand einer Stichprobe von 189 Schulberatern. Neben dem WUSCT setzten sie ein Instrument zum Messen von ethischen Entscheidungen (Ethical Desicion-Making Scale von Dufrene) ein. Zur Überprüfung, inwieweit Berater ausreichendes Wissen für relevante ethische und legale Fragen in ihrem Kontext haben, setzten sie einen von Lambie entwickelten Fragebogen (Ethical and Legal Issues in Counseling Questionnaire) ein. Die Ergebnisse zeigten allerdings keinen signifikanten Zusammenhang zwischen Ich-Entwicklung und ethischem Entscheiden. Gründe dafür könnten sein, dass die Stichprobe fast keine Berater auf postkonventionellem Niveau beinhaltete und es sich beim Instrument von Dufrene um respondentes Messen handelt, das heißt die Teilnehmer müssen nur vorgegebenes Material auswählen und keines selbst erzeugen wie bei Kohlbergs Moral Judgement Interview. In Bezug auf beratungsrelevantes ethisches und rechtliches Wissen ergab sich hingegen ein hochsignifikanter mittlerer Zusammenhang zu Ich-Entwicklung (r = 0,23).

Eine ganz andere Art, den Zusammenhang zu ethischen Fragen zu untersuchen, zeigt sich bei Sheaffer, Sias, Toriello und Cubero (2008). Sie konzentrierten sich auf Einstellungen gegenüber Personen mit Benachteiligungen (z. B. Alkoholiker, Depressive, Personen mit psychiatrischen Diagnosen). Ausgangspunkt dafür waren Studien, die einen Zusammenhang zwischen Persönlichkeitscharakteristika wie Autoritarismus und negativen Einstellungen gegenüber Personen mit Benachteiligungen nahe legten (z. B. Cloerkes, 1981). Sheaffer et al. (2008) rekrutierten für ihre Studie 102 Studenten (Allied Health Sciences), die bereits Kurse in Rehabilitationsberatung oder ähnlichem absolviert hatten und eine große Altersspanne aufwiesen (20 bis 47 Jahre). Dabei griffen sie auf die Preferred Social Distance Scale (PSD) von Gordon, Feldman, Tantillo und Perrone zurück, die 21 verschiedene Benachteiligungen aufführt. Die Studenten gaben jeweils an, welche Form von Distanz oder Nähe sie mit einer Person mit dieser Benachteiligung eingehen würden (z. B. »töten lassen«, »in eine Anstalt schicken«, »als Freund akzeptieren«). Neben den einzelnen Werten für die Benachteiligungen wird dabei auch ein Gesamtwert pro Person über alle Benachteiligungen hinweg errechnet. Dieser Zugang zu ethischen Fragestellungen geht insofern praktisch der Frage nach, wie viel Distanz (oder Nähe) man gegenüber Personen mit Benachteiligungen konkret zulassen würde. Die statistischen Auswertungen ergaben einen hochsignifikanten (umgekehrten) Zusammenhang zwischen Ich-Entwicklung und sozialer Distanz. In Tabelle 27 zeigt sich, wie das durchschnittliche Distanzmaß (PSD) mit jeder Stufe der Ich-Entwicklung kontinuierlich geringer wird. Dabei handelt es sich um große Unterschiede von mehr als zwei Standardabweichungen (SD) von E2 zu E7 – obwohl Personen auf vollem postkonventionellen Niveau noch gar nicht vertreten waren (niemand auf E8–E10).

Tabelle 27: Ich-Entwicklung und bevorzugte soziale Distanz zu Personen mit Benachteiligungen (Sheaffer et al., 2008, S. 152)

Ego Development Levels and Preferred Social Distance				
Ego Level	PSD Mean	SD	95 % CI	N
E2	3.90	1.03	1.3375–6.4720	3
E3	2.57	0.51	2.0360–3.1069	6
E4	2.30	0.67	2.0239–2.5780	25
E5	2.26	0.70	2.0526–2.4835	44
E6	2.15	1.10	1.6536–2.6639	21
E7	1.78	0.37	–1.5560–5.1298	2

Note. N = 101, E2 – impulsive; E3 – self-protective; E4 – conformist; E5 – self-aware; E6 – conscientious; E7 – individualistic. No scores were found at the E8 – autonomous and E9 integrated levels.

Die in dieser Studie gefundenen Zusammenhänge werden durch ähnliche Studien gestützt, in denen es in irgendeiner Form um den Umgang mit »Andersartigkeit« geht. Beispielsweise fanden Watt, Robinson und Lupton-Smith (2002) in ihrer Studie mit Counseling-Studenten signifikante und mittlere bis hohe Zusammenhänge zwischen verschiedenen Skalen der Racial Identity Attitude Scale und Ich-Entwicklung. Aus ihren Ergebnissen folgern Watt et al. (2002, S. 99, e. Ü.): »Die höheren Stufen der Herkunftsidentität und Ich-Entwicklung erfordern ein Individuum, dass sich seiner selbst bewusst ist und auch ein Bewusstsein für das eigene Selbst in Bezug auf seine Herkunft hat. Für Berater ist dies besonders wichtig, weil es mit multikultureller Kompetenz zusammenhängt. Anders gesagt: Um multikulturell kompetent zu sein, muss ein Berater sein eigenes Wertesystem und die Weltsicht seines Klienten kennen und sich passender Interventionen bewusst werden.«

Die wenigen Studien zum Themenkomplex Moral und Ethik sind sehr unterschiedlich in ihrer Ausrichtung und Operationalisierung. Trotz allem scheint Ich-Entwicklung in signifikant positivem Zusammenhang zu diesen Aspekten zu stehen, wobei der Zusammenhang zu moralischem Urteilen aufgrund vieler Studien außerhalb des Beratungskontexts als am gesichertsten gelten kann.

3.5.2 Weitere relevante Studien außerhalb des Beratungskontexts

Neben den oben beschriebenen Studien zu den fünf Themenbereichen, die im Zusammenhang mit Ich-Entwicklung im Beratungskontext

erforscht wurden, gibt es eine Reihe weiterer relevanter Forschungsarbeiten. Im Folgenden sind diejenigen Studien außerhalb des Beratungskontexts aufgeführt, in denen weitere Aspekte der im Abschnitt 3.4.2 analysierten Kompetenzanforderungen untersucht wurden. Diese Studien zu Ich-Entwicklung fallen vor allem in die folgenden zwei Themenbereiche:
1. Ich-Entwicklung und Selbstkompetenz,
2. Ich-Entwicklung und Umgang mit Komplexität.

3.5.2.1 Studien mit Fokus auf Selbstkompetenz

Viele Kompetenzanforderungen der untersuchten Beratungsverbände (siehe S. 184) gehen auf Aspekte ein, die unter dem Oberbegriff »Selbstkompetenz« oder »persönliche Kompetenz« gefasst werden. Beispiele dafür sind Aspekte wie »Selbstkenntnis und Selbstreflexion« und »Rollenflexibilität« (DGfC), »realistische Selbsteinschätzung« (DBCC) oder »Selbstwahrnehmung, Selbstregulierung« (DCV). Einige dieser Aspekte wurden auch in Studien zu Ich-Entwicklung untersucht.

Pazy (1985) untersuchte in einer umfangreichen Studie, inwiefern Ich-Entwicklung damit zusammenhängt, wie konsistent oder variabel Menschen in ihrer Sicht auf sich selbst sind. Dies erforschten sie anhand dreier Aspekte:
1. Phänomenale Variabilität, das heißt das Ausmaß, in dem sich eine Person prinzipiell als wandelbar beziehungsweise konstant empfindet.
2. Kontextuelle Variation, das heißt das Ausmaß, in dem eine Person über verschiedene Lebenskontexte hinweg Teile ihres Selbst anpasst.
3. Polarisierung des Selbst, das heißt das Ausmaß, in dem eine Person innere Widersprüche zulässt.

Zu diesen Aspekten entwickelte Pazy eigene Messverfahren, die nicht wie viele Verfahren zur Messung von Selbstkonzepten mit vorgegebenen Aspekten, sondern ähnlich wie bei Kelly (1955) mit von Teilnehmern selbst zu entwickelnden und zueinander in Beziehung zu setzenden Konstrukten arbeiten. Pazy führte ihre Erhebung mit 112 Männern und Frauen im Alter zwischen 20 und 50 Jahren im Rahmen mehrerer erfahrungsorientierter Workshops durch. Denn ihre Methodik hatte erhebliches Selbsterfahrungspotenzial, was die persönliche Validität für die Teilnehmer erhöhte. Die Ergebnisse aller drei Variabilitätsmaße bestätigten ihre Hypothesen: Mit zunehmenden Stufen der Ich-Entwicklung wird eine höhere Variabiliät der Sicht auf sich selbst erreicht (vgl. Akrivou, 2009). Wie in Tabelle 28 zu sehen ist, ergaben sich bei neun von elf Indizes signifikante oder hochsignifikante Zusammenhänge mit Ich-Entwicklung.

Tabelle 28: Ich-Entwicklung und Variabilität des Selbst (Pazy, 1985, S. 75)

Variability Scores: Possible and Actual Range, Mean Scores by Ego Levels, and F Values

		Range				Ego Level			F	p
		Possible		Actual						
		Min.	Max.	Min.	Max.	Low	Middle	High		
Phenomenal Variability N=98	Variability Owned	−11	11	−7	8	−.96	.15	1.7	3.86	.02
	Constancy Disowned	−11	11	−11	11	.04	2.32	4.96	5.43	.01
	Overall Identification with Variability	−22	22	−18	17	−.92	2.46	6.65	5.69	.01
Contextual Variation N=108	Percentage of Variability	0 %	100 %	11 %	63 %	38.2 %	45.0 %	47.2 %	3.37	.04
	Variation along Negative Constructs	0 %	100 %	8 %	58 %	31.9 %	45.8 %	43.6 %	5.67	.01
	Variation along Neutral Constructs	0 %	100 %	9 %	60 %	36.8 %	46.7 %	48.3 %	3.21	.04
	Variation along Positive Constructs	0 %	100 %	13 %	65 %	40.3 %	45.5 %	45.7 %	1.50	n. s.
Polarization N=69	Relative Proportion of Sides	0	30	0	26	11.69	10.26	14.93	2.65	.08
	Simultaneous Experiencing of Both Sides	0	40	0	36	4.75	5.57	10.22	3.26	.04
	Conflict Potential	0	50	10	45	30.12	27.54	33.07	.99	n. s.
	Polarity Index	10	120	0	97	46.57	43.36	58.22	3.36	.04

Rock (1975) untersuchte in einer Studie mit 50 Studentinnen, inwiefern Ich-Entwicklung mit der Fähigkeit zu Selbstreflexion einhergeht. Dabei verwendete er zwei ungewöhnliche Instrumentarien, um die Teilnehmerinnen in die Selbstreflexion zu führen. Bei der TAT Self-Interpretation Methode in Anlehnung an Luborsky ließ er die Studentinnen zu den Bildern des TAT (Thematic Apperception Test) kurze Geschichten schreiben. Anschließend erklärte er ihnen die projektive Natur dieses Instruments und ließ sie die mögliche Bedeutung dieser Geschichten für sie selbst interpretieren. Beim zweiten Instrument (Self-Confrontation) ließ er die Studentinnen ein neutrales Thema (erster Job) diskutieren, konfrontierte sie anschließend mit Tonaufnahmen ihrer Gespräche und bat sie, die Bedeutung ihrer Äußerungen zu diskutieren. Die Daten beider Instrumente wurden anschließend von Experten nach theoriegeleiteten Kritieren der Selbstreflexion ausgewertet. Die Ergebnisse zeigten eindeutig, dass die Werte beider Instrumente mit Ich-Entwicklung in Zusammenhang stehen. So fand Rock für beide Instrumente einen starken und hochsignifikanten Zusammenhang (für TAT Self Interpretation: $r = 0{,}53$, für Self-Confrontation: $r = 0{,}52$). In weiteren Mikroanalysen seiner Daten konnte Rock (1975, S. 188) zwei wesentliche Veränderungen in der Selbstreflexionsfähigkeit der Studentinnen erkennen, die genau der Subjekt-Objekt-Verschiebung von Kegan entsprechen (vgl. S. 59): einmal nach der Gemeinschaftsbestimmten Stufe (E4) und ein weiteres Mal nach der Eigenbestimmten Stufe (E6). Die Ergebnisse der verschiedenen Analysen fasst Rock (1975, S. 163, e. Ü.) wie folgt zusammen: »Die Daten zeigen ganz klar, dass es einen starken und systematischen Zusammenhang zwischen der Beschaffenheit der Selbstreflektion von Personen und ihrer Stufe der Ich-Entwicklung gibt.«

O'Connor und Wolfe (1991) untersuchten anhand einer Stichprobe von 64 Männern und Frauen (35 bis 50 Jahre) deren Veränderungsfähigkeit im Sinne von Pardigmenwechsel im Verhältnis zu Ich-Entwicklung. Unter Paradigmen verstehen sie „das organisierte System von Annahmen, Wahrnehmungen, Erwartungen, Gefühlen, Glaubenssätzen und Werten, um eine große Bandbreite von Situationen und Ereignissen zu verstehen (O'Connor u. Wolfe, 1991, S. 325, e. Ü.). Ähnlich wie bei Pazy (1985) fand die Datenerhebung in mehrtägigen Selbsterfahrungsworkshops statt. Um hohe persönliche Bedeutsamkeit herzustellen, waren nur Teilnehmer ausgewählt, die zum Zeitpunkt der Untersuchung vor einer signifikanten persönlichen oder beruflichen Veränderung standen. Im Anschluss daran wurde jeder Teilnehmer in mehrstündigen Kodierungssitzungen vom gesamten Forschungsstab anhand kriteriumsbasierter Skalen eingeschätzt. Um einen Eindruck von den verwendeten Skalen zu bekommen, sind diese in Tabelle 29 illustriert.

Tabelle 29: Einschätzungsskalen zu Veränderungsfähigkeit inklusive Inter-Rater-Reliabilität (O'Connor u. Wolfe, 1991, S. 330)

Scales and inter-judge reliability
Paradigm Shift (0.83)
(1) Fully embedded in current paradigm; no evidence of questioning it
(3) Actively engaged in questioning and doubting the basic assumptions that they live by; has recognized relativity of current paradigm and its inadequacy in current situations
(5) Have actively questioned paradigm and have cast off some old assumptions and beliefs; new ones have been sufficiently examined and expressed in regard to their coherence and workability
Transition Step (0.98)
(1) Stable or pre-transition: no evidence of engaging in change
(2) Rising discontent expression of much discontent with current state
(3) Crisis: critical juncture, peak of the transition process in terms of uncertainty and upheaval
(4) Re-direction and adaptation: evidence of tentative new directions
(5) Re-stabilizing: re-committing to new directions
Scope of Transition (0.81)
(1) Undergoing relatively minor transitions
(3) Experiencing some significant amount of transition of moderate intensity
(5) In the midst of extensive changes in important arenas of life; intense involving issues central to makeup
Emotional Tone (0.91)
(−2) Predominantly negative affect and tone; depressed, despairing, angry, etc.
(0) Neutral or expressing both negative and positive emotions equally
(+2) Positive, optimistic, zestful tone. Able to express negative emotions, but not dominated by negative affect

Die Ergebnisse in Tabelle 30 zeigen auf, wie stark das Ausmaß an vollzogenen Veränderungen im eigenen Leben und die Fähigkeit, eigene Paradigmen in Frage zu stellen, mit der jeweiligen Stufe der Ich-Entwicklung zusammenhängt. Bei beiden Aspekten zeigten sich in Varianzanalysen signifikante oder hochsignifikante Unterschiede. Während Teilnehmer auf früheren Stufen der Ich-Entwicklung (E4 bis E5) noch kaum in der

Lage waren, ihre eigenen Annahmen, Werte etc. zu hinterfragen, befanden sich solche auf mittleren Stufen der Ich-Entwicklung (E6) in etwa auf der Mitte der fünfstufigen Skala dazu. Diejenigen auf späteren Stufen der Ich-Entwicklung (E7 und E8) hingegen »waren noch tiefer involviert in den Prozess des Paradigmenwechsels. Sie waren fähiger, ihre persönlichen Philosophien, Annahmen und Glaubenssätze, nach denen sie lebten, tiefer zu hinterfragen und begannen diese zu verändern und mit ihnen zu experimentieren« (O'Connor u. Wolfe, 1991, S. 332–333, e. Ü.).

Tabelle 30: Ich-Entwicklung und Ausmaß eigener Veränderungen sowie Paradigmenwechsel (O'Connor u. Wolfe, 1991, S. 333)

Mean scope of transition and paradigm shift by ego level					
	Level of ego development				
	Low	Medium	High	One-way ANOVA	
Scope of transition	2.4	2.7	3.3	$F=2.93$*	$p<0.06$
Paradigm shift	2.0	2.4	3.2	$F=4.57$†	$p<0.01$
N's for both (63)	(15)	(28)	(20)		
*df between/within 2/60 MS 3.9/1.33.					
† df between/within 2/60 MS 6.84/1.5					

Inwiefern Veränderungsfähigkeit im Sinne von Umstrukturieren des eigenen Bezugsrahmens mit Ich-Entwicklung zusammenhängt, wurde von King, Scollon, Ramsey und Williams (2000) erforscht. Diese untersuchten 87 Eltern von Kindern mit Down-Syndrom und baten sie, zu beschreiben, wie es für sie war, als sich herausstellte, dass sie ein Kind mit Down-Syndrom haben. Dieses oft als tiefer Einschnitt empfundene Lebensereignis eröffnete die Möglichkeit, zu erforschen, inwiefern sich in den Geschichten der Eltern Aspekte wie Umdeutungen oder Vergewisserung über die Unvorhersehbarkeit der Welt finden. Unter anderem wurde dabei von den Forschern das Ausmaß des Paradigmenwechsels auf einer siebenstufigen Skala eingeschätzt. Trotz einer nicht ganz befriedigenden Interrater-Reliabilität bei dessen Einschätzung ($r=0{,}60$), zeigte sich ein signifikanter, eher moderater Zusammenhang zu Ich-Entwicklung ($r=0{,}23$). Das heißt, je weiter die Eltern in ihrer Ich-Entwicklung fortgeschritten waren, desto mehr Anzeichen von Paradigmenwechsel waren in von ihnen geschilderten Lebensereignissen zu finden.

Eine Studie zum Umgang mit persönlichem Feedback im Managementkontext stammt von Torbert (1987a), der seit den frühen 1980er Jahren eine Vielzahl praxisorientierter Studien mit Ich-Entwicklung initiierte. Im Rahmen einer dieser Studien wurde den teilnehmenden Führungskräften angeboten, Feedback zu ihren Testergebnissen zu erhalten und diese in einer persönlichen Sitzung zu besprechen (N = 281). Die Nachfrage danach entsprach dem, was aufgrund des Ich-Entwicklungsmodells zu vermuten war: Niemand auf der gemeinschaftsbestimmten Stufe (E4) fragte nach und nur jeweils 10 Prozent auf den nächsten beiden Stufe (E5 und E6). Auf den jeweils weiteren Stufen nahm der Prozentsatz derjenigen, die Feedback nachfragten, weiter zu und auf den späteren postkonventionellen Stufen machte die Mehrheit davon Gebrauch (genauere Werte sind nicht angegeben). Vor allem die detaillierten Beobachtungen der Feedbacksessions, denen sich Merron und Torbert (1983) in einer früheren explorativen Studie gewidmet hatten, geben ein aufschlußreiches Bild der Reaktionen. Denn in Abhängigkeit von den jeweiligen Stufen zeigten sich typische Muster des Umgangs mit diesem persönlichen Feedback. Personen auf der rationalistischen Stufe (E5) fokussierten vor allem auf sehr konkrete einzelne Punkte und blieben länger daran hängen. Merron und Torbert (1983), resümieren ihre Beobachtungen von Personen auf dieser Stufe im Vergleich mit Personen auf postkonventionellen Stufen der Entwicklung (≥ E7) wie folgt:

> »Wir bemerkten wahrhaft dramatische Unterschiede in der fehlenden Neigung der ersteren, weiteres Feedback zu suchen und ihrer Schwierigkeit, dieses verdauen zu können, im Gegensatz zu den letzteren in ihren Anstrengungen, Feedback zu suchen, deren Bedeutung im Gespräch mit anderen zu erkunden und übergeordnete Problemstellungen zu definieren, anstatt Symptome nur oberflächlich zu behandeln« (S. 25–26, e. Ü.).

Ähnliche Ergebnisse lieferte eine explorative Studie von Corbett (1995) mit 16 Managern und dem Subjekt-Objekt-Interview zur Bestimmung des Ich-Entwicklungsstandes (Lahey et al., 1988). Diese Interviews wurden unabhängig davon auch in Hinblick auf das Modell professioneller Effektivität von Argyris und Schön (1974) eingeschätzt, wobei sich eine hohe Übereinstimmung zwischen Entwicklungsstufen und den Managementpraktiken ergab: Die Führungskräfte auf Kegans Selbstbestimmter Stufe (~ E6) bildeten selbst die zentrale Bewertungseinheit in ihren Entscheidungen, bezogen andere eher wenig ein und verfielen beim Hinterfragen der eigenen Ansichten leicht in eine Verteidigungshaltung. Einzig bei der Führungskraft, die auf Kegans Selbstbestimmter Stufe mit Tendenz zur Selbsttransformierenden Stufe (~ E6/~ E7) eingestuft war, identifizierte Corbett Aspekte, wie sie in Schöns (1983) Werk »The reflective Practioner« beschrieben werden: eher vorläufiges Setzen von Zielen, aktives Einbinden Anderer, Suchen unterschiedlicher Perspektiven und aktives Experimentieren mit Veränderungen.

Insgesamt ergeben die unterschiedlichen Studien ein klares Bild zu verschiedenen Aspekten der Selbstkompetenz. Mit zunehmender Ich-Entwicklung sind Personen mehr in der Lage, sich selbst im Prozess der Veränderung zu erleben, in unterschiedlichen Kontexten anders zu definieren oder unterschiedliche und auch negative Anteile ihrer selbst zu sehen. Dies geht mit immer umfassenderer Selbstreflektion einher, wobei diese in konsistenter Weise erst ab der postkonventionellen Ebene (≥ E7) möglich zu sein scheint. Ebenso nimmt die Fähigkeit zu, eigene Paradigmen zu verändern sowie persönliches Feedback umfassend zu verarbeiten beziehungsweise überhaupt erst zuzulassen oder sogar einzuladen.

3.5.2.2 Studien mit Fokus auf Umgang mit Komplexität

Bei vielen der untersuchten Beratungsverbände finden sich Kompetenzanforderungen, die etwas mit dem Erfassen oder dem Umgang mit Komplexität zu tun haben. Beispiele dafür sind Aspekte wie »mit dem verbindenden Blick für die individuelle Person, für ihre jeweilige berufliche Rolle und für die Dynamik der Organisation« (DGSv, 2012a, S. 7), »im systemischen Kontext berücksichtigt er zusätzlich die Wechselwirkungen einer Veränderung innerhalb des Unternehmens bzw. der Organisation« (DVCT, 2012, S. 2) oder »Perspektivwechsel« (DGfC). Dies sind meist Aspekte, die bei den von Boyatzis (2008) benannten drei leistungskritischen Kompetenzen unter das Cluster »Kognitive Kompetenzen« fallen. Forschungen mit dem Ich-Entwicklungsmodell von Loevinger zu diesem Themenkomplex kommen überwiegend aus dem Bereich Management und Führung.

Von Merron (1985) stammt eine Studie, die sich eines klassischen Instruments aus der Managementdiagnostik bediente: dem so genannten Postkorb-Test. Dies ist eine komplexe Arbeitsprobe, mit der die Komplexität, Widersprüchlichkeit und der Zeitdruck in Managementpositionen simuliert wird. Dieses im Schnitt ein bis zwei Stunden dauernde Assessment versetzt Teilnehmer in die Situation einer Führungskraft, die eine plötzlich freigewordene hohe Managementposition übernimmt. Dabei wird sie mit einer Vielzahl von Aufgaben, Informationen und Anforderungen konfrontiert, zu denen Entscheidungen zu treffen sind. Die Teilnehmenden haben nun die Aufgabe, sich dazu zu verhalten, wobei sie in der Art und Weise, wie sie dies tun und womit sie sich beschäftigen (oder nicht) vollkommen frei sind. Sie müssen ihr Verhalten in dieser Zeit nur dokumentieren. Als Teilnehmende gewann Merron 50 Manager und MBA-Studierende. In den anschließenden Auswertungen teilte Merron die Teilnehmenden nach ihrem Ich-Entwicklungsniveau in zwei Gruppen ein: Mittlere Ich-Entwicklungsstufen (E4 bis E6) und spätere Entwicklungsstufen (E7 bis E8). Dabei zeigten sich signifikante Unterschiede in Hinblick darauf, wie komplexe Problemlagen insgesamt angegangen werden und wie sie dabei die Zusammenarbeit mit anderen regelten. Im Umgang mit der komplexen Problemlage behandelten Manager auf mittleren Stufen Probleme weitestgehend so, wie sie ihnen präsentiert wurden (Lösung erster Ordnung). Sie stellten kaum Verknüpfungen her und gingen eher auf einzelne Aspekte ein, die direkt zu lösen sind (im Sinne von »Feuer löschen«). Im Gegensatz dazu redefinierten Manager auf späteren Stufen die Probleme häufiger oder sahen sie als Symptome tieferer Probleme. Dabei hinterfragten sie öfter die dahinter liegenden Annahmen, Ziele und Werte (im Sinne einer Lösung zweiter Ordnung). Der Zusammenhang zwischen Ich-Entwicklung und Lösungen zweiter Ordnung war hochsignifikant und mit r = 0,51 stark (siehe Tabelle 31). Auch stellten sie mehr Verknüpfungen zwischen den einzelnen Problemen und Themen her (im Sinne von »Organisationsführung«).

Tabelle 31: Ich-Entwicklung und Prozentsatz von Reaktionen zweiter Ordnung (Merron, 1985, S. 133)

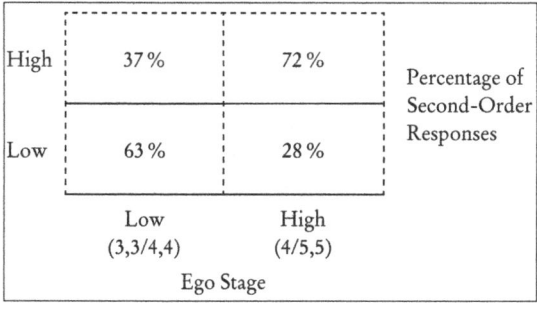

Merron entdeckte auch Unterschiede darin, wie bei der Komplexität des Aufgabenfeldes die Zusammenarbeit mit anderen gestaltet wird. So trafen Manager auf mittleren Stufen mehr einseitige Entscheidungen und Handlungen, beispielsweise indem sie ein Problem direkt lösten oder Verantwortung zwar abgaben, aber die Aufgaben unabgesprochen delegierten. Manager auf späteren Stufen hingegen bezogen andere Personen mehr in ihre Entscheidungen ein, versuchten die Meinung anderer mehr zu erkunden und sie in ihr eigenes Handeln zu integrieren. Der Zusammenhang zwischen Ich-Entwicklung und gemeinschaftlichen Handlungen war ebenfalls hochsignifikant und mit r = 0,38 mittel bis stark (siehe Tabelle 32). Insgesamt nahmen sie auch mehr Gelegenheiten wahr, zu beobachten und selbst dabei zu lernen.

Tabelle 32: Ich-Entwicklung und Prozentsatz gemeinschaftlicher Reaktionen (Merron, 1985, S. 134)

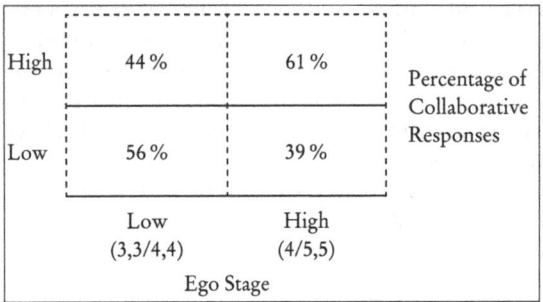

In einer qualitativen Studie von Smith (1980) zum Zusammenhang zwischen Ich-Entwicklung und Macht/Einflussnahme finden sich ebenfalls Hinweise auf den Umgang mit Komplexität. Smith interviewte zwölf Manager (untere bis mittlere Führungsebene) in intensiven, semistrukturierten Gesprächen zum Umgang mit schwierigen Führungsproblemen. Er gab den Teilnehmenden typische schwierige Führungssituationen vor und erkundete, wie diese sowohl aus der Rolle der Führungskraft als auch aus der Rolle der Mitarbeiter damit umgehen würden. In einem zweiten Teil bat er, dies anhand von eigenen schwierigen Führungssituationen zu illustrieren. Unabhängig davon wurde durch andere Forscher die jeweilige Ich-Entwicklungsstufe getestet. In der anschließenden Analyse waren klare Unterschiede zwischen den Entwicklungsstufen zu verzeichnen: Bei Managern auf der Gemeinschaftsbestimmten Stufe (E4) zeigten sich kaum Unterschiede zwischen der Rolle und der persönlichen Sicht auf die Dinge, Selbstkritik fand kaum statt und sie hatten Schwierigkeiten, Arbeitsanforderungen und persönliche Aspekte in den besprochenen Situationen zusammen zu besprechen. Die Verantwortung für schwierige Entscheidungen wurde »oben« gesehen, sie sahen sich eher dabei, diese nur umzusetzen. Manager auf der Rationalistischen Stufe (E5) sahen sich häufig im Konflikt zwischen Ansprüchen des Unternehmens und ihren Mitarbeitern. Sie unterschieden zwar zwischen ihrer Sicht und ihrer Rolle als Führungskraft, letztere bestimmte aber ihr Tun. Zielkonflikte beklagten sie vor allem, ohne eigene Ideen zu entwickeln, wie sie diese Widersprüche für sich auflösen könnten. Manager auf der Eigenbestimmten Stufe (E6) trafen ihre Entscheidungen nach eigenen Bewertungskriterien und fühlten sich freier im Umgang mit schwierigen Situationen. Ihnen gelang es klarer, zwischen den Ansprüchen des Unternehmens und denen ihrer Mitarbeiter zu unterscheiden und zu vermitteln. Um diese zu entscheiden, trafen sie kaum Entscheidungen unter Zwang und versuchten dabei mehrere Aspekte zusammenzubringen.

In einer Studie zum Zusammenhang von Ich-Entwicklung und effektiver Führung von Eigel (1998; Eigel u. Kuhnert, 2005) finden sich weitere Hinweise zum Umgang mit Komplexität. Dabei wurden 42 Führungskräfte aus Großunternehmen (mittlere und oberste Managementebene bis Vorstand) in Hinblick auf den Umgang mit für sie persönlich relevanten und als schwierig empfundenen Situationen interviewt. Eigel verwendete dazu das Subjekt-Objekt-Modell von Kegan (Lahey et al., 1988) zur Bestimmung der Ich-Entwicklungsstufe. Die Führungskräfte sprachen in diesem Zusammenhang über verschiedene für ihre Führungsrolle relevante Aspekte (z. B. Infragestellen bestehender Prozesse, Sicherstellen einer gemeinsam geteilten Vision, Konfliktmanagement), die in 13 Themenbereiche fielen. Zwei unabhängig davon arbeitende Experten pro Themengebiet beurteilten dann die Sequenzen zu diesen Themenbereichen nach der Effektivität des damit zum Ausdruck kommenden Umgangs mit diesen komplexen Problemstellungen. Abbildung 24 illustriert den Zusammenhang zwischen den Effektivitätseinschätzungen und der Entwicklungsstufe. Dieser zeigt eine starke Korrelation in Höhe von r=0,55.

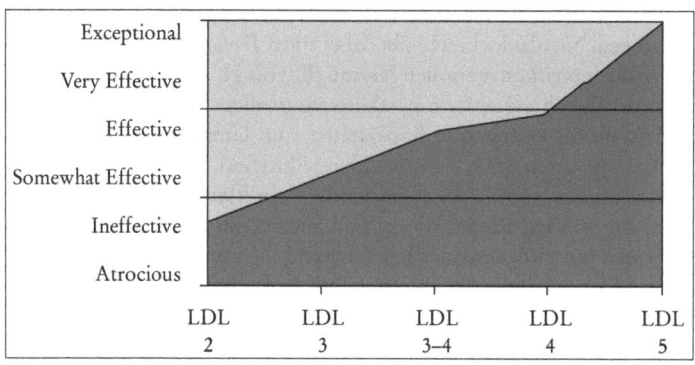

Abbildung 24: Ich-Entwicklung und Effektivität in Führungssituationen (Eigel u. Kuhnert, 2005, S. 375) (LDL 3–4 ~ E5, LDL 4 ~ E6, LDL 5 ~ E8)

Rooke und Torbert (1998) führten eine Feldstudie zum Umgang mit der hohen Komplexität in Topmanagementpositionen durch. Dazu untersuchten sie insgesamt zehn Organisationen und deren Vorstandsvorsitzenden (CEO = Chief Executive Officer), die unternehmensweite Veränderungsprozesse begonnen hatten. Diese dauerten im Schnitt 4,2 Jahre und wurden von externen Beratern begleitet. Sie testeten zum einen das Ich-Entwicklungslevel der CEOs mit dem WUSCT (Range: E4 bis E9), während drei Organisationsberater unabhängig voneinander einschätzten, welches Organisationsentwicklungsniveau die Organisation in dieser Zeit erreicht hatte. Die Ergebnisse zeigten, dass allen fünf Vorständen auf der Systemischen Stufe (E8) die Unternehmenstransformation gelungen war, während dies nur bei zwei der fünf Vorstände auf früheren Entwicklungsstufen der Fall war. Zusätzlich berechneten Rooke und Torbert die Korrelation zwischen der Ich-Entwicklungsstufe des CEO und der Anzahl erreichter Unternehmenstransformationen (nach dem Stufenkonzept von Torbert, 1987a). Diese war signifikant und wies mit $r = 0{,}65$ auf einen starken Zusammenhang hin.

Weitere Studien zu Ich-Entwicklung und Aspekten von Komplexität ergaben ebenfalls Unterschiede zwischen Personen auf unterschiedlichen Entwicklungsstufen, wie sie sich auch in den Studien im Cluster »Selbstkompetenz« zeigten. So fand beispielsweise Osland (1990) in seiner Studie mit Expatriates signifikante Zusammenhänge zwischen Ich-Entwicklung und der Bewusstheit von Paradoxien. Und Nicolaides (2008) konnte in einer explorativen Studie mit Personen auf postkonventionellen Stufen (E7–E10) deutliche Unterschiede darin feststellen, wie Personen auf verschiedenen Ich-Entwicklungsstufen mit Ambiguität umgingen. Nicolaides beschreibt dabei einen Trend, der von »aushalten« auf frühem postkonviollen Niveau (E7) bis zu »aktiv erzeugen« von Mehrdeutigkeit auf spätem postkonventionellem Niveau (E9) verläuft und somit die erweiterten Kapazitäten zum Umgang mit Ambiguität auf späten Stufen der Ich-Entwicklung illustriert.

Zusammen vermitteln diese Studien ein klares Bild zum Zusammenhang von Ich-Entwicklung und Umgang mit Komplexität. So sind Personen mit zunehmender Ich-Entwicklung zunehmend in der Lage, Abstand zu den ihnen präsentierten Problemen und Aufgaben zu gewinnen und diese in einem Gesamtzusammenhang zu behandeln, Ansprüche verschiedener Gruppen und ihre eigenen klarer in Einklang zu bringen und insgesamt schwierige Situationen oder umfassende Veränderungen in komplexen Systemen effektiver zu bewältigen. Bei einigen dieser Studien zeigt sich zudem, dass offensichtlich ein postkonventionelles Ich-Entwicklungsniveau überhaupt erst einen dauerhaft erfolgreichen Umgang mit Komplexität ermöglicht.

3.5.3 Fazit

Unter den über einen Zeitraum von etwa vier Jahrzehnten durchgeführten empirischen Untersuchungen finden sich zahlreiche Studien, die beratungsrelevante Kompetenzaspekte aufgreifen. Viele davon wurden in einem expliziten Beratungskontext durchgeführt, also mit Beratern, Supervisoren, Coaches oder Beratern in Ausbildungskontexten. Berücksichtigt man weiterhin Studien zu Ich-Entwicklung in anderen Kontexten, vor allem auch aus dem Bereich Management, finden sich Studien, die in folgenden sieben Themenkomplexen zusammengefasst wurden:
1. Ich-Entwicklung und Empathie,
2. Ich-Entwicklung und Beratungskompetenz beziehungsweise Beratungseffektivität,
3. Ich-Entwicklung und Passung zwischen Berater und Kunde,
4. Ich-Entwicklung und eigenes Wohlergehen und Selbstregulation,
5. Ich-Entwicklung und Moral, ethische Einstellungen und Werte,
6. Ich-Entwicklung und Selbstkompetenz,
7. Ich-Entwicklung und Umgang mit Komplexität.

Die in diesen Themenclustern vorgestellten und kommentierten Studien behandeln eine Vielzahl von Aspekten, die auch in den Kompetenzanforderungen der verschiedenen Beratungsverbände zu finden sind (siehe S. 184). Diese bilden eine gute Grundlage zur Beantwortung der handlungsleitenden Frage, ob empirische Zusammenhänge zwischen Kompetenzanforderungen an Berater und Aspekten der Ich-Entwicklung vorliegen: Diese Frage kann mit einem klaren Ja beantwortet werden.

In der Tat gibt es ein großes Spektrum an für Beratung zentralen Aspekten, bei denen empirisch signifikante Zusammenhänge zu Ich-Entwicklung in der erwarteten Richtung gefunden wurden. Diese betreffen vor allem die von Boyatzis (2008) als leistungskritisch bezeichneten Kompetenzbereiche (kognitive Kompetenzen, emotionale Kompetenzen, soziale Kompetenzen). Bei fast allen dieser Studien zeigen sich statistisch signifikante Unterschiede zwischen den Ich-Entwicklungsstufen, bei den restlichen meist immer noch ein klarer Trend. In den Studien kommt zum Ausdruck, dass Berater auf der Gemeinschaftsbestimmten Stufe (E4) nicht und auf der Rationalistischen Stufe (E5) eher eingeschränkt in der Lage sind, konsistent grundlegende Kompetenzanforderungen an Berater zu erfüllen. Einige Studien zeigen zudem, dass für manche beratungsrelevante Aspekte offensichtlich ein postkonventionelles Niveau der Ich-Entwicklung erforderlich ist. Ähnlich wie bei der inhaltlichen Analyse der Kompetenzanforderungen zeigen auch die empirischen Studien, dass Personen auf postkonventionellen Stufen der Ich-Entwicklung am besten ausgestattet zu sein scheinen, die Anforderungen in besonderem Maße zu erfüllen.

Interessant sind auch die Studien zur Passung zwischen Berater und Kunden/Klienten. Diese zeigen durchgängig, dass nicht nur das absolute Ich-Entwicklungsniveau der Berater eine relevante Größe effektiver Beratung ist, sondern auch das Entwicklungsverhältnis zwischen beiden: Berater, die auf einer späteren Ich-Entwicklungsstufe als ihre Kunden/Klienten sind, scheinen diese auch effektiver unterstützen zu können.

4 Diskussion und Ausblick

4.1 Diskussion
4.1.1 Diskussion zum Modell der Ich-Entwicklung

Das Modell der Ich-Entwicklung nach Loevinger ist in vielerlei Hinsicht ungewöhnlich und »fällt zwischen mehrere Stühle«: Es ist gleichzeitig ein genuin entwicklungspsychologischer Ansatz und ein Persönlichkeitsmodell – allerdings kein statisches, sondern ein dynamisches. Somit entspricht es nicht dem vorherrschenden Eigenschaftsansatz der Persönlichkeitspsychologie (vgl. Jüttemann u. Thomae, 2002). Obwohl es ein Stufenmodell ist, kann es nicht eindeutig dem kognitiven Ansatz der Neo-Piaget'schen Schule, wie er sich beispielsweise im Ansatz von Kohlberg zeigt, zugeordnet werden. Denn es unterscheidet sich hinsichtlich Forschungsparadigma, Erhebungsmethodik, und Stufenkonzeption (Blasi, 1998). Als Modell der Identitätsentwicklung (Blasi, 1988; Kroger, 2004) ist es nicht zu verwechseln mit Phasenmodellen wie beispielsweise dem von Erikson, das Identitätsentwicklung als Abfolge von lebensphasenspezifischen Aufgabenstellungen versteht. Wer nicht zutiefst damit vertraut ist, hat es aufgrund dessen nicht einfach, das Modell der Ich-Entwicklung adäquat einzusetzen: Loevinger (1978) selbst war sich dieser Problematik sehr bewusst. Sie wies beispielsweise immer wieder darauf hin, dass Ich-Entwicklung als Sequenz von Meilensteinen unterschiedlicher Strukturen des Ichs vielfältige Beziehungen zu anderen Variablen haben kann:

> »Die Einsicht, dass das logische Extrem einer Eigenschaft entwicklungsbezogen einen Mittelpunkt darstellen kann, hat die Konsequenz, dass zwei Tests, die unterschiedliche Aspekte der identischen Entwicklungssequenz messen, jede mögliche Korrelation aufweisen können, sogar gar keine oder eine negative Korrelation, allein dadurch, dass sie ihren Höhepunkt an verschiedenen Stellen des Entwicklungskontinuums aufweisen« (S. 8, e. Ü.).

Es gibt zudem einige Fragen zu ihrem Modell, die von Loevinger selbst nicht ausreichend geklärt wurden und die ein Verstehen und Nutzen des Ich-Entwicklungsmodells erschweren. Zwei davon wurden in dieser Arbeit aufgegriffen und geklärt. Insbesondere was das »Ich« in ihrem Sinne ist (Loevinger, 1979b) und wie »Ich-Entwicklung« letztlich verstanden werden kann, ist nur über verschiedene Quellen zu erschließen. Loevinger (1969) setzte sich in ihren früheren Arbeiten zwar mit Theorien der Ich-Entwicklung auseinander, fokussierte ihre Arbeit aber vor allem auf empirische Forschung: »Mein Vorhaben war das Verstehen und Messen« (Loevinger, 1998d, S. 347, e. Ü.). Die in Abschnitt 2.1.1 vorgenommene Aufarbeitung geht über bisherige Annäherungsversuche an Loevingers Verständnis des »Ichs« hinaus, indem sie sowohl eigene Aussagen Loevingers als auch die weiterer mit dem Konzept vertrauter Forscher einbezieht. Insbesondere der Bezug zu James' essenzieller Unterscheidung des »Ich« und »Mich« (James, 1892/1963), den auch McAdams (2002, S. 590 ff.) zur Erklärung heranzieht, macht Loevingers Modell besser verstehbar. Denn auch Loevinger und Blasi (1991) ordneten ihren Ansatz in einem bisher kaum beachteten Artikel der Subjektseite des Selbst zu. Dort illustrierten sie anhand von Aussagen aus dem WUSCT, wie sich beispielsweise ein (psychologisches) Selbst entwickelt, welches auf den frühen Stadien der Ich-Entwicklung noch rein körperlich verstanden wird.

Die zweite offen gebliebene Frage ist, wie Loevingers Modell der Ich-Entwicklung im Rahmen einer Gesamtbetrachtung von Persönlichkeit zu verorten ist. Gerade dies ist schwierig, weil ihr Modell eine Vielzahl in der Forschung sonst getrennt behandelter Aspekte vereint. Loevinger selbst diskutierte diese Frage in ihrem Lehrbuch der Persönlichkeit (1987b) anhand wissenschaftlicher Paradigmen (z. B. Eigenschaftsansätze, Psychoanalytische Ansätze) und setzte sich intensiv mit Eigenschaftsorientierten Ansätzen auseinander (Loevinger, 1994a, 1998c). Offen blieb dabei nach wie vor eine Verortung des Ich-Entwicklungsmodells im Zusammenspiel unterschiedlicher Persönlichkeitsaspekte, wie sie wahrscheinlich von keinem einzelnen Persönlichkeitsansatz (Loevinger, 1994b), sondern eher einem Rahmenmodell geleistet werden kann. In Abschnitt 2.1.11 wurde diese Frage aufgegriffen, indem die Forschung zu Eigenschaftsansätzen im Verhältnis zu Ich-Entwicklung aufgearbeitet wurde. Ebenso wurden zwei Rahmenmodelle der Persönlichkeit (McAdams, Kuhl) vorgestellt und begründet, inwiefern Loevingers Modell der Ich-Entwicklung dort zu verorten ist. McAdams selbst (1998, S. 35, e. Ü.) sieht es außerhalb seiner drei Ebenen der Persönlichkeit: »Innerhalb einer solchen Theorie sollte Loevingers Ich die Funktion eines Chefkoordinators einnehmen. Das Ich ist ein Teil der Persönlichkeit, aber nicht im gleichen Sinne wie Eigenschaften, spezifische Anpassungen [z. B. Motive, Werte] oder

Lebenserzählungen [Identitätsebene].« Diese Verortung entsprach auch Loevingers Sicht (1996). Im zweiten diskutierten Rahmenmodell, Kuhls Theorie der Persönlichkeits-System-Interaktionen, weisen die empirischen Studien darauf hin, Loevingers Ich-Entwicklungsmodell im Zusammenhang mit der höchsten Systemebene (Ebene 7: Selbststeuerung) zu sehen: Danach ist es nicht gleichzusetzen mit dieser Ebene, aber möglicherweise ein Indikator dafür, wie weit entwickelt Teile davon sind. Insofern nimmt Loevingers Konstrukt der Ich-Entwicklung in zwei sehr unterschiedlich konzeptionierten Rahmenmodellen der Persönlichkeit einen ähnlich exponierten Platz ein. Dies unterstützt die Sicht von Loevinger, die Ich-Entwicklung als einen »Master trait« der Persönlichkeit ansieht.

Seit Loevinger 1976 im Grundlagenwerk »Ego Development« ihre Konzeption von Ich-Entwicklung beschrieb, sind bereits fast 40 Jahre vergangen. Damals setzte sie ihr Modell zu anderen Entwicklungsmodellen in Bezug und grenzte es von psychoanalytischen Theorien ab. Seitdem wurden dazu weltweit Hunderte empirischer Studien und noch weitaus mehr theoretische Artikel veröffentlicht. Nach Westenberg et al. (2004, S. 606) gab es Anfang der 1990er Jahre bereits über 300 Studien, in denen Loevingers WUSCT zur Messung von Ich-Entwicklung eingesetzt wurde. Die Zeitschrift »Psychological Inquiry. International Journal for the Advancement of Psychological Theory« widmete Loevinger 1993 (Volume, 4, Issue 1) ein Themenheft, das Ergänzungen, Zusammenstellungen, Diskurse und Reviews empirischer Studien enthielt. Westenberg et al. (1998) publizierten später ihren Sammelband »Personality Development«. Es gibt allerdings kein neueres Werk, das diese Forschung und Theoriebildung der letzten vierzig Jahre ähnlich wie Loevingers Werk von 1976 zusammenführt und kritisch kommentiert. Insbesondere die neuere Forschung zu postkonventionellen Stufen von Cook-Greuter, in der Loevingers Verständnis der Stufe E9 verfeinert und die Sequenz um eine weitere Stufe (E10) ergänzt wurde, findet sich dort nicht wieder. Dieser fehlende Überblick ist ein eindeutiges Manko, da dieser Wissensschatz für zukünftige Forschung und Praxis auf Hunderte Quellen unterschiedlicher Autoren, Zeitschriften und Fachrichtungen verteilt und damit äußerst mühsam zu sichten ist. So ist die Gefahr groß, dass entscheidende Aspekte übersehen oder nicht verstanden werden.

In der Rezeption Loevingers Ich-Entwicklungsmodells finden sich dafür zahlreiche Belege. Beispielsweise erstaunt beim Lehrbuch von Asendorpf und Neyer (2012), dass Ich-Entwicklung im Abschnitt »Bedürfnisse, Motive und Interessen« erwähnt wird, womit das Modell lediglich auf einen von vier Bereichen (Bewusstseinsfokus) reduziert

wird, während es im Abschnitt zur Psychologie des Selbst, wo Loevingers Modell sinnvoller einzuordnen wäre, keine Erwähnung findet. Sowohl in der Forschungs- als auch in der Praxisliteratur tauchen insbesondere zwei Aspekte immer wieder auf, an denen deutlich wird, dass Loevingers Modell nicht ausreichend verstanden wurde. Diese Missverständnisse, die unter anderem in Abschnitt 2.1.12 diskutiert wurden, werden aufgrund ihrer Zentralität hier nochmals explizit aufgegriffen:
1. Einseitige Reduzierung von Entwicklung auf Kognition und logische Zusammenhänge,
2. Vermischung von Reife und Adaptivität beziehungsweise unangemessene Forderung nach Erweiterung ihres Konzepts.

Über die Jahrzehnte der Auseinandersetzung mit Loevingers Modell gibt es viele Beispiele von Autoren, die dazu tendieren, Aspekte menschlicher Entwicklung wie auch Ich-Entwicklung einseitig auf kognitive Komplexität zu reduzieren (z. B. Dawson, 2001; Dawson-Tunik et al., 2005; Stein u. Heikkinen, 2008, 2009). Ebenso wurde immer wieder die logische Relation der Elemente jeder Stufe kritisiert (z. B. Kohlberg et al., 1983) beziehungsweise bemängelt, dass die Stufenfolge selbst nicht logisch sei (Broughton u. Zahaykevich, 1988). Diese Tendenz zur Reduzierung auf Logik und Komplexität ist ein verbreitetes Phänomen und wird Loevingers Ich-Entwicklungsmodell nicht gerecht (Stålne, 2011). Im Gegenteil, der Nuancenreichtum, die Komplexität und die Vielfalt der Variable, die sie gerade positiv auszeichnen, gehen dadurch verloren. Blasi (1998, S. 23, e. Ü.) bringt dies auf den Punkt: »Ein zentrales Merkmal von Loevingers Verständnis von Ich-Entwicklung scheint mir genau das Gegenteil der reduktionistischen Tendenz zu sein, das von ihrem tiefen Respekt für die psychologische Realität in all ihrer Mannigfaltigkeit und ihrer großen Sensibilität gegenüber den Komplexitäten menschlichen Funktionierens rührt.«

Ein zweiter öfter missverstandener Punkt liegt nicht in der Reduktion, sondern eher in der unangemessenen Erweiterung des Ich-Entwicklungsmodells beziehungsweise der Forderung danach. Immer wieder wird Ich-Entwicklung mit Adaptivität im Sinne von »gutem Funktionieren« vermischt, da die Beschreibung von Loevingers Stufen auch viele Aspekte enthält, die dies nahelegen (z. B. zunehmende Bewusstheit von sich selbst, Toleranz auf späteren Stufen). In der Tat sind die beiden Konstrukte nicht voneinander unabhängig, wie von Loevinger (1968) anfangs postuliert wurde, sondern überlappen sich vielmehr, wie von Mickler in Abbildung 25 verdeutlicht wird.

Diskussion

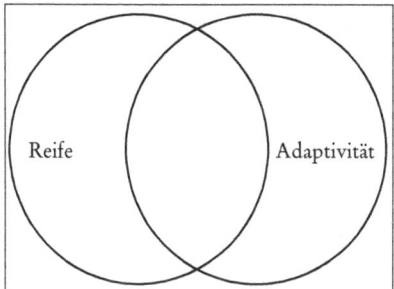

Abbildung 25: Schematische Darstellung des Verhältnisses von Reife und Adaptivität (Mickler, 2004, S. 26)

Die Kritik, das Loevingers Ich-Entwicklungsmodell beispielsweise nicht die »affektive Integration des Selbst« abdeckt und hinsichtlich kognitiver Aspekte des Ichs verzerrt ist (Labouvie-Vief u. Diehl, 1998, S. 219, e. Ü.), ist dennoch unangemessen: Wie aufgezeigt ging es Loevinger nicht darum, ein normatives Modell von Persönlichkeitsentwicklung zu entwerfen, sondern sie erforschte empirisch, wie sich das Ich regelhaft verändert, wenn Entwicklung stattfindet. Genau diese Trennung ist die Stärke ihres Modells (vgl. Staudinger u. Kunzmann, 2005), was auch im umfassendsten Überblick dazu von Noam, Young und Jilnina (2006) zum Ausdruck kommt. Danach ergeben sich vielfältige Beziehungen zwischen beiden Konstrukten, die je nach Unteraspekt (z. B. Depression, Substanzmissbrauch, well-being) nicht vorhanden, linear oder kurvilinear sein können. Insofern ist es falsch, den viele Bedeutungen enthaltenden Begriff der Ich-Entwicklung einseitig mit positiven Aspekten aufzuladen, wie es bei manchen Autoren scheint (z. B. Pfaffenberger, 2007), so dass auf den späteren Ich-Entwicklungsstufen eine Art Nietzscher »Übermensch« herauskommt. Hy und Loevinger (1996) warnen explizit davor, »zu glauben, dass das Erreichen eines hohen Ich-Entwicklungsniveaus mit Frieden und Zufriedenheit gekrönt wird« (S. 37, e. Ü.). Vielmehr sind eine Reihe von weiteren Faktoren daran beteiligt (z. B. McAdams, 1993).

Um Loevingers Ich-Entwicklungsmodell genauer zu verstehen, ist es vor allem wichtig, sich mit der Vielzahl empirischer Studien zur Überprüfung anhand ihres eigenen Messinstrumentes (WUSCT) zu beschäftigen. Mit der systematischen Gliederung und Aufarbeitung der empirischen Studien dazu im zweiten Kapitel, die alle wesentlichen methodischen Fragen zum Ich-Entwicklungsmodell behandelt, ist der Anspruch verbunden, die Lücken bisheriger Überblicke zu schließen. Dieser Überblick zeigt, dass alle wesentlichen Aspekte Loevingers Modells über die letzten 40 Jahre bestätigt wurden. Für die Stimmigkeit ihres Modells spricht zudem, dass viele dieser Aspekte mittlerweile durch eine Vielzahl sehr unterschiedlicher Methoden überprüft wurden, beispielsweise die Sequentialität der von Loevinger beschriebenen Stufen. Insbesondere die Vielzahl von Studien zur Konstruktvalidierung des Gesamtinstruments und zu den vier Bereichen der Ich-Entwicklung, die von vielen Forschern anhand von sehr unterschiedlichen Stichproben durchgeführt wurden (siehe S. 128), verdeutlichen vielfältige Zusammenhänge mit weiteren psychologischen Aspekten. Gerade durch diese Vielschichtigkeit bleibt Loevingers Ich-Entwicklungsmodell im Vergleich zu anderen rein kognitiven Entwicklungsmodellen, zum Beispiel Kohlbergs Modell moralischen Urteilens (Becker, 2011; Keller, 2012), nach wie vor aktuell oder wird sogar zum Vorbild für die Erweiterung dieser Modelle (z. B. Streib, 2001). Die Aktualität von Loevingers Modell zeigt sich in immer wieder neuen Studien und Überblicken dazu (z. B. Pfaffenberger et al., 2011), vor allem praxisorientierten Veröffentlichungen im Bereich klinische Psychologie (z. B. Oerter et al., 1999; Bösch, 2001), Beratung (z. B. Kegan u. Lahey, 2009; Bachkirova, 2010) und Management (z. B. Joiner u. Josephs, 2007; Torbert u. Livne-Tarandach, 2009). Um Loevingers Ich-Entwicklungsmodell sinnvoll anzuwenden, ist allerdings ein tiefes Verständnis des Modells erforderlich. So bemerken Noam, Young und Jilnina (2006) in ihrem Überblick, »dass Ich-Entwicklung ein viel komplexeres Konstrukt sein könnte, als zur Zeit theoretisch angenommen wird« (S. 761, e. Ü.).

4.1.2 Diskussion zum Zusammenhang zwischen Beratungskompetenz und Ich-Entwicklung

4.1.2.1 Inhaltliche Parallelen zwischen Kompetenzanforderungen an Berater und Aspekten der Ich-Entwicklung

Das gewählte Vorgehen, für die Analyse möglicher Zusammenhänge Aussagen über Kompetenzanforderungen von Beratungsverbänden zu analysieren, hatte Vor- und Nachteile. Vorteilhaft war, dass dadurch eine breite und repräsentative Auswahl von Aussagen vorlag, die nicht durch einen bestimmten Beratungsansatz oder einzelne Meinungen verzerrt waren. Die definierten Kriterien für die Auswahl der Beratungsverbände ergaben eine ausreichend große Anzahl von Aussagen, die gleichzeitig jedoch überschaubar genug war, um die Analyse anschaulich illustrieren zu können. Als Nachteil dieses Vorgehens stellte sich heraus, dass die Aussagen der Beratungsverbände in ihrer

Länge, Strukturiertheit und Qualität sehr unterschiedlich sind: Viele der dort beschriebenen Anforderungen sind zum Beispiel nicht weiter definierte Begriffe wie »Rollenflexibilität« (DGfC) oder »Sensitivität für innerpsychische Prozesse bei sich und anderen« (DGSv). Insofern sind die meisten Aussagen der ausgewählten Beratungsverbände weit davon entfernt, Kompetenzen präzise zu beschreiben. Zudem enthält keine Beschreibung eine Skalierung, die es ermöglichen würde, zwischen unterschiedlichen Kompetenzausprägungen zu unterscheiden (vgl. Hartig u. Klieme, 2006, S. 133).

Die Analyseergebnisse zeigen dennoch, dass bei allen Beratungsverbänden klare Parallelen zwischen den von ihnen formulierten Kompetenzanforderungen und Aspekten der Ich-Entwicklung bestehen. Die differenzierte Einschätzung nach einzelnen Bereichen der Ich-Entwicklung ergab, dass sich in den Aussagen Aspekte aller vier Bereiche wiederfinden (Charakter, Interpersoneller Stil, Bewusstseinsfokus, Kognitiver Stil). Auch in der Gesamtheit der Kompetenzanforderungen jedes einzelnen Beratungsverbands waren Aspekte aller vier Bereiche der Ich-Entwicklung vertreten. Gerade dies ist ein Hinweis darauf, dass ein komplexes Konstrukt wie Ich-Entwicklung in vielfältigem Zusammenhang mit diesen Kompetenzanforderungen steht. Aufgrund der unterschiedlichen Güte und fehlenden Skalierung der analysierten Kompetenzanforderungen (vgl. Lauinger, 2014) war es allerdings nur bedingt möglich, sicher auf ein bestimmtes Mindestniveau an Ich-Entwicklung in den einzelnen Aussagen zu schließen, wie dies in den ausführlichen Begründungen illustriert wurde (siehe S. 191).

Insgesamt weist die Mehrzahl der Kompetenzanforderungen (bei vorsichtiger Interpretation des Kompetenzlevels) mindestens auf eine voll entwickelte Eigenbestimmte Stufe (E6) als Voraussetzung für eine (prozessorientierte) Beratertätigkeit hin. Dies entspricht dem Fazit, das bereits in den Studien von Bushe und Gibbs (1990) im Organisationsberatungskontext zum Ausdruck kommt. Die Ergebnisse der Autoren zeigten, »dass nur wenn sich die internen Berater auf der Eigenbestimmten Stufe der Ich-Entwicklung befanden, sie Beratungsstile anwendeten, die einem Organisationsentwicklungsansatz entsprachen« (S. 353, e. Ü.). Mehrere der von den Beratungsverbänden formulierten Kompetenzanforderungen weisen auch auf Aspekte hin, die klar den postkonventionellen Stufen der Ich-Entwicklung entsprechen, beispielsweise »Ambiguitätstoleranz« (DGfC). Die Studie von Nicolaides (2008), die sich explizit diesem Aspekt widmet, verdeutlicht, dass bei diesem Aspekt sogar nennenswerte Unterschiede zwischen frühen (E7) und vollen bis späten postkonventionellen Stufen der Ich-Entwicklung (E8 bis E10) zu existieren scheinen.

4.1.2.2 Empirische Zusammenhänge zwischen Beratungskompetenzen und Aspekten der Ich-Entwicklung

Der zweite Teil der Analysen diente der Aufarbeitung empirischer Studien zu Ich-Entwicklung und beratungsrelevanten Aspekten. Diese Studien entstammen keinem Programm ineinandergreifender Untersuchungen, sondern gingen vereinzelt ganz unterschiedlichen beratungsrelevanten Aspekten nach, die mit sehr verschiedenen Methoden und einer Vielzahl von Operationalisierungen untersucht wurden. Es wurden fast drei Dutzend Ich-Entwicklungs-Studien identifiziert und ausführlich besprochen, in denen beratungsrelevante Aspekte, wie sie in den Kompetenzanforderungen der Beratungsverbände zum Ausdruck kommen, erforscht werden. Diese lassen sich in sieben manchmal enger definierten Themenkomplexen (z. B. Studien zu Empathie) und manchmal weiter gefassten Untersuchungsfeldern zuordnen (z. B. Studien zu Selbstkompetenz).

Insgesamt zeigen die Ergebnisse der verfügbaren Studien einen klaren Zusammenhang zwischen Beratungskompetenz und Ich-Entwicklung auf. Das heißt, dass mit zunehmender Ich-Entwicklung eine höhere Beratungskompetenz wahrscheinlicher ist. Auch hier weisen viele Studien darauf hin, dass eine volle Eigenbestimmte Stufe (E6) als Grundlage für konsistentes Arbeiten auf einem mittleren Kompetenzlevel angenommen werden kann. Mehrere Studien liefern auch Belege dafür, dass das Erreichen eines postkonventionellen Entwicklungsniveaus im Zusammenhang mit einem hohen Kompetenzniveau steht (z. B. Rock, 1975; Rooke u. Torbert, 1998). Dies kommt vor allem in den zusätzlichen qualitativen Betrachtungen der Autoren dieser Studien deutlich zum Ausdruck (z. B. Borders et al., 1986; Rock, 1975; Merron u. Torbert, 1983). Nur im Themenkomplex »eigenes Wohlbefinden und Burnout« lassen die verfügbaren Studien auf keinen klaren Zusammenhang schließen, wohl aber zu Aspekten davon (z. B. geringere Depersonalisierungstendenz). Diese Ergebnisse entsprechen ziemlich genau dem Fazit, dass McAuliffe (2006) in seinem Überblick zur Entwicklung professioneller Kompetenz zieht:

»Die minimale Kapazität[sstufe] für Kompetenz scheint in der Fähigkeit Berufstätiger zu liegen, relative Autonomie von Regeln und Normen zu erreichen, und der Fähigkeit, sich auf selbst definierte Vorgehensweisen zu berufen, um Entscheidungen zu treffen. Weiter auf der Entwicklungssequenz und vielleicht kritisch für größeren Erfolg und eine herausragende Stellung in bestimmten Berufen ist die dialogische, sich selbst verändernde, verschiedene Perspektiven einnehmende Kapazität, die Kegans fünfte Stufe des Bewusstseins oder Torberts strategische Stufe [E8 = systemische Stufe] ausmacht« (S. 494, e. Ü.).

Die systematische Auswertung der empirischen Studien bestätigt insofern die Ergebnisse, die auch im Vergleich der Kompetenzanforderungen der Beratungsverbände mit Ich-Entwicklung zu Tage treten. Berücksichtigt man zusätzlich methodische Aspekte, ist zudem davon auszugehen, dass der Zusammenhang zwischen Ich-Entwicklung und Beratungskompetenzen in vielen Studien eher unterschätzt wurde. Beispielsweise ziehen Borders und Fong (1989, S. 80, e. Ü.) zu ihren Studien selbst folgendes Fazit: »Trotz der großen Menge an potenzieller Fehlervarianz ist es erstaunlich, dass die Beziehung zwischen Ich-Entwicklung und der Beratungseffektivität von fortgeschrittenen Studenten nahezu Signifikanz erreichte.« Im Folgenden werden daher diejenigen methodischen Aspekte diskutiert, bei denen anzunehmen ist, dass sie sich mindernd auf die gefundenen Zusammenhänge in mehreren Studien ausgewirkt haben.

Ein methodisches Problem ist, dass bei vielen der Studien die Teilnehmeranzahl pro Stufe sehr unterschiedlich ist. Oft haben nur wenige Teilnehmer ein postkonventionelles Entwicklungsniveau erreicht, was die Wahrscheinlichkeit vermindert, Unterschiede zwischen den Stufen zu finden, da einzelne andere Faktoren dieses Ergebnis überlagern können. Auch enthalten viele Stichproben nur eine eingeschränkte Bandbreite von Ich-Entwicklungsstufen. Dadurch kann der Zusammenhang zwischen Ich-Entwicklung und Beratungskompetenz stark unterschätzt werden. Kuhl (2010, S. 37) illustriert diesen wichtigen methodischen Aspekt anhand der Variable »Ehrlichkeit« in zwei Situationen. Abbildung 26 zeigt, wie der Zusammenhang zweier Variablen kleiner scheint, wenn in einer Stichprobe im Vergleich zur Grundgesamtheit nur eine geringe Streuung der Werte vorliegt. Treten in einer Stichprobe beispielsweise für Situation 1 nur Werte zwischen 3 und 6 auf, würden die Messwerte im durch gestrichelte Linien begrenzten Bereich nur einen minimalen Korrelationskoeffizienten von $r = 0{,}05$ ergeben, obwohl in der Grundgesamtheit mit Messwerten im Gesamtspektrum von 0 bis 9 ein äußerst starker Zusammenhang ($r = 0{,}79$) zu verzeichnen ist.

Ein weiterer zu beachtender Aspekt ist, dass in einigen Studien Instrumente zur Bestimmung beratungsrelevanter Kompetenzaspekte eingesetzt wurden, die im Vergleich mit der hohen Reliabilität des WUSCT zur Messung von Ich-Entwicklung (siehe S. 114) eine geringere Messgenauigkeit aufweisen. Je geringer jedoch deren Reliabilität ist, desto geringer wird auch die sich ergebende Höhe des Zusammenhangs zwischen Ich-Entwicklung und den verwendeten Indikatoren von Beratungskompetenz ausfallen (vgl. Lienert u. Raatz, 1998, S. 257). Um den wahren Zusammenhang (bereinigt durch die Messungenauigkeit des Indikators) zu erschließen, wäre insofern eine einfache Minderungs-

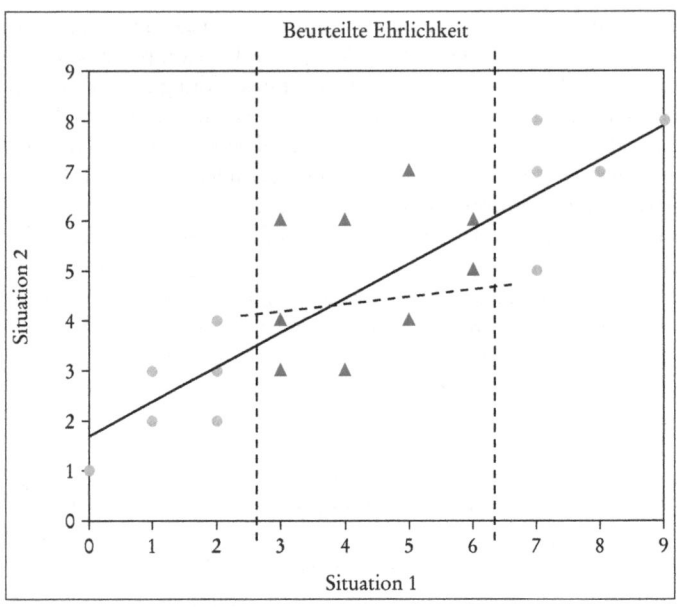

Abbildung 26: Abhängigkeit des Korrelationskoeffizienten von der Variablenstreuung in Stichproben (Kuhl, 2010, S. 37)

korrektur nach Spearman sinnvoll, wie sie beispielsweise in Metaanalysen angewendet wird. Da sich in den meisten Studien keine Angaben dazu finden, ist davon auszugehen, dass dies nicht erfolgt ist. In manchen Studien erfolgte die Einschätzung beratungsrelevanter Kompetenzaspekte auch nur durch eine Person, so dass die Reliabilität dieser Einschätzung gar nicht überprüft werden konnte. Bei der Einschätzung der Beratungskompetenz in der Studie von Borders (1984) ist demnach zu vermuten, dass trotz einheitlicher Bewertungsskala bei 32 unterschiedlichen Supervisoren (welche die Studierenden in ihren Praktika begleiteten und einschätzten) unterschiedliche Maßstäbe angelegt wurden. Dies ist beispielsweise bei den doppelt eingeschätzten Maßen in anderen Studien von Borders oder vor allem bei der Studie von Bushe und Gibbs (1990) besser gelöst. Hinweise darauf, dass solche Effekte den gefundenen Zusammenhang minderten, finden sich auch in der Studie von Hunsberger (1980) zu Ich-Entwicklung und Empathie.

Neben der Reliabilität, scheinen manche der eingesetzten Verfahren zur Messung beratungsrelevanter Kompetenzaspekte nur bedingt geeignet, dass sich Ich-Entwicklungsunterschiede der Teilnehmer auch in den Ergebnissen niederschlagen können (vgl. Eriksen u. McAuliffe, 2003,

2006). Borders und Fong (1989, S. 80, e. Ü) kommentieren beispielsweise selbst, dass die Vanderbilt Psychotherapy Process Scales »vielleicht nicht die idealen Ratingskalen für einige der Kundenthemen waren, die von den Beratungsstudenten in den Aufzeichnungen ihrer Beratungssitzungen (z. B. Karrierethemen, Schulprobleme) behandelt worden waren«. In anderen Studien wurden reale Beratungssitzungen bewertet, die Einschätzung fußte aber auf sehr kurzen zeitlichen Sequenzen (häufig 10 bis 15 min). Insofern ist fraglich, ob sich unter diesen Rahmenbedingungen »die adaptiven Vorteile, die mit Funktionieren auf späteren Stufen der Ich-Entwicklung einhergehen« (Manners u. Durkin, 2000, S. 477, e. Ü.), überhaupt voll auswirken konnten.

Weiterhin sind Instrumente zur Einschätzung von Beratungskompetenz fraglich, bei denen einzelne Beratungsfertigkeiten auf Aufforderung gezeigt werden sollen, wie es bei Borders und Fong (1989) der Fall war. Loevinger (1984) betonte immer, dass es nur bei früheren Stufen der Ich-Entwicklung bestimmte charakteristische Verhaltensweisen gibt, nicht aber bei späteren Stufen. Bei diesen Stufen geht es eher um Muster, die sich nicht auf einzelne Verhaltensweisen reduzieren lassen. Solche Operationalisierungen von Beratungskompetenz tragen zudem nicht der Tatsache Rechnung, dass auch motivationale Anteile relevante Aspekte von Kompetenzen sind und Ich-Entwicklung motivationale Anteile beinhaltet (vgl. auch Candee, 1974). Insgesamt gesehen scheint sich vor allem in Studien, die mit aufwändigeren operanten Verfahren arbeiten (z. B. Pazy, 1985; Rock, 1975; Merron, 1985), ein höherer Zusammenhang zwischen Beratungskompetenz und Ich-Entwicklung zu zeigen. Gerade dies ist aufgrund des komplexen Konstrukts, das viele miteinander verwobene Aspekte beinhaltet, auch zu erwarten.

4.2 Ausblick
4.2.1 Ausblick für die weitere Forschung

Vor allem drei Themen beziehungsweise Ansatzpunkte wären für die weitere Forschung mit dem Ich-Entwicklungsmodell von Loevinger lohnenswert.

Eine auffallende Forschungslücke besteht in der empirischen Forschung zu Loevingers Ich-Entwicklungsmodell im Vergleich zu Kegans Modell. Das Modell von Kegan (1994) ist das einzige, das den gleichen – wenn auch etwas enger definierten – Fokus wie Loevingers hat und den Prozess der Bedeutungsbildung (»meaning making«) beschreibt. Nicht nur die Theorien entsprechen sich in ihren wesentlichen Aussagen, sondern auch die empirischen Studien, die mit den jeweiligen Messinstrumenten dazu (WUSCT, Subjekt-Objekt-Interview) durchgeführt wurden. Es gibt aber keine Studien, in denen Teilnehmer mit beiden Verfahren untersucht wurden (bis auf Kroger u. Green, 2004; Al-Owidha et al., 2009 mit anderem Schwerpunkt). Solche Studien durchzuführen, könnte dazu beitragen, die offensichtliche inhaltliche Überlappung beider Modelle endlich empirisch zu prüfen. So könnte beispielsweise die Frage geklärt werden, ob der Berechnungswert, um die Relativierende Stufe (E7) zu erreichen, im aktuellen System (Hy u. Loevinger, 1996) möglicherweise zu niedrig angesetzt ist (vgl. Pfaffenberger, 2011), wie Cook-Greuter (2000a, 2011) nachvollziehbar darlegt.

In diesem Zusammenhang ist auffällig, dass in der Literatur zu Ich-Entwicklung so gut wie niemand auf die Theorie transformativen Lernens von Mezirow (1997) Bezug nimmt, die gerade solche eher graduellen Veränderungen behandelt. Dies ist umso verwunderlicher, als gerade dieser aus dem pädagogischen Bereich stammende Ansatz starke Ähnlichkeiten dazu aufweist: Denn er konzentriert sich auf Aspekte, die möglicherweise in der Lage sind, die »Lücke« zwischen »Lernen« und »Entwicklung« (im Sinne von Transformation zu einer nächsten Stufe) zu beleuchten. So schreibt Mezirow (1997, S. 5) beispielsweise: »Reflexives Lernen beinhaltet auch die Bewertung oder Neubewertung von Annahmen. Dieses Lernen wird immer dann zum Transformationslernen, wenn sich Annahmen oder Prämissen als verfälschend, nicht authentisch oder anderweitig als unbegründet erweisen.« Eine stärkere Bezugnahme beider Forschungsrichtungen aufeinander (z. B. Kegan, 2000) könnte beide Forschungsrichtungen befruchten. Beispielsweise hat Mezirows Theorie transformativen Lernens einen starken Anwendungsbezug und geht insbesondere der Frage nach, wie dieses Lernen gefördert werden kann (Mezirow and Associates, 1990, 2000). Diese Erkenntnisse könnten auch für die gezielte Förderung von Ich-Entwicklung nutzbar sein. Eine der wenigen Studien, in der beide Ansätze zusammen untersucht wurden, zeigt sehr unterschiedliche transformative Lernresultate von Studenten unterschiedlicher Entwicklungsniveaus auf. So betont Harris (2002, S. xiv, e. Ü.): »Die Entwicklungsstufe scheint die Erfahrungen der Studenten in Hinblick auf ihr transformatives Lernen, der Art der Unterstützung, die sie benötigen und die spezifischen Strategien, die sie nutzen, zu beeinflussen.«

Für die weitere Forschung zum Zusammenhang von Ich-Entwicklung und Beratungskompetenz sollten die untersuchten Beratungskontexte weiter differenziert werden, vor allem in Hinblick auf deren Komplexität. Die meisten Studien zum Zusammenhang von Ich-Entwicklung und Beratungskompetenz betreffen nur den Einzelberatungskontext, da sie im Rahmen von Counseling-Studiengängen durchgeführt wurden. Es ist nicht davon auszugehen, dass auf Gruppenebene oder Organisationsebene die gleichen Zusammenhänge herrschen. Im Organisationsberatungskontext treten beispielsweise viele weitere unterschiedliche Akteure und gruppendynamische Phänomene auf. Ebenso sind dabei »harte« wie »weiche« Faktoren zu berücksichtigen, will man nicht Gefahr laufen, dass die angestrebten Veränderungen versanden (Binder, 2007c). Zu den eher interpersonellen Kompetenzaspekten, die bei vielen Studien im Vordergrund standen, kommen in solchen Kontexten beispielsweise mehr konzeptionelle oder strategische Aspekte hinzu, wie in der Diskussion zum Themenkomplex »Umgang mit Komplexität« deutlich wurde. Gerade in diesen Studien zeichneten sich noch stärkere Zusammenhänge zu Ich-Entwicklung ab, ebenso wie in der Studie mit Organisationsberatern von Bushe und Gibbs (1990). Hinweise auf unterschiedliche Zusammenhänge je nach Art des Beratungskontexts liefert auch die Metaanalyse von Holloway und Wampold (1986) zum kognitiven Entwicklungsmodell von Harvey et al. (1961). Dort zeigte sich ein Interaktionseffekt in Hinblick auf den Strukturierungsgrad des Beratungskontexts: So zeigten Berater auf späteren Entwicklungsstufen vor allem in eher unstrukturierten Beratungskontexten eine höhere Leistung.

4.2.2 Ausblick für die Praxis

Den Ausgangspunkt für diese Studie bildeten praktische Fragen, die mich als Berater in verschiedenen Rollen immer wieder beschäftigten und die mich im Nachdenken darüber zurück zu meiner Zeit in der entwicklungspsychologischen Forschung führten. Die Ergebnisse dieser Arbeit bestätigen den damals vermuteten Zusammenhang. Nimmt man diese Erkenntnisse ernst, liegt darin meiner Ansicht nach ein Schatz für den Beratungsbereich, der erst in Ansätzen skizziert und weitestgehend ungehoben ist.

Um für einen solchen Ansatz in der Praxis auch Akzeptanz zu schaffen, ist es wichtig, eine angemessene Sprache dafür zu finden. Entwicklungsmodelle dieser Art haben durch ihre Stufensequenz einen hierarchischen und damit wertenden Charakter, der auch Befürchtungen und Ablehnung hervorrufen kann, sobald man diese auf Erwachsene anwendet. So berichtet Eriksen (2008, S. 246, e. Ü.) beispielsweise von einem Gespräch mit Kegan, in dem dieser sich wie folgt äußert: »Niemand beklagt sich über Stufen, wenn man über Kinder spricht.« »Warum«, fragte er, »nehmen wir an, dass Wachstum aufhört, wenn wir in das Erwachsenenalter eintauchen?« In den meisten wissenschaftlichen Publikationen werden die wertenden Begriffe »niedrig« und »hoch« benutzt. Wie in dieser Arbeit bereits praktiziert, sollte man eher von »früheren« oder »späteren« Stufen sprechen, um den wertenden Aspekt in den Hintergrund treten zu lassen – und gleichzeitig, um Menschen anzuregen, darüber zu reflektieren, was sie bis jetzt schon erreicht haben, wo ihre momentanen Grenzen liegen und was vielleicht noch vor ihnen liegen könnte.

Eine solche Betrachtungsweise und Haltung, die gegenwärtige Grenzen hinter aktuellen Leistungen zu erkennen vermag, ohne damit in persönliche Bewertungen zu rutschen, verdeutlicht beispielsweise Edelstein (2003, S. 27) für den schulischen Bereich: »Fehler sind Heuristiken. Nichts zeigt uns besser den Denkprozess des Kindes als seine Fehler. Deswegen gibt es ja in der Entwicklungspsychologie von Piaget nicht Fehler, sondern Indikatoren für Denkformen.«

Als effektivster Weg für die Kompetenzentwicklung von Beratern ist daher ein solch zweiteiliger Ansatz zu empfehlen, der den internen Fokus auf Strukturen der Bedeutungsbildung wie im Modell von Loevinger mit einem externen und kontextualisierten Fokus auf Leistung verbindet (vgl. Rogers et al., 2006). Denn die Ergebnisse dieser Studie zeigen bemerkenswerte Beziehungen zwischen Ich-Entwicklung und Beratungskompetenzen. Allerdings stellen sie keine Eins-zu-eins-Beziehung dar, sondern Ich-Entwicklung scheint vielmehr eine Art moderierender Faktor für solche Kompetenzen zu sein. So fand beispielsweise Givens (1984), dass Führungskräfte mit jeder späteren Ich-Entwicklungsstufe eine in allen Dimensionen eines Assessment Centers höhere durchschnittliche Leistung zeigten (vgl. Belfer, 2001; Strang u. Kuhnert, 2009). Er zog daraus folgendes Fazit (S. 164, e. Ü.): »Es wurden Teilnehmer mit unterschiedlichen Leistungsniveaus auf allen Ich-Entwicklungsstufen gefunden. Die Ergebnisse dieser Studie zeigen, dass ein hohes Entwicklungslevel zwar keineswegs ein hohes Leistungsniveau garantiert, es aber die Wahrscheinlichkeit erhöht, ein solches Niveau zu haben.« Für den Beratungskontext ergeben sich somit folgende Anwendungsfelder des Ich-Entwicklungsmodells (vgl. Binder, 2007b; Binder, Böning, Espinoza, Heitger u. Rohmert, 2014; Chandler u. Kram, 2005):

1. für die Ausbildung von Beratern,
2. für Berater selbst,
3. für die Arbeit der Berater mit ihren Kunden.

Für die Ausbildung von Beratern ist zu empfehlen, den bisherigen Zuschnitt der Programme um einen expliziten Fokus auf Persönlichkeitsentwicklung und speziell Ich-Entwicklung zu erweitern (McAuliffe u. Eriksen, 2000). Dies würde über die bisher in vielen Weiterbildungen bereits verwirklichte Reflexion der eigenen Biographie oder von Persönlichkeitseigenschaften hinausgehen und diese sinnvoll ergänzen (Zorga, 2007). Denn wie beispielsweise Rock (1975) zeigt, ist auch diese Reflexion letztlich den Grenzen der bisher erreichten Stufe der Ich-Entwicklung unterworfen. Ein erster Schritt wäre daher, dieses Ich-Entwicklungsniveau bewusst zu machen. An den damit verbundenen Aspekten während der Ausbildung explizit zu arbeiten oder immer wieder entwicklungsbezogenes Feedback zu geben, könnte in Anbetracht der Dauer von Weiterbildungen einen erheblichen Effekt haben. Es ist anzunehmen, dass dieser Effekt umso größer ist, je mehr dieser entwicklungsbezogene Fokus das ganze Programm durchdringt und nicht nur ein einzelnes Weiterbildungsmodul betrifft. Zum Beispiel könnte auch die Auswertung von Rollenspielen und Beratungen dahingehend erweitert werden, wie die eigene Ich-Entwicklungsstufe die Konzeptionalisierung des Beratungsprozesses, des Kunden und von sich selbst beeinflusst, statt vorwiegend auf Verhaltensaspekte (z. B. Was hat funktioniert und was nicht?) oder Gefühle (z. B. Was hat mich verunsichert?) zu achten.

Für Berater würde in der Beschäftigung mit ihrer eigenen Entwicklungsstufe letztlich das gleiche gelten. Zusätzlich zu dem im Beratungskontext oft vorherrschenden toolorientierten Fokus (Modelle und Methoden kennenlernen) könnte hier die Beschäftigung mit der eigenen Bedeutungsbildung und deren Einordnung unter einer Entwicklungsperspektive einen gezielten Anstoß bieten, mehr an sich selbst zu arbeiten. Gerade die Rückmeldung der eigenen Ich-Entwicklungsstufe und der intensive Dialog darüber, was dies für einen selbst und die eigene Beratungsarbeit bedeutet, wird häufig selbst schon als bereichernd empfunden und kann einen starken Entwicklungsimpuls bewirken (z. B. Berger, 2009; Binder, 2012). Der zusätzliche Gewinn gegenüber einer »freien« Reflexion über sich selbst, wie beispielsweise in Supervision, würde darin liegen, dass eine objektivierte Einschätzung zu sich selbst möglich ist. Diese würde nicht nur die Objektseite des Ich betreffen (z. B. was ein Mensch über sich denkt), sondern auch die Subjektseite des Ich, also die Struktur, mit der diese Selbstbeschreibung erzeugt wird (siehe S. 21). Zudem bietet die in mehr als fünf Jahrzehnten gut erforschte Ich-Entwicklungssequenz konkrete Hinweise darauf, was sich ändern würde, wenn eine Entwicklung zur nächsten Stufe stattfindet.

Für die Arbeit mit ihren Kunden könnte die Kenntnis des eigenen Entwicklungsniveaus Berater sensibilisieren, auch darüber nachzudenken, mit welchen Kunden sie über ihre eigene Erfahrung und spezifische Expertise hinaus gut oder weniger gut arbeiten könnten. Nicht nur die empirischen Studien zur Passung von Beratern und Kunden (siehe S. 204), sondern auch die Validierungsstudien zur Asymmetrie des Verständnisses (siehe S. 162) weisen darauf hin, dass Kunden kein späteres Ich-Entwicklungsniveau als ihre Berater haben sollten (Laske, 2006b). Vor allem aber bietet das Ich-Entwicklungsmodell Beratern auch die Möglichkeit, ihre Kunden selbst besser zu verstehen; das heißt, nicht nur die Themen, die sie beschäftigen und was sie dabei empfinden, sondern auch die Bedeutungsstruktur dahinter (Berger, 2005; Berger u. Fitzgerald, 2002). Beispielsweise könnte das Wissen um Ich-Entwicklung entwicklungsdiagnostische Fragestellungen in der Laufbahnberatung sinnvoll ergänzen (Hohner, 2006, S. 49 ff.). Wie Kegan (1996) anhand unzähliger Beispiele zeigt, verbergen sich hinter vielen Themen und Problemen Entwicklungsthematiken, die so aber von Kunden meist nicht gesehen und benannt werden können, da sie sich auf der Subjektseite ihrer Erfahrung befinden. Die Beschäftigung damit, wie man mit dem Ich-Entwicklungsmodell konkret arbeiten kann, würde so Beratern ermöglichen, ihre Interventionen besser auf die Entwicklungsstufe ihrer Kunden anzupassen (vgl. Binder u. Türk, 2015; Borris, 2009; Ross, 2008).

Es ist zu hoffen, dass die in diesem Ausblick skizzierten Gedanken in der Beratungspraxis in der Zukunft aufgegriffen werden. Gerade dort trifft man oft auf persönliche Vermutungen und ungeprüfte Modelle. Ein Entwicklungsmodell wie das von Loevinger, das wie kaum ein anderes über Jahrzehnte vielfältig validiert wurde und das weitreichende Auswirkungen auf die verschiedensten Lebensbereiche hat, kann meines Erachtens einen wichtigen Beitrag zur weiteren Professionalisierung von Beratern leisten. Bereits Noam (1998), der seit vielen Jahren im klinischen Bereich mit dem Ich-Entwicklungsmodell an der Harvard Medical School forscht und arbeitet, erkannte den Wert des Schatzes, der in diesen Erkenntnissen liegt:

»Jede Entwicklungswelt braucht ihre eigene spezifische Form der Intervention und Prävention. Das fehlende Wissen unter Therapeuten bezüglich Ich-Entwicklung und anderer Entwicklungstheorien bringt viele Klienten allen Alters um einen Schatz an Wissen, der eine große Auswirkung auf die Art der Behandlung und die Interventionsstrategien haben kann« (S. 294, e. Ü.).

Literatur

Ackerman, P. L., Heggestad, E. D. (1997). Intelligence, personality and interests: Evidence for overlapping traits. Psychological Bulletin, 121, 219–245.
Adam, K.-U. (2011). Therapeutisches Arbeiten mit dem Ich. Denken, Fühlen, Empfinden, Intuieren – die vier Orientierungsfunktionen. Stuttgart: Opus magnum.
Adams, G. A., Fitch, S. A. (1982). Ego stage and identity status development: A cross-sequential analysis. Journal of Personality and Social Psychology, 43 (3), 574–583.
Adams, G. A., Fitch, S. A. (1983). Psychological environments of university departments: Effects on college students' identity status and ego stage development. Journal of Personality and Social Psychology, 44 (6), 1266–1275.
Adler, J. M., Wagner, J. W., McAdams, D. P. (2007). Personality and the coherence of psychotherapy narratives. Journal of Research in Personality, 41, 1179–1198.
Adorno, T. W., Frenkel-Brunswik, E., Levinson, D. J., Sanford, R. N. (1950). The authoritarian personality. New York: Harper & Row.
Akrivou, K. (2009). Differentiation and integration in adult development. The role of self-complexity and integrative learning on self-integration (Dissertation, Case Western Reserve University). Saarbrücken: VDM Verlag.
Alexander, C. N., Langer, E. J. (Eds.) (1990). Higher stages of human development. Perspectives on adult growth. New York: Oxford University Press.
Al-Owidha, A., Green, K. E., Kroger, J. (2009). On the question of an identity status category order: Rasch model step and scale statistics used to identify category order. International Journal of Beharioral Development, 33 (1), 88–96.
Allen, J. P. (2010). Experience, development, and resilience: The legacy of Stuart Hauser's explorations of the transition from adolescence to early adulthood. Research in Human Development, 7 (4), 241–256.
Allen, R. K. (1980). The contribution of counselor development to various measures of counselor performance. Unpublished dissertation. University of Minnesota.
Allen, S. J., Wergin, J. F. (2009). Leadership and adult development theories: Overviews and overlaps. Kravis Leadership Institute, Leadership Review, 9, 3–19.
Allport, G. W. (1937). Personality: A psychological interpretation. New York: Holt, Rinehart & Winston.
April, K., Kukard, J., Peters, K. (2013). Steward Leadership. A maturational perspective. Claremont: UCT Press.

Arbuthnot, J. (1984). Moral reasoning development programs in prison. Cognitive developmental and critical reasoning approaches. Journal of Moral Education, 13, 112–123.
Argyris, C. (1995). Action science and organizational learning. Journal of Managerial Psychology, 10 (6), 20–26.
Argyris, C., Putnam, R., McLain Smith, D. (1990). Action science. San Francisco: Jossey-Bass.
Argyris, C., Schön, D. (1974). Theory in practice. Increasing professional effectiveness. San Franciscso: Jossey Bass.
Asendorpf, J. (1988). Keiner wie der andere. Wie Persönlichkeitsunterschiede entstehen. München: Piper.
Asendorpf, J., Neyer, F. J. (2012). Psychologie der Persönlichkeit. Heidelberg: Springer.
Bachkirova, T. (2010). The cognitive-developmental approach to coaching. In E. Cox, T. Bachkirova, D. Clutterbeck (Eds.), The complete handbook of coaching (pp. 132–145). Los Angeles: Sage.
Bakan, D. (1966). The duality of human experience. Chicago: Rand McNally.
Bales, R. F. (1970). Personality and interpersonal behavior. New York: Holt, Rinehart & Winston.
Bandura, A. (1977). Social learning theory. Englewood Cliffs, N.J.: Prentice-Hall.
Barrett, T. C., Harren, V. A. (1979). Perspectives on self-theory: a comment on Loevinger and Kegan. The Counseling Psychologist, 8, 34–39.
Basseches, M. (1984a). Dialectical thinking and adult development. Norwood, NJ: Ablex.
Basseches, M. (1984b). Dialectical thinking as a metasystematic form of cognitive organization. In M. L Commons, F. A. Richards, C. Armon (Eds.), Beyond formal operations. Late adolescent and adult cognitive development (pp. 216–238). New York: Praeger.
Basseches, M. (1986). Comments on social cognition in adulthood: A dialectical perspective. Educational Gerontology, 12, 327–334.
Bauer, J. J., McAdams, D. P. (2004a). Growth goals, maturity, and well-being. Developmental Psychology, 40, 114–127.
Bauer, J. J., McAdams, D. P. (2004b). Personal growth in adults' stories of life transitions. Journal of Personality, 72, 573–602.
Bauer, J. J., McAdams, D. P. (2010). Eudaimonic growth: Narrative growth goals predict increases in ego development and subjective well-being three years later. Developmental Psychology, 46, 761–772.
Bauer, J. J., McAdams, D. P., Sakaeda, A. R. (2005). Interpreting the good life: Growth memories in the lives of mature, happy people. Journal of Personality and Social Psychology, 88 (1), 203–217.
Bauer, J. J., Schwab, J. R., McAdams, D. P. (2011). Self-actualizing: Where ego development finally feels good? The Humanistic Psychologist, 39 (2), 121–136.
BDP (2002). DIN 33430 Berufsbezogene Eignungsdiagnostik. Sonderdruck mit Genehmigung DIN Deutsches Institut für Normung e. V. Beuth Verlag GmbH. Berlin: BDP.

Beaudet, M. K. (1990) Assessment of the invariant sequence of Loevinger's ego development stages. Unpublished dissertation. Hofstra University.
Beck, D. E., Cowan, C. C. (2005). Spiral dynamics. Mastering values, leadership, and change. Malden, MA: Blackwell.
Becker, G. (2011). Kohlberg und seine Kritiker. Die Aktualität von Kohlbergs Moralpsychologie. Wiesbaden: VS Verlag für Sozialwissenschaften.
Belfer, S. E. (2001). Assessing organizational leadership skills: Developing a behavioural measure of clear leadership. Unpublished master thesis. Simon Fraser University.
Bennett, F. K. (1987). The relationship of ego development, empathy, and mature moral judgement in women graduate counseling students. Unpublished Dissertation. Oregon State University.
Berger, J. G. (2005). Living postmodernism. The complex balance of worldview and developmental capacity. Revision, 27 (4), 20–27.
Berger, J. G. (2012). Changing on the job. Developing leaders for a complex world. Stanford/CA: Stanford University Press.
Berger, J. G., Atkins, P. W. B. (2009). Mapping complexity of mind: Using the subject-object interview in coaching. Coaching: An International Journal of Theory, Research and Practice, 2 (1), 23–36.
Berger, J. G., Fitzgerald, C. (2002). Leadership and complexity of mind: The role of executive coaching. In C. Fitzgerald, J. G. Berger (Eds.), Executive coaching. Practices and perspectives (pp. 27–57). Mountain View, CA: Davies-Black.
Billings, R. L., Hauser, S. T., Allen, J. P. (2008). Continuity and change from adolescence to emerging adulthood: Adolescence-limited vs. life-course-persistent profound ego development arrests. Journal of Youth and Adolescence, 37, 1178–1192.
Billington, D. D. (1988). Ego development and adult education: The effects of intellectual stimulation, motivation, gender, time, and traditional versus self-directed learning programs. Unpublished dissertation. Fielding Institute.
Binder, T. (2004). Wie interveniere ich als Berater? Die Systematisierung von Interventionen und deren Nutzen für die Beratung. Das gepfefferte Ferkel. Online-Journal für systemisches Denken und Handeln, April 2014. Zugriff am 28.08.2015 unter http://www.brainguide.com/upload/publication/e2/kolj/296c424de30a6c5699a686ddfd28ff8c_1311535391.pdf
Binder, T. (2007a). Piagets Erbe für die Wirtschaft: Entwicklungspsychologische Managementdiagnostik. Wirtschaftspsychologie aktuell, 14 (2), 56–58.
Binder, T. (2007b). Ego development and its implications for the business world. Vortrag, 22.08.2007, 13. European Conference on Developmental Psychology, Jena.
Binder, T. (2007c). Wer das Stabilisieren vergisst: Warum eine schöne Abschlusspräsentation noch kein gutes Ende bedeutet. Zeitschrift für Gruppendynamik und Organisationsberatung, 38 (3), 257–272.
Binder, T. (2009a). Wie lässt sich Ich-Entwicklung im Kontext der Gesamtpersönlichkeit verstehen? Entwicklungs-Stufen von Führungskräften entschlüs-

seln können. Der Zertifizierungs-Workshop zum Ich-Entwicklungs-Profil. Seminarunterlagen. Berlin: systemics consulting group.
Binder, T. (2009b). Entwicklung des Messverfahrens und Grundlagen der Auswertung. Entwicklungs-Stufen von Führungskräften entschlüsseln können. Der Zertifizierungs-Workshop zum Ich-Entwicklungs-Profil. Seminarunterlagen. Berlin: systemics consulting group.
Binder, T. (2010). Wie gut verstehen Berater ihre Kunden? Ich-Entwicklung – ein vergessener Faktor in der Beratung. In S. Busse, S. Ehmer (Hrsg.), Wissen wir, was wir tun? Beraterisches Handeln in Supervision und Coaching (S. 104–132). Göttingen: Vandenhoeck & Ruprecht.
Binder, T. (2012). Entwicklungsorientiertes Coaching mit Führungskräften: Arbeit mit dem Ich-Entwicklungs-Profil. Vortrag, 17.06.2012, Tagung Integrales Forum 2012, Berlin.
Binder, T. (2014a). Das Ich und seine Facetten. Change Professionals unter einer Entwicklungsperspektive. Organisationsentwicklung. Zeitschrift für Unternehmensentwicklung und Change Management, 1, 9–15.
Binder, T. (2014b). Persönlichkeitsentwicklung und Beratungskompetenz. Ich-Entwicklung von Beratern und Führungskräften im Rahmen von Weiterbildungsprogrammen. Unveröffentlichte Dissertation. Freie Universität Berlin.
Binder, T., Böning, U., Espinoza, F., Heitger, B., Rohmert, E. (2014). Mein Selbst als Tool in der Beratungsarbeit. Vier Change Professionals im virtuellen Gespräch. Organisationsentwicklung. Zeitschrift für Unternehmensentwicklung und Change Management, 1, 4–8.
Binder, T., Kay, J. (2008). Was hätte Jean Piaget beim Thema Führungskräfteentwicklung anders gemacht? Vortrag, 30.04.2008. 7. Kongress für Wirtschaftspsychologie, Fellbach.
Binder, T., Kay, J. (2011). Ego development: A key aspect of personality development. In K. Kruckeberg, W. Amann, M. Green (Eds.), Leadership and personal development. A toolbox for the 21st century professional (pp. 52–53). Charlotte, NC: Information Age Publishing.
Binder, T., Türk, E. (2015). Reife der Persönlichkeit und Mediation. Was ändert sich für die Mediation, wenn wir Reife mitdenken? Konfliktdynamik, 4, 2–11.
Blanck, G. (1976). Review of Loevinger's ego development. Contemporary Psychology, 21, 801–803.
Blasi, A. (1971). A developmental approach to responsibility training. Unpublished dissertation. Washington University.
Blasi, A. (1976). Concept of development in personality theory. In J. Loevinger (Ed.), Ego development. Conceptions and theories (pp. 29–53). San Francisco: Jossey-Bass.
Blasi, A. (1988). Identity and the development of the self. In D. K. Lapsley, F. C. Power (Eds.), Self, ego, and identity: Integrative approaches (pp. 226–242). New York: Springer.
Blasi, A. (1993). The theory of ego development and the measure. Psychological Inquiry, 4 (1), 17–55.

Blasi, A. (1998). Loevinger's theory of ego development and its relationship to the cognitive-developmental approach. In P. M. Westenberg, A. Blasi, L. D. Cohn (Eds.), Personality development: Theoretical, empirical, and clinical investigations of Loevinger's conception of ego development (pp. 13–25). Mahwah, NJ: Lawrence Erlbaum.

Blasi, A., Oresick, R. J. (1987). Self-Inconsistency and the development of the self. In P. Young-Eisendrath, J. Hall (Eds.), The book of the self: Person, pretext, and process (pp. 69–87). New York: New York University Press.

Blatt, S. J., Beman, W. H. Jr. (1984). A methodology for the use of the Rohrschach in clinical research. Journal of Personality Assessment, 48 (3), 226–239.

Blocher, D. H. (1983). Toward a cognitive developmental approach to counseling supervision. The Counseling Psychologist, 11 (1), 27–34.

Block, J. (1961). The Q-sort method in personality assessment and psychiatric research. Springfield, ILL: Charles Thomas.

Block, J. (1971) Lives through time. Berkeley, CA: Bancroft.

Block, J. (1982). Assimiliation, accommodation, and the dynamics of personality development. Child Development, 53, 281–295.

Block, J. (1995). A contrarian view of the five-factor approach to personality description. Psychological Bulletin, 117, (2), 187–215.

Block, P. (1993). Stewardship. Chosing service over self-interest. San Francisco: Berrett-Koehler.

Blumentritt, T., Novy, D. M., Gaa, J. P., Liberman, D. (1996). Effects of maximum performance instructions on the sentence completion test of ego development. Journal of Personality Assessment, 67, 79–89.

Bösch, J. (2001). Der Satzergänzungstest (WUSCT) und seine Verwendbarkeit für klinische Stichproben mit erwachsenen Probanden unter besonderer Berücksichtigung der Perspektiven der klinischen Entwicklungspsychologie und des Konzepts von Ich-Entwicklung von Jane Loevinger. Unveröffentlichte Dissertation. Ludwig-Maximilians-Universität München.

Borders, L. D. (1984). An exploration of the relationship of ego development theory to counselor development. Unpublished dissertation. University of Florida.

Borders, L. D. (1989). Developmental cognitions of first practicum supervisees. Journal of counseling psychology, 36, 163–169.

Borders, L. D. (1998). Ego development and counselor development. In P. M. Westenberg, A. Blasi, L. D. Cohn (Eds.), Personality development: Theoretical, empirical, and clinical investigations of Loevinger's conception of ego development (pp. 331–343). Mahwah, NJ: Lawrence Erlbaum.

Borders, L. D., Fong, M. L., Neimeyer, G. J. (1986). Counseling students' level of ego development and perceptions of clients. Counselor Education and Supervision, 26, 36–49.

Borders, L. D., Fong, M. L. (1989). Ego development and counseling ability during training. Counselor Education and Supervision, 29, 71–83.

Borders, L. D., Usher, C. H. (1992). Post-degree supervision: Existing and preferred practices. Journal of Counseling and Development, 70 (5), 594–599.

Borris, S. (2009). Die Bedeutung der Persönlichkeitsentwicklung in der Supervision. Unveröffentlichte Abschlussarbeit im Studiengang Supervision. Hochschule Mittweida.
Bortz, J., Döring, N. (2006). Forschungsmethoden und Evaluation für Human- und Sozialwissenschaftler. Berlin: Springer.
Bortz, J., Lienert, G. A. (2008). Kurzgefasste Statistik für die klinische Forschung. Leitfaden für die verteilungsfreie Analyse kleiner Stichproben. Berlin: Springer.
Bortz, J., Schuster, C. (2010). Statistik für Human- und Sozialwissenschaftler. Berlin: Springer.
Bowman, J. T., Reeves, T. G. (1987). Moral development and empathy in counseling. Counselor Education and Supervision, 26, 293–298.
Boyatzis, R. E. (1982). The competent manager. A model for effective performance. New York: John Wiley & Sons.
Boyatzis, R. E. (2008). Competencies in the 21st century. Journal of Management Development, 27 (1), 5–12.
Boyer, T. (2005). A constructive development approach to assessing variations within a community college population. Community College Journal of Research and Practice, 31 (10), 781–795.
Bradmetz, J. (1999). Precursors of formal thought: A longitudinal study. British Journal of Developmental Psychology, 17 (1), 61–81.
Brandenberger, T., Gassmann, N. (2006). Kompetenter Coach? Erwartete Kompetenzen aus der Sicht von Organisationen. 2. Studienarbeit zum Dipl.-Psychologen. Hochschule für Angewandte Psychologie HAP. Zürich.
Broughton, J. M. (1987). Piaget's concept of self. In P. Young-Eisendrath, J. A. Hall (Eds.), The book of the self. Person, pretext, and process (pp. 277–295). New York: New York University Press.
Broughton, J. M., Zaheykevich, M. K. (1977). Review of the book ego development. Telos, 32, 246–256.
Broughton, J. M., Zaheykevich, M. K. (1988). Ego and ideology: A critical review of Loevingers's theory. In D. K. Lapsley, F. C. Power (Eds.), Self, ego, and identity: Integrative approaches (pp. 179–208). New York: Springer.
Browning, D. L. (1983). Aspects of authoritarian attitudes in ego development. Journal of Personality and Social Psychology, 45, 137–144.
Browning, D. L. (1986). Psychiatric ward behavior and length of stay in adolescent and young adult inpatients: A developmental approach to prediction. Journal of Consulting and Clinical Psychology, 54 (2), 227–230.
Browning, D. L. (1987). Ego development, authoritarianism, and social status: An investigation of the incremental validity of Loevinger's sentence completion test (short form). Journal of Personality and Social Psychology, 53, 113–118.
Buchinger, K., Klinkhammer, M. (2007). Beratungskompetenz. Supervision, Coaching, Organisationsberatung. Stuttgart: Kohlhammer.
Bühler, C. (1922/1982). Das Seelenleben des Jugendlichen. Versuch einer Analyse und Theorie der psychischen Pubertät. Frankfurt a. M.: Fischer Taschenbuch Verlag.

Bugenhagen, M. J., Barbuto, J. E. (2012). Testing the developmental nature of work motivation using Kegan's constructive-development theory. Journal of Leadership & Organizational Studies, 19 (1), 35–45.
Buggle, F. (2001). Die Entwicklungspsychologie Jean Piagets. Stuttgart: Kohlhammer.
Bundesinstitut für Berufsbildung (BIBB) (2010). Kompetenzdiagnostik in der Berufsbildung. Begründung und Ausgestaltung eines Forschungsprogramms. Beilage zu BWP 1/2010.
Bursik, K. (1991). Adaptation to divorce and ego development in adult women. Journal of Personality and Social Psychology, 60 (2), 300–306.
Bushe, C. R., Gibbs, B. W. (1990). Predicting organization development consulting competence from the Myers-Briggs Type Indicator and stage of ego development. The Journal of Applied Behvioral Science, 26 (3), 337–357.
Callanan, R. A. E. (1986). Moral reasoning and ego development as factors in counseling. Unpublished dissertation. North Carolina State University.
Campbell, D. T., Fiske, D. W. (1959). Convergent and discriminant validitation by the multitrait-multimethod matrix. Psychological Bulletin, 56, 81–105.
Candee, D. (1974). Ego development aspects of new left ideology. Journal of Personality and Social Psychology, 30 (5), 620–630.
Carlozzi, A. F., Gaa, J. P., Liberman, D. B. (1983). Empathy and ego development. Journal of Counseling Psychology, 30, 113–116.
Carlson, V., Westenberg, P. M. (1998). Cross-cultural applications of the WUSCT. In J. Loevinger (Ed.), Technical foundations for measuring ego development. The Washington University Sentence Completion Test (pp. 57–75). Mahwah, NJ: Lawrence Erlbaum.
Caspi, A., Roberts, B. W. (2001). Personality development across the life course: The argument for change and continuity. Psychological Inquiry, 12 (2), 49–66.
Cebik, R. J. (1985). Ego development theory and its implications for supervision. Counselor Education and Supervision, 24, 226–233.
Chandler, D. E., Kram, K. E. (2005). Applying an adult development perspective to developmental networks. Career Development International, 10 (6/7), 548–566.
Chandler, H. M., Alexander, C. N, Heaton, D. P. (2005). The transcendental meditation program and postconventional self-development: A 10-year longitudinal study. Journal of Social Behavior and Personality, 17 (1), 93–121.
Cloerkes, G. (1981). Are prejudices against disabled person determined by personality characteristics? International Journal of Rehabilitation Research, 4, 35–46.
Cohen, J. (1988). Statistical power analysis for the behavioral sciences. Hillsdale, NY: Lawrence Erlbaum.
Cohn, L. D. (1991). Sex differences in the course of personality development: A meta-analysis. Psychological Bulletin, 109, 252–266.
Cohn, L. D. (1998). Age trends in personality development: A quantitative review. In P. M. Westenberg, A. Blasi, L. D. Cohn (Eds.), Personality development: Theoretical, empirical, and clinical investigations of Loevinger's conception of ego development (pp. 133–143). New Jersey: Lawrence Erlbaum.

Cohn, L. D., Westenberg, P. M. (2004). Intelligence and maturity: Meta-analytic evidence for the incremental and discriminant validity of Loevinger's measure of ego development. Journal of Personality and Social Psychology, 86, 760–772.

Colby, A., Kohlberg, L., Speicher, B., Hewer, A., Candee, D., Gibbs, J., Power, C. (1987). The measurement of moral judgement. Volume 1: Theoretical foundations and research validation. Cambridge, England: Cambridge University Press.

Combs, A. (2011). Die Psychologie des menschlichen Bewusstseins. Hamburg: Phänomen.

Commons, M. L. (2002). A complete theory of empathy must consider stage changes. Behavioral and Brain Sciences, 25 (1), 30–31.

Commons, M. L. (2008). Introduction to the model of hierarchical complexity and its relationship to postformal action. World Futures, 64, 305–320.

Commons, M. L., Armon, C., Kohlberg, L., Richards, F. A., Grotzer, T. A., Sinnott, J. D. (Eds.) (1990). Adult development. Volume 2: Models and methods in the study of adolescent and adult thought. New York: Praeger.

Commons, M. L., Richards, F. A., Armon, C. (Eds.) (1984). Beyond formal operations. Late adolescent and adult cognitive development. New York: Praeger.

Cook-Greuter, S. R. (1990). Maps for living: Ego development stages from symbiosis to conscious universal embeddedness. In M. L Commons, F. A. Richards, C. Armon (Eds.), Beyond formal operations. Late adolescent and adult cognitive development (pp. 79–104). New York: Praeger.

Cook-Greuter, S. R. (1994). Rare forms of self-understanding in mature adults. In M. Miller, S. R. Cook-Greuter (Eds.), Transcendence and mature thought in adulthood: The further reaches of human development (pp. 119–146). Lanham, MD: Rowman and Littlefield.

Cook-Greuter, S. R. (2000a). Postautonomous ego development. A study of its nature and measurement (revised edition). Unpublished dissertation, Harvard University.

Cook-Greuter, S. R. (2000b). Mature ego development: A gateway to ego transcendence? Journal of Adult Development, 7 (4), 227–240.

Cook-Greuter, S. R. (2004). Making the case for a developmental perspective. Industrial and Commercial Training, 36 (7), 275–281.

Cook-Greuter, S. R. (2010). Second-tier gains and challenge in ego development. In S. Esbjörn-Hargens (Ed), Integral theory in action: Applied, theoretical, and constructive perspectives on the AQUAL model (pp. 303–321). Albany, NY: State University of New York Press.

Cook-Greuter, S. R. (2011). A report from the scoring trenches. In A. H. Pfaffenberger, P. W. Marko, A. Combs (Eds.), The Postconventional Personality. Assessing, researching, and theorizing higher development (pp. 57–71). Albany, NY: State University of New York Press.

Cook-Greuter, S. R. (2013). Persönliches Gespräch am 12.01.2013 in Columbia, Maryland, USA.

Cook-Greuter, S. R., Volckmann, R. (2003). A conversation with Susanne Cook-Greuter, Zugriff am 19.02.11 unter http://www.leadcoach.com/archives/interview/susanne_cook-greuter.html

Corbett, R. P. (1995). Managerial style as a function of adult development stage. Unpublished dissertation, University of Massachusetts Amherst.
Costa, P. T. Jr., McCrae, R. R. (1992). Four ways five factors are basic. Personality and Individual Differences, 13, 653–665.
Costa, P. T. Jr., McCrae, R. R. (1993). Ego development and trait models of personality. Psychological Inquiry: An International Journal of Peer Commentary and Review, 4, 20–23.
Cramer, P. (1999). Ego functions and ego development: Defense mechanisms and intelligence as predictors of ego level. Journal of Personality, 67 (5), 735–760.
Cronbach, J. J., Meehl, P. E. (1955). Construct validity in psychological tests. Psychological Bulletin, 52, 281–302.
Davison, M. L. (1977). On a metric, unidimensional unfolding model for attitudinal or developmental data. Psychometrika, 42, 523–548.
Davison, M. L. (1979). Testing a unidimensional, qualitative unfolding model for attitudinal or developmental data. Psychometrika, 44, 179–194.
Davison, M. L., King, P. M., Kitchener, K. S., Parker, C. A. (1980). The stage sequence concept in cognitive and social development. Developmental Psychology, 16, 121–131.
Dawson, T. L. (2000). Moral and evaluative reasoning across the lifespan. Journal of Applied Measurement, 1 (4), 346–371.
Dawson, T. L. (2001). Layers of structure. A comparison of two approaches to developmental assessment. Genetic Epistemologist, 29 (4), 2–14.
Dawson-Tunik, T. L., Commons, M., Wilson, M., Fischer, K. W. (2005). The shape of development. European Journal of Developmental Psychology, 2 (2), 163–195.
Dayton, L. S. (1981). The relationship between ego development of mothers and their emotional, social and cognitive support of their children. Unpublished Dissertation. Northwestern University.
DCV (2012). Ethikrichtlininie. Zugriff am 28.08.2015 unter http://www.coachingverband.org/ethikrichtlinie
Debold, E., Kegan, R. (2003). Erkenntnistheorie, das Bewusstsein vierten Grades und die Subjekt-Objekt-Beziehung oder … wie sich das Selbst entwickelt. Ein Interview von Elizabeth Debold. Enlightenment, 8, 81–94.
De Lisi, R., Staudt, J. (1980). Individual differences in college students' performance on formal operations tasks. Journal of Applied Developmental Psychology, 1 (3), 201–208.
de St. Aubin, E., McAdams, D. P. (1995). The relations of generative concern and generative action to personality traits, satisfaction/happiness with life, and ego development. Journal of Adult Development, 2 (2), 99–112.
Deutscher Berufsverband für Coaching e. V. (Hrsg.) (2009). Leitlinien und Empfehlungen für die Entwicklung von Coaching als Profession. Kompendium mit den Professionsstandards des DBVC. Osnabrück: DBVC.
DGfC (2011). Standards Qualifizierung zum Coach DgfC (Stand April 2011) [Broschüre]. Zugriff am 28.08.2015 unter http://www.coaching-dgfc.de/cgi-bin/portal/portal.pl?level=1&pmenu pmenu_id=32&pmenu_id=43

DGSv (2002). Berufsbild Supervisor/in DGSv [Broschüre]. Köln: DGSv.
DGSv (2011a). Beratungsexpertise für die Arbeitswelt. Ausgewählte Formate der Beratung in Organisationen und Unternehmen [Broschüre]. Köln: DGSv.
DGSv (2011b). Das Ende eines unerklärlichen Unterschiedes. Die Deutsche Gesellschaft für Supervision e. V. (DGSv) nimmt Stellung zur Diskussion der Begriffe Supervision und Coaching [Broschüre]. Köln: DGSv.
DGSv (2012a). Hochwertige Qualifikation für Supervision und Coaching. Weiterbildungen und Studiengänge [Broschüre]. Köln: DGSv.
DGSv (2012b). Standards für die Qualifizierung zur/zum Supervisor/in der Deutschen Gesellschaft für Supervision e. V. (DGSv) [Broschüre]. Köln: DGSv.
DGSv (2013/2014). Supervisor/in werden. Weiterbildungsleitfaden der Deutschen Gesellschaft für Supervision (DGSv) [Broschüre]. Köln: DGSv.
Diener, E., Emmons, R. A., Larson, R. J., Griffen, S. (1985). The satisfaction with life scale. Journal of Personality Assessment, 49, 71–75.
Dill, D. L., Noam, G. G. (1990). Ego development and treatment requests. Psychiatry, 53, 85–91.
Döbert, R., Habermas, J., Nunner-Winkler, G. (Hrsg.) (1977). Entwicklung des Ichs. Köln: Kiepenheuer & Witsch.
Dörner, D. (2003). Die Logik des Misslingens. Strategisches Denken in komplexen Situationen. Reinbek: Rowohlt.
Drewes, M. J., Westenberg, P. M. (2001). The impact of modified instructions on ego-level scores: A psychometric hazard or indication of optimal ego level? Journal of Personality Assessment, 76 (2), 229–249.
DVCT (2012). Das DVCT Kompetenzmodell Coach. Zugriff am 31.08.2015 unter http://www.dvct.de/coaching/kompetenzmodell-coach/
Eagle, M. N. (1991). Psychoanalytic conceptions of the self. In J. Strauss, G. R. Goethals (Eds.), The self. Interdisciplinary approaches (pp. 49–65). New York: Springer-Verlag.
Edelstein, W., Kahl, R. (2003). Sinnerfahrung und Flow. Pädagogik, 3, 26–28.
Edelstein, W., Krettenauer, T. (2004). Many are called, but few are chosen: Moving beyond the modal levels in normal development. In D. K. Lapsley, D. Narvaez (Eds.), Moral development, self, and identity (pp. 213–237). Mahwah: Erlbaum.
Eigel, K. M. (1998). Leader effectiveness: A constructive developmental view and investigation. Unpublished dissertation. University of Georgia.
Eigel, K. M., Kuhnert, K. W. (2005). Authentic development: Leadership development level and executive effectiveness. In W. L. Gardner, B. J. Avolio, F. O. Walumbwa (Eds.), Authentic leadership theory and practice: Origins, effects and development (pp. 357–385). (Monographs in leadership and management, Vol. 3). Bingley: Emerald Group Publishing Limited.
Einstein, D., Lanning, K. (1998). Shame, guilt, ego development, and the five-factor model of personality. Journal of Personality, 66 (4), 555–581.
Engler, J. (1986). Therapeutic aims in psychotherapy and meditation: Developmental stages in the representation of self. In K. Wilber, J. Engler, D. P. Brown, (Eds.), Transformations of consciousness. Conventional and contemplative perspectives on development (pp. 17–51). Boston: Shambhala.

Eriksen, K. D. (2008). »Interpersonal« clients, students, and supervisees: Translating Robert Kegan. Counselor Education & Supervision, 47, 233–248.
Eriksen, K. D., McAuliffe, G. (2003). A measure of counselor competency. Counselor Education & Supervision, 43, 120–133.
Eriksen, K. D., McAuliffe, G. (2006). Constructive development and counselor effectiveness. Counselor Education & Supervision, 45, 180–192.
Erikson, E. H. (1950). Childhood and society. New York: Norton.
Erikson, E. H. (1968). Identity: Youth and crisis. New York: Norton.
Ernhart, C. B., Loevinger, J. (1969). Authoritarian Familiy Ideology: A measure, its correlates, and its robustness. Multivariate Behavioral Research Monographs, 69 (1), 3–82.
Erpenbeck, J. (2010). Kompetenzen – eine begriffliche Klärung. In V. Heyse, J. Erpenbeck, S. Ortmann (Hrsg.), Grundstrukturen menschlicher Kompetenzen. Praxiserprobte Konzepte und Instrumente (S. 13–20). Waxmann: Münster.
Erpenbeck, J., Heyse, V. (1999). Die Kompetenzbiographie. Strategien der Kompetenzentwicklung durch selbstorganisiertes Lernen und multimediale Kommunikation. Münster: Waxmann.
Erpenbeck, J., von Rosenstiel, L. (2007). Handbuch Kompetenzmessung. Erkennen, verstehen und bewerten von Kompetenzen in der betrieblichen, pädagogischen und psychologischen Praxis. Stuttgart: Schäffer-Poeschel.
Eysenck, S. B. R., Eysenck, H. J. (1977). The place of impulsiveness in a dimensional system of personality description. British Journal of Social Clinical Psychology, 16, 57–68.
Fatzer, G. (1999). Qualität und Leistung von Beratung. In G. Fatzer, K. Rappe-Giesecke, W. Looss (Hrsg.), Qualität und Leistung von Beratung (S. 7–26). Köln: Edition Humanistische Psychologie.
Fatzer, G., Rappe-Giesecke, K., Looss, W. (Hrsg.) (1999). Qualität und Leistung von Beratung. Köln: Edition Humanistische Psychologie.
Fowler, J. W. (1981/1995). Stages of faith. The psychology of human development and the quest for meaning. New York: Harper Collins.
Fowler, J. W. (2000). Becoming adult, becoming christian. Adult development and christian faith. San Francisco, CA: Jossey-Bass.
Fowler, J. W., Streib, H., Keller, B. (2004). Manual for faith development research. Atlanta, Georgia: Center for Research in Faith and Moral Development/Candler School of Theology, Emory University.
Frank, S., Quinlan, D. M. (1976). Ego development and female delinquency: A cognitive-developmental approach. Journal of Abnormal Psychology, 85, 505–510.
Fuchs, S. M. (2013). Stichprobenmerkmale. In R. Haubl, G. G. Voß, N. Alsdorf, C. Handrich (Hrsg.), Belastungsstörung mit System. Die zweite Studie zur psychosozialen Situation in deutschen Organisationen (S. 9–16). Göttingen: Vandenhoeck & Ruprecht.
Freud, A. (1936/2012). Das Ich und die Abwehrmechanismen. Frankfurt a. M.: Fischer.
Funk, J. (1994). Unanimity and disagreement among transpersonal psychologists. In M. E. Miller, S. R. Cook-Greuter (Eds.), Transcendence and mature

thought in adulthood. The further reaches of adult development (pp. 3–36). Lanham/M.: Rowman & Littlefield.

Gann, A. M. (1979). The role of personality factors and job characterisitics in burnout: A study of social service workers. Unpublished dissertation: University of California at Berkely.

Garz, D. (2008). Sozialpsychologische Entwicklungstheorien. Von Mead, Piaget und Kohlberg bis in die Gegenwart. Wiesbaden: VS Verlag für Sozialwissenschaften.

Gast, H. L. (1984). The relationship between stages of ego development and developmental stages of health self care operations. Unpublished Dissertation. Texas Woman's University.

Gfellner, B. M. (1986). Changes in ego and moral development in adolescents: A longitudinal study. Journal of Adolescence, 9, 281–302.

Gilligan, C. (1982). In a different voice: Psychological theory and women's development. Cambridge, MA: Harvard University Press.

Givens, A. (1984). An examination of the relationship between ego development and managerial competencies. Unpublished Dissertation. North Carolina State University.

Glick, J. A. (1992). Werner's relevance for contemporary developmental psychology. Developmental Psychology, 28 (4), 558–565.

Goldberg, L. R. (1981). Language and individual differences: The search for universals in personality lexicons. In L. Wheeler (Ed.), Review of personality and social psychology, Vol. 2 (pp. 141–166). Beverly Hills, CA: Sage.

Goldberg, L. R. (1990). An alternative »description of personality«. The big-five-factor structure. Journal of Personality and Social Psychology, 59, 1216–1229.

Goldberg, L. R. (1993). The structure of phenotypic personality traits. American Psychologist, 48, 26–34.

Grawe, K., Donati, R., Bernauer, F. (1994). Psychotherapie im Wandel. Von der Konfession zur Profession. Göttingen: Hogrefe.

Gray, D. E. (2011). Journeys towards the professionalism of coaching: dilemmas, dialogues and decisions along the global pathway. Coaching: An International Journal of Theory, Research and Practice, 4 (1), 4–19.

Greve, W. (Hrsg.) (2000). Psychologie des Selbst. Weinheim: Psychologie Verlags Union.

Grundmann, M., Binder, T., Edelstein, W., Krettenauer, T. (1998). Soziale Krisenerfahrungen und die Wahrnehmung sozialer Anomie bei Ost- und Westberliner Jugendlichen: Ergebnisse einer Kohorten- und Längsschnittanalyse. Zeitschrift für Soziologie der Erziehung und Sozialisation. 2. Beiheft 1998: Sozialisation und Entwicklung in den neuen Bundesländern, 171–187.

Haan, N., Stroud, J., Holstein, C. (1973). Moral and Ego Stages in Relationship to Ego Processes: A Study of »Hippies«. Journal of Personality, 41, 596–612

Habecker, M., Binder, T. (2014). Ich-Entwicklung. Ein Interview mit Thomas Binder. Integral informiert, 4, 29–47.

Hahn, J. A., LeCapitaine, J. E. (1990). The impact of peer counseling upon the emotional development, ego development, and self-concepts of peer counselors. College Student Journal, 24 (4), 410–420.

Hambleton, R. K. (2001). The next generation of the ITC test translation and adaptation guidelines. European Journal of Psychological Assessment, 17 (3), 164–172.

Hansell, S., Sparacino, J., Ronchi, D., Strodtbeck, F. L. (1985). Ego development responses in written questionnaires and telephone interviews. Journal of Personality and Social Psychology, 47 (5), 1118–1128.

Hanson, D. R. (1999). Stages of ego development and men who physically abuse female spouse/partners. Unpublished dissertation. Adler School of Professional Psychology.

Harakal, C. M. (1971). Ego maturity and interpersonal style: A multivariate study of Loevinger's theory. Unpublished dissertation. Catholic University.

Harris, C. K. (2002). The experience of support for transformative learning. Unpublished Dissertation. Harvard University.

Hart, V., Blattner, J., Leipsic, S. (2001). Coaching versus therapy: A perspective. Consulting Psychology Journal: Practice and Research, 53, 229–237.

Harter, S. (1988). The construction and conservation of the self: James and Cooley revisited. In D. K. Lapsley, F. C. Power (Eds.), Self, ego, and identity (pp. 44–70). New York: Springer.

Hartig, J., Klieme, E. (2006). Kompetenz und Kompetenzdiagnostik. In K. Schweizer (Hrsg.), Leistung und Leistungsdiagnostik (S. 127–143). Heidelberg: Springer Medizin Verlag.

Harvey, O. J., Hunt, D. E., Schroder, H. M. (1961). Conceptual systems and personality organisation. New York: Wiley.

Haubl, R., Voss, G. G. (2012). Grenzen professioneller Arbeit. Risikofaktoren für Arbeitsqualität und Gesundheit/Vorabdarstellung ausgewählter Ergebnisse einer Befragung von Supervisor/innen zu Entwicklungstendenzen in der Arbeitswelt. Frankfurt a. M. u. Chemnitz: Sigmund-Freud-Institut; Technische Universität Chemnitz.

Hauser, S. T. (1976). Loevinger's model and measure of ego development: A critical review. Psychological Bulletin, 83 (5), 928–955.

Hauser, S. T. (1978). Ego development and interpersonal style in adolescence. Journal of Youth and Adolescence, 7, 333–352.

Hauser, S. T. (1993). Loevinger's model and measure of ego development: A critical review, II. Psychological Inquiry, 4, 23–30.

Hauser, S. T., Jacobson, A. M., Noam, G., Powers, S. I. (1983). Ego development and self-image complexity. Archives of General Psychiatry, 44, 325–332.

Hauser, S. T., Powers, S. I., Noam, G. G. (1991). Adolescents and their families. Paths of ego development. New York: The Free Press.

Hauser, S. T., Powers, S. I., Noam, G. G., Jacobson, A. M., Weiss, B. D., Follansbee, D. J. (1984). Familial contexts of adolescent ego development. Child Development, 55, 195–213.

Hauser, S. T., Safyer, A. W. (1994). Ego development and adolescent emotions, 4 (4), 487–502.

Hausinger, B. (2011). Supervision. In DGSv (Hrsg.), Beratungsexpertise für die Arbeitswelt. Ausgewählte Formate der Beratung in Organisationen und Unternehmen (S. 9–14). Köln: DGSv.

Heil, F. E. (1995). Klinische versus statistische Urteilsbildung. In R. S. Jäger, F. Petermann (Hrsg.), Psychologische Diagnostik. Ein Lehrbuch (S. 39–42). Weinheim: Beltz, Psychologie Verlags Union.

Helson, R., Mitchell, V., Hart, B. (1985). Lives of women who became autonomous. Journal of Personality, 53 (2), 258–285.

Helson, R., Roberts, B. W. (1994). Ego development and personality change in adulthood. Journal of Personality and Social Psychology, 66 (5), 911–920.

Helson, R., Srivastava, S. (2001). Three paths to adult development: Conservers, seekers, and achievers. Journal of Personality and Social Psychology, 80 (6), 995–1010.

Helson, R., Wink, P. (1987). Two conceptions of maturity examined in the findings of a longitudinal study. Journal of Personality and Social Psychology, 53, 531–541.

Herdman Barker, E., Torbert, W. R. (2011). Generating and measuring practical differences in leadership performance at postconventional action-logics. In A. H. Pfaffenberger, P. W. Marko, A. Combs (Eds.), The postconventional personality. Assessing, researching, and theorizing higher development (pp. 39–56). Albany, NY: State University of New York Press.

Herrmann, T. (1991). Lehrbuch der empirischen Persönlichkeitsforschung. Göttingen: Hogrefe.

Hewlett, D. C. (2003). A qualitative study of postautonomous ego development: The bridge between postconventional and transcendent ways of being. Unpublished dissertation. Fielding Graduate Institute.

Heyse, V., Erpenbeck, J., Ortmann, S. (Hrsg.) (2010). Grundstrukturen menschlicher Kompetenzen. Praxiserprobte Konzepte und Instrumente. Waxmann: Münster.

Hieber, M. (2000). Ich-Entwicklung und Psychotherapie untersucht an stationären Patienten mit Angst- oder Zwangsstörungen. Unveröffentlichte Dissertation. LMU München.

Hoff, E.-H. (1986). Arbeit, Freizeit und Persönlichkeit. Wissenschaftliche und alltägliche Vorstellungsmuster. Bern: Hans Huber.

Hoff, E.-H. (2003). Kompetenz- und Identitätsentwicklung bei arbeitszentrierter Lebensgestaltung. Vom »Arbeitskraftunternehmer« zum »reflexiv handelnden Subjekt«. QUEM-Bulletin (Qualifikations-Entwicklungs-Management), 4, 1–7.

Hogan, W. (2005). In defense of personality measurement: New wine for old whiners. Human Performance, 18 (4), 331–341.

Hogansen, J., Lanning, K. (2001). Five factors in sentence completion test categories: Toward rapprochement between trait and maturational approaches to personality. Journal of Research in Personality, 35, 449–462.

Hohner, H.-U. (2006). Laufbahnberatung. Wege zur erfolgreichen Berufs- und Lebensgestaltung. Bern: Huber.

Holloway, E. L., Wampold, B. E. (1986). Relation between conceptual level and counseling-related tasks: A meta-analysis. Journal of Counseling Psychology, 33 (3), 310–319.

Holt, R. R. (1974). Review of »Measuring ego development, Volumes I and II.« Journal of Nervous and Mental Disease, 158, 310–316.

Holt, R. R. (1980). Loevinger's measure of ego development: Reliability and national norms for male and female short forms. Journal of Personality and Social Psychology, 39, 909–920.

Hoppe, C. F. (1972). Ego development and conformity behaviors. Unpublished dissertation. Washington University.

Hoppe, C. F., Loevinger, J. (1977). Ego development and conformity: A construct validity study of the Washington University Sentence Completion Test. Journal of Personality Assessment, 41, 487–504.

Hunsberger, P. (1980). The relationship of ego development to counselor training and counseling effectiveness. Unpublished dissertation. Boston University.

Hy, L. X. (1998). How to use the SCT in translation. In J. Loevinger (Ed.), Technical foundations for measuring ego development. The Washington University Sentence Completion Test (pp. 123–127). Mahwah, NJ: Lawrence Erlbaum.

Hy, L. X., Bobbitt, K., Loevinger, J. (1998). Testing and revising the rules for obtaining TPRs for the 36-Item and 18-Item forms. In J. Loevinger (Ed.), Technical foundations for measuring ego development (pp. 25–27). Mahwah, NJ: Lawrence Erlbaum.

Hy, L. X., Loevinger, J. (1996). Measuring ego development. Mahwah, NJ: Lawrence Erlbaum.

ICF (2012). ICF-Kernkompetenzen [Broschüre]. Zugriff am 31.08.2015 unter http://www.coachfederation.de/icf-d/icf-kernkompetenzen.html

Isaacs, K. (1956). Relatability, a proposed construct and an approach to its validation. Unpublished dissertation. University of Chicago.

James, W. (1892/1963). Psychology. Greenwich, CT: Fawcett.

John, O. P., Robins, R. W. (1994). Traits, types, dynamics and development: No doors should be closed in the study of personality, Psychological Inquiry, 5, 137–142.

Joiner, B., Josephs, S. (2007). Leadership agility. Five levels of mastery for anticipating and initiating change. San Francisco: Jossey-Bass.

Joo, B. (2005). Executive coaching: A conceptual framework from an integrative review of practice and research. Human Resource Development Review, 4, 462–488.

Jüttemann, G., Thomae, H. (Hrsg.) (2002). Persönlichkeit und Entwicklung. Weinheim: Beltz Verlag.

Jurich, J., Holt, R. (1987). Effects of modified instructions on the Washington University Sentence Completion Test of ego development. Journal of Personality Assessment, 51, 186–193.

Kang, S.-M., Shaver, P. R. (2004). Individual differences in emotional complexity: Their psychological implications. Journal of Personality, 72 (4), 687–726.

Kapfhammer, H. P., Neumeier, R., Scherer, J. (1993). Ich-Entwicklung im Übergang von Jugend und jungem Erwachsenenalter: Ein empirische Vergleichsstudie bei psychiatrischen Patienten und gesunden Kontrollprobanden. Praxis der Kinderpsychologie und Kinderpsychiatrie, 42, 106–113.

Kegan, R. (1979). The evolving self: a process conception for ego psychology. The Counseling Psychologist, 8, 5–34.

Kegan, R. (1980). Meaning-making: The constructive-developmental approach to persons and practice. The Personnel and Guidance Journal, 1, 373–380.

Kegan, R. (1986a). Kohlberg and the psychology of ego development: A predominantly positive evaluation. In S. Modgil, C. Modgil (Eds.), Lawrence Kohlberg: Consensus and Controversy (pp. 163–181). London: Falmer.

Kegan, R. (1986b). Interchange: Kegan replies to Loevinger. In S. Modgil, C. Modgil (Eds.), Lawrence Kohlberg: Consensus and Controversy (pp. 194–195). London: Falmer.

Kegan, R. (1994). Die Entwicklungsstufen des Selbst. Fortschritte und Krisen im menschlichen Leben (3. Aufl.). München: Kindt.

Kegan, R. (1996). In over our heads. The mental demands of modern life (Third printing). Cambridge: Harvard University Press.

Kegan, R. (2000). What »form« transforms? A constructive-developmental approach to transformative learning. In J. Mezirow and Associates (Eds.), Learning as transformation. Critical perspectives on a theory in progress (pp. 35–69). San Francisco: Jossey-Bass.

Kegan, R. (2003). Erkenntnistheorie, das Bewusstsein vierten Grades und die Subjekt-Objekt-Beziehung. Was ist Erleuchtung?, 8, 81–94.

Kegan, R., Lahey, L. (2001). How the way we talk can change the way we work. Seven languages for transformation. San Francisco: Jossey-Bass.

Kegan, R., Lahey, L. (2009). Immunity to change. How to overcome it and unlock the potential in yourself and your organization. Boston: Harvard Business Press.

Kegan, R., Lahey, L. (2010). Facilitator's guide to the immunity-to-change workshop. Boston: Minds at work.

Kegan, R., Lahey, L., Souvaine, E. (1998). From taxonomy to ontogeny: Thoughts on Loevinger's theory in relation to subject-object psychology. In P. M. Westenberg, A. Blasi, L. D. Cohn (Eds.), Personality development: Theoretical, empirical, and clinical investigations of Loevinger's conception of ego development (pp. 13–26). New Jersey: Lawrence Erlbaum.

Kegan, R., Noam, G. G., Rogers, L. (1982). The psychologic of emotion: a neo-Piagetian view. In D. Chicchetti, P. Hesse (Eds.), New Directions for child development: Emotional Development, No. 16 (pp. 105–128). San Francisco: Jossey-Bass.

Keller, M. (2012). Moral developmental science between changing paradigms. International Journal of Developmental Science, 6, 65–69.

Kelly, G. A. (1955). The psychology of personal constructs. New York: Norton.

Kernberg, O. F., Steinmetz-Schünemann, H. (1985). Schwere Persönlichkeitsstörungen. Theorie, Diagnose, Behandlungsstrategien. Stuttgart: Klett-Cotta.

King, L. A. (2001). The hard road to the good live: The happy, mature person. Journal of Humanistic Psychology, 41 (1), 51–72.
King, L. A., Hicks, J. A. (2007). Whatever happened to »what might have been«? Regrets, happiness, and maturity. American Psychologist, 62 (7), 625–636.
King, L. A., Scollon, C. K., Ramsey, C., Williams, T. (2000). Stories of life transition. Subjective well-being and ego development in parents of children with down syndrome. Journal of Research in Personality, 34, 509–536.
Kirshner, L. A. (1988). Implications of Loevinger's theory of ego development for time-limited psychotherapy. Psychotherapy, 25 (2), 220–226.
Kishton, J., Starrett, R., Lucas, J. (1984). Polar versus milestone variables in adolescent ego development. Journal of Early Adolescence, 4 (1), 53–64.
Klein, E. T. (1994). A longitudinal investigation into progressive and regressive shifts in ego development in male and female adolescents. Unpublished Dissertation. Pace University.
Kluckhohn, C., Murray, H. A. (1953). Personality information: The determinants. In C. Kluckhohn, H. A. Murray, D. M. Schneider (Eds.), Personality in nature, society, and culture (pp. 53–67). New York: Alfred A. Knopf.
Kohlberg, L. (1969). Stage and sequence: The cognitive developmental approach to socialization. In D. A. Goslin (Ed.), Handbook of socialization theory and research (pp. 347–380). Chicago: Rand McNally.
Kohlberg, L. (1984). The psychology of moral development: The nature and validity of moral stages. San Francisco: Harper & Row.
Kohlberg, L., Armon, C. (1984). Three types of stage models used in the study of adult development. In M. L Commons, F. A. Richards, C. Armon (Eds.), Beyond formal operations. Late adolescent and adult cognitive development (pp. 383–394). New York: Praeger.
Kohlberg, L., Levine, C., Hewer, A. (1983). Moral stages: A current formulation and a response to critics. Basel: Karger.
Kohlberg, L., Ryncarz, R. A. (1990). Beyond justice reasoning: Moral development and consideration of a seventh stage. In C. N Alexander, E. J. Langer (Eds.), Higher stages of human development. Perspectives on adult growth (pp. 191–207). New York: Oxford University Press.
Kohn, M. (1980). Job complexity and adult personality. In N. Smelser, E. H. Erickson (Eds.), Themes of love and work in adulthood (pp. 193–210). Cambridge, MA: Harvard University Press.
Kompetenz (2014). In M. A. Wirtz (Hrsg.), Dorsch – Lexikon der Psychologie (S. 854). Bern: Verlag Hans Huber.
Koplowitz, H. (1984). A projection beyond Piaget's formal-operations stage: A general system stage and a unitary stage. In M. Commons, F. A. Richards, C. Armon (Eds.), Beyond formal operations (pp. 279–295). New York: Praeger.
Kran, D. (2012). Der MBA- und Master-Guide 2013. Weiterbildende Management-Studiengänge in Deutschland, Österreich und der Schweiz. Köln: Luchterhand.
Krettenauer, T., Ullrich, M., Hofmann, V., Edelstein, W. (2003). Behavioral problems in childhood and adolescence as predictors of ego-level attainment in early adulthood. Merril-Palmer Quarterly, 49 (2), 125–153.

Kris, E. (1934/1952). The psychology of caricature. Psychoanalytic explorations in art. New York: International Universities Press.

Kroger, J. (1996). Identity, regression, and development. Journal of Adolescence, 16, 203–222.

Kroger, J. (2004). Identity in adolescence. The balance between self and other. London: Routledge.

Kroger, J., Green, K. (2004). The convergence among self, ego, and identity during late adolescence. A Rasch analysis. Paper presented at the Society for Research on Adolescence meeting. Baltimore, MD.

Krumm, R. (2012). 9 Levels of value systems. Haiger: Werdewelt.

Kuhl, J. (2001). Motivation und Persönlichkeit: Interaktionen psychischer Systeme. Göttingen: Hogrefe.

Kuhl, J. (2010). Lehrbuch der Persönlichkeitspsychologie. Motivation, Emotion, Selbststeuerung. Göttingen: Hogrefe.

Kurtz, J. E., Tiegreen, S. B. (2005). Matters of conscience and conscientiousness: The place of ego development in the five-factor model. Journal of Personality Assessment, 85 (3), 312–317.

Kusatsu, O. (1977). Ego development and socio-cultural process in Japan. I. Keizagaku-Kiyp, 3, 41–109.

Labouvie-Vief, G., DeVoe, M., Bulka, D. (1989). Speaking about feelings: Conceptions of emotions across the life span. Psychology and Aging, 4, 425–437.

Labouvie-Vief, G., Diehl, M. (1998). The role of ego development in the adult self. In P. M. Westenberg, A. Blasi, L. D. Cohn (Eds.), Personality development: Theoretical, empirical, and clinical investigations of Loevinger's conception of ego development (pp. 219–235). New Jersey: Lawrence Erlbaum.

Labouvie-Vief, G., Hakim-Larson, J., DeVoe, M., Schoeberlin, S. (1989). Emotions and self-regulation: A life-span view. Human Development, 32, 279–299.

Labouvie-Vief, G., Hakim-Larson, J., Hobart, C. J. (1987). Age, ego level, and the life-span development of coping and defense processes. Psychology and Aging, 2, 286–293.

Lahey, L., Souvaine, E., Kegan, R., Goodman, R., Felix, S. (1988). A guide to the subject-object interview: Its administration and interpretation. Cambridge, Mass.: Harvard University.

Lambert, H. V. (1972a). A comparison of Jane Loevinger's theory of ego development and Lawrence Kohlberg's theory of moral development. Unpublished dissertation. University of Chicago.

Lambert, H. V. (1972b). Comparison of cognitive developmental theories of ego and moral development. Report from proceedings of 80th Annual Convention of the American Psychological Association, September 2–8, 1972, 115–116, Honolulu, Hawaii.

Lambie, G. W. (2007). The contribution of ego development level to burnout in school counselors: Implications for professional school counseling. Journal of Counseling & Development, 85, 82–88.

Lambie, G. W., Ieva, K. P., Mullen, P. R., Hayes, B. G. (2011). Ego development, ethical decision-making, and legal and ethical knowledge in school counselors. Journal of Adult Development, 18, 50–59.
Lambie, G. W., Smith, H. L., Ieva, K. P. (2009). Graduate counseling students' levels of ego development, wellness, and psychological disturbance: An exploratory investigation. Adultspan Journal, 8 (2), 114–127.
Landis, J. R., Koch, G. G. (1977). The measurement of observer agreement for categorical data. Biometrics, 33 (1), 159–174.
Lane, R. D., Quinlan, D. M., Schwartz, G. E., Walker, P. A., Zeitlin, S. B. (1990). The levels of emotional awareness scale: A cognitive-developmental measure of emotion. Journal of Personality Assessment, 55 (1&2), 124–134.
LaPerrierre, K. (1962). Maternal attitudes in different subcultural groups. Unpublished dissertation. Washington University.
Laske, O. (2006a). Measuring hidden dimensions. The art and science of fully engaging adults. Medford: IDM Press.
Laske, O. (2006b). Why does your maturity matter? How developmental theory impacts your coaching competence. Choice. The Magazine for professional Coaching, 4 (3), 10–13.
Laske, O. (2009). Measuring hidden dimensions of human systems. Foundations of requisite organization (Volume 2). Medford: IDM Press.
Laske, O. (2010). Humanpotenziale erkennen, wecken und messen. Handbuch der entwicklungsorientierten Beratung. Band 1. Medford: IDM Press.
Lasker, H. M. (1977). Interim summative evaluation report: An initial assessment of the Shell/Humanas OD programm. Cambridge, MA: Harvard University Press.
Lasker, H. M. (1978). Ego development and motivation: A cross-cultural cognitive-developmental analysis of n achievement. Unpublished dissertation. University of Chicago.
Lauinger, W. (2014). Supervisor/in DGSv – und dann? Mal unter uns: Wie halten Sie es mit regelmäßiger Fortbildung? Journal Supervision, 1, 7–9.
Ledoux, W. H. (1991). An assessment of dialectical thinking in a counseling context. Unpublished dissertation. York University.
Lee, L., Snarey, J. (1988). The relationship between ego and moral development. In D. K. Lapsley, F. C. Power (Eds.), Self, ego, and identity (pp. 151–178). New York: Springer.
Leipold, B., Greve, W. (2009). Resilience. A conceptual bridge between coping and development. European Psychologist, 14 (1), 40–50.
Lenbet, A. (2004). Zur Aktualität des Kompetenzbegriffs und zur Bedeutung der Kompetenzentwicklung für das Coaching. Organisationsberatung, Supervision, Coaching, 3, 221–232.
Lenin, W. I. (1915/1964). Lenin. Werke, Band 38. Philosophische Hefte. Berlin: Dietz Verlag.
Lerner, R. M. (2002). Concepts and theories of human development. Mahwah, NJ: Lawrence Erlbaum.

Levit, D. B. (1993). The development of ego defenses in adolescence. Journal of Youth and Adolescence, 22 (5), 493–512.

Lienert, G. A., Raatz, U. (1998). Testaufbau und Testanalyse. Weinheim: Beltz, Psychologie Verlags Union.

Lilienfeld, S. O., Wood, J. M., Garb, H. N. (2000). The scientific status of projective techniques. Psychological Science in the public interest, 1 (2), 27–66.

Lilienfeld, S. O., Wood, J. M., Garb, H. N. (2001). What's wrong with this picture? Scientific American (May), 81–87.

Lipkowski, S. (2009). Persönlichkeitsdiagnose mit dem Ich-Entwicklungs-Profil. Training aktuell, 6, 7.

Loeb, A. J. (Ed.) (1996). The wit and wisdom of Mark Twain. New York: Barnes & Noble.

Löscher, C. (2004). Einfluss von Lebensreflexion und sozialer Interaktion auf die Ego-Entwicklung. Diplomarbeit. Technische Universität Dresden.

Loevinger, J. (1948). The technic of homogeneous test compared with some aspects of »scale analysis« and factor analysis. Psychological Bulletin, 45, 507–529.

Loevinger, J. (1957). Objective tests as instruments of psychological theory. Psychological Reports, 3, 635–694, Monograph supplement No. 9.

Loevinger, J. (1966). The meaning and measurement of ego development. American Psychologist, 21, 195–206.

Loevinger, J. (1968). The relation of adjustment to ego development. In S. B. Sells (Ed.), The definition and measurement of mental health (pp. 161–180). Washington, DC: U.S. Department of Health, Education, and Welfare.

Loevinger, J. (1969). Theories of ego development. In L. Breger (Ed.), Clinical-cognitive psychology: Models and integrations (pp. 83–135). Englewood Cliffs, NJ: Prentice-Hall.

Loevinger, J. (1973). Recent research on ego development. Bethesda, Md.: National Institute of Mental Health (DHEW).

Loevinger, J. (1976). Ego development. Conceptions and theories. San Francisco, CA: Jossey-Bass.

Loevinger, J. (1977). Zur Bedeutung und Messung von Ich-Entwicklung. In R. Döbert, J. Habermas, G. Nunner-Winkler (Hrsg.), Entwicklung des Ichs (S. 150–168). Köln: Kiepenheuer & Witsch.

Loevinger, J. (1978). Scientific ways in the study of ego development. Worcester, MA: Clark University Press.

Loevinger, J. (1979a). Construct validity of the sentence completion test of ego development. Applied Psychological Measurement, 3, 281–311.

Loevinger, J. (1979b). The idea of the ego. The Counseling Psychologist, 8 (2), 3–5.

Loevinger, J. (1979c). Reply to Kegan. The Counseling Psychologist, 8, 39–40.

Loevinger, J. (1980). Some thoughts on ego development and counseling. Personnel and Guidance Journal, 58 (5), 389–390.

Loevinger, J. (1983). On ego development and the structure of personality. Developmental Review, 3, 339–350.

Loevinger, J. (1984). On the self and predicting behaviour. In R. A. Zucker, J. Aronoff, A. I. Rabin (Eds.), Personality and prediction of behavior (pp. 43–68). Orlando, FL: Academic.

Loevinger, J. (1985a). This week's citation classic. Loevinger, J., Wessler, R. Measuring ego development. Volume 1. Construction and use of a sentence completion test. Current Contents, 12, 22.

Loevinger, J. (1985b). Revision of the sentence completion test for ego development. Journal of Personality and Social Psychology, 48, 420–427.

Loevinger, J. (1986a). On Kohlberg's contributions to ego development. In S. Modgil, C. Modgil (Eds.), Lawrence Kohlberg: Consensus and Controversy (pp. 183–193). London: Falmer.

Loevinger, J. (1986b). Loevinger replies to Kegan. In S. Modgil, C. Modgil (Eds.), Lawrence Kohlberg: Consensus and Controversy (p. 195). London: Falmer.

Loevinger, J. (1987a). The concept of self or ego. In P. Young-Eisendrath, J. Hall (Eds.), The book of the self: Person, pretext, and process (pp. 88–94). New York: New York University Press.

Loevinger, J. (1987b). Paradigms of personality. New York: Freeman.

Loevinger, J. (1993a). Measurement of personality: True or false, Psychological Inquiry, 4 (1), 1–16.

Loevinger, J. (1993b). Ego development: Questions of method and theory. Psychological Inquiry, 4 (1), 56–63.

Loevinger, J. (1994a). Has psychology lost its conscience? Journal of Personality Assessment, 62, 2–8.

Loevinger, J. (1994b). In search of grand theory. Psychological Inquiry, 5, 142–144.

Loevinger, J. (1996). In defense of the individuality of personality theories. Psychological Inquiry, 7, 344–346.

Loevinger, J. (1997). Stages of personality development. In R. Hogan, J. Johnson, S. Briggs (Eds.), Handbook of Personality Psychology (pp. 199–208). San Diego, CA: Acacemic Press.

Loevinger, J. (Ed.) (1998). Technical foundations for measuring Ego Development: Mahwah, NJ: Lawrence Erlbaum Associates.

Loevinger, J. (1998a). History of the sentence completion test (SCT) for ego development. In J. Loevinger (Ed.), Technical foundations for measuring ego development (pp. 1–10). Mahwah, NJ: Lawrence Erlbaum.

Loevinger, J. (1998b). Reliability and validity of the SCT. In J. Loevinger (Ed.), Technical foundations for measuring ego development (pp. 29–40). Mahwah, NJ: Lawrence Erlbaum.

Loevinger, J. (1998c). The place of the WUSCT for ego development in personality measurement. In J. Loevinger (Ed.), Technical foundations for measuring ego development (pp. 77–80). Mahwah, NJ: Lawrence Erlbaum.

Loevinger, J. (1998d). Completing a life sentence. In P. M. Westenberg, A. Blasi, L. D. Cohn (Eds.), Personality development: Theoretical, empirical, and clinical investigations of Loevinger's conception of ego development (pp. 347–354). New Jersey: Lawrence Erlbaum.

Loevinger, J. (2002). Confessions of an iconoclast: At home on the fringe. Journal of Personality Assessment, 78 (2), 195–208.

Loevinger, J., Blasi, A. (1976). Issues in defining stages and types. In J. Loevinger (Ed.), Ego development. Conceptions and theories (pp. 182–202). San Francisco: Jossey-Bass.

Loevinger, J., Blasi, A. (1991). Development of the self as subject. In J. Strauss, G. R. Goethals (Eds.), The self: Interdisciplinary approaches (pp. 150–167). New York: Springer.

Loevinger, J., Cohn, L. (1998). Revision of the SCT: Creating Form 81. In J. Loevinger (Ed.), Technical foundations for measuring Ego Development (pp. 11–18). Mahwah, NJ: Lawrence Erlbaum Associates.

Loevinger, J., Cohn, L. D., Bonneville, L. P., Redmore, C. D., Streich, D. D., Sargent, M. (1985). Ego development in college. Journal of Personality and Social Psychology, 48 (4), 947–962.

Loevinger, J., Hy, L. X., Bobbitt, K. (1998). Revision of the scoring manual. In J. Loevinger (Ed.), Technical foundations for measuring ego development (pp. 19–24). Mahwah, NJ: Lawrence Erlbaum.

Loevinger, J., Knoll, E. (1983). Personality: Stages, traits, and the self. Annual Review of Psychology, 34, 195–222.

Loevinger, J., Sweet, B. (1961). Construction of a test of mother's attitudes. In J. Glidewell (Ed.), Parental attitudes and child behaviour (pp. 110–123). Springfield, IL: Thomas.

Loevinger, J., Sweet, B., Ossorio, A. G., LaPerriere, K. (1962). Measuring personality patterns of women. Genetic Psychology Monographs, 65, 53–136.

Loevinger, J., Wessler, R. (1970). Measuring ego development 1. Construction and use of a sentence completion test. San Francisco, CA: Jossey-Bass.

Loevinger, J., Wessler, R. (1978). Measuring ego development 1. Construction and use of a sentence completion test (First edition, second printing). San Francisco, CA: Jossey-Bass.

Loevinger, J., Wessler, R., Redmore, C. (1970). Measuring ego development 2: Scoring manual for women and girls. San Fransisco, CA: Jossey-Bass.

Loevinger, J., Wessler, R., Redmore, C. (1978). Measuring ego development 2: Scoring manual for women and girls (First edition, second printing). San Fransisco, CA: Jossey-Bass.

Lorr, M., Manning, T. T. (1978). Measurement of ego development by sentence completion and personality test. Journal of Clinical Psychology, 34, 354–360.

Lorr, M., Youniss, R. P. (1973). An inventory of interpersonal style. Journal of Personality Assessment, 37, 165–173.

Lovell, C. W. (1999). Empathic-cognitive development in students of counseling. Journal of Adult Development, 6, 195–203.

Lubinski, D., Humphreys, L. G. (1997). Incorporating general intelligence into epidemiology and the social sciences. Intelligence, 24, 159–201.

Lucas, R. H. (1971). Validation of a test of ego development by means of a standardized interview. Unpublished dissertation. Washington University.

MacDonald, S. M. (1991). Empathy, personal maturity and emotional articulation. Unpublished dissertation. The Fielding Institute.
MacPhail, D. D. (1989). The moral education approach in treating adult inmates. Criminal Justice and Behavior, 16, 81–97.
Manners, J., Durkin, K. (2000). Processes involved in adult development: A conceptual framework. Developmental Review, 20, 475–513.
Manners, J., Durkin, K. (2001). A critical review of the validity of ego development theory and its measurement. Journal of Personality Assessment, 77, 541–567.
Manners, J., Durkin, K., Nesdale, A. (2004). Promoting advanced ego development among adults. Journal of Adult Development, 11 (1), 19–27.
Marko, P. W. (2006). Exploring facilitative agents that allow ego development to occur. Unpublished dissertation. Saybrook Graduate School and Research Center.
Martin, J. B., Redmore, C. (1978). A longitudinal study of ego development. Developmental Psychology, 14, 189–190.
Maslach, C. (2003). Job burnout: New directions in research and intervention. Current Directions in Psychological Science, 12, 189–192.
Maslow, A. (1996). Motivation und Persönlichkeit. Reinbek: Rowohlt.
Mayer, J. D. (1998). A systems framework for the field of personality. Psychological Inquiry, 9 (2), 118–144.
Mayer, R. (2003). Was erfaßt der WUSCT? Zur Konstruktvalidität von Loevingers Sentence Completion Test. Diplomarbeit. Technische Universität Dresden.
McAdams, D. P. (1985). Power, intimacy, and the life story. Personological inquiries into identity. New York: The Guilford Press.
McAdams, D. P. (1990). Unity and purpose in human lives: The emergence of identity as a life story. In A. I. Rabin, R. A. Zucker, R. A. Emmons, S. Frank (Eds.), Studying persons and lives (pp. 148–200). New York: Springer.
McAdams, D. P. (1993). The stories we live by. Personal myth and the making of the self. New York, NJ: William Morrow & Company.
McAdams, D. P. (1995). What do we know when we know a person? Journal of Personality, 63, 363–396.
McAdams, D. P. (1996a). Personality, modernity, and the storied self: A contemporary framework for studying persons. Psychological Inquiry, 7 (4), 295–321.
McAdams, D. P. (1996b). What this framework can and cannot do. Psychological Inquiry, 7 (4), 378–386.
McAdams, D. P. (1998). Ego, trait, identity. In P. M. Westenberg, A. Blasi, L. D. Cohn (Eds.), Personality development: Theoretical, empirical, and clinical investigations of Loevinger's conception of ego development (pp. 27–38). New Jersey: Lawrence Erlbaum.
McAdams, D. P. (2002). The person. An introduction to personality psychology. Fort Worth, TX: Harcourt Brace.
McAdams, D. P. (2008). Personal narratives and the life story. In O. John, R. Robins, L. A. Pervin (Eds.), Handbook of personality: Theory and research (pp. 241–261). New York: The Guilford Press.

McAdams, D. P., Booth, L., Selvik, R. (1981). Religious identity among students at a private college: Social motives, ego development and adults' plans for the future. Journal of Personality and Social Psychology, 50, 800–807.

McAdams, D. P., Pals, J. L. (2006). A new big five. Fundamental principles for an integrative science of personality. American Psychologist, 61 (3), 204–217.

McAdams, D. P., Ruetzel, K., Foley, J. M. (1986). Complexity and generativity at midlife: Relations among social motives, ego development, and adult's plans for the future. Journal of Personality and Social Psychology, 50, 800–807.

McAuliffe, G. J. (2006). The evolution of professional competence. In C. Hoare (Hrsg.), Handbook of adult development and learning (pp. 476–496). New York, NJ: Oxford University Press.

McAuliffe, G. J., Eriksen, K. P. (Eds.) (2000). Preparing counselors and therapists. Creating constructivist and developmental programs. Virginia Beach, VA: The Donning Company.

McAuliffe, G., Lovell, C. (2006). The influence of counselor epistemology on the helping interview: A qualitative study. Journal of Counseling and Development, 84, 308–317.

McCallum, D. C. (2008). Exploring the implications of a hidden diversity in group relations conference learning: A developmental perspective. Unpublished dissertation. Columbia University.

McClelland, D. C. (1973). Testing for competence rather than for intelligence. American Psychologist, 28, 1–14.

McClelland, D. C. (1978). Macht als Motiv. Entwicklungswandel und Ausdrucksformen. Stuttgart: Klett-Cotta.

McClelland, D. C. (1998). Identifying competencies with behavioral-event interviews. Psychological Science, 9 (5), 331–339.

McClelland, D. C., Koestner, R., Weinberger, J. (1989). How do self-attributed and implicit motives differ? Psychological Review, 96, 690–702.

McCrae, R. R., Costa, P. T. (1980). Openness to experience and ego level in Loevinger's sentence completion test: Dispositional contributions to developmental models of personality. Journal of Personality and Social Psychology, 39 (6), 1179–1190.

McCrae, R. R., Costa, P. T. (1997). Personality trait structure as a human universal. American Psychologist, 52 (5), 509–516.

McGuire, J. B., Rhodes, G. B. (2009). Transforming your leadership culture. San Francisco: Jossey-Bass.

McLean, K. C., Fournier, M. A. (2007). The content and processes of autobiographical reasoning in narrative identity. Journal of Research in Personality, 42, 527–545.

Merron, K. (1985). The relationship between ego development and managerial effectiveness under conditions of high uncertainty. Unpublished dissertation. Harvard University.

Merron, K., Torbert, W. R. (1983). Ego development and managerial effectiveness: Early findings from offering managers feedback on Loevinger's ego development measure. Research Report, 1–33. Boston, MA: Boston College.

Mertens, W. (2010). Psychoanalytische Schulen im Gespräch. Band 1. Strukturtheorie, Ichpsychologie und moderne Konflikttheorie. Bern: Huber.
Mezirow, J. (1997). Transformative Erwachsenenenbildung. Hohengehren: Schneider-Verlag.
Mezirow, J. and Associates (1990). Fostering critical reflection in adulthood. San Francisco: Jossey-Bass.
Mezirow, J. and Associates (2000). Learning as transformation. Critical perspectives on a theory in progress. San Francisco: Jossey-Bass.
Mickler, C. (2004). Selbstbezogene Weisheit. Ein Instrument zur Messung von Persönlichkeitsreife. Entwicklung, Validierung und Alterseffekte. Unveröffentlichte Dissertation. International University Bremen.
Mikel, E. (1974). Preliminary research studies of character development among imprisoned offenders. Unpublished manuscript. St. Louis, MO: Washington University.
Mikkelson, B. L. S. (1980). The construing of friendship and its relationship to the development of the ego. Unpublished dissertation. University of Minnesota.
Miller, M. E. (1994). World views, ego development, and epistemological changes from the conventional to the postformal: A longitudinal perspective. In M. E. Miller, S. R. Cook-Greuter (Eds.), Transcendence and mature thought in adulthood. The further reaches of adult development (pp. 147–170). Lanham/M.: Rowman & Littlefield.
Miller, M. E., Cook-Greuter, S. (1994). From postconventional development to transcendence: Visions and theories. In M. E. Miller, S. R. Cook-Greuter (Eds.), Transcendence and mature thought in adulthood. The further reaches of adult development (pp. xv–xxxiv). Lanham/M.: Rowman & Littlefield.
Mischel, W., Mischel, H. N. (1976). A cognitive social-learning approach to morality and self-regulation. In T. Lickona (Ed.), Moral development and behaviour (pp. 84–107). New York: Holt, Rinehart & Winston.
Mintzberg, H. (2005). Manager statt MBAs. Eine kritische Analyse. Frankfurt a. M.: Campus.
Mischel, W. (1968). Personality and assessment. New York: Wiley.
Möller, H., Steinhardt, K. (2011). Kompetenzentwicklung in der Supervisionsausbildung. Ergebnisse einer Fallstudie. Journal Supervision, 3, 10.
Molloy, E. (1978). Toward a new paradigm for the study of the person at work: An empirical extension of Loevinger's theory of ego development. Unpublished dissertation, University of Dublin, Ireland.
Montada, L., Lindenberger, U., Schneider, W. (2012). Fragen, Konzepte, Perspektiven. In W. Schneider, U. Lindenberger (Hrsg.), Entwicklungspsychologie (S. 27–60). Weinheim: Beltz Verlag.
Morros, M., Pushkar, D., Reis, M. (1998). A study of current, former, and new elderly volunteers: A comparison of developmental and trait models of personality. Journal of Adult Development, 5 (4), 219–230.
Murray, H. A. (1938). Explorations in personality. New York: Oxford University Press.

Murray, T. (2009). Intuiting the cognitive line in developmental assessment: Do heart and ego develop through hierarchical integration? Integral Review, 5 (2), 343–354.
Musek, J. (2007). A general factor of personality: Evidence for the big one in the five factor model. Journal of Research in Personality, 41, 1213–1223.
Newman, D. L., Tellegen, A., Bouchard, T. J. Jr. (1998). Individual differences in adult ego development: Sources of influence in twins reared apart. Journal of Personality and Social Psychology, 74, 985–995.
Nicolaides, A. (2008). Learning their way through ambiguity: Explorations of how nine developmentally mature adults make sense of ambiguity. Unpublished dissertation. Columbia University.
Nïn, A. (1981). Das Kindertagebuch 1919–1920. München: Nymphenburger Verlagshandlung.
Nïn, A. (1982). Das Kindertagebuch 1914–1919. Frankfurt a. M.: Fischer.
Noam, G. G. (1988). The self, adult development, and the theory of biography and transformation. In D. K. Lapsley, F. C. Power (Eds.), Self, ego, and identity (pp. 3–29). New York: Springer.
Noam, G. G. (1992). Development as the aim of clinical intervention. Development and Psychopathology, 4, 679–696.
Noam, G. G. (1993). Ego development: True or false? Psychological Inquiry, 4 (1), 43–48.
Noam, G. G. (1998). Solving the ego development – mental health riddle. In P. M. Westenberg, A. Blasi, L. D. Cohn (Eds.), Personality development: Theoretical, empirical, and clinical investigations of Loevinger's conception of ego development (pp. 271–295). New Jersey: Lawrence Erlbaum.
Noam, G. G., Dill, D. L. (1996). Developmental dimensions of psychological symptoms and treatment preferences in adult outpatients. In M. L. Commons, J. Demick, C. Goldberg (Eds.), Clinical approaches to adult development (pp. 267–293). Norwood, NJ: Ablex.
Noam, G. G., Recklitis, C. J., Paget, K. F. (1991). Pathways of ego development: Contributions to maladaptation and adjustment. Development and Psychopathology, 3, 311–328.
Noam, G. G., Röper, G. (1999). Auf dem Weg zu entwicklungspsychologisch differentiellen Interventionen. In R. Oerter, C. von Hagen, G. Röper, G. G. Noam (Hrsg.), Klinische Entwicklungspsychologie. Ein Lehrbuch (S. 478–511). Weinheim: Beltz, Psychologie Verlags Union.
Noam, G. G., Young, C. H., Jilnina, J. (2006). Social cognition, psychological symptoms, and mental health: The model, evidence, and contribution of ego development. In D. Cicchetti, D. J. Cohen (Eds.), Developmental Psychopathology. Volume 1. Theory and Method (pp. 750–794). Hoboken, NJ: John Wiley & Sons.
Novy, D. M. (1992). Gender compatibility of forms 81 of the Washington University Sentence Completion Test. Educational and Psychological Measurement, 52, 491–497.
Novy, D. M. (1993). An investigation of the progressive sequence of ego development levels. Journal of Clinical Psychology, 49, 332–338.

Novy, D. M, Francis, D. J. (1992). Psychometric properties of the Washington University Sentence Completion Test. Educational and Psychological Measurement, 52, 1029–1039.

Novy, D. M., Frankiewicz, R. G., Francis, D. J., Liberman, D., Overall, J. E., Vincent, K. R. (1994). An investigation in the structural validity of Loevinger's model and measure of ego development. Journal of Personality, 62, 87–118.

O' Connor, D., Wolfe, D. M. (1991). From crisis to growth at midlife: Changes in personal paradigm. Journal of Organizational Behavior, 12, 323–340.

Oerter, R., Hagen, C. von, Röper, G., Noam, G. G. (Hrsg.) (1999). Klinische Entwicklungspsychologie. Ein Lehrbuch. Weinheim: Psychologie Verlags Union.

Oja, S. N. (1978). A cognitive-structural approach to adult ego, moral, and conceptual development through inservice teacher education. Unpublished Dissertation. University of Minnesota.

Osland, J. S. (1990). The hero's adventure: The overseas experience of expatriate business people. Unpublished dissertation: Case Western Reserve University.

Page, H. (2005). The impact of ego development on spiritual constructs among Hindu, Buddhist, and Christian renunciates. Unpublished dissertation. Institute of Transpersonal Psychology.

Pascual-Leone, J. (1990). Reflections on life-span intelligence, consciousness and ego development. In C. N. Alexander, E. J. Langer (Eds.). Higher stages of human development. Perspectives on adult growth (pp. 258–285). New York: Oxford University Press.

Pazy, A. (1985). A developmental approach to variability in experience of the self. Journal of Humanistic Psychology, 25, 64–82.

Peck, R. F., Havinghurst, R. J. (1960). The psychology of character development. New York: Wiley.

Perry, W.G. (1970). Forms of intellectual and ethical development in the college years. New York: Holt, Rinehart & Winston.

Pervin, L. A. (1994). A critical analysis of current trait theory. Psychological Inquiry, 5 (2), 103–113.

Peterson, C., Seligman, M. E. P. (2004). Character strength and virtues. A handbook and classification. New York: Oxford University Press.

Pfaffenberger, A. H. (2005). Optimal adult development: An inquiry into the dynamics of growth. Journal of Humanistic Psychology, 45 (3), 279–301.

Pfaffenberger, A. H. (2007). Exploring the pathways to postconventional personality development. Unpublished dissertation. Saybrook Graduate School and Research Center.

Pfaffenberger, A. H. (2011). Assessing postconventional personality: How valid and reliable is the sentence completion test? In A. H. Pfaffenberger, P. W. Marko, A. Combs (Eds.), The postconventional personality. Assessing, Researching, and Theorizing Higher Development (pp. 9–22). Albany, NY: State University of New York Press.

Pfaffenberger, A. H., Marko, P. W., Combs, A. (Eds.) (2011). The postconventional personality. Assessing, Researching, and Theorizing Higher Development. Albany, NY: State University of New York Press.

Piaget, J. (1932). The moral judgement of the child. New York: Free Press.
Piaget, J. (1967). Six psychological studies. New York. Random House.
Piaget, J. (1970/2010). Meine Theorien der geistigen Entwicklung. Weinheim: Beltz.
Piaget, J. (1981). Die Psychologie der Intelligenz. Stuttgart: Klett-Cotta.
Piaget, J., Inhelder, B. (1958). The psychology of the child. New York: Basic Books.
Rappe-Giesecke, K. (1999). Supervision – Veränderung durch soziale Selbstreflexion. In G. Fatzer, K. Rappe-Giesecke, W. Looss (Hrsg.), Qualität und Leistung von Beratung (S. 27–103). Köln: Edition Humanistische Psychologie.
Rasch, B., Friese, M., Hofmann, W., Naumann, E. (2008). Quantitative Methoden 2. Einführung in die Statistik für Psychologen und Sozialwissenschaftler. Heidelberg: Springer.
Ravinder, S. (1986). Loevinger's sentence completion test of ego development: A useful tool for cross-cultural researchers. International Journal of Psychology, 21, 679–684.
Raviv, N. (1989). Psychotherapy training. Ego and professional development of trainees and supervisors. Unpublished Dissertation. Northwestern University.
Reddy, W. B. (1997). Prozessberatung von Kleingruppen. Wie der Berater erfolgreich interveniert. Leonberg: Rosenberger Fachverlag.
Redfearn, J. W. T. (1987). Terminology of ego and self: From Freud(ians) to Jung(ians). In P. Young-Eisendrath, J. A. Hall (Eds.), The book of the self. Person, pretext, and process (pp. 384–403). New York: New York University Press.
Redmore, C. (1976). Susceptibility to faking of a sentence completion test of ego development. Journal of Personality Assessment, 40, 607–616.
Redmore, C. (1983). Ego development in the college years: Two longitudinal studies. Journal of Youth and Adolescence, 12, 301–306.
Redmore, C., Loevinger, J. (1979). Ego development in adolescence: Longitudinal studies. Journal of Youth and Adolescence, 8, 1–20.
Redmore, C., Waldman, K. (1975). Reliability of a sentence completion test of ego development. Journal of Personality Assessment, 39, 236–243.
Reineck, U., Anderl, M. (2012). Handbuch Prozessberatung. Für Berater, Coaches, Prozessbegleiter und Führungskräfte. Weinheim: Beltz.
Riegel, K. F. (1981). Psychologie, mon amour. Ein Gegentext. München: Urban und Schwarzenberg.
Roberts, B. W., Caspi, A. (2003). The cumulative continuity model of personality development: Striking a balance between continuity and change in personality traits across the life course. In R. M. Staudinger, U. Lindenberger (Eds.), Understanding human development: Dialogues with lifespan psychology (pp. 183–214). Dordrecht, NL: Kluwer Academic Publishers.
Roberts, B. W., Pomerantz, E. M. (2004). On traits, situations, and their integration: A developmental perspective. Personality and Social Psychology Review, 8 (4), 402–416.
Robinson, K., Schmidt, T., Teti, D. M. (2008). Issues in the use of longitudinal and cross-sectional designs. In D. M. Teti (Ed.), Handbook of research methods in developmental science (pp. 3–20). Oxford, UK: Blackwell Publishing.

Rock, M. (1975). Self-reflection and ego development. Unpublished dissertation. New York University.
Röper, G., Noam, G. G. (1999). Entwicklungsdiagnostik in klinisch-psychologischer Therapie und Forschung. In R. Oerter, C. von Hagen, G. Röper, G. G. Noam (Hrsg.), Klinische Entwicklungspsychologie. Ein Lehrbuch (S. 240–269). Weinheim: Psychologie Verlags Union.
Rogers, A. G. (1987). Gender differences in moral reasoning: A validity study of two moral orientations. Unpublished dissertation. Washington University.
Rogers, A. G. (1998). Understanding changes in girls' relationships and in ego development: Three studies of adolescent girls. In P. M. Westenberg, A. Blasi, L. D. Cohn (Eds.), Personality development: Theoretical, empirical, and clinical investigations of Loevinger's conception of ego development (pp. 145–159). Mahwah, NJ: Lawrence Erlbaum.
Rogers, G., Mentkowski, M., Reisetter Hart, J. (2006). Adult holistic development and multidimensional performance. In C. Hoare (Ed.), Handbook of adult development and learning (pp. 497–535). New York, NJ: Oxford University Press.
Rogers, K. E., Bishop, J., Lane, R. C. (2003). Considerations for the use of sentence completion tests. Journal of Contemporary Psychotherapy, 33 (3), 235–242.
Rooke, D., Torbert, W. R. (1998). Organizational transformation as a function of CEO's developmental stage. Organization Development Journal, 16 (1), 11–28.
Rooke, D., Torbert, W. R. (2005). Seven transformations of leadership. Harvard Business Review, 4, 66–76.
Rootes, M. D., Moras, K., Gordon, R. (1980). Ego development and sociometrically evaluated maturity: An investigation of the validity of the Washington University Sentence Completion Test of ego development. Journal of Personality Assessment, 44 (6), 613–619.
Ross, S. N. (2008). Postformal (mis)communications. World Futures, 64, 530–535.
Rozsnafszky, J. (1981). The relationship of level of ego development to Q-sort personality ratings. Journal of Personality and Social Psychology, 41, 99–120.
Rückle, H. (1992). Coaching. So spornen Manager sich und andere zu Spitzenleistungen an. Düsseldorf: Econ.
Ryff, C. D., Keyes, C. L. M. (1995). The structure of psychological well-being revisited. Journal of Personality and Social Psychology, 69, 719–727.
Sader, M., Weber, H. (1996). Psychologie der Persönlichkeit. München: Juventa.
Safyer, A. W., Hauser, S. T. (1994). A microanalytic method for exploring adolescent emotional expression. Journal of Adolescent Research, 9, 50–66.
Sarges, W. (2006). Competencies statt Anforderungen – Nur alter Wein in neuen Schläuchen? In H.-C. Riekhof (Hrsg.), Strategien der Personalentwicklung (S. 133–148). Wiesbaden: Gabler.
Sasaki, M. (1980). Loevinger's measurement technique of ego development and recent studies based on it. Japanese Psychological Review, 23 (4), 392–414.
Scharlau, I. (2007). Jean Piaget zur Einführung. Hamburg: Junius Verlag.
Schein, E. (1988). Process consultation. Volume I. Its role in organization development. Reading, MA: Addison-Wesley.

Schein, E. (2010). Prozess und Philosophie des Helfens. Einzelberatung, Teamberatung und Organisationsentwickung. Bergisch-Gladbach: EHP.

Schmalt, H.-D., Sokolowski, K. (2000). Zum gegenwärtigen Stand der Motivdiagnostik. Diagnostica, 46, 115–123.

Schreyögg, A. (2009). Die Kernkompetenzen des Coachs. In Deutscher Berufsverband für Coaching e. V. (Hrsg.), Leitlinien und Empfehlungen für die Entwicklung von Coaching als Profession. Kompendium mit den Professionsstandards des DBVC (S. 37–39). Osnabrück: DBVC.

Schreyögg, A. (2012). Coaching. Eine Einführung für Praxis und Ausbildung. Frankfurt a. M.: Campus.

Schön, D. A. (1983). The reflective practitioner. How professionals think in action. New York: Basic Books.

Schulz von Thun, F. (2013). Miteinander reden 2. Stile, Werte und Persönlichkeitsentwicklung. Differentielle Psychologie der Kommunikation. Reinbek: Rowohlt.

Schwarz, R. (2002). The skilled facilitator. A comprehensive resource for consultants, facilitators, managers, trainers, and coaches. New and revised. San Francisco, CA: Jossey-Bass.

Selman, R. L. (1971). The relation of role taking to the development of moral judgment in children. Child Development, 42, 79–91.

Selman, R. L. (1980). The growth of interpersonal understanding. New York: Academic Press.

Shayer, M., Wylam, D. (1978). The distribution of Piagetian stages of thinking in British middle and secondary school children. British Journal of Educational Psychology, 48, 62–70.

Sheaffer, B. L., Sias, S. M., Toriello, P. J., Cubero, C. G. (2008). Ego development and preferred social distance from persons with disabilities. Rehabilitation Education, 22 (2), 147–158.

Shumate, W. (1969). The relation of authoritarianism and locus of control to ego development. Unpublished Dissertation. George Washington University.

Sinnott, J. (1998). The development of logic in adulthood: Postformal thought and its applications. New York: Plenum.

Skoe, E. A., Lippe, A. von der (2002). Ego development and the ethics of care and justice: The relations among them revisited. Journal of Personality, 70 (4), 485–508.

Slaughter, D. T. (1983). Early intervention and its effects on maternal and child development. Monographs of the Society for Research in Child Development, 38, 1–83.

Smith, S. E. (1980). Ego development and the problems of power and agreement in organizations. Unpublished Dissertation. George Washington University.

Snarey, J. R. (1985). Cross-cultrual universality of social-moral development: A critical review of Kohlbergian research. Psychological Bulletin, 97, 202–232.

Snarey, J. R., Kohlberg, L., Noam, G. G. (1983). Ego development in perspective: Structural stage, functional phase, and cultural age-period models. Developmental Review, 3, 303–338.

Snarey, J. R., Lydens, L. (1990). Worker equality and adult development: The kibbutz as a developmental model. Psychology and Aging, 5 (1), 86–93.
Soff, M. (1989). Jugend im Tagebuch. Analysen zur Ich-Entwicklung in Jugendtagebüchern verschiedener Generationen. Weinheim: Juventa
Soff, M. (2004). Persönlichkeitsentwicklung nach Erik H. Erikson und Jane Loevinger. Qualitative Entwicklungsstudien in Biographieforschung und Psychotherapie. In H. Hofmann, A. Stiksrud (Hrsg.), Dem Leben Gestalt geben. Erik H. Erikson aus interdisziplinärer Sicht (S. 225–249). Wien: Krammer.
Soff, M. (2011). Biographische Diagnostik im Tagebuch. In G. Jüttemann (Hrsg.), Biographische Diagnostik (S. 205–213). Lengerich: Pabst.
Sommers, S. (1981). Emotionality reconsidered: The role of cognition in emotional responsiveness. Journal of Personality and Social Psychology, 41, 553–561.
Spangler, W. D. (1992). Validity of questionnaire and TAT measures of need for achievement: Two meta-analyses. Psychological Bulletin, 112 (1), 140–154.
Speicher, B., Noam, G. G. (1999). Clinical-developmental psychology. In R. L. Mosher, D. J. Youngman, J. M. Day (Eds.), Human development across the life span: Educational and psychological applications (pp. 105–129). Westport, CN: Praeger.
Spencer, L. M., Spencer, S. M. (1993). Competence at work. Models for superior performance. New York: Wiley & Sons.
Sprinthall, N. A. (1994). Counseling and social role taking: Promoting moral and ego development. In J. R. Rest, D. Narvaez (Eds.), Moral development in the professions: Psychology and applied ethics (pp. 85–99). Hillsdale, NJ: Lawrence Erlbaum.
Stackert, R. A., Bursik, K. (2006). Ego development and the therapeutic goal-setting capacities of mentally ill adults. American Journal of Psychotherapy, 60 (4), 357–374.
Stålne, K. (2011). Meaning-making and cognition. On the relation between ego development and hierarchical complexity according to Loevinger, Kegan and Commons. Presentation, 25. July 2011. European Society for Research in Adult Development, Symposium, Lund, Sweden.
Starrett, R. H. (1983). The conceptual commonality between impulsiveness as a personality trait and as an ego development stage. Personality and Individual Differences, 4, 265–274.
Staudinger, U. M. (2000). Lässt sich Selbsteinsicht fördern? Eine empirische Untersuchung mit Hilfe einer Intervention zur Lebensreflektion. DFG-Antrag auf Gewährung einer Sachbeihilfe (unter Mitarbeit von B. Leipold). Dresden, TU Dresden.
Staudinger, U. M. (2005). Weisheit, Lebens- und Selbsteinsicht. In H. Weber, T. Rammseyer (Hrsg.), Handbuch der Psychologie (S. 342–349). Göttingen: Hogrefe.
Staudinger, U. M., Kunzmann, U. (2005). Positive adult personality development. Adjustment and/or growth? European Psychologist, 10 (4), 320–329.
Staufenbiel Institut GmbH (2011). MBATrends-Studie 2011/12. Entwicklungen und Trends in der MBA-Ausbildung. Köln: Staufenbiel Institut.

Stein, Z., Heikkinen, K. (2008). On operationalizing aspects of altitude. An introduction to the Lectical™ assessment system for integral researchers. Journal of Integral Theory and Practice, 3 (1), 105–138.

Stein, Z., Heikkinen, K. (2009). Models, metrics and measurement in developmental psychology. Integral Review, 5 (1), 4–24.

Stitz, J. (2004). Intimacy and differentiation in couples at postconventional levels of ego development. Unpublished dissertation. Institute of Transpersonal Psychology.

Strang, S. E., Kuhnert, K. W. (2009). Personality and leadership developmental levels as predictors of leader performance. The Leadership Quarterly, 20 (3), 421–433.

Streib, H. (2001). Faith development theory revisited: The religious styles perspective. The International Journal for the Psychology of Religion, 11 (3), 143–158.

Streich, D. D., Swensen, C. H. (1985). Response to two presentations of the Sentence Completion Test of Ego Development. Journal of Personality Assessment, 49, 285–288.

Streiner, D. L. (2003). Starting at the beginning: An introduction to coefficient alpha and internal consistency. Journal of Personality Assessment, 80 (1), 99–103.

Sullivan, C., Grant, M. Q., Grant, J. D. (1957). The development of interpersonal maturity: Applications to delinquency. Psychiatry, 20, 373–385.

Sullivan, E. V., McCullough, G., Stager, M. (1970). A developmental study of the relationship between conceptual, ego, and moral development. Child Development, 41, 399–411.

Sullivan, H. S. (1953). The interpersonal theory of psychiatry. New York: Norton.

Sutton, P. M., Swenson, C. H. (1983). The reliability and concurrent validity of alternative methods of assessing ego development. Journal of Personality Assessment, 47 (5), 468–475.

Swensen, C. H. (1977). Ego development and the interpersonal relationship. In D. D. Nevill (Ed.), Humanistic Psychology: New frontiers in humanistic psychology (pp. 35–63). New York: Gardner Press.

Swensen, C. H. (1980). Ego development and a general model for counseling and psychotherapy. Personnel and Guidance Journal, 58, 382–388.

SWOP. Medien und Konferenzen GmbH (2010). MBA Studie 2010. Trendbarometer Executive Education. Was (künftige) Führungskräfte von Hochschulen und Unternehmen erwarten. Berlin.

Syed, M., Seiffge-Krenke, I. (2013). Personality development from adolescence to emerging adulthood: Linking trajectories of ego development to the family context and identity formation. Journal of Personality and Social Psychology, 104 (2), 371–384.

Systemische Gesellschaft (2013). Informationsbroschüre. Was ist Systemisches Arbeiten? Berlin. Zugriff am 31.08.2015 unter http://systemische-gesellschaft.de/medien/informationen-zum-download/

Tate, R. (1970). Fakability of the Washington University Sentence Completion test for measuring ego development. Umpublished masters dissertation. Washington University.

Testkuratorium (2006). TBS-TK. Testbeurteilungssystem des Testkuratoriums der Föderation Deutscher Psychologenvereinigungen. Report Psychologie, 31, 492–499.
Thorne, A. (1989). Conditional patterns, transference, and the coherence of personality over time. In D. M. Buss, N. Cantor (Eds.), Personality psychology: Recent trends and emerging directions (pp. 149–159). New York: Springer.
Thorne, A. (1993). On contextualizing Loevinger's stages of ego development. Psychological Inquiry, 4 (1), 53–55.
Torbert, W. R. (1973). Learning from experience: Toward consciousness. New York: Columbia University Press.
Torbert, W. R. (1976). Creating a community of inquiry: Conflict, collaboration, transformation. London: Wiley.
Torbert, W. R. (1981). The role of self-study in improving managerial and institutional effectiveness. Human Systems Management, 2, 72–82.
Torbert, W. R. (1987a). Managing the Corporate Dream. Restructuring for Long-Term Success. Homewood: Dow Jones, Erwin.
Torbert, W. R. (1987b). Management Education for the Twenty-First Century, Selections, 3 (3), 31–36.
Torbert, W. R. (1991). The power of balance. Transforming self, society, and scientific inquiry. Newbury Park, CA: Sage Publications.
Torbert, W. R. (1994). Cultivating postformal adult development: Higher stages and contrasting interventions. In M. E. Miller, S. R. Cook-Greuter (Eds.), Transcendence and mature thought in adulthood: The further reaches of adult development (pp. 181–204). Lanham/M.: Rowman & Littlefield.
Torbert, W. R. (2000). The challenge of creating a community of inquiry among scholar-consultants critiquing one another's theories-in-practice. In F. T. Sherman, W. R. Torbert (Eds.), Transforming social inquiry, transforming social action. New paradigms for crossing the theory/practice divide in universities and communities (pp. 161–188). Norwell, MA.: Kluwer Academic Publishers.
Torbert, W. R. and Associates (2004). Action inquiry. The secret of timely and transforming leadership. San Francisco: Berrett-Koehler.
Torbert, W. R., Fisher, D. (1992). Autobiographical awareness as a catalyst for managerial and organisational development. Management Education and Development, 23 (3), 184–198.
Torbert, W. R., Livne-Tarandach, R. (2009). Reliability and validity tests for the Harthill leadership development profile in the context of developmental action inquiry theory, action and method. Integral Review, 5 (2), 133–151.
Treu, M. (2003). Martin Luther in Wittenberg. Ein biographischer Rundgang. Wittenberg: Stiftung Luthergedenkstätten in Sachsen-Anhalt.
Urbaitis, M. (1988). The relationship of mentoring to stages of interpersonal maturity. Unpublished dissertation. The Fielding Institute.
Vaillant, G. E. (1995). The wisdom of the ego. Cambridge, MA: Harvard University Press.

Vaillant, G. E. (2002). Aging well: Surprising guideposts to a happier life from the landmark Harvard study of adult development. Boston: Little, Brown and Company.

Vaillant, G. E., McCullough, L. (1987). A comparison of the Washington University Sentence Completion Test (SCT) with other measures of adult ego development. American Journal of Psychiatry, 144, 1189–1194.

Vetter, M. (1980). Ich-Entwicklung und kognitive Komplexität. Zeitschrift für Entwicklungspsychologie und Pädagogische Psychologie, 12 (2), 126–143.

Vetter-Tesch, M. (1981). Ich-Entwicklung und kognitive Komplexität. Frankfurt a. M.: R. G. Fischer.

Walter, S. M. (2009). Supervision experience and ego development of counseling interns' site supervisors and supervisees' levels of ego development and occupational stress. Unpublished dissertation. University of Central Florida.

Walter, S. M., Lambie, G. (2012). The influence of internship site supervisors on counseling interns' levels of social-cognitive development and occupational stress. The Practitioner Scholar: Journal of Counseling and Professional Psychology,1, 9–24.

Wampold, B. E. (2001). The great psychotherapy debate: Models, methods, and findings. Mahwah, NJ: Lawrence Erlbaum.

Watanabe, M., Yamamoto, R. (1989). Making a test of ego development using Sentence Completion Method: Translating and simplifiying the Loevinger's WU-SCT. Japanese Journal of Educational Psychology, 37, 286–292.

Watt, S. K., Robinson, T. L., Lupton-Smith, H. (2002). Building ego and racial identity: Preliminary perspectives on counselors-in-training. Journal of Counseling & Development, 80, 94–100.

Waugh, M. H. (1981). Reliability of the sentence completion test of ego development in a clinical population. Journal of Personality Assessment, 45 (5), 485–487.

Weathersby, R. P. (1993). Sri Lankan manager's leadership conceptualizations as a function of ego development. In J. Demick, P. M. Miller (Eds.), Development in the workplace (pp. 67–89). Hillsdale, NJ: Lawrence Erlbaum.

Weinert, F. E. (1999). Concepts of Competence. Paris: OECD.

Weiss, B. (1980). Relations between independence and self-control in ego development. Unpublished master thesis. Ohio State University.

Weiss, D. S., Zilberg, N. J., Genevro, J. L. (1989). Psychometric properties of Loevinger's sentence completion test in an adult psychiatric outpatient sample. Journal of Personality Assessment, 53, 478–486.

Werner, H. (1948). Comparative psychology of mental development. New York: International University Press.

Westen, D. (1998). Loevinger's theory of ego development in the context of contemporary psychoanalytic theory. In P. M. Westenberg, A. Blasi, L. D. Cohn (Eds.), Personality development: Theoretical, empirical, and clinical investigations of Loevinger's conception of ego development (pp. 59–69). Mahwah, NJ: Lawrence Erlbaum.

Westen, D., Lohr, N., Silk, K. R., Gold, R., Kerber, K. (1990). Object relations and social cognition in borderlines, major depressives, and normals. A thematic apperception test analysis. Psychological Assessment, 2, 355–364.
Westenberg, P. M., Blasi, A., Cohn, L. D. (1998). Personality development. Theoretical, empirical and clinical investigations of Loevinger's conception of ego development. Mahwah/N.J.: Lawrence Erlbaum.
Westenberg, P. M., Block, J. (1993). Ego development and individual differences in personality. Journal of Personality and Social Psychology, 65, 792–800.
Westenberg, P. M., Gjerde, P. F. (1999). Ego development during the transition from adolescence to young adulthood: A 9-year longitudinal study. Journal of Research in Personality, 33, 233–252.
Westenberg, P. M., Hauser, S. T., Cohn, L. D. (2004). Sentence completion measurement of psychosocial maturity. In M. J. Hilsenroth, L. Segal, M. Hersen (Eds.), Comprehensive handbook of psychological measurement: Personality assessment. Vol. II (pp. 595–616). New York: Wiley.
Westenberg, P. M., Treffers, P. D. A., Drewes, M. J. (1998). A new version of the WUSCT: The sentence completion test for children and youths (SCT-Y). In J. Loevinger (Ed.), Technical foundations for measuring ego development. The Washington University Sentence Completion Test (pp. 81–89). Mahwah, NJ: Lawrence Erlbaum.
Westenberg, P. M., van Strien, S. D., Drewes, M. J. (2001). Revisited description and measurement of ego development in early adolescence: An artefact of the written procedure? Journal of Early Adolescence, 21, 469–491.
White, M.S. (1985). Ego development in adult women. Journal of Personality, 53 (4), 561–574.
Wilber, K. (2001). Integrale Psychologie. Freiburg: Arbor.
Willke, H. (2006). Systemtheorie I. Grundlagen. Stuttgart: UTB.
Wilms, J. (2010). Neue Perspektiven in der Führungsentwicklung. Organisationsberatung, Supervision, Coaching, 17, 269–280.
Winter, D. G., John, O. P., Stewart, A. J., Klohnen, E. C., Duncan, L. E. (1998). Traits and motives: Toward an integration of two traditions in personality research. Psychological Review, 105 (2), 230–250.
Wohlwill (1973). The study of behavioural development. New York: Academic Press.
Wolf, P. (2013). Ich-Explorationen. Konzeptionelle Grundbedingungen und potenzielle Wirkfaktoren zur Förderung von Ich-Entwicklung für praxisnahe beraterische Interventionen. Unveröffentlichte Diplomarbeit. Universität Wien.
Wolf, U. (2009). Kompetenzprofil eines Coach. In Deutscher Berufsverband für Coaching e. V. (Hrsg.), Leitlinien und Empfehlungen für die Entwicklung von Coaching als Profession. Kompendium mit den Professionsstandards des DBVC (S. 36). Osnabrück: DBVC.
Yalom, I. D. (1996). Theorie und Praxis der Gruppenpsychotherapie. München: Pfeiffer.

Young-Eisendrath, P. F. (1980). Comparison of brief training in ego development and in empathy skills for beginning psychotherapists. Umpublished dissertation. Washington University.

Young-Eisendrath, P. F. (1982). Ego development: Inferring the client's frame of reference. Social Casework: The Journal of Contemporary Social Work, 63, 323–332.

Young-Eisendrath, P. F., Foltz, C. (1998). Interpretive communities of self and psychotherapy. In P. M. Westenberg, A. Blasi, L. D. Cohn (Eds.), Personality development: Theoretical, empirical, and clinical investigations of Loevinger's conception of ego development (pp. 315–329). Mahwah, NJ: Lawrence Erlbaum.

Young-Eisendrath, P. F., Hall, J. (Eds.) (1987). The book of the self: Person, pretext, and process. New York: New York University Press.

Zielinski, C. E. (1973). Stage of ego development as a correlate of ability in discrimination and communication of empathic understanding. Unpublished dissertation. University of Houston.

Zilbermann, K. L. (1984). Ego development and patterns of family interaction. Unpublished Dissertation. The University of Texas at Dallas.

Zorga, S. (2007). The development of consciousness through the supervision process. International Journal for the Advancement of Counseling, 29, 203–211.

Anhang

Anlage 1: Übersicht der Ich-Entwicklungsstufen (nach Binder, 2010)

Nr.	Entwicklungsstufe	Hauptcharakteristika
E 3	Selbstorientierte Stufe	Eigener Vorteil steht im Vordergrund, andere Menschen werden als Mittel für eigene Bedürfnisbefriedigung gesehen, weniger als Wert an sich, opportunistisches Verhalten anderen gegenüber. --- Eher kurzer Zeithorizont, Fokus liegt zumeist auf konkreten Dingen (weniger abstrakten Aspekten), Feedback wird meist zurückgewiesen, stark stereotypes Handeln, Auge-um-Auge-Mentalität, überwiegend externale Schuldzuweisungen.
E 4	Gemeinschaftsbestimmte Stufe	Denken und Handeln sind vor allem an Regeln und Normen der relevanten Bezugsgruppen ausgerichtet, die eigene Identität wird durch diese definiert, Zugehörigkeit und Unterordnung unter deren Sichtweisen sind vorherrschend. --- Gesichtwahren ist zentral, starke Schuldgefühle, wenn Erwartungen anderer verletzt werden, Konflikte werden vermieden, Kontakte sind eher oberflächlich, es wird vorwiegend in Entweder-oder-Kategorien gedacht.
E 5	Rationalistische Stufe	Orientierung an klaren Standards, sehr rationales Denken und kausale Erklärungen herrschen vor. Motivation, sich abzuheben von anderen. Feste Vorstellungen, wie Dinge sind und laufen sollen. --- Beginnende Selbst-Wahrnehmung und Selbstkritik, Eingrenzen absoluter Regeln, Suche nach Gründen für Verhalten, eher enges fachliches Denken und Betonung von Effizienz statt Effektivität.

Nr.	Entwicklungs-stufe	Hauptcharakteristika
E 6	Eigenbestimmte Stufe	Voll entwickelte und selbst definierte (eigene) Werte, Vorstellungen und Ziele (ausgebildete Identität). Starke Zielorientierung und Selbstoptimierung. --- Komplexität von Situationen wird akzeptiert, reiches Innenleben, Gegenseitigkeit in Beziehungen, Respekt vor individuellen Unterschieden (eigener Schatten der Subjektivität wird häufig nicht gesehen).
E 7	Relativierende Stufe	Beginnendes Bewusstsein darüber, wie die eigene Wahrnehmung die Sicht auf die Welt prägt, stärkeres Hinterfragen der eigenen Sichtweisen (und der von anderen Menschen), relativistische Weltsicht. --- Größere Bewusstheit gegenüber inneren/äußeren Konflikten, vornehmen feinerer Unterscheidungen, Verständnis von Individualität.
E 8	Systemische Stufe	Voll ausgebildete Multiperspektivität, gleichzeitige Prozess- und Zielorientierung, systemisches Erfassen von Beziehungen (Zirkularität). Fähigkeit, sich widersprechende Aspekte und Meinungen zu integrieren. Hohe Motivation, sich selbst weiter zu entwickeln. --- Offene, kreative Auseinandersetzung mit Konflikten, hohe Toleranz für Mehrdeutigkeit. Respekt vor Autonomie anderer Personen und Aussöhnung mit eigenen negativen Anteilen.
E 9	Integrierte Stufe	An kein explizites System (Werte, Einstellungen, Praktiken etc.) mehr gebunden, Erfahrungen werden laufend neu bewertet und in andere Zusammenhänge gestellt (»reframing mind«). In hohem Maße selbstaktualisierend. --- Kann Paradoxien integrieren, hohe Bewusstheit gegenüber eigenem Aufmerksamkeitsfokus, besonderes Gespür für Symbolik.

Nr.	Entwicklungs-stufe	Hauptcharakteristika
E 10	Fliessende Stufe	Bedürfnis zu bewerten, wird zunehmend suspendiert. Verschmelzen mit der Welt, kein weiteres Festhalten, sondern sich auf den Fluss der Dinge einlassen. --- Spielerische Abwechslung zwischen Ernst und Trivialem, Ineinanderübergehen unterschiedlicher Bewusstseinszustände, Denken in Zeitzyklen und historischen Dimensionen, volles Akzeptieren von Andersartigkeiten und Menschen, wie sie sind.

Anlage 2: Interpersonal Understanding Scale (Spencer u. Spencer, 1993, S. 39)

Inpersonal Understanding (IU) Scale	
Level	Behavioral Description
A.	**Depth of Understanding of Others**
A. –1	*Lack of Understanding.* Misunderstands or is surprised by others' feelings or actions; or sees others primarily in terms of racial, cultural, or gender stereotypes.
A. 0	*Not Applicable.* Or shows no explicit awareness of others, but no evidence of serious misunderstandings. This level is often found in combination with Direct Persuasion (IMPACT level A–2 and 3)
A. 1	*Understands Either Emotion or Content.* Understands either present emotions or explicit content, bot not both together.
A. 2	*Understands Both Emotion and Content.* Understands both present emotions and explicit content.
A. 3	*Understands Meanings.* Understands current unspoken thoughts, concerns, or feelings; or gets others willingly to take actions desired by the speaker.
A. 4	*Understands Underlying Issues.* Understands underlying problems: the reason for someone's ongoing or long-term feelings, behaviors, or concerns; or presents a balanced view of someone's specific strengths and weaknesses.
A. 5	*Understands Complex Underlying Issues.* Understands complex causes of others' long-term underlying attitudes, behavior patterns, or problems.
B.	**Listening and Responding to Others**
B. –1	*Unsympathetic.* Offends others, makes them »close up.«
B. 0	*Not Applicable or Makes No Attempt to Listen.*
B. 1	*Listens.* Picks up clues to others' feelings or meanings, or listens when approached by others. May ask questions confirm the speaker's diagnosis. Uses understanding to explain other's past behavior.
B. 2	*Makes Self Available to Listen.* Has »an open door,« goes out of the way to invite conversations, or actively seeks to understand (often in order to influence, develop, help, or lead others).
B. 3	*Predicts Other's Responses.* Uses understanding based on listening and observation to predict and prepare for other's reactions.

B. 4 *Listens Responsively.* Reflects peoples' concerns, is easy to talk to; or responds to people's concerns by altering own behavior in a helpful responsive manner.

B. 5 *Acts to Help.* Helps people with problems presented or observed. [Scoring Note: Also consider Developing Others, Customer Service Orientation, or Know-How and Expertise. If the intent is clearly developmental, use customer service; or if the problem is technical, score the understanding on IU scale A and the action on the other competency. If the intent and context does not clearly involve one of the other competencies, score the action here. The difference between responsive action and Impact and Influence is that here the spaeker does not enter the situation with his or her own agenda, but responds (flexibly) to the needs or situation of the other.]

Anlage 3: Zusammenfassung der empirischen Erhebung (vgl. Binder, 2014b)

Die ungekürzte Forschungsarbeit (Dissertation) enthält einen weiteren Abschnitt mit einer eigenen empirischen Erhebung (Binder, 2014b, S. 249–305). Darin sind das Forschungsdesign, die empirischen Fragestellungen, das Erhebungsinstrument sowie die empirischen Ergebnisse detailliert erläutert. Ein Unterabschnitt widmet sich der testtheoretischen Überprüfung des zur Messung von Ich-Entwicklung eingesetzten Ich-Entwicklungs-Profils, einer deutschen Version des WUSCT (www.I-E-Profil.de), bei dem verschiedene Modifikationen auf der Basis neuerer verfügbarer Studien vorgenommen wurden.

Ergebnisse

Im Rahmen der eigenen Längsschnittstudie (N = 101) wurde untersucht, auf welchem Ich-Entwicklungsniveau sich Berater zu Beginn ihrer Beratungsweiterbildung befinden und ob im Rahmen dessen Weiterentwicklung stattfindet. Dazu wurde das Ich-Entwicklungsniveau von Teilnehmern dreier Supervisionsweiterbildungen (n = 49) und dreier MBA-Studiengänge (n = 52), die ein ganz anderes Lernfeld darstellen, im Abstand von anderthalb Jahren getestet. Die Hypothese dabei war, dass Supervisionsweiterbildungen Ich-Entwicklung besonders fördern, da in ihrem Rahmen viele der von Manners und Durkin (2000) herausgearbeiteten entwicklungsförderlichen Erfahrungen ermöglicht werden.

Zu Beginn der Weiterbildung ergab sich eine eher schmale Verteilung von nur drei Ich-Entwicklungsstufen (E5 bis E7). Im Vergleich zu repräsentativen Untersuchungen (über alle Berufsgruppen) in westlichen Gesellschaften lag ein im Durchschnitt etwas späteres Ich-Entwicklungsniveau vor: Knapp 60 Prozent der angehenden Supervisoren befanden sich bereits auf der Eigenbestimmten Stufe (E6). Der Prozentsatz auf postkonventionellem Niveau war mit 16,5 Prozent hingegen vergleichbar. Die Analyse der Studienabbrecher (n = 22) im Vergleich zu denjenigen, die an beiden Erhebungen teilnahmen (n = 79), ergab signifkante Unterschiede im Ich-Entwicklungsniveau bei der ersten Erhebung. Da die Abbrecher ein im Durchschnitt früheres Ich-Entwicklungsniveau mit einem höheren Anteil von Teilnehmern auf einem teilkonformistischen Niveau (E5) aufwiesen, liegt es nahe, die Unterschiede als systematischen Selbstauswahleffekt aufgrund des eigenen Ich-Entwicklungsniveaus zu interpretieren.

Weder bei den angehenden Supervisoren noch bei den MBA-Studenten zeigte sich nach eineinhalb Jahren eine signifkante Veränderung des Ich-Entwicklungsniveaus. Im Vergleich zu den MBA-Studenten kam es bei den angehenden Supervisoren im Verlauf der eineinhalb Jahre auch zu keinem signifikant höheren Ausmaß an Ich-Entwicklung. Mittels einer weiteren Analyse anhand von Teil-Entwicklungswerten, also Veränderungen auf Ebene der Aussagen pro Entwicklungsstufe, ergab sich ein leicht verändertes Bild. Diese zusätzliche und in bisherigen Studien nicht durchgeführte Mikroanalyse der Ich-Entwicklungsdaten zeigte eine signifikante Abnahme der Aussagen, die der Rationalistischen Stufe (E5) zuzuordnen sind, und eine tendenziell signifikante Zunahme der Aussagen, die der Eigenbestimmten Stufe (E6) zuzuordnen sind. Auch hier gab es keine signifikanten Interaktionseffekte in Hinblick auf die untersuchten Gruppen. Insgesamt scheint die zusätzliche Betrachtung anhand von Teil-Entwicklungswerten lohnenswert, da sie Entwicklungen verdeutlichen kann, die sich noch nicht auf der Ebene der Gesamtentwicklungsstufe niederschlagen.

Bezüglich des Erhebungsinstruments zeigt sich eine hohe bis sehr hohe Reliabilität für das in dieser Studie verwendete Ich-Entwicklungs-Profil (Interne Konsistenz: $r = 0{,}87$). Insbesondere die hohen Interrater-Reliabilitätswerte, die für von Experten auszuwertende psychometrische Instrumente die wichtigsten Kenngrößen für Reliabilität darstellen, sind dafür ein wichtiges Zeichen (Spearman: $r = 0{,}91$). Denn letztendlich ist die Interrater-Reliabilität im Vergleich zu den anderen Reliabilitätsmaßen nicht nur ein Maß für die Genauigkeit der Messung, sondern auch ein Maß für die Objektivität des Beurteilungsprozesses. Gerade dieser ist bei projektiven Verfahren besonders wichtig und ein zentrales Unterscheidungsmerkmal zu anderen projektiven Tests, die diesem Anspruch häufig nicht genügen (Lilienfeld, Wood u. Garb, 2000, 2001).

INTERDISZIPLINÄRE BERATUNGSFORSCHUNG

Band 14: Ullrich Beumer
Spätzünder oder Frühstarter?
Männliche Existenzgründungen in der zweiten Lebenshälfte zwischen Selbstheilung, Angstabwehr und biografischer Innovation

Mit einem Vorwort von Rolf Haubl.
2019. 331 Seiten, mit 6 Abb. und einer Tab., kartoniert
ISBN 978-3-525-40649-6

Band 13: Alica Ryba
Die Rolle unbewusster und vorbewusst-intuitiver Prozesse im Coaching
unter besonderer Berücksichtigung der Persönlichkeitsentwicklung des Klienten

Mit einem Vorwort von Gerhard Roth.
2018. 516 Seiten, mit 22 Abb. und 73 Tab., Paperback
ISBN 978-3-525-40291-7

Band 10: Elise Bittenbinder / Silvia Schriefers / Jenny Baron (Hg.)
Grenzbereiche der Supervision – Verwaltung in Bewegung
2015. 160 Seiten, mit 6 Abb., kart.
ISBN 978-3-525-40369-3

Band 9: Heidi Möller / Ronja Müller-Kalkstein (Hg.)
Gender und Beratung
Auf dem Weg zu mehr Geschlechtergerechtigkeit in Organisationen

2014. 208 Seiten, mit 8 Abb. und 3 Tab., kartoniert
ISBN 978-3-525-40366-2

Band 8: Rainer Zech
Organisation, Individuum, Beratung
Systemtheoretische Reflexionen

Mit Beiträgen von Claudia Dehn, Katia Tödt und Falko von Ameln. 2013. 283 Seiten, mit 8 Abb., kartoniert
ISBN 978-3-525-40360-0

Band 7: Stefan Busse / Brigitte Hausinger (Hg.)
Supervisions- und Coachingprozesse erforschen
Theoretische und methodische Zugänge

2013. 238 Seiten, mit 21 Abb. und 1 Tab., kartoniert
ISBN 978-3-525-40357-0

Alle Bände auch als eBook erhältlich. Weitere Bände und Informationen finden Sie auf unserer Homepage.

Vandenhoeck & Ruprecht Verlage
www.vandenhoeck-ruprecht-verlage.com